RÉPUBLIQUE FRANÇAISE.

MINISTÈRE DE L'INTÉRIEUR.

DIRECTION DE LA SÛRETÉ GÉNÉRALE.

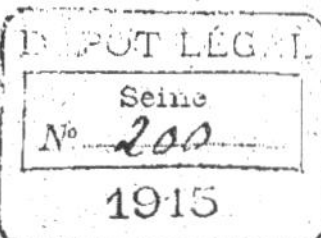

ÉTAT
FAISANT CONNAÎTRE LA RÉSIDENCE ACTUELLE
DES BELGES ÉVACUÉS DE LA BELGIQUE
ET DE DÉPARTEMENTS FRANÇAIS.

(CE FASCICULE CONTIENT 3 LISTES.)

14e LISTE.

Aan de Smed (Philomène), d'Eppeghen, à Saint-Remy-du-Plain, Sarthe.
Aan de Smed de Raes (Elisa), d'Eppeghen, à Saint-Remy-du-Plain, Sarthe.
Abatte (Frédéric), de Scheerbeecke, à La Flèche, Sarthe.
Abels (Lucien), de Bruges, à Voussac, Allier.
Abeloos (Eveline), d'Erps-Querbs, à Chécy, Loiret.
Abrasseurt (Emile), d'Escalle, à La Bastide-de-Sérou, Ariège.
Ache (Jean), de Gand, à Franchesse, Allier.
Achiel (Van Haverbecke), d'Oostcamp, à Treffiagat, Finistère.
Achtergack (Camille), de Bruges, à Prétot, Manche.
Acrens (Léonie) et enf., de Thourout, à Cahors, Lot.
Adam (Florian) et fam., du Châtelet, à Niort, Deux-Sèvres.
Adams (Irma) et fam., de Wygmaal'hérent, à Plobannalec, Finistère.
Adelhof (Emile), de Gand, à Flaugnac, Lot.
Adelaere (Désiré) et fam., de . . . , à Hambye, Manche.
Adelaere (Victor) et enf., d'Ostende, à Montoire, Loir-et-Cher.
Adrians (Henri) et fam., de Kessel-Loo, à Le Val, Sarthe.
Adriaenssens (Adrien), de Malines, à Trezelles, Allier.
Aelterman (Alfred), de Melle, à Lurcroux-de-Bouble, Allier.
Aelwaters (Emerentia) et enf., de Malines, à Saint-Hilaire, Allier.
Aebucht (Adolphe), de Gand, à La Flèche, Sarthe.
Aelterman (Charles-Louis) et fam., de Melle, à Nérac, Lot-et-Garonne.
Aerts (Gustave), de Gand, à Quimperlé, Finistère.
Aernoudt (Oscar) et fam., d'Ostende, à Concarneau, Finistère.
Aineel (Henri), de Thomant, à Cosne-sur-l'Œil, Allier.
Albrecht (Eward) et fam., de Boom, à Port-Sainte-Marie, Lot-et-Garonne.
Albrech (Maria) et fam., d'Anvers, à Port-Ste-Marie, Lot-et-Garonne.
Albrecht (Josef), de Louvain, à Arzano, Finistère.
Albrechts (Vitalis) et fam., de Wolverthem, à Beuzec-Conq, Finistère.
Alens (Auguste) et fam., d'Haecht, à Le Faou, Finistère.
Algoet (Edmond), d'Iabbeke, à Souillac, Lot.
Alliet (André), de Coolscamp, à Concarneau, Finistère.
Alinville (Maurits d'), de Gand, à Coigny, Manche.
Allaerts (François), de Louvain, à Arzano, Finistère.
Aliaert (Hector), de Thielt, à Plounévérel, Finistère.
Alleyn (Alphonse), d'Assebrouke, à Bannalec, Finistère.
Allemeersch (Emile) et fam., de Snelleghem, à Pleyben, Finistère.
Allard (Clémentine) et fam., de Taintegnies, à Condom, Gers.
Allart (Louis-Emile), de Taintegnies, à Lectoure, Gers.
Alleman (Julien), de Bourtray, à Sarriac, Hautes-Pyrénées.
Alleyn (Auguste), de Bruges, à Montoire, Loir-et-Cher.
Allary (Albert) et frère, d'Ostende, à Montoire, Loir-et-Cher.
Allevaert (Clémence), de Ronlers, à Lahutte-Toupière, Hautes-Pyrénées.
Allemersch (René) et fam., d'Assebrouck, à Voussac, Allier.
Alpaerts (Joseph), de Lierre, à Gannat, Allier.
Amaert (Théophile), de Malines, à Concarneau, Finistère.
Ameye (Augustin), de Roulers, à Escondeaux, Hautes-Pyrénées.
Ameloot (Valentine), de Hoyst, à Chartres, Eure-et-Loir.
Ameloot (Odilon), de Heyst, à Chartres, Eure-et-Loir.
Ameloot (Esther), de Heyst, à Chartres, Eure-et-Loir.
Ameré (Adelaïde) et fam., de Roulers, à Liac, Hautes-Pyrénées.

Belges.

Anaerschot (Lambert), de Kosselaer, à Jenzat, Allier.
Andries (Joseph), de Malines, à Vieure, Allier.
Andriès (Mathilda), d'Anvers, à Port-Sainte-Marie, Lot-et-Garonne.
Andriès (Franciscus), d'Anvers, à Port-Sainte-Marie, Lot-et-Garonne.
Andriès (Maria-Thérésa), de Campenhout, à Carhaix, Finistère.
Augemaek (Louis), de Linden, à La Flèche, Sarthe.
Annys (Maurice), de Bruges, à Duravel, Lot.
Annys (Hippolyte), de Bruges, à Duravel, Lot.
Anseye (Pierre), de Bruxelles, à Hambye, Manche.
Antonys (Jeannette) et fam., de Malines, à Lanriec, Finistère.
Anthoons (Marie-Catherine), de Malines, à Quimperlé, Finistère.
Antoine (Alexandre) et fam., de Dompremy, à Charmes, Allier.
Apers (Pierre), de Malines, à Mézin, Lot-et-Garonne.
Appaerts (Elise) et fam., de Saint-Gilles-lès-Bruxelles, à St-Hernin, Finistère.
Appels (Nicolaas), d'Antwerpen, à Luzech, Lot.
Ardyns (Joseph) et fam., d'Alost, à Anglas-Juillac, Lot.
Ardis (Victorine), de Malines, à Saint-Aignan, Loir-et-Cher.
Arnould (Aline) et enf., de Saurélle, à Niort, Deux-Sèvres.
Arnold (Louise), de Villebrooke, à Lanriec, Finistère.
Arnoudt (Alphonse) et fam., de Bruges, à Rédéné, Finistère.
Arnou (Julien) et fam., de Zedelghem, à Pleyben, Finistère.
Arras (Joanna) et fam., de Lierre, à Sauzet, Lot.
Arras (Jeanne) et fam., de Lierre, à Sauzet, Lot.
Artels (Jean) et fam., de Beekom, à Pont-Aven, Finistère.
Asselbergs (Jeanne) et fam., de Stuivenberg, à Saint-Symphorien, Manche.
Aubroeck (Charles), de Gand, à Cosne-sur-l'Œil, Allier.
Astel (Josué), d'Ichteghem, à Rosporden, Finistère.
Audin (Virginie), de La Framerie, à Saint-Christophe-en-Boucherie, Indre.
Augustyn (Théophile), d'Ichteghem, à Bannalec, Finistère.
Aussaeelens (Maurice), de Bruges, à Guilligomarc'h, Finistère.
Autelet (Joseph), de Charleroi, à Niort, Deux-Sèvres.
Baart (Alphonse), de Gand, à Gressoville, Manche.
Baccke (Victor), de Zedelghem, à Trévoux, Finistère.
Bacha (Armand) et fam., d'Ostende, à Marseille, Bouches-du-Rhône.
Bachiri (Alphonse de), de . . . , à Cléden-Poher, Finistère.
Backelandt (Conrad) et fam., de Thielt, au Passage-d'Agen, Lot-et-Garonne.
Backer (Jean-Baptiste de) et fam., de Villebroeck, à Larreule, Hautes-Pyr.
Backer (Gustave de) et fam., d'Alost, à Souillac, Lot.
Backer (Laurentius de) et fam., d'Alost, à Souillac, Lot.
Backer (Théodore de), de Lebbeke, à Concorès, Lot.
Backer (Petrus-Josephus de), de Lebbeke, à Concorès, Lot.
Backer (Pierre de), d'Oisquercq-lez-Virginal, à Cénevières, Lot.
Backer (Jean de), de Perck, à Cahors, Lot.
Backer (Marie de) et fam., d'Alost, à Souillac, Lot.
Backer (Augusta de) et fam., d'Alost, à Souillac, Lot.
Backer (Oscar de), de Wetteren, à Coigny, Manche.
Backer (Edmond de), de Gand, à Nérac, Lot-et-Garonne.
Baeke (Gérome), d'Oudemburg, à Mézin, Lot-et-Garonne.
Baecker (Georges de), de Gand, à Nérac, Lot-et-Garonne.
Baelde (Henri), d'Anvers, à Catala, Hautes-Pyrénées.

Baele (Jules), de Swijnaerde, à Brout-Vernet, Allier.
Baerdeemaecher (Oscar de), de Gand, à Montoire, Loir-et-Cher.
Baerdmaecher (Rodolphe de), de Gand, à Montoire, Loir-et-Cher.
Baert (Henri), de Snellghem, à Saint-Remy-en-Rollat, Allier.
Baert (Adolphe), de Charleroi, à La Flèche, Sarthe.
Baert (Françoise), d'Anvers, à Sainte-Bazeille, Lot-et-Garonne.
Baert (Joseph), de Snelleghem, à Saint-Remy-en-Rollat, Allier.
Baes (Victor), de Bruxelles, à Maubourguet, Hautes-Pyrénées.
Baes (Henri), de Lophem, à Pleyben, Finistère.
Baesen (Adolphe), de Wyngène, à Saint-Aubin, Allier.
Baetens (Jean-Baptiste) et fam., de Malines, à Plouguer, Finistère.
Baetens (Cyrille), de Gand, à Castelmoron, Lot-et-Garonne.
Baetens-Suveck (Sylvia) et fam., de Gand, à Castelmoron, Lot-et-Garonne.
Baetens (Théophile) et fam., de Gand, à Castelmoron, Lot-et-Garonne.
Baetens (Clémentine), de Charroux, à Florine, Allier.
Baets (Liévain de), de Lovendegem, à Maubourguet, Hautes-Pyrénées.
Baillarge (Adrien), de Tours, à Mazières-en-Gâtine, Deux-Sèvres.
Baillin (Charles), de Gand, à Chantelle, Allier.
Baillon (Gabriel) et fam., de Termonde, à Spézet, Finistère.
Baillon (Ferdinand) et fam., d'Harnes, à Castelnau, Hautes-Pyrénées.
Bakelandt (René), de Hensbeke, à Montoire, Loir-et-Cher.
Bakermans (Constance) et enf., de Liège, à Fontanes, Lot.
Bal (Maria) et fam., de Boom, à Casteljaloux, Lot-et-Garonne.
Bal (Constant) et fam., d'Anvers, à Quimperlé, Finistère.
Balaux (Hubert), d'Ixelles, à Orléans, Loiret.
Balbaert (Charles) et fam., de Bruges, à Concarneau, Finistère.
Ballier (Auguste) et fam., de Gand, à Angoville-sur-Ay, Manche.
Balthazar (Joseph) et fam., de Louvain, à Arzano, Finistère.
Bamboer (Emile) et fam., de Wynendaele, à Rosporden, Finistère.
Bankaret (Victor), de Tielt, à Saint-Pourçain-sur-Besbre, Allier.
Banckart (Victor), de . . . . , à Saint-Pourçain-sur-Besbre, Allier.
Bansart (Richard), de Bruxelles, à Marseille, Bouches-du-Rhône.
Barbier (Jeanne) et enf., de Saint-Sauveur, à Pamproux, Deux-Sèvres.
Barbry (Alfons), de Bruges, à Labastide-du-Vert, Lot.
Bardyn (Julien), de Zonnebeke, à Lurcy-Lévy, Allier.
Barthélemy (Julie), de Boulle, à Quimperlé, Finistère.
Bartholemans (Alfred), de Bruges, à Mesnil-Amand, Manche.
Bartiaence (Guillardut) et fam., de Quanquernot, à Fouesnant, Finistère.
Bartiau (Pierre) et fam., de Malines, à Saint-Pourçain-sur-Besbre, Allier.
Bartamville (Alphonse) et fam., de Wygmael, à Bannalec, Finistère.
Baselier (Léon), de Gand, à Vicure, Allier.
Basselier (Arthur de), de Lebbeke, à Cahors, Lot.
Basset (Marcel), de Liévin, à Lucay-le-Male, Indre.
Bassens (Evariste), de Saint-André-les-Champs, à Concarneau, Finistère.
Bastin (Blanche), de Pont-de-Loup, à Toury, Eure-et-Loir.
Bastin (Octave), de Pont-de-Loupe, à Toury, Eure-et-Loir.
Bateleur (Raymond-Louis), de Gand, à Lithaire, Manche.
Batselier (Jeanne), de Lebbecke, à Quimperlé, Finistère.
Batsleer (Charles), de Gand, à Montrichard, Loir-et-Cher.
Batsleer (Léon-Charles), de Gand, à Concarneau, Finistère.
Baudart (Ida), de Grupet, à Auxerre, Yonne.
Baudot (Juliette), de Fontaine-Valmont, à Longueville, Manche.
Baudry (Mme) et fam., d'Anvers, à Saint-Symphorien, Manche.
Baudson (Thérèse), de Fontaine-Valmont, à Longueville, Manche.
Baurson (Aglaé), de Beaumont, à Niort, Deux-Sèvres.
Bauwens (Charles) et fam., d'Ostende, à Châteaulin, Finistère.
Bauwens (Cyril) et fam., de Steene, à Gignac, Lot.
Bax (Maurice), de Gand, à Montoire, Loir-et-Cher.
Bayens (Théophile) et fam., de Bruxelles, à Domérat, Allier.
Bayez (Antoine) et fam., de Saint-Andries, à Montoire, Loir-et-Cher.
Bayot (Marie), de Gozée-lez-Thuin, à Dreux, Eure-et-Loir.
Bayot (Jean-Baptiste), de Gozée-lez-Thuin, à Dreux, Eure-et-Loir.
Bayot (Jean-Baptiste), de Gozée, à Montainville, Eure-et-Loir.
Bayot (Marie), de Gozée, à Montainville, Eure-et-Loire.
Beach (Charles), d'Armentières, à Couleuvre, Allier.
Beau (Aloïs), d'Erneghem, à Rosporden, Finistère.
Beauclef (Alice), de Brabant, à Rabastens-de-Bigorre, Hautes-Pyrénées.
Beaudart (Alphonse), de Liemeux, à Foix, Ariège.
Beaudonck (Théodore), de Gand, à Pont-Levoy, Loir-et-Cher.
Beauprez (Henri) et fam., de Clerckem, à Trezelle, Allier.
Beauprez (Henri), de Nieppe, à Mesnil-Villeman, Manche.
Beausois (Alexandre), d'Hénin-Liétard, à Sainte-Geneviève-des-Bois, Loiret.
Beauwens (Camille), de Bruges, à Pont-Levoy, Loir-et-Cher.
Becbruggen (Jean), de Gand, à Mézin, Lot-et-Garonne.
Bécils (Maria), de Malines, à Pont-L'Abbé, Finistère.
Beck (de) [Hermann], de Sarladinge, à Lourdes, Hautes-Pyrénées.
Beck (Léopold), de Wijsecle, à Buxières-les-Mines, Allier.
Beckart (Philomène) et enf., de Roulers, à Maubourguet, Haute-Pyrénées.
Becker (de) [Robert], de Lennick, à Coigny, Manche.
Beckers-Gérard (Jean), d'Anvers, à Franchesse, Allier.
Bécu (Edouard), de Gentbrugge, à La Flèche, Sarthe.
Bécu (Adolphe) et enf., de Brugge, à Coucrec, Finistère.
Bécu (Léonard), de Snelleghem, à Saint-Rémy-en-Rollat, Allier.
Béda (Gustave), de Lokeren, à Brout-Vernet, Allier.
Beeckmann (Amis), de Coochalore, au Guilvinec, Finistère.
Beeckmann (Jérôme), de Ledeberg, à La Flèche, Sarthe.
Beel (Rémi), de Pitthem, à Plounévézel, Finistère.
Beets (Auguste), de . . . . . , à Saint-Pourçain-sur-Besbre, Allier.
Bageim (Albertine), de Thielt, à Agen, Lot-et-Garonne.
Bégler (Gustave), de Bruges, à Pont-Levoy, Loir-et-Cher.
Beir (de) [Emma], de Borgerhout, à Jaligny, Allier.
Beir (de) [Pierre], de Malines, à Vieure, Allier.
Bekaert (Célina) et enf., de Roulers, à Sombrun, Hautes-Pyrénées.
Bekaert (Philomène) et enf., de Roulers, à Sombrun, Hautes-Pyrénées.
Belder (de) [Josephus] et fam., de Lier, à Puy-l'Evêque, Lot.
Belder (de) [Auguste] et fam., d'Heger, à Guilvinec, Finistère.
Bélier (Edmond), de Gand, à Pont-Aven, Finistère.
Bellanger (Jean-Baptiste), de Bruxelles, à Présignac, Lot.
Belle (Noël), de Jemappes, à Surville, Manche.
Belleville (Benoît), de Gand, à Commentry, Allier.
Bellyn (Joseph) et fam., d'Eppeghem, à Quimperlé, Finistère.
Belmans (Louis), d'Anvers, à Branssat, Allier.
Belon (Pierre), de Termonde, à Loctudy, Finistère.
Belver (de) [Bertha] et fam., d'Hallande, à Guilvinec, Finistère.
Bemi (Anica), d'Aendrycke, à Montoire, Loir-et-Cher.
Benjamin (Jack), de Gand, à Saint-Pourçain-sur-Besbre, Allier.
Benoye (Jean), de Boortmeerbeek, à Figeac, Lot.
Benvans (Irina), de Sonnergem, à Concarneau, Finistère.
Berckiove (Maurice), de Bruges, à Doville, Manche.
Berckman (Gustave), de Gand, à Trévoux, Finistère.
Berckmans (Jules), de Gand, à Mézin, Lot-et-Garonne.
Berger (Louis), de Gand, à Pont-Levoy, Loir-et-Cher.
Berlanger (Charles), de Deurarcen, à Marseille, Bouches-du-Rhône.
Berlo (Gabriel), de Bruxelles, à Beaune, Côte-d'Or.
Bernaerts (Louis), d'Anvers, à Pont-Aven, Finistère.
Bernard (Hortense), de Langemarck, à Maubourguet, Hautes-Pyrénées.
Bernard (Maria), d'Alost, à Lignières-la-Carelle, Sarthe.
Bernard (Carol), d'Alost, à Lignières-la-Carelle, Sarthe.
Bernard (François) et fam., de Lille, à Roncey, Manche.
Bertel (Bernard) et fam., d'Anvers, à Quimperlé, Finistère.
Bertens (Louis), de Malines, à Moncrabeau, Lot-et-Garonne.
Bertouille (Liborie), de Béthune, à Hérenguerville, Manche.
Bertrand (Charles) et fam., de Namur, à Braussat, Allier.
Bertrand (Mme) et fam., d'Alost, à Lignières-la-Carelle, Sarthe.
Bertumville (Joséphine), de Wygmael, à Bannalec, Finistère.
Bertyn (Maurice), de Mariakerke-lez-Gand, à Trezelle, Allier.
Beryoets (Maria) et fam., de Lookstraat, à Saint-Vincent-Rive-d'Olt, Lot.
Berwouts (Polydore), de Gand, à Chantelle, Allier.
Bessest (Léon), de Mons, à Percy, Manche.
Betcrams (Marie), de Malines, à Salviac, Lot.
Betcrams (François) et fam., de Bync, à La Fresnaye-Chédouet, Sarthe.
Beuaert (Jean-Alphonse), de Lille, à Mesnil-Garnier, Manche.
Beuchère (de) [Joseph et Louis], de . . . . . , à St-Pourçain-s.-Besbre, Allier.
Beuchot (Constant), de Namur, à Saint-Nazaire, Isère.
Beugnies (Jules), d'Anderlues, à Saint-Gérand-le-Puy, Allier.
Beukeleirs (Jeanne) et fam., de Lier, à Saint-Vincent-Rive-d'Olt, Lot.
Beukels (Léopold), de Bruges, à Bayet, Allier.
Beuken (André), de Liège, à Saint-Pierre-de-Lamps, Indre.
Beul (de) [François], de Baesrode, à Arzano, Finistère.
Beul (de) [Henri] et fam., de . . . . , à Charroux, Allier.
Beurick (Paul), de Mont-Saint-Amand, à Moncrabeau, Lot-et-Garonne.
Beurmans (Henri), d'Anvers, à La Flèche, Sarthe.
Beuschère (de) [Louis et Joseph], de Bruges, à St-Pourçain-s.-Besbre, Allier.
Beuselinck (Médard), de Bruges, à Commentry, Allier.
Beutelinck (Camille), de Lophem, à Montoire, Loir-et-Cher.
Bever (de) [Hélène], d'Anvers, à Isle-Jourdain, Gers.
Bex (Pierre), de . . . . , à Cléden-Poher, Finistère.
Beye (Jean), de Blenod-lès-Pont-à-Mousson, à Rians, Var.
Beyen (Joris), de Gand, à Plobannalec, Finistère.
Beyl (Félix et Gustave), de Gand, à Chavroches, Allier.
Bie (de) [Pierre], de Thildonck, à Pirou, Manche.
Bie (de) [Marie-Antoine], d'Anvers, à Quimperlé, Finistère.
Biebuyck (Paul), de Bruxelles, à Marseille, Bouches-du-Rhône.
Bierlaire (Mme), de Middelkerke, à Montpinchon, Manche.
Bieseman (Camille et Constant), de Grembergen, à Jenzat, Allier.
Bilade (Thérèse), de Bruxelles, à Loctudy, Finistère.
Billaert (Louis) et fam., d'Ostende, à Quimperlé, Finistère.
Billiet (Adélard), de Saint-Michel, à Concots, Lot.
Billiet (Charles), de Middelkerke, à Saint-Aignan, Loir-et-Cher.
Birstien (Constant), de Gand, à La Feuillie, Manche.
Biscot (Maurice), de Ledeberg, à La Flèche, Sarthe.
Bischop (Armand), de Bruges, à Cretteville, Manche.

Bisschop (Jean-Baptiste) et fam., de Malines, à Castelmoron, Lot-et-Garonne.
Blaer (de) [Léontine], de Boom, à Preyssa, Lot.
Blaere (de) [Alphonse] et fam., de Roulers, à Lescurry, Hautes-Pyrénées.
Blaeu (de) [Alphonse], de Bruges, à Appeville, Manche.
Blairon (Philomène), de Frameries, à Grand'Combe, Gard.
Blamartz (Clara et Joseph), de Malines, à Target, Allier.
Blanchard (Aimé), d'Hazebrouck, à Montmarault, Allier.
Blancquaert (Jules), de Gand, à La Flèche, Sarthe.
Blavier (Joseph) et fam., de Dhuy, à Domérat, Allier.
Blavier (Joséphine), de Liège, à La Ricamarie, Loire.
Bleugels (Pétrus) et fam., d'Héreul, à Casteljaloux, Lot-et-Garonne.
Blessel (Jules) et fam., de Wyngem, à Saint-Aubin, Allier.
Bleus (Alphonse) et fam., de . . . . ., à Cléden-Poher, Finistère.
Blézer (de) [Françoise], de Malines, à Quimperlé, Finistère.
Blich (de) [Amez], de Gendbrugge, à Couleuvre, Allier.
Blich (Alphonf), de Bruges, à Lacassagne, Hautes-Pyrénées.
Blieck (Léon) et fam., de Bruges, à Nérac, Lot-et-Garonne.
Blindeman (Arthur) et fam., de Termonde, à Chassé, Sarthe.
Block (de) [Julia], d'Anvers, à Pouyastruc, Hautes-Pyrénées.
Block (de) [Louis], de Gand, à Saint-Menoux, Allier.
Blok (André) et fam., d'Oboeken, à Pont-Aven, Finistère.
Blonime (Jérôme), de Gand, à Agnac, Lot-et-Garonne.
Blomme (Camille) et fam., d'Oudemburgh, à Saosnes, Sarthe.
Blommaerts (Pierre), de Malines, à Quimperlé, Finistère.
Blommaert (Jérôme) et fam., de Grimberger, à Thoiré-s.-Contensor, Sarthe.
Blondia (Jules), de Meirelbecke, à Montmarault, Allier.
Blondeel (Auguste et Achille), de Bruges, à Commentry, Allier.
Blonmaerts (Louis), de Begghem, à Saint-Denis-Catus, Lot.
Blontrock (Oscar et François), d'Ostende, à Montoire, Loir-et-Cher.
Blonive (Jeanne), de Termonde, à Concarneau, Finistère.
Boagaerts (Frans), de Rotselaer, à Veurdre, Allier.
Bock (de) [Léon], de Swynaerde, à Granges, Lot-et-Garonne.
Bockaert (Constant), de Thielt, à Plounévézel, Finistère.
Bockeve (Marie) et enf., de Berchem, à Vaumas, Allier.
Boddez (Charles), de Ghistelles, à Lanriec, Finistère.
Bodino (Emile), de Gand, à Spézet, Finistère.
Boddier (Oscar), de Vladoloo, à Montoire, Loir-et-Cher.
Boegens (Alphonse), de Wévre, à La Flèche, Sarthe.
Boel (Valéry), de Deuderbelle, à Doyet, Allier.
Boel (de) [Alphonse], du Mont-Saint-Amand, à Appeville, Manche.
Boels (Alphonse et Calixte), de Campenhout, à Franchem, Allier.
Boerey (Maria), de . . . . ., à Cléden-Poher, Finistère.
Boeyden (Pierre), d'Ostende, à Voussac, Allier.
Boeyhens (Alphonse), d'Alost, à Mézin, Lot-et-Garonne.
Boehm (de) [Alphonse], de Gand, à La Flèche, Sarthe.
Boelaert (Palmyre) et enf., de Proven, à Montcuq, Lot.
Boelens (Edmond) et fam., de Gand, à Lalbenque, Lot.
Boels (Constant), de Compenhoux, à Prétot, Manche.
Boeljaert (Bertha), d'Ostende, à Rabastens, Hautes-Pyrénées.
Bogoert (Oscar), de Gand, à Mamers, Sarthe.
Bogaert (Rémi), d'Hoogstraat, à Montmarault, Allier.
Bogaert (François), de Caildd, à Montmarault, Allier.
Bogaert (Emile), de Landeauster, à Montmarault, Allier.
Bogaert (Adolphe), de Gand, à Bréut-Vernet, Allier.
Bogaert (Julien), de Bruges, à Guilligomarc'h, Finistère.
Bogaerts (Théophile), de Malines, à Arzano, Finistère.
Bogaerto (Jean), de Gremberghen, à Saint-Martin-Labouval, Lot.
Bogaert (Henri), de Saint-Michel, à Montoire, Loir-et-Cher.
Bohez (Charles) et fam., de Lezedeghen, à Trévoux, Finistère.
Bohrs (Edgar), de Bruxelles, à La Flèche, Sarthe.
Bois (Isabelle du), de Malines, à Concarneau, Finistère.
Boite (Ferdinand) et fam., de Tournai, à Mesnil-Bonant, Manche.
Bolle (Léonard), d'Ostende, à Gouézec, Finistère.
Bols (Jean-Baptiste), de Louvain, à Plobannalec, Finistère.
Bomhals (Jean) et fam., de Wenduyne, à Montoire, Loir-et-Cher.
Bondroit (Jean-Baptiste), de Damprémy, à Marseille, Bouches-du-Rhône.
Bonnet (Albert), de Gand, à Chantelle, Allier.
Bonny (Maurice), d'Ostende, à Saint-Pé-Saint-Simon, Lot-et-Garonne.
Bonneville (Pascal), d'Anvers, à Quimperlé, Finistère.
Bonny (Charles), de Beckeghem, à Plonévez-du-Faou, Finistère.
Bonte (François) et fam., de Zeldelghem, à Trévoux, Finistère.
Bonte (Charles), de Zandwoorde-lez-Ostende, à Trévoux, Finistère.
Bonagune (Charles), de Malines, à Arzano, Finistère.
Bonheure (Gustave) et fam., de Bruges, à Rosporden, Finistère.
Bonne (Hermina), de Lierre, à Bannalec, Finistère.
Bonneure (René), de Bruges, à Concarneau, Finistère.
Bonneville (Jean-Baptiste), d'Anvers, à Quimperlé, Finistère.
Bonne (Jean), de Gand, à La Feuillée, Manche.
Bontin (Ernest), de Thielt, à Agen, Lot-et-Garonne.
Bontinck (Marguerite) et fam., d'Anvers, à Saint-Symphorien, Manche.
Booschem (René), de Semmersacke, à Montmarault, Allier.

Belges.

Boone (Octave), de Gand, à Bellenaves, Allier.
Boone (Joseph), de Furnes, à Escurolles, Allier.
Boonc (Jean-Bapt.) et fam., de Mons-en-Barœul, à Buxières-les-Mines, Allier.
Boone (Octave), de Gand, à Bellenaves, Allier.
Boogaerts (Louis), de Wilsele, à Saint-Hilaire, Allier.
Boogaerts (Frans), d'Ostende, à Le Veurdre, Allier.
Boogaerts (Joséphine), d'Ostende, à Quimperlé, Finistère.
Boone (Emile), de Saint-André, à Fontanes, Lot.
Boonen (Robert), de Gand, à Lévignan, Gironde.
Borckmans (René), de Gand, à Saint-Germain-de-Salles, Allier.
Borremans (Jean) et fam., d'Heverlé, à Lurcy-Lévy, Allier.
Borget (Maria de), de Malines, à Lanriec, Finistère.
Bornain (François), de Malines, à Saint-Sauveur-de-Meilhan, Lot-et-Gar.
Bornain (Mme), de Malines, à Saint-Sauveur-de-Meilhan, Lot-et-Garonne.
Borger (Joseph de), de Willebroeck, à Saint-Vincent-Rive-d'Olt, Lot.
Bosmans (François), d'Eppeghem, à Saint-Rémy-du-Plain, Finistère.
Bossart (Mme), de Roulers, à Toury, Eure-et-Loir.
Bosman (Antoinette) et fam., de Chênée, à Bannalec, Finistère.
Bosman (Joseph), de Chênée, à Bannalec, Finistère.
Bosman (Rodolphe), de Gand, à Pleyben, Finistère.
Bosmans (Rosalie) et fam., de Termonde, à Pont-l'Abbé, Finistère.
Bosman (Léon) et fam., de Chênée, à Bannalec, Finistère.
Bosselaer (Pierre) et fam., de Malines, à Bannalec, Finistère.
Bossy (René), d'Ichtighem, à Rosporden, Finistère.
Bosquet (Eugène), de Sin-le-Noble, à Remilly, Manche.
Bosseel (Louis), de Gand, à Angoville-sur-Ay, Manche.
Bottyn (Jules), de Saint-Andries, à Villeneuve-sur-Lot, Lot-et-Garonne.
Boterman (Georges), de Gendbruge, à Guilligomarc'h, Finistère.
Bottu (Marie) et fam., d'Ostende, à Saint-Ségal, Finistère.
Boterdaile (Hendrik), de Gand, à Guilvinec, Finistère.
Bouckaert (François), de Bruges, à La Flèche, Sarthe.
Bourguignon (Fernand) et fam., de Rance, à Issoudun, Indre.
Bouillot (Mme) et fam., de Villiers-les-deux-Eglises, à Auxon, Aube.
Bourgeois (Anna), de Malines, à Cahors, Lot.
Bourgeois (Georges), de Tourcoing, à La Meurdraquière, Manche.
Bourguet (Clément), d'Erquelines, à Montpinchon, Manche.
Bouilliart (Jean) et fam., d'Ostende, à Monfaucon, Hautes-Pyrénées.
Bonne (François), de Bruxelles, à La Flèche, Sarthe.
Bourgeois (Omer), de Schaerbeck, à . . . , Bouches-du-Rhône.
Bouwens (Isidore), d'Ostende, à Biozat, Allier.
Bouwens (Henri et Camille), de Clemskerke, à Biozat, Allier.
Bouvier et fam., de Charleville, à Vichy, Allier.
Boutens (Maurice), d'Hamme, à Vieure, Allier.
Boussel (Clara et Marie), de Wowfier, à Saint-Germain-des-Fossés, Manche.
Bouché (Louise), de Zomebeke, à Lurcy-Lévy, Allier.
Bouchat (Aubin), de Dinant, à Coursan, Aude.
Bouy (famille), de Machelen, à Casteljaloux, Lot-et-Garonne.
Bouvenas (Blanche), de Malines, à Sainte-Bazeille, Lot-et-Garonne.
Bouvier (Paul), de Gedinnes, à Villeneuve-sur-Lot, Lot-et-Garonne.
Boute (Joseph), de Bruges, à Concarneau, Finistère.
Boussy (Etienne), de Bruges, à Gouézec, Finistère.
Boussy (Wifried), de Bruges, à Gouézec, Finistère.
Boussy (Polydore) et fam., de Thielt, à Gouézec, Finistère.
Bovy (Joannès), de Macklen, à Casteljaloux, Lot-et-Garonne.
Bovenistier (Henriette) et frères, d'Ostende, à Montoire, Loir-et-Cher.
Bovyn (Ferdinand), de Lille, à Mondoubleau, Loir-et-Cher.
Boydens (Adrien), de Beyghem, à Lurcy-Lévy, Allier.
Boysère (Charles de), de Malines, à Sainte-Bazeille, Lot-et-Garonne.
Braekevelt (Georges), de Wyngene, à Saint-Aubin, Allier.
Brabants (Jean-Baptiste), de Lierre, à Bannalec, Finistère.
Brabants (Jean-Baptiste) et fam., de Malines, à Quimperlé, Finistère.
Bracke (Gustave), de Wetteren, à Bannalec, Finistère.
Bracke (Hubert), de Gand, à Bannalec, Finistère.
Bravacys (Pierre), d'Anvers, à Rédéné, Finistère.
Brabants (Isabelle), de Malines, à Quimperlé, Finistère.
Brabants (Auguste), de Lierre, à Bannalec, Finistère.
Bracke (Alvis), de Gand, à Canville, Manche.
Brabans (Constant), d'Anvers, à La Flèche, Sarthe.
Bram (Raoul), de Bruxelles, à La Flèche, Sarthe.
Braibant (Françoise) et fam., de Maubeuge, à Savigné-l'Evêque, Sarthe.
Brabander (Maurice), de Gand, à La Flèche, Sarthe.
Bract (Achille) et fam., de Willebroeck, à Gaillac, Lot.
Bracke (Arthur), de La Madeleine, à Montpinchon, Manche.
Braet (Grégoire), de Bruges, à Cretteville, Manche.
Brabandère (Edmond de), d'Hallenyn, à Montoire, Loir-et-Cher.
Brabandère (Alphonse), de Landegem, à Montoire, Loir-et-Cher.
Bral (Achille), d'Aeltre, à Montoire, Loir-et-Cher.
Bresson (Rosa) et enf., d'Anvers, à Néris-les-Bains, Allier.
Bresmeersh (Adolphe), de Bruges, à Ploéven, Finistère.
Bressy (Louise) et fam., de Liévin, à Montréal, Gers.
Brems (Emile) et fam., d'Humbeek, à Cajarc, Lot.

Breomeerch (Auguste), de Steene, à Gignac, Lot.
Brisson (Louise), de Jeumont, à Salindres, Gard.
Briquemont (Joseph) et fam., de Gorbion, à Saint-Maxire, Deux-Sèvres.
Bries (Ursule) et fam., de Louvain, à Virazeil, Lot-et-Garonne.
Brigneel (Alfonse), de Bruges, à Doville, Manche.
Bricoux (Augustin) et fam., d'Erquelines, à Roncey, Manche.
Brook (Maria de) et fam., d'Alsl, à Bazillac, Hautes-Pyrénées.
Broeck (Joseph de), d'Elewiyt, à Lurcy-Lévy, Allier.
Broudois et fam., de Charleville, à Vichy, Allier.
Brock (Camille), de Wercken, à Arzano, Finistère.
Brockhoven (Isabelle) et enf., de Malines, à Châteaulin, Finistère.
Bronckaert (Rémi), de Thielt, à Plounévézel, Finistère.
Bronders (Julien), de Bruges, à Rosporden, Finistère.
Brouckaert (Aloïse), de Bovekerke, à Bannalec, Finistère.
Brouckaert (Jérôme), de Clerchen, au Faou, Finistère.
Brouvers (Jean), de Malines, à Châteauneuf-du-Faou, Finistère.
Brouwen (Louis), de Malines, à Saint-Sauveur-de-Meilhan, Lot-et-Garonne.
Broucke (Eugénie), de Thourout, à Cahors, Lot.
Broothaers (Alphonse) et enf., d'Alost, à Souillac, Lot.
Brochet (Eugénie), de Rebecque, à Rabastens-de-Bigorre, Hautes-Pyrénées.
Brossaert (Octave et René), de Viseghem, à Mer, Loir-et-Cher.
Bruley (Julien), de . . . , à Valigurat, Allier.
Brungard (Marie), de . . . , à Bessèges, Gard.
Bruyninck (Alfons), de Marcq-en-Barœul, à Saint-Hilaire, Allier.
Bruyneel (Léonard et Armand), de Nevele, à Lurcy-Lévy, Allier.
Bruynooghe (Y.) et fam., de Mons-en-Barœul, à Buxières-les-Mines, Allier.
Bruneel (Théophile et Alphonse), de Bruges, à Franchesse, Allier.
Bruyn (Emile de) et fam., de . . . , à Charroux, Allier.
Bruyne (Victor de), de Grandbruggie, à Saint-Hilaire, Allier.
Brugnooghe (Achille), de Cortemarck, à Landeleau, Finistère.
Brusselle (Joseph) et fam., de . . . , à Arzano, Finistère.
Bruynooghe (Isidore), de Bruges, à Rédené, Finistère.
Bruyneel (Pierre), de Gand, à Concarneau, Finistère.
Bruynooghe (Arthur), de . . . , à Cléden-Poher, Finistère.
Bruyne (Henri de), d'Ostende, à Agen, Lot-et-Garonne.
Bruyère (Modeste), de Liége, à Pontorson, Manche.
Bruck (René de), de Bruges, à Angoville-sur-Ay, Manche.
Bruicken (Jean de), de Grimbergen, à Cahors, Lot.
Bruyne (Emilie de) et fam., d'Anvers, à Cahors, Lot.
Bruyère (Marie), de Liége, à Pontorson, Manche.
Brun (Mme de) et fam., d'Ostende, à Trouley-Labarthe, Hautes-Pyrénées.
Bruyneel (Achille) et fam., de Gand, à Montoire, Loir-et-Cher.
Brunooghi (Joseph) et fam., de Thourout, à Mer, Loir-et-Cher.
Bryssinck (Maria), de Termonde, à Jenzat, Allier.
Buck (Adolf de), de Saint-Amand, à Canville, Manche.
Buck (Joseph de), de Bruxelles, à Ménac-Villeman, Manche.
Buermans (Michel) et fam., de Lierre, à Gannat, Allier.
Buers (François), d'Aertselaer, à Saint-Hernin, Finistère.
Buers (François) et son ép., d'Anvers, à Saint-Hernin, Finistère.
Buers (Lucie), d'Aertselaer, à Saint-Hernin, Finistère.
Buelens (Henri), de Louvain, à La Flèche, Sarthe.
Buelens (Marie), d'Eppeghem, à Gourdon, Lot.
Buelens (Elisa), d'Eppeghem, à Gourdon, Lot.
Buf (Edmond de) et fam., d'Anvers, à Granges, Lot-et-Garonne.
Buffels (Arthur), de Bruges, à Peyrilles, Lot.
Bughgraeve (Maurice), de Bruges, à Concarneau, Finistère.
Buisset (Jules), de La Hulpe, à Charmes, Allier.
Buissoret (Charles), de Gozée, à Montainville, Eure-et-Loir.
Buis (Alphonse), de Coulle, à Quimperlé, Finistère.
Bulkaert (Irma) et fam., de Lichtervelde, à Gannat, Allier.
Bulls (Joseph), de Werchter, à Buxières-les-Mines, Allier.
Bullens (Marie), d'Oostache-lez-Gand, à Saint-Ségal, Finistère.
Bultinck (Adiel), de Thielt, à Plounévézel, Finistère.
Bulté (Gaston), de Gand, à Coigny, Manche.
Bulte (Jérôme), de Wetteren, à Coigny, Manche.
Buqnoy (Auguste), de Bruges, à Commentry, Allier.
Burrindo (Charles), de Gand, à Chavroche, Allier.
Bursens (Alphonse), d'Hoboken, à Cosne-sur-l'Œil, Allier.
Bury (Léopold) et fam., d'Anderlues, à Lourdes, Hautes-Pyrénées.
Burbu (Marie), d'Ostende, à Châteauneuf-du-Faou, Finistère.
Burke (Marie), d'Ostende, à Lostudy, Finistère.
Bursen (Charles), de Grenberghen, à Loctudy, Finistère.
Burgraeve (Jules), de Moorslede, à Cazaubon, Gers.
Bury (Marie), d'Erquelisnes, à Roncey, Manche.
Buslinck (René), de Dampremy, à La Flèche, Sarthe.
Business (Jean) et fam., d'Herent, à Pouyastruc, Hautes-Pyrénées.
Bussehere (Emile de), de Bruges, à Guilligomar'ch, Finistère.
Bussbère (René de), de Bruges, à Couleuvre, Allier.
Buscher (Alfons de), de Bruges, à Guilligomarch, Finistère.
Bus (Louis), de Malines, à Arzand, Finistère.
Busscher (François de) et fam., de Bruges, à Doville, Manche.

Buyle (Franz), de Berlaere, à Brout-Vernet, Allier.
Buysscher (Robert de) et fam., de Gendbrugge, à Poudenas, Lot-et-Garonne.
Buyl (Laura), d'Ostende, à Aiguillon, Lot-et-Garonne.
Buysse (Prosper) et fam., de Schaerbeck, à Passage-d'Agen, Lot-et-Garonne.
Buysscher (Robert de) et fam., de Gandbrugge, à Mezin, Lot-et-Garonne.
Buysse (Joseph) et fam., de Gand, à Lithaire, Manche.
Buyens (Amélie) et enf., de Beyghem, à Saint-Germain, Lot.
Buyssens (Henri), de Croix, à Hamleye, Manche.
Bylé (Edmond), de Bruges, à Saint-Ségal, Finistère.
Bysse (Achille), de Courtrai, à La Flèche, Sarthe.
Byteliev (Georges) et fam., de Ternath, à Pont-Aven, Finistère.
Cabckes (Charles), d'Ostende, à Sarriac, Hautes-Pyrénées.
Cac (Romain de), de Bruges, à Guilligomarch, Finistère.
Caclen (Bighé) et son épouse, de Zedelghem, à Trévoux, Finistère.
Cackebecke (Louis), de Gand, à Lithaire, Manche.
Caestecher (René) et fam., de Bruges, à Chantelle, Allier.
Caé (Alphonse de) et fam., de Bruges, à Pont-Aven, Finistère.
Caers (Michel) et fam., de Malines, à Concarneau, Finistère.
Caestecker (Adolphe) et fam., de Bruges, à Catus, Lot.
Caillaud (Fernand), de Quaregnon, à Chef-Boutonne, Deux-Sèvres.
Caillaut (Marie), d'Ypres, à Auxerre, Yonne.
Cailleaux (Aimé) et fam., de Wasmes, à Saint-Etienne, Loire.
Calliauro (Remy), de Ruddervoorde, à Jenzat, Allier.
Callerts (Joseph), d'Hombek, à Montmarault, Allier.
Callens (Léon), de Ledeberg, à Brout-Vernet, Allier.
Gailla ert (Charles), de Gand, à Voussac, Allier.
Callebout (Marie) et enf., d'Ostende, à Tostat, Hautes-Pyrénées.
Callens (Christine), de Thourout, à Mer, Loir-et-Cher.
Callebaut (Léonard), d'Anvers, à Mer, Loir-et-Cher.
Callebout (Hélène), d'Ostende, à Ledat, Lot-et-Garonne.
Calaers (Achille), de Gand, à Concarneau, Finistère.
Calmeyn (Baudoin), de Bruges, à Lithaire, Manche.
Caleden (Florimond), de Coxyde, à Cazaubon, Gers.
Calus (Gaston), d'Ostende, à Douelle, Lot.
Callens (Elodie), d'Uccebrugge, à Denneville, Manche.
Callewyn (Emile) et son frère, d'Hansbeke, à Montoire, Loir-et-Cher.
Calleeuw (Gustave), de Bruges, à Pontlevoy, Loir-et-Cher.
Calledont (Robert), de Thourout, à Cuzgarolles, Lot-et-Garonne.
Camiel (Jade), de Bruges, à Laussagne, Hautes-Pyrénées.
Cambier (Julien) et fam., de . . . , à Arzand, Finistère.
Campe (Henri), de Bruges, à Nérac, Lot-et-Garonne.
Camoberghs (Gérard) et fam., de Louvain, à Montoire, Loir-et-Cher.
Cans (Augustin) et enf., de Liége, à Brout-Vernet, Allier.
Canneyt (Louis), d'Assebrouck, à Rédené, Finistère.
Cang (Emile de), de Bruxelles, à La Bastide-de-Sérou, Ariège.
Cantillon (Eugène), de Rebecq, à Prétot, Manche.
Cappe (Téléphore) et fam., de Namur, à Domérat, Allier.
Cappelle (Jules) et fam., de Cortemarck, à Cosne-sur-l'Œil, Allier.
Cappelle (Georges), d'Anvers, à Orléans, Loiret.
Cappin (Armand), de Raghies, à Auxerre, Yonne.
Capiau (Desmares), de Dour, à La Lucerne-d'Outre-Mer, Manche.
Capelier (Robert), de Gand, à Lithaire, Manche.
Capelle (Eugène), de Walcourt, à Langronne, Manche.
Cappon (Camille), de Saint-André, à La Pallice, Charente-Inférieure.
Carreyn (Henri), de Bulscamp, à Montmarault, Allier.
Cardon (Alfons), de Moorsel, à Chezelle, Allier.
Cardon (Alphonse), de Berlaere, à Chantelle, Allier.
Garchon (Eugène), de Gendbrugge, à Commentry, Allier.
Garrette (Auguste) et fam., de Ruysselede, à St-Pourçain-sur-Besbre, Allier.
Carette (Camille) et fam., de Roulers, à Lias, Hautes-Pyrénées.
Caers (Maria) et enf., de Lier, à Puy-l'Evêque, Lot.
Carlier (Jules), de Gozée-lez-Charleroi, à Dreux, Eure-et-Loir.
Cardona (Alice), de Termonde, à Chassé, Sarthe.
Gareth (Marie) et enf., de Rousselaule, à Rabastens, Hautes-Pyrénées.
Carpentier (Jeanne), de Quaregnon, à Lauzun, Lot-et-Garonne.
Carlier (Désirée) et fam., de Gozée-le-Château, à Dreux, Eure-et-Loir.
Carpels (Jacques) et fam., de Bruges, à Concarneau, Finistère.
Carbon (Achille), de Loos, à Montpinchon, Manche.
Carmy (Gaston), de Lille, à Mesnil-Amand, Manche.
Carpentier (Jules), de Lens, à Saint-Jean-de-Duras, Lot-et-Garonne.
Carrière (Camille) et fam., de Rumbeke, à Cazaubon, Gers.
Caron (Jules), de Denain, à Valence, Gers.
Carul (Maria), d'Eecke, à Cazaubon, Gers.
Carton (Désiré), de . . . , à Lescherolles, Seine-et-Marne.
Carrail (Jean), de Malines, à Mer, Loir-et-Cher.
Carels (Alice) et fam., de Zedelghem, à Montoire, Loir-et-Cher.
Carton (Désiré), de Moutiers, à Lescherolles, Seine-et-Marne.
Castelin (Désiré), de Gand, à Droiturier, Allier.
Casier (Henri), de Roubaix, à Couleuvre, Allier.
Casier (Silvie) et sa fille, d'Ypres, à Pont-Levoy, Loir-et-Cher.
Casier (Camille), de Viseghem, à Mer, Loir-et-Cher.

Casier (Alphonse) et fam., de Cappellen, à Pont-Levoy, Loir-et-Cher.
Castelgn (Absolom) et fam., de Marquevillers, à St-Pourçain-s-Besbre, Allier.
Castiaux (Rupert), de Charleroi, à Agen, Lot-et-Garonne.
Casaert (Maurice), de Thielt, à Agen, Lot-et-Garonne.
Casteels (Polina), d'Elewygt, à Souillac, Lot.
Castelyn (Charles), de Saint-Michel, à Souillac, Lot.
Cattor (Camille), de Clemskerke, à Biozat, Allier.
Catoire (Charles), de Roubaix, à Couleuvre, Allier.
Cat (Emile de), de Calfort, à Luzech, Lot.
Catrysse (Achille), de Wulpen, à Pont-Levoy, Loir-et-Cher.
Catryne (Edouard), de Snelleghem, à Carhaix, Finistère.
Cathysse (Arthur), de Couckelaere, à Prérot, Manche.
Cattecœur (Marthe) et fam., de Thourout, à Cahors, Lot.
Catrysse (Hector), de Wulpen, à Pont-Levoy, Loir-et-Cher.
Catier (Edmond) et fam., d'Aerbrycke, à Montoire, Loir-et-Cher.
Cauwenbeyls (Ferdinand) et fam., de Malines, à Colayrac-St-Cirq, Lot-et-G.
Cauwenbergt (François) et fam., de Malines, à Colayrac-St-Cirq, Lot-et-Gar.
Caustry (Marie), de Lens, à Argenton, Indre.
Caustry (Joseph), de Lens, à Argenton, Indre.
Cauwenbergs (Jean), de Seelbrode, à Domérat, Allier.
Caudeville (Richard), de Jabeke, à Montmarault, Allier.
Caveye (Désiré) et fam., de . . ., à Saint-Pourçain-s.-Besbre, Alliee.
Caverneels (Jean), de Malines, à Rédéné, Finistère.
Cayphas (Marthe), de Gozée, à Montainville, Eure-et-Loir.
Caytaut (Marie) et fam., de Roulers, à Monfaucon, Hautes-Pyrénées.
Caytoent (Martha), de Roulers, à Rabastens, Hautes-Pyrénées.
Cayphas (Pierre) et fam., de Gozée, à Montainville, Eure-et-Loir.
Cernils (Colette), d'Anvers, à Fouesnant, Finistère.
Ceulenaire (François), d'Assebroucke, à Bannalec, Finistère.
Ceulenaire (Albéric), d'Assebroucke, à Bannalec, Finistère.
Ceuleers (François) et fam., de Muysey, à Châteauneuf-du-Faou, Finistère.
Ceulenaere (Gaston DE), de Gand, à Appeville, Manche.
Ceupens (Sophie) et fam., de Malines, à Trévoux, Finistère.
Ceuppens (Jean) et sa mère, de Malines, à Albas, Lot.
Ceuninck (Honoré DE), de Bruges, à Saint-Louet-s.-Vire, Manche.
Ceulemans (Léopold), de Malines, à Mer, Loir-et-Cher.
Ceulcers (Marie), de Malines, à Montoire, Loir-et-Cher.
Charlier (Alfred) et fam., de Bruxelles, à Saint-Aignan, Loir-et-Cher.
Chapon (Louis), de Reulies, à Toury, Eure-et-Loir.
Chalon (Hortense) et fam., d'Ostende, à Chateaulin, Finistère.
Charels (Pauline), d'Ottignies, à Pont-Aven, Finistère.
Charels (Désiré) et fam., d'Ottignies, à Pont-Aven, Finistère.
Chaubet (Henri) et fam., de Mechelen, à Rosporden, Finistère.
Chaessens (Isidore), de Lille, à Surville, Manche.
Chenaenc (Jules), de Neufville, à La Flèche, Sarthe.
Chanveau (Charles), d'Anvers, à La Flèche, Sarthe.
Charrier (Pierre), de Frère, à Auxon, Aube.
Chapelle (Geneviève), d'Ottignies, à Pont-Aven, Finistère.
Chapon (Gabrielle), de Reulies, à Toury, Eure-et-Loir.
Chaubet (Mme), de Mechelen, à Rosporden, Finistère.
Charlet (Emile), de Flénu, à Souyeaux, Hautes-Pyrénées.
Charel de Beul et son épouse, de Dendermonde, à Gannat, Allier.
Charpentier (Georges) et fam., de Longwy, à St-Pourçain-s.-Sioule, Allier.
Chauvaert (Richard), de Mazareth, à Bussat, Allier.
Charniaux (Thérèse), de Marcinelle, à Lurcy-Lévy, Allier.
Charlet (Marius) et fam., de Charleville, à Vichy, Allier.
Chabanas (Germaine), de Thiais, à Lapalisse, Allier.
Chatard (Anna), de Paris, à Lapalisse, Allier.
Chapotot (Julien) et fam., de Paris, à Lapalisse, Allier.
Chabot (Gilbert) et fam., de Choisy-le-Roy, à Varennes-s.-Allier, Allier.
Cheyns (Georges), de Gistel, à La Flèche, Sarthe.
Cheuliot (Léon) et fam., d'Ostende, à Quimperlé, Finistère.
Cheutein (Jeanne) et fam., de Paris, à Mayet-de-Montagne, Allier.
Christiaens (Léon), de Bruges, à Pont-Levoy, Loir-et-Cher.
Christiaen (Casimir), d'Iseghem, à Montoire, Loir-et-Cher.
Christiaens (Mathilde) et enf., d'Hombesck, à Beaumont-sur-Sarthe, Sarthe.
Christiaens (Jan), de Sempst, à Gourdon, Lot.
Chrétien (Georges), de Ledeberg, à Lanriec, Finistère.
Christaens (Théophile), d'Oostcamp, à Concarneau, Finistère.
Chuens (Marie), de Lierre, à Bannalec, Finistère.
Chucus (Ludovicus) et fam., de Lierre, à Bannalec, Finistère.
Chuikteur (Gustave) et fam., d'Ostende, à Sarriac, Hautes-Pyrénées.
Claeys (Léonie), d'Ostende, à Lédat, Lot-et-Garonne.
Claeys (Maurice), d'Ostende, à Lacassagne, Hautes-Pyrénées.
Claes (Jérôme) et fam., de Lierre, à Saint-Aignan, Loir-et-Cher.
Clarinval (Louis), de Corbion, à Saint-Maxire, Deux-Sèvres.
Clauvs (Aloysius) et fam., d'Anvers, à Châteauneuf-du-Faou, Finistère.
Claesen (Augusta) et enf., d'Anvers, à Saint-Nic, Finistère.
Claessens (Cyrille), de Wilbyck, à Bannalec, Finistère.
Claesens (Gabriel), d'Anvers, à Saint-Nic, Finistère.
Clarys (Germain), d'Ostende, à Concarneau, Finistère.
Clauvs (Lambert), d'Anvers, à Châteauneuf-du-Faou, Finistère.
Clauvs (Guillaume), d'Anvers, à Châteauneuf-du-Faou, Finistère.
Claes (Clémencia), de Thielt, à Concarneau, Finistère.
Claerboudt (Albert), de Tourcoing, à Longronne, Manche.
Clannwerts (Jean), d'Anvers, à La Flèche, Sarthe.
Claes (François), de Muysen-lez-Malines, à Payrac, Lot.
Claes (Jean) et enf., de Duffel, à Payrac, Lot.
Claeys (Albert), de Saint-André, à Peyrilles, Lot.
Clauvs (Emma), d'Anvers, à Châteauneuf-du-Faou, Finistère.
Claeys (Adolphe) et fam., d'Ostende, à Pont-Aven, Finistère.
Claeys (Camille), de Jabbeke, à Bannalec, Finistère.
Claes (Constant), de . . ., à Cléden-Poher, Finistère.
Claeys (Félix), de Warchen, à Plobannalec, Finistère.
Claeys (Gustaaf), d'Oostcamp, à Concarneau, Finistère.
Claes (Pétrus) et fam., de Thielt, à Concarneau, Finistère.
Claeys (Oscar), de Bruges, à Rosporden, Finistère.
Claesen (Maria), d'Anvers, à Saint-Nic, Finistère.
Claeys (Joseph), de Jabbeke, à Payrac, Lot.
Claeyssens (Joseph), de Bruges, à Salviac, Lot.
Claeyssens (Maurice), de Bruges, à Salviac, Lot.
Clauwaert (Jean-Baptiste), de Bruges, à Salviac, Lot.
Clauwaert (Julien), de Bruges, à Catus, Lot.
Claus (Léonie), de Gand, à Soturne, Lot.
Claessens (Edmond), de Bruxelles, à Orléans, Loiret.
Clauw (Emile) et fam., de Wevelgen, à Bellenaves, Allier.
Claeyssens (Judith), de Landegem, à Gannat, Allier.
Claessens (Ferdinand), d'Holsbeck, à Chavroche, Allier.
Ciann (Emile), de Bonmel, à Bellenaves, Allier.
Claes (François) et fam., de Lierre, à Trezelles, Allier.
Claeys (César), de Gand, à Couleuvre, Allier.
Claeys (Auguste), de Wondelgen, à Cosne-sur-l'Œil, Allier.
Claeys (Ivo), de Gand, à Cosne-sur-l'Œil, Allier.
Cleyman (Joseph), de Borgerhout, à Lasserre, Lot-et-Garonne.
Clercq (Joseph de) (Gustave de), de Gand, à Appeville, Manche.
Clerck (Gustave de), de Bruges, à Payrac, Lot.
Clercq (Albert de), de Gand, à Larreule, Hautes-Pyrénées.
Clercq (Louis de), de Gand, à Courville, Eure-et-Loir.
Clerck (Justin de), de Bruges, à Gouézec, Finistère.
Clerck (Léon de), de Saint-Pierre-sur-la-Dyck, à Nérac, Lot-et-Garonne.
Clercq (Albert de), de Gand, à La Flèche, Sarthe.
Cleijkens (Valéry), de Malines, à Quimperlé, Finistère.
Clément (Benjamin), d'Oertrycke, à Bannalec, Finistère.
Cleemwerck (Alphonse), de Bruges, à Saint-Denis-Catus, Lot.
Clercq (Arthur de), d'Erwetegem, à Franchesse, Allier.
Clercq (Edmond de), de Gendbrugge, à Chantelle, Allier.
Clercq (Maurice de), d'Anderlecht, à Gannat, Allier.
Clercq (Raymond de), de Bruges, à Chavroche, Allier.
Clément (François), d'Aertrycke, Allier.
Clitesse (Jean), de Bruxelles, à Virazeil, Lot-et-Garonne.
Clictour (Emile), de Bruges, à Concarneau, Finistère.
Clincki (Rémi), de Thielt, à Biozat, Allier.
Clippie (René de), de Farladingc, à Lourdes, Hautes-Pyrénées.
Cloots (Joseph) et frère, de Gand, à Pont-Levoy, Loir-et-Cher.
Cloostermans (Jeanne), de Malines, à Virazeil, Lot-et-Garonne.
Cloetens (Eugène) et fam., de Mechelen, à Casteljouloux, Lot-et-Garonne.
Cloostermans (Rosalie) et fam., de Malines, à Virazeil, Lot-et-Garonne.
Clooth (Mélanie) et fam., d'Herenthals, à Trévoux, Finistère.
Clourvaert (Edouard), de . . . , à Charroux, Allier.
Clybaud (Camille) et fam., d'Eernegheim, à Bannalec, Finistère.
Clymans (Jean), d'Anvers, à Cénevières, Lot.
Cneuvels (Evarist) et son frère, de Gand, à Vicure, Allier.
Cnops (Victor) et fam., de Malines, à Pont-Aven, Finistère.
Cnops (Armand), d'Everlé, à Commentry, Allier.
Cobbaux (Edmond) et son frère, de Gand, à Vieure, Allier.
Cobbaert (Stanislas), d'Alost, à Chantelle, Allier.
Cobbaut (Stanislas), de Wondelgem, à Chezelle, Allier.
Cochin (Elisabeth), d'Anvers, à Montoire, Loir-et-Cher.
Cocu (Mathilde), de Quaregnon, à Chef-Boutonne, Deux-Sèvres.
Coch (Louis de), d'Alost, à Guilligomar'ch, Finistère.
Cocriamont (Julien) et fam., de Bruxelles, à Marseille, Bouches-du-Rhône.
Cocquyt (Alphonse) et son frère, de Mariakerke, à Chavroche, Allier.
Coech (Joseph) et enf., de Beggynendyk, à Louroux-de-Bouble, Allier.
Coeck (Jean) et fam., d'Heystop-den-Berg, à Saint-Aignan, Loir-et-Cher.
Coewe (Joseph de) et fam., de Gand, à Lithaire, Manche.
Coester (Jules de), d'Ostende, à Vire, Lot.
Coeymelech, d'Ostende, à Penmarch, Finistère.
Coene (Georges de), de Mont-Saint-Amand, à Poudenas, Lot-et-Garonne.
Goeuye (Léon) et fam., d'Ostende, à Saint-Antoine, Lot-et-Garonne.
Copét (Méhul), de Paliseul, à Frontenay-Rohan-Rohan, Deux-Sèvres.
Gokse (Anne), d'Hérent, à Plonévez-Porzay, Finistère.
Colpaert (Jean-Baptiste), de Roulers, à Lascazères, Hautes-Pyrénées.

Colbart (Auguste), de Bekeghem, à Spézet, Finistère.
Colbart (Florémon), de Bekeghem, à Spézet, Finistère.
Collart (Claire), de Saint-Loup-Terrier, à Quimperlé, Finistère.
Collin (Adolphe) et fam., d'Heverlé-Louvain, à Pont-Aven, Finistère.
Collineh (Jeanne), d'Anvers, à Lanriec, Finistère.
Colombier (Camille), de Bruges, à Pouilaouen, Finistère.
Colerbaut (Félix), de Londerzeel, à Prétat, Manche.
Collet (Deliska), d'Erquelines, à Montplonchon, Manche.
Collet (Victor), d'Ault, à Montaigu-les-Bois, Manche.
Collet (Benjamin), d'Ault, à Montaigu-les-Bois, Manche.
Colson (Constantin), de Gasberler, à Saint-Pierre-de-Rivière, Ariège.
Cabie (Ferdinand), de Liège, à La Flèche, Sarthe.
Collin (Jeanne), de Louvain, à Pont-Aven, Finistère.
Coene (Eugénie), de Willebrouk, à Masvíel, Lot.
Coene (Léon), de Tessélt, à Lapoujade, Lot.
Cœneu (Alphonse) et fam., de Lierre, à Douelle, Lot.
Colombeens (Oscar), de Mariakerke, à Chavroche, Allier.
Colin (Luc), d'Erquelinnes, à Saint-Géraud-le-Puy, Allier.
Colyn (Isidore), de Gand, à Lurcy-Levy, Allier.
Comyn (Ludovic) et fam., de Malines, à Lanriec, Finistère.
Con (Marie), de Bruxelles, à Chartres, Eure-et-Loir.
Coninck (Gustave de), d'Anvers, à La Flèche, Sarthe.
Coninck (Joseph de) et fam., de Campenhout, à Rampoux, Lot.
Constant (Jacques), de Thourout, à Montoire, Loir-et-Cher.
Condries (Joseph), de Duffel-Traph, à Châteauneuf-du-Faou, Finistère.
Coninck (Alphonse de), de Saint-Denis-Westrem, à Montmarault, Allier.
Contryn (Émile), de Louvain, à Commentry, Allier.
Coots (Jean) et fam., de Malines, à Bazillac, Hautes-Pyrénées.
Coosemans (Théophile), de Malines, à Maubourguet, Hautes-Pyrénées.
Cool (Jules), de Thourout, à Pons-Levoy, Loir-et-Cher.
Coo (Joseph de), de Sas-Slykens-lez-Ostende, à Quimperlé, Finistère.
Cool (Joseph) et fam., de Saint-Andries, à Villeneuve-s.-Lot, Lot-et-Garonne.
Coomens (Sylvie), de Bonheyden, à Houeillès, Lot-et-Garonne.
Coop (Camille), de Malines, à Saint-Pé-Saint-Simon, Lot-et-Garonne.
Coosemann (Pétronille), de Malines, à Quimperlé, Finistère.
Coohman (Romaine), d'Hamme, à Carhaix, Finistère.
Cools (Édouard), de Jabbeke, à Payrac, Lot.
Cools (Charles), de Malines, à Duravel, Lot.
Cools (Léon), de Saint-André, à Labastide-du-Vert, Lot.
Cools (Maria) et enf., de Malines, à Bazillac, Hautes-Pyrénées.
Gopman (Camille) et frères, de Zedelghem, à Montoire, Loir-et-Cher.
Coppenolle (François), de Gand, à La Flèche, Sarthe.
Coppenolle (Auguste), de Gand, à Bannalec, Finistère.
Coppens (Falari), de Proven, à Montcuq, Lot.
Coppens (Frank), d'Eroudegem, à Flangnac, Lot.
Coppičters (Remie), de Willebroeck, à Saint-Vincent-Rive-d'Olt, Lot.
Copinana (Hector), de Zedelghem, à Mer, Loir-et-Cher.
Coppemeur (Mme P.), de Liège, à Lourdes, Hautes-Pyrénées.
Coppens (Léon), d'Anderlues, à Saint-Géraud-le-Puy, Allier.
Coppens (Adolphe), de Mariakerke, à Brout-Vernet, Allier.
Coppens (Frédéric), de Gand, à Saint-Pourçain-sur-Besbre, Allier.
Coppens (Corneille), d'Elervijt, à Lurcy-Levy, Allier.
Coppens (Frédéric), de . . . , à Saint-Pourçain-sur-Besbre, Allier.
Coquelet (Arthur), de Tertre, à Saint-Hilaire, Allier.
Cormaud (Marie) et fam., d'Alost, à Spezet, Finistère.
Cortie (Alfons de), de Bruges, à Concarneau, Finistère.
Corninck (Jeanne de), de Sempto, à Loctudy, Finistère.
Cormaud (Jean-Baptiste), d'Alost, à Spezet, Finistère.
Cortoriendt (Faureil), de Bruges, à Guilligomarc'h, Finistère.
Cormaud (Joseph) et fam., d'Alost, à Spezet, Finistère.
Cornelis (Jean), de Termonde, à Loctudy, Finistère.
Cornélis (Mme) et fam., d'Ostende, à Penmarck, Finistère.
Cornélis (Jacques), de Termonde, à Loctudy, Finistère.
Corteu (François), de Rotselaer, à Quimperlé, Finistère.
Cornil (Alphonse), de Charleroi, à Biéville, Manche.
Cordier (Gustave), de Valenciennes, à Agen, Lot-et-Garonne.
Cortebeeck (Anna) et fam., d'Hombeck, à Beaumont-sur-Sarthe, Sarthe.
Cornil (Florent), de Gand, à Chartres, Eure-et-Loir.
Cordenier (Angèle), de Mauekensveren, à Concarneau, Finistère.
Cornilly (Charles), de Steene, à Gignac, Lot.
Cornillie (Hector) et enf., d'Anvers, à Cabrerets, Lot.
Cortoys (Léon), de Bruges, à Catus, Lot.
Corturiendt (Désiré), de Bruges, à Peyrilles, Lot.
Corveleyn (Maurice), d'Ostende, à Montoire, Loir-et-Cher.
Corsélis (Louis) et fam., de Malines, à Pontlevoy, Loir-et-Cher.
Cornelis (Henri) et fam., de Meddelkerke, à Montoire, Loir-et-Cher.
Corremans (François) et fam., de Nid, à Montoire, Loir-et-Cher.
Corte (Henri), d'Alost, à Montmarault, Allier.
Cornélis (Jules) et fam., de Furnes, à Couleuvre, Allier.
Cossens (Rémi), de Mont-Saint-Amand, à La Flèche, Sarthe.
Coster (de) [Auguste], d'Ardoye, à Montoire, Loir-et-Cher.
Coster (de) [Charles] et fam., de Termonde, à Loctudy, Finistère.
Costers (Corneille) et fam., de Wespelear, à Poullaouen, Finistère.
Costes (de) [Frans], de Thildouck, à Castelmoron, Lot-et-Garonne.
Costers (Victor), de Bruges, à Pontlevoy, Loir-et-Cher.
Cosyus (Guillaume), d'Ixelles, à Marseille, Bouches-du-Rhône.
Coster (de) [Séraphin], de Ledeberg, à Brout-Vernet, Allier.
Coster (de) [Jean], de Bruges, à Buxières-les-Mines, Allier.
Cosman (René), de Thielt, à Cosne-s.-l'Œil, Allier.
Coustirs (Auguste) et fam., de Morcilles, à Le Guilvinec, Finistère.
Courrier (Pierre), de Roubaix, à Saint-Denis-le-Gast, Manche.
Court (Jean-Baptiste), de La Louvière, à Agen, Lot-et-Garonne.
Couet (Auguste), de Gand, à Lithaire, Manche.
Couvreur (Pierre) et fam., de Middelkerke, à Ste-Colombe-de-Vil...
Court (Jean-Baptiste), de La Louvière, à Soturac, Lot.
Coussement (Henri) et fam., d'Ostende, à Cahors, Lot.
Couymans (Auguste), d'Anvers, à Montcuq, Lot.
Couppens (Frans) et fam., de Malines, à Montoire, Loir-et-Cher.
Coudenys (André), de Zedelghem, à Montoire, Loir-et-Cher.
Coutrainolt (Henri), de Gand, à Chavroche, Allier.
Couppens (Pierre), d'Anvers, à Cosne-s.-l'Œil, Allier.
Cousin (Michel) et fam., de Gand, à Vieure, Allier.
Crabbé (Séraphine), de Thielt, à Concarneau, Finistère.
Craenhols (Frans), d'Anvers, à Gontaud, Lot-et-Garonne.
Crée (de) [Christian], de Malines, à Montoire, Loir-et-Cher.
Crède (Ernest), de . . ., à Bessèges, Gard.
Creus (Edmond), de Loos-lès-Lille à Varennes, Indre.
Creupeland (Constant) et fam., de Courtrai, à Saint-Pourçain, Allier.
Cree (de) [Isidore] et fam., d'Eppeyhem, au Vigan, Lot.
Crévist (Aloës) et fam., de . . . , à Cleden-Poher, Finistère.
Crehel (Joseph), de Gand, à La Flèche, Sarthe.
Crens (Remy), de Perenchies, à Lengronne, Manche.
Créten (Henri), de Roubaix, à Lombez, Gers.
Creyf (Edmond), de Saint-André, à Peyrilles, Lot.
Crevits (Cyrille) et fam., de Thouront, à Montoire, Loir-et-Cher.
Crivit (Pierre), d'Aertryck, à Bellenaves, Allier.
Crommelinck (Louis), de Genbrugge, à Saint-Germain-de-Salles, Allier.
Croock (de) [Auguste], de Gand, à St-Martin-Labouval, Lot.
Crol (Albert), de Malines, à Fouessant, Finistère.
Crois (Louis) et fam., d'Ostende, à Pont-Aven, Finistère.
Crol (Rosalie) et fam., de Malines, à Fouesnant, Finistère.
Croket (Ferdinand) et fam., de Louvain, à Agen, Lot-et-Garonne.
Croot (de) [Arthur], de Bruges, à Mézin, Lot-et-Garonne.
Crombet (Eugène) et fam., de Drour, à Champcey, Manche.
Cronieleef (Ernest), de Gand, à La Flèche, Sarthe.
Crook (de) [Oscar], de . . . , à Rosporden, Finistère.
Crocq (de) [Oscar], de Bruges, à Rosporden, Finistère.
Crombez (Eugène), de Dour, à Champcey, Manche.
Crokaerts (Jeanne) et fam., de Siène, à Sauzet, Lot.
Cshysel (Edouard), d'Ostende, à Loctudy, Finistère.
Cumps (Julien), de Tubis, à Montmarault, Allier.
Cupère (de) [Augusta], d'Enghion, à Rabastens, Hautes-Pyrénées.
Curien (Augustine), de Malines, à Bannalec, Finistère.
Curvers (Léontine) et enf., d'Ostende, à Vires, Lot.
Cuvelier (Charles), de Bruxelles, à Dernerat, Allier.
Cuveliers (François), de Werchter, à Buxières-les-Mines, Allier.
Cuvit (Pierre), d'Aertrycht, à Bellenaves, Allier.
Cuvilliers (Georges), de Gand, à Sainte-Buzeille, Lot-et-Garonne.
Cuylle (Victor), de Couchelaere, à Treffiagat, Finistère.
Cruppeu (Georges), d'Ostende, à Nérac, Lot-et-Garonne.
Cuypere (de) [Alfred], d'Erquelines, à Montpinchon, Manche.
Cuyper (de) [Colette], de Boom, à Preyssac, Lot.
Cuyper (de) [Marie-Christine], d'Ostende, à Mézin, Lot-et-Garonne.
Cuypers (Edgard), de Bruges, à Pontlevoy, Loir-et-Cher.
Cyriel (Bonno), d'Oostcamp, à Treffiagat, Finistère.
Daelman (Jules), de Lophen, à Quimperlé, Finistère.
Daelman (Sabine), de Saint-Michel, à Carhaix, Finistère.
Daems (Joséphine), de Mecheleu, à Rabastens, Hautes-Pyrénées.
Daems (Jean), de Malines, à Rabastens, Hautes-Pyrénées.
Daems (Alphonse) de Villevorde, à La Flèche, Sarthe.
Daelemans (Anna), de Sempst-Laer, à Saint-Denis-Catus, Lot.
Daelemans (Maria), de Sempst-Laer, à Saint-Denis-Catus, Lot.
Daermont (Albert), de Borgeroüt, à La Flèche, Sarthe.
Daens (Marie), de Louvain, à Concarneau, Finistère.
Daenekindt (Édouard), de Saint-Michel, à St-Sauveur-de-Pierrepont, Ma...
Daer (Louis) et fam., de Malines, à Target, Allier.
Daghelet (Georges), d'Ostende, à l'Isle-Jourdain, Gers.
Dagnelie (Clémence), de Lobbes, à Louroux-de-Bouble, Allier.
Dal (Jules), de Braine-le-Comte, à Mingot, Hautes-Pyrénées.
Dallemand (Joseph) et fam., de . . . , à Port-Sainte-Marie, Lot-et-Garonne.
Dalpier (Pierre), de Malines, à Concarneau, Finistère.
Dallemagne (Victor), d'Ottignies, à Perpignan, Pyrénées-Orientales.

Daman (Jean), de Malines, à Saint-Sauveur-de-Meilhan, Lot-et-Garonne.
Damme (Berthe), de Wetteren, à Bannalec, Finistère.
Damman (Henri), de Gand, à Trévoux, Finistère.
Damme (Anna), de Wetteren, à Bannalec, Finistère.
Damman (Henri), de Gand, à Quimperlé, Finistère.
Danneels (Honoré), de Ledeberg, à Commentry, Allier.
D'Anvers (Joseph), de Mont-Saint-Amand, à Montmarault, Allier.
Dannoi (Jules), de Wayaux, à Laslades, Hautes-Pyrénées.
Daniel (Désiré) et fam., de Ruit, à Samatan, Gers.
Dankaers (Egide), de Lierre, à Bannalec, Finistère.
Danneech (François), de Bruges, à Hervançon, Finistère.
Dankaers (Josépha), de Lierre, à Bannalec, Finistère.
Darteyel (Victor), de Thuillies, à Marseille, Bouches-du-Rhône.
Daron (Amélie), d'Hyds, à Hérent, Allier.
Daron (Edouard), d'Hérent à Saint-Antoine, Lot-et-Garonne.
Darras (Rosalie), de Quaregnon, à Lauzun, Lot-et-Garonne.
Dartevelle (Héléna), d'Anderlues, à La Ricamarie, Loire.
Dartevelle (Germaine), d'Anderlues, à La Ricamarie, Loire.
Dartevelle (Madeleine), d'Anderlues, à la Ricamarie, Loire.
Dartevelle (Eriste), d'Anderlues, à la Ricamarie, Loire.
Dasserville (Marie) et fam., d'Ostende, à Quimperlé, Finistère.
Dastot (Justin) et fam., d'Erquelines, à Lourdes, Hautes-Pyrénées.
Dauven (Rosalie) et fam., de Contech, à Châteauneuf-du-Faou, Finistère.
Daure (Maria), de Tournai, à Cazauben, Gers.
Daure (Maria) et enf., de Tournai, à Cazaubon, Gers.
Dauwe (Domieu), de Gand, à Durarel, Lot.
Dauw (Richard), d'Ostende, à Puy-l'Evêque, Lot.
Daum (Marie), de Belgique, à Saint-Germain-des-Fossés, Allier.
David (Germaine) et enf., de Baccarat, à Chamblet, Allier.
Davoine (Alzelma) et fam., de Belgique, à Granville, Manche.
David (Marguerite), de Jabbecke, à Quimperlé, Finistère.
David (Léon), d'Ostende, au Ledat, Lot-et-Garonne.
David (Camille), de Bruges, à Dosille, Manche.
David (Emile) et fam., d'Ostende, au Ledat, Lot-et-Garonne.
Debraner (Pierre), de Roulers, à Rabastens, Hautes-Pyrénées.
Debellier (Florine) et fam., de Quaregnon, à Granville, Manche.
Debat (Eduard), de Puers-Calfort, à Luzech, Lot.
Debos (Léa), de . . . , à Maubourguet, Hautes-Pyrénées.
Debic (Joseph), de Wespelaa, à Sombrun, Hautes-Pyrénées.
Deblanc (Théophile), de Wynghem, à Rabastens, Hautes-Pyrénées.
Debanderez (Jules), de Gand, à Crettéville, Manche.
Debieux (Alfred), de Leers, à Hambye, Manche.
Debraumer (François) et fam., d'Alost, à Surville, Manche.
Debrugne (Girard), de Saint-André, à Angoville-sur-Ay, Manche.
Debacker (Francisca) et fam., de Sempst, à Gourdon, Lot.
Debacker (François) et enf., de Lebbeke, à Cahors, Lot.
Debacker (Jean), de Lebbeke, à Cahors, Lot.
Debacker (Marie), de Lebbeke, à Cahors, Lot.
Dehaes (Camille), de Saint-Michel-lez-Bruges, à Anglars, Lot.
Debessel (Victor) et fam., de Beaumont, à Dreux, Eure-et-Loir.
Deboever (Julie), de Bruxelles, à Quimperlé, Finistère.
Debruyne (Charles) et fam., d'Ostende, à Agen, Lot-et-Garonne.
Debosscherre (Louise), de Roulers, à Rabastens, Hautes-Pyrénées.
Debœuf (Julia), de Roulers, à Maubourguet, Hautes-Pyrénées.
Debaut (Rémi), de Wielpen, à Pontlevoy, Loir-et-Cher.
Debacker (Georges), de Gand, à Pontlevoy, Loir-et-Cher.
Debrouwer (Marcel), de Bruges, à Pontlevoy, Loir-et-Cher.
Debels (Isidore), de Boma, Congo belge, au Temple-Médoc, Gironde.
Debaeno (Firmin), d'Oostcamp, à Treffiagat, Finistère.
Debaillie (Hector), de Couchelaere, à Treffiagat, Finistère.
Debacche (Auguste), de Zedelghem, à Trévoux, Finistère.
Deboever (Gabrielle), de Bruxelles, à Quimperlé, Finistère.
Debusschere (Cyriel), de Oostcamp, à Concarneau, Finistère.
Debrugus (Maria) de Eessen, à Quéménéven, Finistère.
Deboulle (Juliette), de Buzet, à Carhaix, Finistère.
Debruyne (Aloïs), de Wercken, à Arzano, Finistère.
Debock (Daniel), de Termonde, à Edern, Finistère.
Debliquit (Alphonse), de . . . , à Dions, Gard.
Debliquit (Aline), de . . . , à Dions, Gard.
Deboeck (Léon), de . . . , à Charroux, Allier.
Debruille (Robert), de Gendbrugge, à Commentry, Allier.
Debergh (Marie-Louise), de Lille, à Buxières-les-Mines, Allier.
Deblanc (Emile), de Saint-Vincent, à Franchesse, Allier.
Decremer (Louisa), d'Ostende, à Landeleau, Finistère.
Decremer (Elisabeth), d'Ostende, à Landeleau, Finistère.
Decru (Victor), de Couhelaest, à Spezet, Finistère.
Decremer (Thérésia) et fam., d'Ostende, à Landeleau, Finistère.
Decker (Amélie de), de Tournai, à Concarneau, Finistère.
Decru (Maurice), de Coukelaest, à Spézet, Finistère.
Decru (Henri), de Coukelaest, à Spézet, Finistère.
Declerck (Richard) et fam., de Bruges, à Ploéven, Finistère.
Decerf (Irma), de . . . , à Cléden-Poher, Finistère.
Decorminck (Alphonse), d'Ostende, à Gouézec, Finistère.
Decremer (Ludovicus) et fam., d'Ostende, à Landeleau, Finistère.
Deceunivel (Léontine) et fam., de Roulers, à Peyrin-Escondeaux, Htes-Pyr.
Décostère (Julia) et fam., de Roulers, à Labatut-Rivière, Hautes-Pyrénées.
Deceuninck (Charles) et fam., de Roulers, à Laméac, Hautes-Pyrénées.
Decuper (Achille) et enf., d'Enghien, à Sarriac, Hautes-Pyrénées.
Decuster (Victor) et frère, de Wackerpelle, à Mer, Loir-et-Cher.
Deconinck (Achille) et fam., de Gistelles, à Pont-Levoy, Loir-et-Cher.
Decompel (Lucie), de Middelkerke, à Montoire, Loir-et-Cher.
Decock (Camille), de Thourout, à Pont-Levoy, Loir-et-Cher.
Decleir (Emma), de Viseghem, à Mer, Loir-et-Cher.
Deconinck (Eugène), de Gistelles, à Pont-Levoy, Loir-et-Cher.
Deceuninck (Louise) et fam., de Roulers, à Laméac, Hautes-Pyrénées.
De Decker (Alfred) et fam., de Louvain, à Concarneau, Finistère.
Declerck (Jean), de Saint-Pierre-sur-la-Dyck, à Nérac, Lot-et-Garonne.
Deckers (Justin) et fam., d'Oudenburg, à Mézin, Lot-et-Garonne.
Declerck (Pauline), de Lens, à Saint-Christophe, Indre.
Decauver (Jean-Baptiste), de Lens, à Luçay-le-Mâle, Indre.
Decloedt (Henri) et fam., de Saint-André, à Labastide-du-Vert, Lot.
Declerc (Auguste), d'Iobteghem, à Saint-Clair, Lot.
Decorte (Pauline) et fam., d'Ostende, à Ledat, Lot-et-Garonne.
Declerck (Jacques) et fam., de Termonde, à Denneville, Manche.
Declercq (Adolphe) et fam., de Termonde, à Denneville, Manche.
Declercq (Alphonse) et fam., de Bruges, à Cretteville, Manche.
Declève (Eva) et fam., d'Erquelinoz, à Roncey, Manche.
De Decher (Joseph), de Grimbergen, à Souillac, (Lot).
Decocne (Camille), de Popheringhe, à Engenville, Loiret.
Dechesne (Pauline) et enf., de Schaerbeck, à Marseille, Bouches-du-Rhône.
Declerck (Franz) et fam., d'Assebrouck, à Montmarault, Allier.
Decraeme (Rachelle), de Mont-Saint-Amand, à Chantelle, Allier.
Decoster (Alfons), de Louvain, à Biozat, Allier.
Decomble (Edouard), de Marquevillers, à Saint-Pourçain, Allier.
Dechesne (Mme) et enf., de Paris, à Bourbon, Allier.
Déceulenner (Valentine), de Bouillon, à Sanssat, Allier.
Deconinck (Jean), de Welthem, à Cosne, Allier.
Decomble (Edouard), de . . . , à Saint-Pourçain, Allier.
Decleyn (Auguste) et fam., d'Eppeghem, à Vaumas, Allier
Declercq (Gustave) et fam., de Hamois, à Tarbes, Hautes-Pyrénées.
Dedeurwaerder (Maurice), de Thielt, à Plounévézel, Finistère.
Dedocker (Guillaume) et b.-fr., de Grumbergheh, à Figeac, Lot.
Declercq (Raymond), d'Anvers, à La Flèche, Sarthe.
Déeren (Cyriel), de Wulveringhen, à Montoire, Loir-et-Cher.
Defleur (Denise) et fam., d'Ham-sur-Sambre, à Saint-Amand, Manche.
Defoisse (Flora), de Wasmes, à Saint-Loup, Manche.
Defrère-Bombled (Vve), de Chimay, à Vergèze, Gard.
Defrère (Félicien), de Chimay, à Vergèze, Gard.
Defrère (Euphrasie), de Chimay, à Vergèze, Gard.
Deffrennes (Donat), de Tournai, à Mesnil-Bonant, Manche.
Defreter (Jeanne), de Malines, à Ploéven, Finistère.
Defeuin (Hubert), de Ledeberg, à Guilligomarc'h, Finistère.
Defour (Henri), de Roulers, à Saint-Sever, Hautes-Pyrénées.
Defré (Guillaume), de Malines, à Beuzec-Conq, Finistère.
Defossé (Joseph), d'Anvers, à Mer, Loir-et-Cher.
Defosse (Emilie), d'Herstal, à Jenzat, Allier.
Degeyter (Léopold), de Gand, à Quimperlé, Finistère.
Degrandel (Mathilde), d'Ostende, à Quimperlé, Finistère.
Degraeve (Henri) et fam., de Clercken, à Trévoux, Finistère.
Degeyter (Albert), de Gand, à Quimperlé, Finistère.
Degrys (Adolphe), de Staden, à Loctudy, Finistère.
Degryse (Raoul) et fam., d'Ostende, à Loperec, Finistère.
Degrootte (Henri), de Mouseron, à Rosporden, Finistère.
Degripse (Emile), de Staden, à Loctudy, Finistère.
Degroote (Edmond), de Liège, à Valençay, Finistère.
Degeaede (Camille), de Bouskoute à Beuzec-Conq, Finistère.
Degrander (Joseph) et fam., de Roulers, à Lescurry, Hautes-Pyrénées.
Degryse (Arthur), de Roulers, à Claverie, Hautes-Pyrénées.
Degryse (Jérôme) et enf., de Roulers, à Rabastens, Hautes-Pyrénées.
Degryse (Angèle), de . . . , à Le Val-Saint-Père, Manche.
Degroote et fam., d'Ostende, à Feugarolles, Lot-et-Garonne.
Degand (Omer) et fam., de Gand, à Cretteville, Manche.
Degraef (Alphonse), de Namur, à La Bastide-de-Sérou, Ariège.
Degraeve (Michel), de Saint-Andries, à Masclat, Lot.
Dehaere (Louise) et fam., de Termonde, à Poullaouen, Finistère.
Dehauwer (Alphonse) et fam., de Roulers, à Sarriac, Hautes-Pyrénées.
Deherve (Julien) et fam., de Frameries, à Granville, Manche.
Debir (Alphonse), de Courtrai, à Franchesse, Allier.
Deihischer (Jules), de Vinck, à Luçay-le-Mâle, Indre.
Dehoblander (Robert), de Lille, à Hudimesnil, Manche.
Dehouck (Théophile), de Liège, à Hambye, Manche.
Dehoux (Marcel) et fam., de Requignies, à Melle, Deux-Sèvres.

Dehenne (Léon), d'Erquelinnes, à Niort, Deux-Sèvres.
Dehoux (Félicien), d'Acor, à Sours, Eure-et-Loir.
Dehoux (Blanche) et fam., d'Acor, à Sours, Eure-et-Loir.
Deilbaer (Marie), de Louvain, à Saint-Priest-d'Andelot, Allier.
Dejaeghère (Emile), de Roulers, à Izaac-Rabastens, Hautes-Pyrénées.
Dejoisse (Florent), de Wasmes, à Saint-Loup, Manche.
Dejoughe (Robert), d'Ostcomp, à Prétat, Manche.
Dekee (Auguste), de Pithem, à Cosne, Allier.
Dekers (Stéphanie), de Contich, à Lortudy, Finistère.
Dekerguser (Jules), d'Essen, à Quéménéven, Finistère.
Dekelerk (Victor), de Bruges, à Rosporden, Finistère.
Dekelerk (François) et fam., de Bruges, à Rosporden, Finistère.
Dekonz (Maurice), de Gand, à Bonilh-Devant, Hautes-Pyrénées.
Dekeyser (Hubert), de Middelkerke, à Montoire, Loir-et-Cher.
Dekeyser (Georges), de Ghistelles, à Saint-Bonnet-de-Rochefort, Allier.
Deker (François de), d'Hombeck, à Montmarault, Allier.
Dekelver (Denis), d'Ostende, au Veurdre, Allier.
Dekeyser (Polydore), d'Ostende, à Anglars-Juillac, Lot.
Deklerck (Adolphe), de Saint-Andries, à Villeneuve-sur-Lot, Lot-et-Garonne.
Dekloé (Virginie), de Berghem, à Loctudy, Finistère.
Dekière (Alomsins) et fam., de Roulers, à Labatut-Rivière, Htes-Pyrénées.
Dekiers (Augustin), de Middelkerke, à Ste-Colombe-de-Villeneuve, L.-et-G.
Dekiersquite (Maurice) et enf., de Wyngène, à Saint-Aubin, Allier.
Dekien (Henri), de Middelkerke, à Concots, Lot.
Dekieu (Isidore), de Middelkerke, à Concots, Lot.
Dekon (Jean), de Malines, à Vieure, Allier.
Dekoster (Jules), d'Haecht, à Saint-Hilaire, Allier.
Dekuyper (Désidérius) et fam., d'Ostende, à Ledat, Lot-et-Garonne.
Dekuyper (Théophile) et fam., d'Ostende, à Ledat, Lot-et-Garonne.
Delaender (Médard), de Bruges, à Nérac, Lot-et-Garonne.
Delafontaine (Georges), de Denterghem, à Bannalec, Finistère.
Delangre (Jules), d'Eerneghem, à Bannalec, Finistère.
Delangre (Julien), d'Eerneghem, à Bannalec, Finistère.
Delanois (Louise), de . . . , à Bessèges, Gard.
Delanois (Elise), de . . . , à Bessèges, Gard.
Delanois (Emile), de . . . , à Bessèges, Gard.
Delanois (Emilie), de . . . , à Bessèges, Gard.
Delanois (Appolonie), de . . . , à Bessèges, Gard.
Delbaère (Maurice), de La Pinte, à Plonéver-du-Faou, Finistère.
Delemme (Rachel) et fam., de Bruxelles, à Montoire, Loir-et-Cher.
Deleuchelaère (Henri), de Bavenkerke, à Rosporden, Finistère.
Delcy (Pierre) et fam., d'Ostende, à Lortudy, Finistère.
Delgombe (Louis) et fam., de Seloignes, à Blois, Loir-et-Cher.
Delheye (Aloïse) et fam., d'Eerneghem, à Bannalec, Finistère.
Delvoaen (Mathilde), de Malines, à Concarneau, Finistère.
Delvoaen (Nathalie), de Malines, à Concarneau, Finistère.
Delvoaen (Henri), de Malines, à Concarneau, Finistère.
Delzongle (Victor), de Bruges, à Guilligomarch, Finistère.
Delsoorne (Alphonse), d'Essen, à Quéménéven, Finistère.
Delval (Herman), de Bruges, à Pont-Levoy, Loir-et-Cher.
Delvaux (Lucien), de Florence, à Orsan, Gard.
Delvaux (François), de Florence, à Orsan, Gard.
Delvaux (Léon), de Bouvroy, à Mondoubleau, Loir-et-Cher.
Delien (Marie), de Maubeuge, à Saint-Aout, Indre.
Delheye (Sylvie), d'Eerneghem à Bannalec, Finistère.
Delaure (Hortense), de Carnion, à Niort, Deux-Sèvres.
Deleus (Domien) d'Haecht, à Saint-Antoine, Lot-et-Garonne.
Delool (André), de Bruges, à Pontlevoy, Loir-et-Cher.
Delhez (Augustin), de Waemuel, à La Bastide-de-Sérou, Ariège.
Dellosso (Alphonse), de Gin, à Fumel, Lot-et-Garonne.
Delys (Isidore), de Middelkerke à Concots, Lot.
Delia (Jean), d'Ostende, à Cenevières, Lot.
Delaunois (Charles), de . . . , à Granville, Manche.
Delières (Marcel), de Jemmapes à Granville, Manche.
Delières (Alice), de Jemmapes, à Granville, Manche.
Delgouffre (Arthur) et fam., de Charleroi, à Granville, Manche.
Delvaux (Madeleine) et fam., de Namur, à Granville, Manche.
Delwart (Dumont) et fam., de Beaumont, à St-Hilaire-du-Harcouet, Manche.
Delaliousse (Aloïse), de Lille, à Surville, Manche.
Delannoo (Henri), d'Houplines, à Lengronne, Manche.
Delgraeve (Louis), de Bruges, à St-Sauveur-de-Pierrepont, Manche.
Delplanque (Edmond), de Fives, à Hambye, Manche.
Delue (Hubert), de Saint-André, à Saint-Sauveur-de-Pierrepont, Manche.
Delhuvenne (Appolinaire), de Roubaix, à Hudimesnil, Manche.
Delvert (Jean-Baptiste), de Beaumont, à Brix, Manche.
Delassoye (Achille), d'Eugies, au Val-Saint-Père, Manche.
Delassoy (Achille), d'Eugies, au Val-Saint-Père, Manche.
Delassoye (Elise), d'Eugies, au Val-Saint-Père, Manche.
Delys (Valentin), de Moutiers, à Lescherolles, Yonne.
Delahaut (Paule), de Jamiolle, à Amilly, Loiret.
Delahaut (Marie), de Jamiolle, à Amilly, Loiret.

Delwart (Léontine), de Beaumont, à Brix, Manche.
Delmoitié (Fernand), de Soignies, à Domérat, Allier.
Delcuppe (Armand), de Lens, à Saint-Bonnet-de-Rochefort, Allier.
Delery (Henri), de Westende, à Saint-Menoux, Allier.
Delaunoy (Charles), de Fives, à Couleuvre, Allier.
Delhaye (Oscar), de Tournai, à Franchesse, Allier.
Delens (Hubert), de Geroux-Mousty, à Buxières-les-Mines, (Allier).
Demoyer (Maurice), de Gand, à Chartres, Eure-et-Loir.
Demessemacked (Louis) et fam., de Wilsene, à Agen, Lot-et-Garonne.
Demeure (Louis), d'Andrelecht, à Mézin, Lot-et-Garonne.
Demesel (Albert) et fam., d'Anvers, à Issoudun, Indre.
Demay (Jules), d'Houdain, à Sainte-Lizaigne, Indre.
Demoor (Florent), de Gand, à Pontlevoy, Loir-et-Cher.
Demuer (Cyriel), de Loothenhulle, à Montoire, Loir-et-Cher.
Demary (Henri) d'Ostende, à Trouley-Labarthe, Hautes-Pyrénées.
Demuyt (Alphonse) et fam., de Zedelghem, à Mer, Loir-et-Cher.
Demunck (Marie) et fam., d'Hofstade, à Pontlevoy, Loir-et-Cher.
Demoustier (Georges), de La Bouverie, à Gacantilly, Manche.
Demeester (Auguste), d'Ostende, à Anglars-Juillac, Lot.
Demelin (Jacques), de Bruges, à Saint-Denis-Catus, Lot.
Demonie (Edouard), de Saint-André, à Payrac, Lot.
Demeure (Cyrille), de Charleroi, à Percy, Manche.
Demouselle (Mme), d'Erqueline, à Montpinchon, Manche.
Demouselle (Léon) et fam., d'Erqueline, à Montpinchon, Manche.
Demaret (Aurélie) et fam., de Marnigarbe, à Reuilly, Indre.
Demain (Emile) et fam., de Baesrode, à Souyeaux, Hautes-Pyrénées.
Demarche (Servais), de Châtelet, à Villiers-en-Plaine, Deux-Sèvres.
Demarche (Oliva), de Châtelet, à Villiers-en-Plaine, Deux-Sèvres.
Demaère (Prosper), de Welteren, à Bannalec, Finistère.
Demarsin (Germain) et fam., de Bruges, à Penmarch, Finistère.
Demoen (Maria) et fam., d'Essen, à Quéménéven, Finistère.
Demilde (Hector) et fam., de Bruges, à Concarneau, Finistère.
Demarsin (Sidonie) et fam., de Bruges, à Penmarch, Finistère.
Demeyer (Raymond), de Gand, à La Flèche, Sarthe.
Demeulemeester, d'Audenarde, à Aix, Bouches-du-Rhône.
Demarteau (Sylvain) et fam., de Brignoles, à Marseille, Bouches-du-Rhône.
Demeue (Benoît), de Roubaix, à Droiturier, Allier.
Demoni (Rémi), d'Aertrycht, à Buxenaves, Allier.
Demeyer (Charles), de Ledeberg, à Jaligny, Allier.
Demierbe (Joseph) et fam., de Châtelet, à Saint-Germain-des-Fossés, [illegible]
Demas (Fernand) et fam., de Châtelet, à Saint-Germain-des-Fossés, Allier.
Demarez (Alois), de Thielt, à Cosne-sur-l'Œil, Allier. [illegible]
Deneire (Louise), d'Ostende, à Quimperlé, Finistère.
Den Haese (Alphonse), de Ledeberg, à Athières, Sarthe.
Denys (Jules) et fam., d'Handzeame, à Bannalec, Finistère.
Denolf (Edmond), de Zedelghem, à Pleyben, Finistère.
Denys (Jules), de Zedelghem, à Mer, Loir-et-Cher.
Dentandt (Firmin), de Gand, à Montoire, Loir-et-Cher.
Denoo (Henri) et fam., de Thourout, à Pontlevoy, Loir-et-Cher.
Donis (Jeanne) et enf., d'Ostende, à Montoire, Loir-et-Cher.
Denanghel (Camiel), de Bruges, à Salviac, Lot.
Denisty (Catherine), de Châtelet, à Rieville, Manche.
Denoyelle (Victor) et fam., de Fouquereuse de Lens, à Brèaux, Indre.
Denehourcq (Mme), de Carnion, à Niort, Deux-Sèvres.
Denaux (Eugène) et fam., de Bruges, à Trévoux, Finistère.
Denie (Séraphin), d'Eecloo, à La Flèche, Sarthe.
Dens (Mme) et enf., de Malines, à Target, Allier.
Depry (Lide), de Montigny-le-Tilleul, à La Mesuffe, Manche.
Déprés (Jean) et fam., de Boom, à Louvigny, Sarthe.
Depuydt (Rudolphus) et fam., d'Ostende, à Aiguillon, Lot-et-Garonne.
Dupouter (Valère), d'Ichteghem, à Rosporden, Finistère.
Depesseroy (Mélanie), de Bergherout, à Loctudy, Finistère.
De Peckere (François), d'Houttave, à Pont-Aven, Finistère.
Depauw (Arthur), de Bekeghem, à Pleyben, Finistère.
Depauw (René), d'Iabbeke, à Bannalec, Finistère.
Deprez (Albert), d'Ostende, à Mézin, Lot-et-Garonne.
Deprez (Clémentine), de Middelkerke, à Montoire, Loir-et-Cher.
Deprez (Camille), de Thourout, à Pontlevoy, Loir-et-Cher.
Déprée (Camiel), d'Ostende, à Montoire, Loir-et-Cher.
Depauw (Henri) et enf., de Martignies, à Target, Allier.
Depas (Louis), de Wasseiges, à Branssat, Allier.
Depaepe (Joseph), de . . . , à Chartoux, Allier.
Deprez (Albert), de Gand, à Saint-Pourçain-sur-Besbre, Allier.
Depaepe (Aloïs), de Gand, à Cosne-sur-l'Œil, Allier.
Dequesne (Alfred) et fam., de Quiévrain, à Niort, Deux-Sèvres.
Dequesne (Elisa), de Mouizon, à Niort, Deux-Sèvres.
Dequesne (Paul) et fam., de Mariembourg, à Niort, Deux-Sèvres.
Deruder (Henri), de Snelleghem, à Pleyben, Finistère.
Derudder (Albert), de Coochelore, à Guilvinec, Finistère.
Dervinster (Hippolyte), de Ruysselede, à Rosporden, Finistère.
Derynck (Arthur), d'Ostende, à Motreff, Finistère.

Derynck (Henri), de Snelleghem, à Plouévez-du-Faou, Finistère.
Deruydts (Alphonse), de Lille, à Langronne, Manche.
Deruyter (Victor), de Mouscron, à Hambye, Manche.
Dermeester (Jérome), de Saint-André, à Labastide-du-Vert, Lot.
Deroo (Angela) et enf., d'Anvers, à Cabreres, Lot.
Derecque (Alfred), de Tournai, à Mesnil-Bonant, Manche.
Derie (Jean), de Jemmapes, à Biéville, Manche.
Derolez (Maurice), de Lille, à Hudimesnil, Manche.
Deroose (André), de Stropkaai, à Canville, Manche.
Deroose (Charles), de Stropkaai, à Canville, Manche.
Derider (Catherine) et fam., de Billy-Berclau, à Argentan, Indre.
Deroeck (Pierre) et enf., de Lille, au Pin, Indre.
Derycker (Ida) et fam., de Lens, à Saint-Christophe-en-Bazelle, Indre.
Deroo (Henri), de Thourout, à Feugarolle, Lot-et-Garonne.
Deruder (Louis), d'Ostende, à Beaumont-sur-Sarthe, Sarthe.
Derous (Auguste), de Bruges, à Prétot, Manche.
Dereu (Henri), de Saint-Michel, à Bannalec, Finistère.
Deraeve (Alidor) et fam., de Cortemarch, à Trévous. Finistère.
Deraeve (Victor), de Cortemarck, à Trévoux, Finistère.
Derineck (Achille), d'Ichteghen, à Rosporden, Finistère.
Delys (Valentin), de . . . ., à Lescherolles, Seine-et-Marne.
Dervalf (Victor), de Zedelghem, à Trévoux, Finistère.
Derue (Robert), de Rebecq, à Prétot, Manche.
Deroo (Joseph), d'Ostende, à Lacassagne, Hautes-Pyrénées.
Derynck (Léon), de Thourout, à Mer, Loir-et-Cher.
Derave (Georges), de Schaerberck, à Montoire, Loir-et-Cher.
Derychère (Camille) et enf., de Lophem, à Charmeil, Allier.
Derre (Adolphe), d'Hassebrouck à Montmarault, Allier.
Deraedt (Henri), de La Hulpe, à Charmes, Allier.
Deruyck (Ael), de Lille, à Couleuvre, Allier.
Desmedt (Francisca), d'Alost, à Louvigny, Sarthe.
Desmedt (Anna), d'Alost, à Louvigny, Sarthe.
Desmet (Arsène) et fam., de Zedelghem, à Bannalec, Finistère.
Desmet (Jules), de Louvain, à Lanriec, Finistère.
Deseure (Achille), d'Handzaeme, à Bannalec, Finistère.
Descamps (Marie), de Comines, à Rosporden, Finistère.
Desbeck (Lucienne), de Watermaël, à Quimperlé, Finistère.
Descoter (Jeanne), d'Hul-les-Bruxelles, à Pont-Aven, Finistère.
Despy (Guibert), de Gembloux, à Cancon, Lot-et-Garonne.
Demeyer (Robert) et fam., de Gand, à Pontlevoy, Loir-et-Cher.
Desmet (Achille), de Roulers, à Maubourguet, Hautes-Pyrénées.
Desaedelier (Antoon) et son épouse, d'Alost, à Laffitole, Hautes-Pyrénées.
Desauv (Hippolyte), de Vcred, à Sargé, Loir-et-Cher.
Deschryver (Jean), de Vauvolxem, au Bouscat, Gironde.
Desterbecq (Emérence), d'Ath, à Montoire, Loir-et-Cher.
De Smidt (Honorien), de Wenduyne, à Montoire, Loir-et-Cher.
Desprez (Jean-Baptiste) et fam., de Châtelineau, à Guilberville, Manche.
Desbeger, de Calonne, à Canville, Manche.
Desmedt (Henri), de Gand, à Appeville, Manche.
Desmet (Désiré), de Lille, à Montplinchon, Manche.
Desmedt (Raymond), de Gand, à Appeville, Manche.
Deslys (Marie), de Moutiers, à Lescherolles, Yonne.
Desmedt (François), de Roulers, à Cahors, Lot.
Desmedt (Emile), d'Ostende, au Temple-Médoc, Gironde.
Deshommes (Léon), d'Alost, à La Flèche, Sarthe.
Desmedt (Bernard), de Gand, à La Flèche, Sarthe.
Deswarte (Henri), d'Egehen, à Lanriec, Finistère.
Desmets (Emile), de Villebrock, à Concarneau, Finistère.
Desmet (François), de Villebrock, à Concarneau, Finistère.
Desoete (Hector), d'Ostcamp, à Concarneau, Finistère.
Desoté (Achille), de Saint-Croix, à Rosporden, Finistère.
Despeghel (Jérôme), de Clerckeen, à Muneville-sur-Mer, Manche.
Deswaef (Mélanie) et fam., d'Ostende, à Beaumont-sur-Sarthe, Sarthe.
Destcher (Emile), d'Ostende, à l'Isle-Jourdain, Gers.
Dessendre (Henri), d'Aestricke, à Saint-Pourçain-sur-Bèbre, Allier.
Deslypère (Gérôme), de Stalhille, à Saint-Remy-en-Rollat, Allier.
Deschamps (Florence), de Louvain, à Saint-Priest-d'Andelot, Allier.
Desaintobin (Jeanne), de . . . ., à Charroux, Allier.
Deswolf (Michel), de Flosseghem, à Biozat, Allier.
Dessendre (René), de . . . ., à Saint-Pourçain-sur-Besbre, Allier.
Descamps (Joseph) et épouse, de Haine-St-Paul, à Lourdes, Hautes-Pyrén.
Dester (Georges) et fam., de Sainte-Marie, à Lourdes, Hautes-Pyrénées.
Dethier (Georges), de Felny, à Muneville-sur-Mer, Manche.
Dethier (Jeanne), de Liége, à Pontorson, Manche.
Detiége (Eugène), de Longchamp, à Domérat, Allier.
Detemmerman (Maurice), d'Audenarde, à Aix, Bouches-du-Rhône.
Deurlde (Camille), de Zarren, à Plobannalec, Finistère.
Deuitde (Désiré), de Coukelaert, à Spézet, Finistère.
Denoysé (Marcel), de Clercken, à Trévoux, Finistère.
Devière (Clémentine), de Gozée, à Montainville, Eure-et-Loir.
Devreker (Emile) et fam., de Wercken, à Bannalec, Finistère.
Devrières (Céline), de Termonde, à Quimperlé, Finistère.
Devreker (Augusta), de Werken, à Bannalec, Finistère.
Devos (Louis), de Bruges, à Concarneau, Finistère.
Devestel (Théophile), et fam., de Bruges, à Croizion-en-Redené, Finistère.
Devenyr (Adolphe), de Gand, à Courville, Eure-et-Loir.
Devisschnr (Jules), de Barcélaère, à Lucay-le-Mâle, Indre.
Dewyssé (Gustave) et fam., de Clerken, à Trévoux, Finistère.
Devuyst (Alfons), de Bruges, à Concarneau, Finistère.
Devaick (Marie), de Malines, à Rabastens, Hautes-Pyrénées.
Devis-Deloët (Mme) et fam., de Muysen, à Pontlevoy, Loir-et-Cher.
Devos (Ernest), de Wondelghem, à Montoire, Loir-et-Cher.
Devinck (Germaine) et fam., d'Ostende, à Montcuq, Lot.
Devos (Octave), de Courtrai, à Presignac, Lot.
Devriese (Alexander) et fam., d'Ostende, à Prayssac, Lot.
Devuider (René), d'Aertrycke, à Vire, Lot.
Devuyst (Alfred), de Syngem, à Concots, Lot.
Devos (Lucas) et fam., de Meddelkerke, à Saint-Antoine, Lot-et-Garonne.
Devrienat (Victor), de Gistel, à Rosporden, Finistère.
Devriese (Louis-Napoléon), de Lacken, à Lennon, Finistère.
Devuyst (Léonard), de Lille, à Montpinchon, Manche.
Devresse (Franz), de Ledeberg, à Commentry, Allier.
Devriche (Jules), de Nazareth, à Chavroche, Allier.
Devrièze (Cyriel), de Zevezelle, à Chantelle, Allier.
Devynck (François), d'Erquelinnes, à Saint-Gérand-le-Puy, Allier.
Deveinx (Guillaume), d'Anvers, à Thiel, Allier.
Devciesse (Charles), de Gand, à Cosne-sur-l'Œil, Allier.
Devos (Auguste), d'Houplines, à Couleuvre, Allier.
Devolder (Prosper), de Lille, à Couleuvre, Allier.
Deweuter (Victor), de Gembloux, à Toury, Eure-et-Loir.
Deweuter (Antoinette) et fam., de Gembloux, à Toury, Eure-et-Loir.
Dewinther (Richard), d'Osschrouke, à Bannalec, Finistère.
Dewulf (Henri), de Lourches, à Nérac, Lot-et-Garonne.
Dewitte (Armand), de Charleroi, à Fouesnant, Finistère.
Dewinne (Charles) et enf., de Malines, à Pontlevoy, Loir-et-Cher.
Dewolf (Clémentine), d'Anvers, à Fouesnant, Finistère.
Deweerdt (Joseph) et épouse, d'Eleuwyt, à Castelnau, Hautes-Pyrénées.
Dewaen (Dominique), d'Alost, à Moncrabeau, Lot-et-Garonne.
Dewaen (Thérèse), d'Alost, à Moncrabeau, Lot-et-Garonne.
Dewaef (Georgia), d'Ostende, à Beaumont-sur-Sarthe, Sarthe.
Dewaef (Maria), d'Ostende, à Beaumont-sur-Sarthe, Sarthe.
Dewouwans (Fernand), de Bieuten, à Saint-Clar, Gers.
Dewasme (Fernand), de Blaton, à Lectoure, Gers.
Dewulf (Edouard), de Bruges, à Commentry, Allier.
Dewolf (Jean), d'Ocist, à Montmarault, Allier.
Dewinter (François), de Boortmerbeck, à Montmarault, Allier.
Dexitter (Jules) et fam., de Zuynkerke, à Montoire, Loir-et-Cher.
Deyghre (Camille de), de Pisshem, à La Teste, Gironde.
Deyne (Philimond de), de Steenbrugge, à Saint-Etienne, Lot.
Deyrande (Adrien), de Saint-André, à Fontanes, Lot.
Dorsin (Arthur) et fam., des Pâturages, à La Gohannière, Manche.
Dezittere (Camille) et fam., de Snelleghem, à Plonévez-du-Faou, Finistère.
Dhaese (Emile), de Gand, à Trezelle, Allier.
D'Haës (Mme), de Bruxelles, à Fouesnant, Finistère.
Dhaene (Rénatus) et fam., de Bouvenkerke, à Rosporden, Finistère.
Dhalluin (Eugène), de Lille, à Montpinchon, Manche.
Dhuyvetters (Lionel), d'Audenarde, à La Flèche, Sarthe.
D'hont (Prosper) e fam., de St-Michel, à St-Sauveur-de-Pierrepont, Manche.
D'Hollander (Arthur), de Saint-André, à Peyrilles, Lot.
Dhout (Arsène), de Gand, à Montoire, Loir-et-Cher.
Dhoerre (Oscar), de Couchelaere, à Rosporden, Finistère.
Dhossche (Gérard), de Gand, à Pont-Aven, Finistère.
Dhondt (Jules), de Saint-André, à Angoville-sur-Ay, Manche.
Dhondt (Charles), de Gavre, à Concots, Lot.
D'hout (François), de Roubaix, à Couleuvre, Allier.
D'hulsten (Albert), de Thourout, à Saint-Clair, Lot.
Dicker (George de), de Gand, à Coigny, Manche.
Diddens (Emile), de Malines, à Motreff, Finistère.
Diddens (Victor), de Malines, à Target, Allier.
Diekers (Janna), de Coutich, à Loctudy, Finistère.
Dielen (Léon), d'Anvers, à Plonévez-du-Faou, Finistère.
Diels (Alphonse) et enf., d'Hoyckt-les-Lierre, à Chavroche, Allier.
Diericks (Henri) et épouse, d'Eppeghem, Vaumas, Allier.
Dierickxe (Louis), de Gand, à Colayrac-St-Cirq, Lot-et-Garonne.
Diéricks (Henri), de Saint-André, à Fontanes, Lot.
Diérick (Cyrille), d'Anvers, à Lavelanet, Ariége.
Dierckens (Franz), de Bruges, à Mézin, Lot-et-Garonne.
Dieren (Camille), de Deynze, à La Flèche, Sarthe.
Dieudonné (Emile) et épouse, de Lophem, à Mer, Loir-et-Cher.
Differding (Victor), de Mont-Saint-Martin, à La Flèche, Sarthe.
Dillembourg (Jean), d'Arlon, à Bon-Encontre, Lot-et-Garonne.
Dillen (Anne), d'Anvers, à Quimperlé, Finistère.

Dillen (Albertine), d'Hoyckt-les-Lierre, à Chavroche, Allier.
Dirickx (Josepha) et fam., de Lier, à Puy-l'Evêque, Lot.
Dizers (Théophile), de Thourout, à Feugarolles, Lot-et-Garonne.
Dizier (Emilie), de Hanzinne, à Lombreuil, Loiret.
Dizier (Louise), de Hanzinne, à Lombreuil, Loiret.
Dizier (Jules), de Hanzinne, à Lombreuil, Loiret.
Dobbels (Jules), de Lille, à Mesnil-Garnier, Manche.
Docll (Pierre de), de Gy, à Bazillac, Hautes-Pyrénées.
Doebbels (Gustave) et fam., de Zeebrugge, à Denneville, Manche.
Docke (Joseph), de Malines, à La Flèche, Sarthe.
Doignon (Ferdinand), d'Oudeuil, à Coigny, Manche.
Dojoughe (Edouard), d'Ostende, à Poullaouen, Finistère.
Dolvoecq (Emile), de Malines, à Concarneau, Finistère.
Dolvaen (Eugène), de Malines, à Concarneau, Finistère.
Dolvaen (Anne), de Malines, à Concarneau, Finistère.
Dominicius (Charles) et fam., de Malines, à Néris-les-Bains, Allier.
Dombrecht (Jean), de Bruges, à Saint-Germain-de-Salles, Allier.
Doms (Maria-Thérésia), de Malines, à Colayrac-Cinq-Cirq, Lot-et-Garonne.
Doms (Maria-Joanna), de Malines, à Motreff, Finistère.
Doms (Justine), de Baeghem, à Lasserre, Lot-et-Garonne.
Dom (Elizabeth), de Borgerhand, à Guilligomarc'h, Finistère.
Donfut (Rosine), de Quaregnon, à Lauzun, Lot-et-Garonne.
Dormaels (Bertha), de Wilrele, à Saint-Symphorien, Manche.
Dondt (Richard), de Gand, à Cretteville, Manche.
Donkt (Théophile), de Gand, à Cretteville, Manche.
Doom (Edouard) et fam., de Bruges, à Croiziou-en-Rédené, Finistère.
Doosche (Comard), d'Ostende, à Poullaouen, Finistère.
Doosche (Raymond), d'Ostende, à Poullaouen, Finistère.
Doslecrois (Emma de), d'Ostende, à Pont-Aven, Finistère.
Dossche (Raymond), d'Evergem, à Saint-Martin-Labouval, Lot.
Douchy (Cyrille), de Gand, à Saint-Menoux, Allier.
Doulier (Frans), de Gand, à Coigny, Manche.
Doyen (Arthur) et fam., d'Ottignies, à Pont-Aven, Finistère.
Doyen (Alphonse), de Jemmapes, à Surville, Manche.
Draye (Firmin), de Wavre, à Pouyastruc, Hautes-Pyrénées.
Drèze (Augustine) et fam., de Middelkerke, à Montpinchon, Manche.
Driepondt (Angélique), de Middelkerke, à Laugles, Lot.
Drocshout (Charles) et fam., de Malines, à Vendat, Allier.
Drogman (Joséphine), de Malines, à Rabastens, Hautes-Pyrénées.
Druart (François), de . . ., à Hambye, Manche.
Druart (Arsène), de La Bouverie, au Val-Saint-Père, Manche.
Druart (Gaston) et frère, de Borgerhout, à St-Bonnet-de-Rochefort, Allier.
Drucz (Irma) et fam., d'Ostende, à Néris-les-Bains, Allier.
Druesne (Benoît), d'Anderlues, à Figeac, Lot.
Druesne (Victorine), d'Anderlues, à Figeac, Lot.
Dua (Georges), de Meirelbecke, à Buxières-les-Mines.
Dubray (Luce) et fam., de Sileurieux, à Argentan, Indre.
Dubois (Joseph) et enf., d'Aisau, à Roquevaire, Bouches-du-Rhône.
Dubois (Juliette), d'Houplines, à Lurcy-Lévy, Allier.
Dubois (Félix) et fam., de Jamagne, à St-Christophe-sur-Roc, Deux-Sèvres.
Dubois (Théophile), de Soigny, à Virazeil, Lot-et-Garonne.
Dubois (Maurice), de Bruges, à Trévoux, Finistère.
Dubois (André) et fam., de Quaregnon, à Granville, Manche.
Dubuis (Georges), de Charleroi, à Flayosc, Var.
Dubois (Louis), de Lille, à Percy, Manche.
Dubois (Albert) et fam., d'Erquelines, à Lourdes, Hautes-Pyrénées.
Ducarn (Emile), de Montigny-le-Tilleul, à Couvains, Manche.
Ducat (Guillaume), de Tamines, à Moulines, Manche.
Duccat (Guillemine), de Tamines, à Moulines, Manche.
Duchateau (Alfred), de Tournai, à Mesnil-Bonant, Manche.
Duchateau et son épouse, d'Uccle, à Vichy, Allier.
Duchêne (Achille) et fam., de Pironsham, à Laslades, Hautes-Pyrénées.
Duclercq (Pierre), de Bruxelles, à Hambye, Manche.
Dufour (Charles), de Roulers, à Rabastens, Hautes-Pyrénées.
Dufour (Marguerite) et fam., de Roulers, à Rabastens, Hautes-Pyrénées.
Dufoor (Oscar), de Roulers, à Lacassagne, Hautes-Pyrénées.
Dufrane (Valère), de Frameries, à Granville, Manche.
Dufrasne (Rosénie), de Wasmes, à Marigny, Manche.
Dufrane (Valère) et fam., de Frameries, à Granville, Manche.
Dufossez (Léontine), d'Erquelines, à Niort, Deux-Sèvres.
Dugardein (Julien) et fam., de Nieuport, à Rosporden, Finistère.
Dugardein (Maurice), d'Ostende, à Mer, Loir-et-Cher.
Duhayon (Léon) et fam., de Steenwerck, à Lengronne, Manche.
Dujardin (Henri) et fam., de Louvain, à Arzano, Finistère.
Dumont (Bertha), de Beaumont, à Brix, Manche.
Dumolin (Alphonse), de Bruges, à Souillac, Lot.
Dumid (Ferdinand) et enf., de Venduyne, à Montoire, Eure-et-Loir.
Dumont (Sylvain) et fam., de Beaumont, à Brix, Manche.
Dumont (Oxad), de Roulers, à Agen, Lot-et-Garonne.
Dumon (Michel), de Bruges, à Gouézec, Finistère.
Dumalin (Romain), de Bruges, à Rédené, Finistère.
Dumon (René) et fam., de Bruges, à Salviac, Lot.
Dumont (Romain), de Bruges, à . . ., Finistère.
Dumont (Alphonse), d'Anvers, à La Flèche, Sarthe.
Dumont (Julia), d'Anvers, à Chantelle, Allier.
Dupont (Félix) et son épouse, d'Ostende, à Saint-Aignan, Loir-et-[illegible]
Dupuis (Marthe), de Lobbes, à Granville, Manche.
Dupuis (Joséphine), de Lobbes, à Granville, Manche.
Dupont (Maurice), de Couchelaere, à Rosporden, Finistère.
Dupont (Auguste), d'Heyst, à Chartres, Eure-et-Loir.
Dupon (Emile), de Couchelaere, à Rosporden, Finistère.
Dupont (Arthur) et fam., de Chimay, à Houeillès, Lot-et-Garonne.
Dupont (Jules), de Gendbrugge, à Cosne-sur-l'Œil, Allier.
Dupré (Mélanie), de Fosses, à Auxerre, Yonne.
Dupont (Camille), d'Heyst, à Chartres, Eure-et-Loir.
Duquesne (Fernand) et fam., d'Erquelines, à Roncey, Manche.
Duray (Charlemagne), d'Escalle, à La Bastide-de-Sérou, Ariège.
Durupt (Paul) et fam., de . . ., à Valignat, Allier.
Durant (Augustin), de Jemmapes, à Granville, Manche.
Durieux (Elvina), de Roisin, à Orval, Manche.
Duru (Alice), de Presles, à Saint-Brice-de-Landelles, Manche.
Dussong (Joseph), de Malines, à Vieure, Allier.
Dutoit (Charles), de Lille, à Remilly, Manche.
Duytsche (Alphonse de), de Bruges, à Lasserre, Lot-et-Garonne.
Eeckpman (Théodore) et fam., de Saint-André, à La Feuillée, [illegible]
Ecloo (Alphonse), d'Alost, à Franchesse, Allier.
Eeckels (Alphonse), d'Anvers, à La Flèche, Sarthe.
Eeckoudt (Alphonse), de Termonde, à Pleyben, Finistère.
Eeckhout (Benoît), de Wetteren, à Lurcy-Lévy, Allier.
Eeckhout (Georges), de Gand, à Bellenaves, Allier.
Eeraerts (Pierre), de Villebroeck, à Concarneau, Finistère.
Elegeert (Céline), de . . ., à Charroux, Allier.
Eleyn (Michel), de Gand, à Flaugnac, Lot.
Elisabeth (Arthur), de Saint-André, à St-Sauveur-de-Pierrepont, [illegible]
Ellemans (Maria), de Boom, à Louvigny, Sarthe.
Emmeus (Alphonse) et enf., d'Aerschot, à Pont-Aven, Finistère.
Emmerechts (Anne) et fam., de Malines, à Concarneau, Finistère.
Emmerechts (Auguste) et fam., de Grimbergheim, à Figeac, Lot.
Enckels (Ludovic), de Louvain, à Pont-Aven, Finistère.
Engelborghs (Francis) et fam., de Thieldonck, à Saint-Antonin, [illegible]
Engels (Joséphin), de Malines, à Colayrac-Saint-Cirq, Lot-et-Garonne.
Engelen (Louise), de Muysen, à Châteauneuf-du-Faou, Finistère.
Engels (Joseph) et fam., de Gand, à Saint-Pourçain-sur-Besbre, Allier.
Engelborghs (Jean-Baptiste), de Thieldonck, à Buxières-les-Mines, [illegible]
Enyeres (Jeanne) et fam., de Louvain, à Beaumont-sur-Sarthe, [illegible]
Eraen (Joseph), de Bruges, à Couleuvre, Allier.
Erckhout (Georges), de Gand, à Bellenaves, Allier.
Ernaelsteen (René), de La Hulpe, à Charmes, Allier.
Eroy (Jean-Baptiste) et fam., de Louvain, à Bannalec, Finistère.
Escouflaire et son épouse, de Yerres, à Varennes-sur-Allier, Allier.
Esjaels (Jules), de Deynze, à La Flèche, Sarthe.
Evas (Simon), de Wasmes, à Régnéville, Manche.
Everaerts (François), de . . ., à Cléden-Poher, Finistère.
Everaert (Elodie) et enf., de Termonde, à Spézet, Finistère.
Everaert (Camille), de Sterne, à Gignac, Lot.
Everaet (Camille), d'Erquinghem, à Lengronne, Manche.
Evrard (Augustin), de Louviers, à Paulhac, Gers.
Eysermann (Rosalie), de Inerre, à Issyssac, Lot.
Eyvaert (Alphonse), de Boekerke, à Bannalec, Finistère.
Fabre (Maria), de Bruxelles, à La Fare, Bouches-du-Rhône.
Fack (Benjamin), de . . ., à Saint-Pourçain-sur-Besbre, Allier.
Faiet (Edmond) et fam., de Wondelghem, à Montoire, Loir-et-Cher.
Fanis (Henri) et fam., de Malines, à Pont-l'Abbé, Finistère.
Farmesyn (Maurice), de Gendbrugge, à Buxières-les-Mines, Allier.
Fastenackels (Louis), d'Uccles, à Mézin, Lot-et-Garonne.
Favori (François), de Frère, à Auxon, Aube.
Feber (Alphonse), d'Anvers, à Bourg-de-Rédené, Finistère.
Fegarts (Guillaume), de Werchter, à Buxières-les-Mines, Allier.
Félix (Michel), de Bruges, à Lanriec, Finistère.
Ferbeck (Gaston) et fam., de Louvain, à Concarneau, Finistère.
Ferdain (Flora) et fam., de Liévin, à Montréal, Gers.
Ferdinande (Ursien) et fam., d'Ostende, à duimes, Lot.
Ferdinandus (Jean), d'Anvers, à La Flèche, Sarthe.
Fergue (Georges), de Lille, à Hérenguerville, Manche.
Fèvere (Florimond de) et fam., d'Ostende, à Plonévez-du-Faou, Finistère.
Ferrauno (Alphonse de) et fam., de Ruysselede, à Rosporden, Finistère.
Ferrier (Maurice), d'Ostende, à Montcuq, Lot.
Fever (Louis de), de Clemskerke, à Lasserre, Lot-et-Garonne.
Fewre (David de), de Gand, à Chavroche, Allier.
Feyaerts (Frans) et fam., de Rotselaer, à Angoville-sur-Ay, Manche.
Feyaerts (Henri) et fam., de Billy-Montigny, à Espéch, Lot.
Feyaerf (Joseph), de Rostselaere, à Arzano, Finistère.

Feytcr (Stéphane de), de Gand, à Gourville, Eure-et-Loir.
Ficheroulle (Joseph) et son épouse, de Farciennes, à Houre, Htes-Pyrénées.
Fierens (Antoine), de Malines, à Pontlevoy, Loir-et-Cher.
Fierens (Françoise) et enf., d'Eppeghem, à Castelfranc, Lot.
Fiérard (Alfred) et fam., de Charleroi, à Treffiagat, Finistère.
Fiers (Oscar), de Gand, à Concarneau, Finistère.
Fivet (Joseph) et fam., d'Hastière-Lavaux, à Bessay, Allier.
Flamand (Félicien) et fam., de Braine-l'Alleud, à Mingot, Htes-Pyrénées.
Fleurmann (Gustave), de Bruges, à Catus, Lot.
Fleur-Livin [de], de Lille, à Vieure, Allier.
Flomin (Philémon), de Gand, à Roullée, Sarthe.
Florée (Marie), de Bruges, à Lédat, Lot-et-Garonne.
Florin (Isidore), de Gand, à Pont-Aven, Finistère.
Floré (Hector), de Zedelghem, à Plonérez-du-Faou, Finistère.
Floch (Juliette) et fam., de Mons, au Val-Saint-Père, Manche.
Floréal (Gustave), de Bruges, à Pontlevoy, Loir-et-Cher.
Florquin (Catherine), de Louvain, à Lurcy-Lévy, Allier.
Florent (Aerens), de Gand, à Vieure, Allier.
Flon (Jean-Baptiste), de Lille, à Couleuvre, Allier.
Fobert (Henri), de Lille, au Mesnil-Garnier, Manche.
Focke (Cyrille), de La Louvière, à Biozat, Allier.
Fogen (Alexis), d'Anvers, à Cahors, Lot.
Folkart (Charles), de Legdelbergue, à Lanriec, Finistère.
Fontaine (Alice) et fam., d'Ostende, à Rosporden, Finistère.
Fonteyne (Joseph), de . . ., à Percy, Manche.
Fonteynes (Julien) et fam., de Roulers, à Escondeaux, Hautes-Pyrénées.
Fontaine (Gaston), de Ghistelles, à Saint-Bonnet-de-Rochefort, Allier.
Fontègue (Charles), de Bertriche, à Vaumas, Allier.
Fontenelle (Aimable) et son épouse, de Silenrieux, à Lourdes, Htes-Pyr.
Forton (Edouard) et fam., d'Anvers, à Pont-Aven, Finistère.
Forrier (Camille) et fam., de Bruges, à Nérac, Lot-et-Garonne.
Forcé (Aimé), d'Ypres, à Lavelanet, Ariège.
Foucher (Denise), de Liège, à Niort, Deux-Sèvres.
Fonteyne (Charles), d'Ostende, à Quimperlé, Finistère.
Fourdrignier (Marthe), de Tournai, à Agen, Lot-et-Garonne.
Fourneau (Sophie), d'Aile, à Herpont, Marne.
Foucart (Victor), de Tournai, à Domérat, Allier.
Foutègne (Charles), de . . ., à Saint-Pourçain-sur-Besbre, Allier.
François (Arthur) et fam., de Han-sur-Sambre, à Saint-Amand, Manche.
France (Constant de), de Landas, à Montreuil, Manche.
Franchx (Rosalia), d'Elewygt, à Souillac, Lot.
Fransaert (Jean), d'Alost, à Souillac, Lot.
Frambaut (Amédée), d'Hazebrouck, à Salviac, Lot.
Franckse (Anna), de Lierre, à Bannalec, Finistère.
Frans (Donat), de Wavre-Notre-Dame, à Hambye, Manche.
François (Joseph), de Pitthem, à La Teste, Gironde.
François (Jules) et fam., de Pitthem, à La Teste, Gironde.
Francisco (Jean), de Capelle-au-Bois, à Monmoulous, Hautes-Pyrénées.
Frans (Simon), de Berkeghen, à Biozat, Allier.
Frans (François) et fam., de Malines, à Néris-les-Bains, Allier.
François (Eugène), d'Alost, à Commentry, Allier.
Francin (Emile) et fam., de Saint-Dié, à Saint-Pourçain-sur-Sioule, Allier.
François (Marcel), de Gand, à Trezelle, Allier.
Francq (Marie), de Merbes-le-Château, à Lurcy-Lévy, Allier.
Frérens (Guillaume) et fam., de Wilsele, à Angoville-s.-Ay, Manche.
Frechier (Ernest), de Gand, à Lalbenque, Lot.
Froyman (Henri), de Lille, à Heudimesnil, Manche.
Froidart (Gustave), d'Ostende, à Bannalec, Finistère.
Fuzelier, de Rocroi, à Vichy, Allier.
Gabriel (Elisabeth), de Malines, à Quimperlé-Nozabic-Kergoalec, Finistère.
Gadeyne (Oscar), de Gand, à La Flèche, Sarthe.
Gaie (Alfred) et fam., de Frameries, à Granville, Manche.
Gallez (Alphonse) et fam., à Saint-Clar, Gers.
Galopin (Joséphe), d'Anvers, à Concarneau, Finistère.
Gallet (Joseph), de Bruges, à Guilligomarc'h, Finistère.
Galle (Léopold et Gustave), de Zedelghem, à Mer, Loir-et-Cher.
Galle (Richard), de Gondbrugge, à Etroussat, Allier.
Gangnié (Georges), de Dlogsteert, à Muneville-sur-Mer, Manche.
Gantois (Benjamin), de Fontaine-Valmont, à Longueville, Manche.
Gandibleu (Arthur) et fam., de Flénu, à Granville, Manche.
Gang (Louise de), de Malines, à Target, Allier.
Gaote (Joseph de), de Bruges, à Doville, Manche.
Garwig (Yvonne) et fam., de Bruxelles-Jette, à Châteauneuf-du-Faou, Finistère.
Gargau (Louis), d'Ostende, à Trévoux, Ain.
Garré (Prosper), de Meirelbeke, à Saint-Aubin, Allier.
Gaubcen (Julien), de Gand, à Lithaire, Manche.
Gauthier (Odeline), de Bouffioulx, à Niort, Deux-Sèvres.
Gaudaen (Pierre), d'Eppeghem, à Gourdon, Lot.
Gaudaen (Rosalie), d'Eppeghem, à Gourdon, Lot.
Gaufriez (Ulysse), de Dour, à Champcey, Manche.
Gautois (Emile), de Fontaine-Valmont, à Longueville, Manche.
Gavaert (Albert) et fam., de Gand, à Rosporden, Finistère.
Gaytan (Ludovica), de Roussclare, à Gensac par Rabastens, H.-Pyrénées.
Geytant (Oscar), d'Ostende, à Rabastens, Hautes-Pyrénées.
Gaytaut (Léopold) et fam., de Roulers, à Monfaucon, Hautes-Pyrénées.
Geets (Maria), de Malines, à Bannalec, Finistère.
Geets (Pierre) et fam., de Malines, à Bannalec, Finistère.
Geers (Guillaume), de Bruges, à Catus, Lot.
Geerdf (Emile), de Bruges, à Saint-Denis-Catus, Lot.
Géeraerts (Louis) et fam., d'Aertchot, à Quimperlé, Finistère.
Geets (Clément), de Wilsele, à Angoville-s.-Ay, Manche.
Geerts (Cécile), de Malines, à Montoire, Loir-et-Cher.
Geldof (Hermelle), d'Ath, à Montoire, Loir-et-Cher.
Geerolf (Edmond), de Bruges, à Pont-Leroy, Loir-et-Cher.
Geerts (Marie et Victor), de Malines, à Montoire, Loir-et-Cher.
Geerdents (Aloïs), d'Hérent, à Saint-Aubin, Allier.
Geens (Gérard), de Villebrouck, à Cosne-sur-l'Œil, Allier.
Geffelen (Louis), de Leau, à Saint-Colomb, Lot-et-Garonne.
Gehière (Charlotte), de Roulers, à Maubourguet, Hautes-Pyrénées.
Geirneart (Prosper) et fam., de Gand, à Chenay, Sarthe.
Gelas (Sidonie), de Gemeente, à Chartres, Eure-et-Loir.
Gelande (Edmond), d'Aersecle, à Plounévézel, Finistère.
Genaers (Auguste) et fam., de Mons, au Val-Saint-Père, Manche.
Genin (Marie), de Mont-sur-Marchienne, à Yquelon, Manche.
Genis (Emilia), de Mont-sur-Marchienne, à Yquelon, Manche.
Genus (Félix) et fam., de Louvain, à Boileville, Manche.
Genis (François), d'Ostende, à Penmarch, Finistère.
Gengers (François) et fam., de Malines, à Motreff, Finistère.
Genis (Victor), d'Ostende, à Penmarch, Finistère.
Gengers (Maria), de Malines, à Motreff, Finistère.
Georgery (Louisa) et fam., de Fosses, à Auxerre, Yonne.
Georgery (Adeline) et fam., de Fontaury-Mottet, à St-Etienne-la-Cigogne, D.-S.
Gérard (Eugène), de Marbraisc-la-Tour, au Val Saint-Père, Finistère.
Gérard (Marie), de Mons, au Val-Saint-Père, Manche.
Germain (Georges), d'Anvers, à La Flèche, Sarthe.
Gertru (Joséphine), de Wygmael, à Bannalec, Finistère.
Gerlo (Henri) et fam., de Baesrode, à Arzano, Finistère.
Géril (Louis), d'Ostende, à Penmarch, Finistère.
Gersoul (Jean), d'Ixelles, à La Flèche, Sarthe.
Gérard (Emile) et enf., de Middelkerti, à Marseille, Bouches-du-Rhône.
Gernaey (Camille), de Ghistelles, à Saint-Bonnet-de-Rochefort, Allier.
Gérard (Veuve Théry) et enf., de Liège, à Lourdes, Hautes-Pyrénées.
Gesquière (René), de Wulben, à Pont-Leroy, Loir-et-Cher.
Gesché (Louis), de Gand, à Léognan, Gironde.
Geuvels (Edouard), d'Anvers, à La Flèche, Sarthe.
Geubels (Gustave) et fam., de Termonde, à Edern, Finistère.
Gevuert (Jean), de Malines, à La Flèche, Sarthe.
Geysen (Angélica), à Cleden-Poher, Finistère.
Geys (Charles), de Sempto, à Loctudy, Finistère.
Geys (Maria) et fam., de Sempto, à Loctudy, Finistère.
Geyndt (Palmyre de), de Louvain, dans l'Allier.
Ghez (Ferdinand de), de Bruges, à Gerville, Manche.
Gheuens (Pierre), de Lierre, à Bannalec, Finistère.
Ghesquierre (Julie) et fam., de Comines, à Rosporden, Finistère.
Gheynnec (Léonie), de Clercken, à Trévoux, Finistère.
Ghislain (Florent) et fam., de Menrchin, à Saint-Cyran-du-Jambon, Indre.
Ghislain (Hélène) et enf., d'Anvers, à l'Isle-Jourdain, Gers.
Ghuens (Joannes), de Lierre, à Bannalec, Finistère.
Ghueners (Ludovicus), de Lierre, à Bannalec, Finistère.
Ghysel (Marcel), d'Ichteghem, à La Flèche, Sarthe.
Ghyoot (Auguste), de Bruges, à Rédéné, Finistère.
Ghyot (Arthur), de Bruges, à Rédéné, Finistère.
Ghyoot (Charles), de Bruges, à Rédéné, Finistère.
Ghys (Maria), de Mechielen, à Casteljaloux, Lot-et-Garonne.
Ghys (François), de Malines, à Port-Launay, Finistère.
Gibert (Albert), de Liège, à Franchesse, Allier.
Gielen (Jean), de Bruxelles, à Cahors, Lot.
Giellis (Jacques), de Louvain, à Lanriec (le Passage), Finistère.
Gignsenfild (Maria) et fam., de Malines, à Plouguer, Finistère.
Giebels (Jean) et fam., de Mayseu-Muysen, à Aiguillon, Lot-et-Garonne.
Gigase (Antoinette), de Tirlemont, Loperec, Finistère.
Gijsen (Joseph), d'Anvers, à Gannat, Allier.
Gilbert (Alfred) et fam., de Rinche, à Laslade, Hautes-Pyrénées.
Gilles (Joseph et Eugène), de Ledeberg, à Vieure, Allier.
Gils (Marie), de Lierre, à Nérac, Lot-et-Garonne.
Gilboux (François), de Châtelineau, à Granville, Manche.
Gilles (Félicien), de Farciennes, à Granville, Manche.
Gilot (Albert), de Louvain, à Arzand, Finistère.
Gilliams (Joséphine), de Louvain, à Carhaix, Finistère.
Gilles (Rosalie), de Malines, à Montoire, Loir-et-Cher.
Giraud (Antonia), de Malines, à Virazeil, Lot-et-Garonne.
Giraud (Elisabeth) et fam., à Virazeil, Lot-et-Garonne.

Gisannora (Charles), de Strée, à Châteauneuf-sur-Loire, Loiret.
Gisselere (Louis), de Gand, à Saosnes, Sarthe.
Givers (Désiré), de Quaregnon, à Lauzun, Lot-et-Garonne.
Gioyaerts (Charles), de Wilsele, Angoville-s.-Ay, Manche.
Glas (Camille), de Coolscamp, à Cosne-sur-l'Œil, Allier.
Gliva (Jacob), de Belgique, à Surville, Manche.
Glineur (Louis) et fam., de La Bouverie, à Carantilly, Manche.
Gobert (Eugène) et fam., de Houding-Aimenez, à Appeville, Manche.
Godu (Sidonie) et fam., de Termonde, à Sceaux, Maine-et-Loire.
Godefroy (Nicolas) et fam., de Binche, à Auxerre, Yonne.
Godfroyd (Parys), de Gand, à Cosne-sur-l'Œil, Allier.
Godefroy (Henri), de Rossey, à Montbonnet, Isère.
Godmay (Félicien) et fam., de Lobbes, à Granville, Manche.
Godefroot (Jules), d'Eyne, à Bazoche-les-Callerandes.
Godefroid (Alide), de Zedelghem, à Montoire, Loir-et-Cher.
Goddeeris (Edouard) et fam., de Roulers, à Monfaucon, Hautes-Pyrénées.
Goethals (Odile), de Thielt, à Plounévézel, Finistère.
Goeman (Louis), de Gendbrugge, à Buxières-les-Mines, Allier.
Goethmzen (Elisabeth), d'Heverlé, à Luray-Lévy, Allier.
Goedgbner (Jean), de Gand, à Luray-Lévy, Allier.
Goetans (Jérôme), de Charleroi, au Val Saint-Père, Manche.
Goethals (Charles), de Genbrugge-les-Gand, à La Flèche, Sarthe.
Goedvriendt (François), d'Alost, à Anglars-Juillac, Lot.
Goemaere (Justin), de Lille, à Hérenguerville, Manche.
Goethalys (Charles), de Madeleine, à Montplinchon, Manche.
Goethloet (Alphonse) et fam., de Lierre, à Preyssac, Lot.
Goethlock (Loduvic) et fam., de Lierre, à Preyssac, Lot.
Goffart (Jules) et fam., de Fosses, à Auxerre, Yonne.
Goffart (Léon), d'Anvers, à Quimperlé, Finistère.
Goffart (Théodore) et fam., de Mettet, à S.-Étienne-la-Cigogne, Deux-Sèvres.
Goffa (Mélanie), de Borgherront, à Loctudy, Finistère.
Goffin (Léonie), de Bruxelles-Ever, à Virazeil, Lot-et-Garonne.
Gomand (Piéter) et fam., de Lierre, à Thiel, Allier.
Goossens (Louis) et fam., d'Herent, à Mauhourguet, Hautes-Pyrénées.
Goossens (Pierre), de Gand, à Saint-Hilaire, Allier.
Goovaerts (Maria), de Malines, à Agen, Lot-et-Garonne.
Gookens (France) et fam., de Malines, à Denneville, Manche.
Goosens (Joseph) et fam., de Fontaine-l'Évêque, à S.-Jean-d-Baisants, Manche.
Goovaertz (Maria) et fam., d'Evere, à Larreule, Hautes-Pyrénées.
Gooris (François) et fam., de Muysen, à Aiguillon, Lot-et-Garonne.
Goris (Félix) et fam., d'Eppeyhen, à Saint-Rémy-du-Plain, Sarthe.
Gorleer (Léon), de Gand, à Mézin, Lot-et-Garonne.
Gorel (Émile), de Lille, à Mesnil-Villeman, Manche.
Gossaer (Maria), d'Ostende, à Quimperlé, Finistère.
Gosse (Oscar) et fam., d'Hellemmes, à Hambye, Manche.
Goulard (Léon), d'Erquelinnes, à Saint-Gérand-le-Puy, Allier.
Goubaum (Joseph), d'Anvers, à La Flèche, Sarthe.
Gouvry (Maria) et fam., de Pont-Avendin, à Montesquiou, Gers.
Gourry (Camille), d'Ostende, à Sembas, Lot-et-Garonne.
Gouthière (Marguerite) et fam., de Gorée, à Montainville, Eure-et-Loir.
Gourvy (Jérôme), d'Ostende, à Sembas, Lot-et-Garonne.
Govaerts (Louis), de Rotselaer, au Veurdre, Allier.
Govers (Gumarus), de Wielryk, à Caillac, Lot.
Govaerts (Guillaume), de Sempst, à Gourdon, Lot.
Govaerts (Jean-Baptiste), d'Eppeghem, à Quimperlé, Finistère.
Govaerts (Marie), de Lierre, à Nérac, Lot-et-Garonne.
Govaerts (Louis), de Rotselier, au Veurdre, Allier.
Gowssens (Henri) et famille, de Humbeck, à Cajarc, Lot.
Goyvaert (Jacob), de Malines, à Bellenaves, Allier.
Goywaerts (Denis), de Lier, à Virazeil, Lot-et-Garonne.
Goywaerts (Colette) et famille, de Lier, à Virazeil, Lot-et-Garonne.
Graeve (Léonard de), de Ledeberg, à Ailhères, Sarthe.
Graeve (Marcel de) et fam., de Linth, à Casteljaloux, Lot-et-Garonne.
Graeve (Camile de) et fam., de Gand, à Soturac, Lot.
Grande (Maurice de), d'Ostende, à Concarneau, Finistère.
Gratiaen (Gustave), de Woumen, à Mézin, Lot-et-Garonne.
Grauwels (Maria) et fam., de Wilsele, à Saint-Symphorien, Manche.
Grawuls (Frances), de Rotselaer, à Treffiagat, Finistère.
Grau (Gérardine), de Ternath, à Pont-Aven, Finistère.
Grangié (Georges), d'Anderlues, à Figeac, Lot.
Grangié (Alfred) et fam., d'Anderlues, à Figeac, Lot.
Grande (de), de Saint-Andries, à Montoire, Loir-et-Cher.
Graeve (Ernest de), de Gand, à Pontlevoy, Loir-et-Cher.
Graeve (Maria de), de Linth, à Casteljaloux, Lot-et-Garonne.
Graeve (Emile de), de Weygem, à Lurcy-Lévy, Allier.
Gremelpout (Anna), de Malines, à Concarneau, Finistère.
Grenier (Arile), de Pont-de-Loup, à Marseille, Bouches-du-Rhône.
Grignard (Antoine) et fam., d'Anvers, à Pontorson, Manche.
Grietens (Henri), de Herent, à Saint-Aubin, Allier.
Grootte (Pierre de), de Jette, à La Flèche, Sarthe.
Groodt (Henri de), de Malines, à Châteaulin, Finistère.
Groodt (Isabelle de), de Malines, à Châteaulin, Finistère.
Groote (Emile de) et fam., de Laetlem, à Plouyé-du-Faou, Finistère.
Groote (Pauline de), d'Ostende, à Quimperlé, Finistère.
Groote (Léon de), de Bruges, à Nérac, Lot-et-Garonne.
Groote (Arthur de), d'Ostende, à Agen, Lot-et-Garonne.
Groote (Adrienne de), d'Ostende, à Agen, Lot-et-Garonne.
Grossens (Edmond), de Gand, à Coigny, Manche.
Groodt (Léonie de), de Malines, à Châteaulin, Finistère.
Grouve (Louis de) et fam., d'Alost, à Saint-Pourçain-sur-Besbre, Allier.
Groote (Hector de), de Gendbrugge, à Cosne-sur-l'Œil, Allier.
Groote (Hendrick de), de Gand, à Couleuvre, Allier.
Gruyster (Achille de), de Bruges, à Guilligomarc'h, Finistère.
Gruyter (Henri de) et fam., de Bruges, à Mézin, Lot-et-Garonne.
Gruson (Désiré) et fam., de Phegsteert, à Grimesnil, Manche.
Gruwier (Pierre), d'Ostende, à Vire, Calvados.
Gryzo (Oscar de), de Boom, à La Flèche, Sarthe.
Grymonprey (Joseph) et fam., de Lille, à La Meurdraquière, Manche.
Gryseels (Anne), de Forest, à Rosporden, Finistère.
Gryseels (Théophile), de Forest, à Rosporden, Finistère.
Gryp (Théophile), de Gand, à Chavroche, Allier.
Gualbert (Ernest), de Bruxelles, à . . . , Bouches-du-Rhône.
Guerings (Louis), d'Herenthals, à Trévoux, Finistère.
Guffens (Albert), d'Anvers, à La Flèche, Sarthe.
Guillaume, d'Aniche, à Luçay-le-Mâle, Indre.
Guilliams (Léonie) et fam., de Louvain, à Beaumont-sur-Sarthe, Sarthe.
Guilleaims (Maurice), de Gent, à Bouilh-Devant, Hautes-Pyrénées.
Guibbe (Joséphine), de Termonde, à Quimperlé, Finistère.
Guilliemins (Meurat), de Maubeuge, à Saint-Aout, Indre.
Guldentops (Maria) et fam., de Lierre, à Parnac, Lot.
Gunst (Auguste) et fam., de Vladsloo, à Lanriec, Finistère.
Guush (Victor) et fam., de Wercken, à Arzano, Finistère.
Guyaux (Emile), de Florence, à Orsan, Gard.
Guywaerts (Armand), de Malines, à Concarneau, Finistère.
Guyper (Johanna de), d'Hoboken, à Lennon, Finistère.
Gvovaerts (Léonie), d'Eppeghem, à Gourdon, Lot.
Gymonprez, d'Ichteghem, à Bannalec, Finistère.
Gys (Jos), de Gand, à Escurolles, Allier.
Gysbrecht (Leopoldus), d'Alost, à Andelaroche, Allier.
Gyssels (Alidor), de Bruges, à Concarneau, Finistère.
Gysel (Cyriel), de Handzaeme, à Marollette, Sarthe.
Gyzens (Julianne) et fam., d'Ostende, à Landeleau, Finistère.
Habram (Henri), de Liége, à Lurcy-Lévy, Allier.
Haegheman (Léopold), d'Ostende, à Gouézec, Finistère.
Haekebetc (Georges), de Posterzele, à Bannalec, Finistère.
Hackx (Rémy), de Aertrycke, à Montoire, Loir-et-Cher.
Haeck (René), de Bellem, à Trezelle, Allier.
Haeen (René d') et fam., de Liévin, à Neuvy-Pailloux, Indre.
Haentjes (Petrus), de Meirelbeke, à Commentry, Allier.
Haenens (Emile d'), de Saint-Amand, à Lurcy-Lévy, Allier.
Haesebrouck (Léon), de Bruges, à Saint-Germain-de-Salles, Allier.
Haeseveld (Edmond), de Gendbrugge, à Commentry, Allier.
Haeps (Anne), de Rumpst, à Beaumont-sur-Sarthe, Sarthe.
Haenc (Camille d'), d'Ostende, à Cahors, Lot.
Haeps (Victoria), de Rumpst, à Beaumont-sur-Sarthe, Sarthe.
Haesaerts (Pierre), d'Ostende, à Bannalec, Finistère.
Haesebrouck (Henri), de Saint-André, à Payrac, Lot.
Haeseveld (Emile), de Ledeberg, à Commentry, Allier.
Haese (Clémence d'), d'Alost, à Concarneau, Finistère.
Haen (Maria d'), de Lokeren, à Pont-Aven, Finistère.
Haese (Alphonse), de Châtelineau, à Kergloff, Finistère.
Haes (Alexandre de), d'Anvers, à Pont-Aven, Finistère.
Haeck (Auguste de), d'Alost, à Rosporden, Finistère.
Haen (Edmond d'), de Lokeren, à Pont-Aven, Finistère.
Haen (Hubertine d') et fam., d'Anvers, à Quimperlé, Finistère.
Haesaerts (Jacques), de Malines, à Montoire, Loir-et-Cher.
Haesaert (Auguste), de Thourout, à Feugerolles, Lot-et-Garonne.
Hainaut (Edmée) et fam., de Gozée-les-Thuin, à Dreux, Eure-et-Loir.
Hallin (Louis), de Liége, à La Flèche, Sarthe.
Hannecart (Oscar), de Liévin, à Ruan, Loiret.
Hanskens (Julien), de Lille, à Montplinchon, Manche.
Hannique (Alice), de Maubeuge, à Saint-Christophe-en-Bazelle, Indre.
Hanssens (Edouard), de Montceau-sur-Sambre, à Gannat, Allier.
Hanssens (François), de Le Thildouck, à Prétot, Manche.
Hannesse (Armand), de Montgnée, à La Flèche, Sarthe.
Hansoul (Christine), de Machlen, à Casteljaloux, Lot-et-Garonne.
Hardisse (Lisa), de Malines, à Denneville, Manche.
Harmegnies (Marie) et fam., de Mons, au Val-Saint-Pair, Manche.
Hardy (Jules) et fam., de Baileux, à Granville, Manche.
Haren (Léonie), de Malines, à Target, Allier.
Hartman (Victor), de Malines, à Néris-les-Bains, Allier.
Haumont (Georges), de Louvain, à Foix, Ariège.

Hautekied (Joseph) et fam., de Vladsloo, à Lanriec, Finistère.
Hauw (Edward d'), de Bruges, à Salviac, Lot.
Haulay (Marcel), d'Ennevelin, à Franchesse, Allier.
Hautekeete (Théophile), de Hansbeke, à Montoire, Loir-et-Cher.
Havrenne (Hector), de Rouesaert, à Prétot, Manche.
Hayoit (Emile) et fam., de Carnion, à Niort, Deux-Sèvres.
Hazenbosch (Alexandre) et fam., de Malines, à Quimperlé, Finistère.
Hebbelinck (Marcel), de Gand, à Rosporden, Finistère.
Hecq (Renilde), d'Horennes, à Saint-Christophe-sur-Roc, Deux-Sèvres.
Heckout (Alphonse et enf.), de Berlaère, à Brout-Vernet, Allier.
Heerde (Achille de), de Bruges, à La Flèche, Sarthe.
Heggerick (Emile), de Gand, à Chantelle, Allier.
Heindriecks (Honoré), d'Ostende, à Cahors, Lot.
Heindeyks (Jules), d'Ichtegliem, à Rosporden, Finistère.
Heygbrechs (Denis), de Rotselaer, à S-Sauveur-de-Meilhan, Lot-et-Garonne.
Hellemans (Mélanie), de . . ., à Cléden-Poher, Finistère.
Heldenweerdt (Jacques), de Gand, à Voussac, Allier.
Helleputte (Alphonse), de Gand, à Chavroche, Allier.
Hellewicht (Eveline), de Termonde, à Ste-Colombe-de-Villeneuve, Lot-et-Gar.
Hellewaut (Eugène), de Bruges, à Rosporden, Finistère.
Hermomiers (Marie), de Malines, à Fouesnant, Finistère.
Hemelsoen (Cyrille) et fam., d'Essen, à Queménéven, Finistère.
Hem (Jean), de Gand, à Bordeaux, Gironde.
Hennuy (Alfreda), de Neuilly-sur-Seine, à Niort, Deux-Sèvres.
Hendrick (Elisabeth), de Malines, à Locronan, Finistère.
Hénau (Jean de), de Wondelgen, à Léognan, Gironde.
Hendeycke (Arthur), de Bruges, à Guiligomarc'h, Finistère.
Hendewekx (Omer) et fam., de Termonde, à Concarneau, Finistère.
Hendrik (Thomas), d'Anderlues, à Cauville, Manche.
Hondrickx (Alice), d'Alost, à Souillac, Lot.
Hendrick et fam., de Malines, à Locronan, Finistère.
Hendrickx (Jeanne), d'Alost, à Souillac, Lot.
Hendrickx (Gommaire) et fam., de Boortmeerbech, à Figeac, Lot.
Hendrichx (Jacques) et fam., d'Hoboken-lès-Anvers, à Pont-Aven, Finistère.
Hentjens (Pierre), d'Ixelles, à La Flèche, Sarthe.
Hendrickx (Hector), d'Alost, à Guiligomarc'h, Finistère.
Hendrychx (Maurice), de Couckelaere, à Prétot, Manche.
Hendt (Auguste d'), de Gand, à La Flèche, Sarthe.
Hennuy (Céline) et fam., de Gozie, à Granville, Manche.
Henry (Georges), de . . ., à Spézet, Finistère.
Hermans (Odile), de Malines, à Target, Allier.
Heremans (François) et fam., de Bouheyden, à Bellenaves, Allier.
Henrotay (Jules), d'Anvers, à Bordeaux, Gironde.
Henderyckx (Edmond), de Bruges, à Pontlevoy, Loir-et-Cher.
Hennuy (Isaïe) et fam., de Gozie, à Granville, Manche.
Henguiarbrant (Maurice), d'Auvelais, à La Flèche, Sarthe.
Hensmans (Gilberte), d'Erps-Querbs, à Ghécy, Loiret.
Henslegers (Guillaume), de Mont-Saint-Amand, à Cosne-sur-l'Œil, Allier.
Hendel (François), de Bruges, à Couleuvre, Allier.
Hendrycks (Henri), et fam., de Houplines, à Lurcy-Levy, Allier.
Hendrik Van Homme, et fam., de Malines, à Jaligny, Allier.
Henslegers (Emile), de Gendbrugge, à Cos-sur-l'Œil, Allier.
Hentjens (Désiré), de Gistelles, à Pont-Leroy, Loir-et-Cher.
Heps (Ludovic), de Rumpst, à Beaumont-sur-Sarthe, Sarthe.
Herdt (Louis de), d'Anvers, à Concarneau, Finistère.
Herémans (Joséphine), de Lier, à Virazeil, Lot-et-Garonne.
Herman (Catherine), d'Alost, à Spezet, Finistère.
Hertschop (Romain), de Gand, à Cosne-sur-l'Œil, Allier.
Herphelin (François), de Bruxelles, à Marseille, Bouches-du-Rhône.
Herrebaut (Florence), de Pontavendin, à Argenton, Indre.
Hermant (Emilie), de Boussois, à Saint-Chartier, Indre.
Herrebaut (François), et fam., de Pontavendin, à Argenton, Indre.
Herckmans (Gustaaf), de Malines, à Concarneau, Finistère.
Heremans (Emma), de Tremoloo, à Concarneau, Finistère.
Herman (Camille), de Meulebeke, à Cahors, Lot.
Herman (François), et fam., d'Alost, à Spézet, Finistère.
Hermans (Frans), et fam., de Wolwerthem, à Concarneau, Finistère.
Hermans (Hendrik) et fam., de Terhagen, à St-Rémy-du-Plad, Sarthe.
Hermans (Marie), de Werchter, à Spézet, Finistère.
Hermans (Thomas), et fam., de Verchter, à Spézet, Finistère.
Hermant (Pauline), et fam., d'Ostende, à Saint-Hermin, Finistère.
Hermonniers (César), et fam., de Malines, à Fouesnant, Finistère.
Hernalsteen (Ernest), de Bruxelles, à Muneville-sur-Mer, Manche.
Herreman (Zoé), et fam., de Braine-le-Comte, à Issoudun, Indre.
Herreman (Charles), de Bruges, à Saint-Ségal, Finistère.
Hersens (Alphonse), de Bruges, à Saint-Ségal, Finistère.
Herwegh (Maria), et fam., d'Anvers, à Lanriec, Finistère.
Herrebaut (Martha), de Pontavendin, à Argentan, Indre.
Herwegh (Marie), et enf., d'Anvers, à Lanriec, Finistère.
Herwughe (Rodolphe), de Gand, à Saint-Aignan, Loir-et-Cher.
Hessens (Jules), et fam., de Bruges, à Gouézec, Finistère.
Hessens (Gustave), de Gand, à Marseille, Bouches-du-Rhône.
Hessens (Alexander), et fam., d'Ostende, à Gontaud, Lot-et-Garonne.
Hesselborn (Lucie), et fam., de Charleroi, à Blois, Loir-et-Cher.
Heudrickx (Marie), de Meuysen, à Aiguillon, Lot-et-Garonne.
Heuleers (Frans), et fam., Sempst, à Gourdon, Lot.
Heusequin-Vautbigem, et fam., d'Ostende, à Penmarch, Finistère.
Heurquin (Julien de), de Mont-Saint-Amand, à Cosne-sur-l'Œil, Allier.
Heulle (François), de Lille, à Agen, Lot-et-Garonne.
Heusequin (Clément), et fam., d'Ostende, à Châteauneuf-du-Faon, Finistère.
Heuleers (Maria), et fam., de Sempst, à Gourdon, Lot.
Heyselbergs (Rosalia), et enf., de Nylen, à Cabrerets, Lot.
Heyerick (Jules), de Gand, à Lalbenque, Lot.
Heylen (Alice), de Wilyek, à Bannalec, Finistère.
Heylen (Marie), et fam., d'Anvers, à Plonévez-du-Faon, Finistère.
Heyleyhem (François), Werchteur, à Mer, Loir-et-Cher.
Heylen (Gustave), et fam., de Wilyek, à Bannalec, Finistère.
Heyser (Louis de), de Heverlé, à Pont-Aven, Finistère.
Heylen (Auguste), d'Anvers, à Plonévez-du-Faon, Finistère.
Heylen (Rosalie), de Villebrock, à Concarneau, Finistère.
Heyntjens (Georges), de Gand, à Saosnes, Sarthe.
Heyvart (Edmond), d'Ostende, à Quimperlé, Finistère.
Heyvaert (Edmond), de . . ., à Arzano, Finistère.
Heyman (Charles), et fam., de Zwyndrecht, à Granges, Lot-et-Garonne.
Heyé (Richard), de Mariakerke, à Chaveroche, Allier.
Heznaert (Camille), de Loos, à Mesnil-Garnier, Manche.
Hiart (Jean-Baptiste), de Dour, à Champcey, Manche.
Higuet (Joseph), de La Bouverie-Hainaut, à La Flèche, Sarthe.
Hilderson (Joseph), de Bruges, à Cretteville, Manche.
Hilleurg (Pierre), de Saint-Gilles-Termonde, à Buxières-les-Mines, Allier.
Hillevacrt (Cyriel), et enf., de Saint-André, à Chantelle, Allier.
Himmnbo (Théophile), de Bruges, à Doville, Manche.
Hislair (Charles), d'Hofstade, à Saint-Sauveur-de-Meilhan, Lot-et-Garonne.
Hoch (Jean), de Mont-Saint-Amand, à Spezet, Finistère.
Hoeck (Julien), de Selzate, à La Flèche, Sarthe.
Hoët (Auguste), de Thauront, à Pons-Leroy, Loir-et-Cher.
Hoofman (François), Curughem, à Canville, Manche.
Hofmans (Pierre), d'Ixelles, à Muneville-sur-Mer, Manche.
Holbreecht (Paul), Lebbeck, à Quimperlé, Finistère.
Holdérick (Emile), et fam., de Buysselede, à Rosporden, Finistère.
Hollebeke (Sébastien), et fam., de Middelkerke, à St-Antoine, Lot-et-Gar.
Holemans (Pierre), et fam., de Malines, à Albas, Lot.
Hollevoet (Alphonse), d'Ostende, à Anglars (Lot).
Holbrecths (Léonie), et fam., de Cappelle op den bosch, à Beslay, H.-Pyr.
Holtizer (Achille), de Tronges, à Chaveroche, Allier.
Hollander (Cyriel), de Berlaere, à Brout-Vernet, Allier.
Hollewet (François), de Saint-André, à Fontanes, Lot.
Hoofdt (Michel), et fam., d'Ostende, à Vire, Lot.
Hombrockx (Félix), et fam., d'Oostache-lez-Gand, à Saint-Ségal, Finistère.
Hondt (René d'), d'Ingelmunster, à Bannalec, Finistère.
Hondt (Joseph d'), et fam., de Termonde, à Montoire, Loir-et-Cher.
Honoré (Léon), de Tournai, à Mesnil-Bouant, Manche.
Honorez (Adèle), de Dour, à La Lucerne-d'outre-Mer, Manche.
Houre (Albert d'), de Bruges, à Duravel, Lot.
Hoorelbeke (Hélène), d'Ostende, à Lédat, Lot-et-Garonne.
Hoogers (Armand), de Louvain, à Arzano, Finistère.
Hoof (François), d'Herenthals, à Trévoux, Finistère.
Horgnies (Uranie), de Fontaine-Valmont, à Longueville, Manche.
Horckmans (Emile), de Boutmerbeck, à Montmarault, Allier.
Horemans (Edouard), de Bruges, à Couleuvre, Allier.
Horlacge (Charles), de Grendbrugge, à Couleuvre, Allier.
Horchmans (Emmanuel), de Vladsloo, à Lanriec, Finistère.
Horebeke (Prosper), d'Anvers, à Auver, Lot.
Hoste (Alfred), et fam., de Gand, à Quimperlé, Finistère.
Hosten (Auguste), de Zarren, à Trévoux, Finistère.
Hostyns (Jacques), d'Ostende, à Montoire, Loir-et-Cher.
Hoste (Gustave), de Vlisseghem, à Gannat, Allier.
Hoste (Edgard), de Gendbrugge, à Saint-Menoux, Allier.
Hostens (Georges), de Thourout, à Feugarolle, Lot-et-Garonne.
Hostens (Henri), de Thourout, à Feugarolle, Lot-et-Garonne.
Hoste (Victor), et fam., de Gand, à Lourcy, Deux-Sèvres.
Hosse (Rémi), de Thielt, à Plounévézel, Finistère.
Hoste (Gaston), d'Aeltre-Sainte-Marie, à Anglars-Rosac, Lot.
Houthoofd (Alois), de Roulez, à Escondeaux, Hautes-Pyrénées.
Houdart (Albert), de Karegnon, à Droiturier, Allier.
Houyouse (Léon), et enf., d'Auvenais, à Misse, Deux-Sèvres.
Houbracken (Achille), de Lideberg, à Pont-Leroy, Loir-et-Cher.
Houbraken (Polydore), de Lideberg, à Glatigny, Manche.
Houdt (Arthur d'), de Bruges, à Duravel, Lot.
Houtiaux (Emile), de Gand, à Rédéné, Finistère.
Hox (Jacques), de Liège, à La Flèche, Sarthe.
Hoyort (Marguerite), de Quaregnon, à Chef-Boutonne, Deux-Sèvres.

Huart (Jules) et fam., de Gozay, à Montainville, Eure-et-Loir.
Huart (Gustave), et fam., de Brieulles-sur-Meuse, à Granville, Manche.
Hulstaert (Pierre), de Pontavendin, à Argenton, Indre.
Hubert (Aimé), et fam., de Franc-sur-Ecouvain, à Niort, Deux-Sèvres.
Hubert (Michel), et fam., de Bruges, à Loupiac, Lot.
Hubo (Albert), de Lambusart, à Chatillon-sur-Indre, Indre.
Hubert (Ulysse), et fam., de La Bouverie, à Granville, Manche.
Hulsborest (Petrus), d'Alost, à Fouesnant, Finistère.
Hulsens (Henri), et fam., de Malines, à Segelas, Hautes-Pyrénées.
Hurbin (Julia), et fam., de Wasmes, à Regnéville, Manche.
Husson (Lucie), de Baccarat, à Chamblet, Allier.
Huyvetter (Charles d'), et fam., d'Audenarde, à Aix, Bouches-du-Rhône.
Huytton (Isidoor), et fam., de Rousselare, à Gensac, Hautes-Pyrénées.
Huydebrock (Maurice), de Gand, à Cosne-sur-l'Œil, Allier.
Huyghe (Maria), de Malines, à Masclat, Lot.
Huysman (Marguerite), et fam., de Gand, à Quimperlé, Finistère.
Huys (Maurice), de Thielt, à Plounévézel, Finistère.
Huytrels (Antoine), de Kloorde, à La Flèche, Sarthe.
Hylbroch (Guillaume), de Gand, à Angoville-sur-Ay, Manche.
Hyche (Cyrille de), de Gand, à Cretteville, Manche.
Ieraanepael (Arthur), de Vlasloo, à Plobannalec, Finistère.
Imberechts (Maria), de Herennt, à Maubourguet, Hautes-Pyrénées.
Imberechts (Jean), de Louvain, à Guilberville, Manche.
Imbrechts et fam., d'Ostende, à Saint-Ségal, Finistère.
Imbreegts (Guillaume), de Beyghem, à Lucry-Levy, Allier.
Impens (Prosper), de Gand, à Appeville, Manche.
Incomme (Marie), de . . ., à Les Mées, Sarthe.
Indrisks (Alphonse), de Bruges, à Saint-Denis-Catus, Lot.
Ingilleinecht (Gustave), de . . ., à Saint-Pourçain-sur-Besbre, Allier.
Ingelrelt (Guillaume), de Coxyde, à Escurolles, Allier.
Ingelienecht (Gustave), de Chistelle, à Saint-Pourçain-sur-Besbre, Allier.
Ingebrelst (Charles), et fam., de Marchienne, à Concarneau, Finistère.
Ingelborghs (Joseph), de Thieldonck, à Saint-Antoine, Lot-et-Garonne.
Inghebrecht (Meard), d'Ostende, à Agen, Lot-et-Garonne.
Innagraeve (Théophile), et fam., de Bruges, à Condom, Gers.
Innegraeve (Gustave), et fam., de Bruges, à Saint-Denis-Catus, Lot.
Insleghers (Georges), et fam., de Bruges, à Concarneau, Finistère.
Inslegers (Richard), de Bruges, à Souillac, Lot.
Ippillemackers (Colette), de Boom, à Quimperlé, Finistère.
Isfas (Joseph), du Châtelet, à Biéville, Manche.
Isselée (Gustave), de Bruges, à Quimperlé, Finistère.
Ister (Paul), d'Erquelinnes, à Saint-Gerand-le-Puy, Allier.
Iterbecke (Pierre), de Vondelghem, à Montoire, Loir-et-Cher.
Iontyp (Joanna), d'Anvers, à Concarneau, Finistère.
Ivens (Franç), de Willebroeck, à Saint-Vincent-Rive-d'Olt, Lot.
Iwo de Vilder (Marie), de Pontavendin, à Argenton, Indre.
Jadot (Léopoldine), de Namur, à Domérat, Allier.
Jacob (Charles), et fam., de Dony, à Couleuvre, Allier.
Jacobs (Isidore), et fam., de Louvain, à Agen, Lot-et-Garonne.
Jacob (Victorien), d'Hornu, à Granville, Manche.
Jacobs (Catherine), et fam., de Duffel, à Payrac (Lot).
Jacobs (Joseph), et fam., de Sempst, à Le Vigan, Lot.
Jacobs (Edmond), de Boortmeerbeek, à Figeac, Lot.
Jacobus (Théophile), de Saint-Andries, à Souillac, Lot.
Jacobus (Auguste), de Saint-Michel, à Saint-Etienne, Lot.
Jacquet (Jeanne), de Reulies, à Toury, Eure-et-Loir.
Jacobs (Caroline) et fam., de Bruges, à Montoire, Loir-et-Cher.
Jacques (Charles) et fam., de Thourout, à Montoire, Loir-et-Cher.
Jacques (Richard) et son épouse, de Steence, à Quimperlé, Finistère.
Jacques (Yvonne), de Pont-de-Loup, à Fiéville, Manche.
Jaege (Léopold de), de Gand, à Vieure, Allier.
Jacques (Charline), d'Arras, à Issoudun, Indre.
Jacques (Clara) de Pont-de-Loup, à Biéville, Manche.
Jacques (Lianne), d'Arras, à Issoudun, Indre.
Jainet (Albert), d'Aniche, à Luçay-le-Mâle, Indre.
Jamey (Louise), de Walcourt, à Lengronne, Manche.
Janssens (Emmanuel), de Thourout, à Montoire, Loir-et-Cher.
Janssens (Jules) et fam., de Hansbeke, à Montoire, Loir-et-Cher.
Janssens (Jacques) et fam., d'Ostende, à Montoire, Loir-et-Cher.
Janssens (François), de Malines, à Agen, Lot-et-Garonne.
Janssens (Hélène), de Thielt, à Agen, Lot-et-Garonne.
Janssens (Marie), de Malines, à Concarneau, Finistère.
Janssens (Arthur), de Bruges, à Concarneau, Finistère.
Janssens (François), de Rosselaer, à St-Sauveur-de-Meilhan, Lot-et-Garonne.
Janssens (Maria), de Malines, à Agen, Lot-et-Garonne.
Janssens (Constantin), de Thielt, à Agen, Lot-et-Garonne.
Janssens (Charles), de Gand, à Lurcy-Levy, Allier.
Jansens (Jaak), de Campenhout, à Franchesse, Allier.
Jansons (Félix), de Boom, à Cresteville, Manche.
Janssens (Ocar), de Bruges, à Hayel, Allier.
Jansens (Médard), de Clemskerke, à Biozat, Allier.
Janssens (Franz) et fam., de Malines, à Target, Allier.
Janssens (Achille) et fam., de Louvain, à Saint-Germain-de-Salles, Allier.
Janssens (Constant), et fam., de Mont-St-Amand, à Marseille, B.-du-Rhône.
Janssens (Emile), de Gand, à Appeville, Manche.
Janssens (Maria), de Beyghem, à Concorès, Lot.
Janssens (Jeanne) et fam., de Campenhout, à Figeac, Lot.
Janssens (Jean), de Beyghem, à Concorès, Lot.
Janssens (Jean) et enf., de Campenhout-Spar, à Figeac, Lot.
Jansens (Frédéric), de Campenhout, à Figeac, Lot.
Jansenne (Eugène) et enf., de Nalinnes, à Rabastens, Hautes-Pyrénées.
Jaques (Gustave), de Thourout, à Mer, Loir-et-Cher.
Jaubiaux (Louis) et fam., de Malines, à Pouyastruc, Hautes-Pyrénées.
Janssens (Franz), de Malines, à Saint-Pé-Saint-Simon, Lot-et-Garonne.
Jardon (Hubert), de Liège, à Lurcy-Levy, Allier.
Jeanmaro (Joseph), de Houans, au Val-Saint-Père, Manche.
Jeanzoure (Henri), de Malines, à Rabastens, Hautes-Pyrénées.
Jehu (Albert), de Jeumont, à Melle, Deux-Sèvres.
Iercu (Lea) et fam., de Roulers, à Sombrun, Hautes-Pyrénées.
Jespers (Adrianus), d'Anvers, à Gontaud, Lot-et-Garonne.
Jespers (Emile), de Kessel-Loo, à Montmarault, Allier.
Joanna Peeters et enf., d'Alst, à Bazillac, Hautes-Pyrénées.
Joanez (Alfred), de Cousolre, à Droiturier, Allier.
Joemans (Louise), de Louvain, à Tatos, Manche.
Joly (Jules) et enf., de Karegnon, à Droiturier, Allier.
Joliet (Léon), de Gendbrugge, à Saint-Menoux, Allier.
Jolyh (Emile), d'Ostende, à Feugarolle, Lot-et-Garonne.
Joly (Gaston), de Malines, à Denneville, Manche.
Joliet (Frans), de Melle, à Commentry, Allier.
Jonghe (Alphonse de), de Destelbergen, à Concarneau, Finistère.
Jonghe (Alois de), de Destelbergen, à Quimperlé, Finistère.
Jongh (Constant de), de Gand, à Guilvinec, Finistère.
Jonghe (Alfonse de), et fam., d'Antilhe, à Saint-Paul-[illegible].
Jonghe (Louise de) et enf., de Termonde, à [illegible], Allier.
Jonckeere (Armand), d'Assenede, à Bourbon, Allier.
Jonckheere (Joseph), de Belgique, à St-Léopold-Montluçon, Allier.
Jonghe (Maria de), et fam., d'Anvers, à Saint-Paul-[illegible].
Jonghe (Désiré de), d'Anvers, à Saint-[illegible].
Joostens (Maria), de Niel, à Montoire, Loir-et-Cher.
Joostens (Joseph), de Malines, à [illegible].
Joosts (Marie), de Malines, à [illegible], Allier.
Jorissen (Ange) et enf., de Louvain, à Bizeneuille, Allier.
Jonckeere (Philippe), de Sas-van-Gand, à [illegible].
Joube (Sébastien), de Pierre, à Bannalec, Finistère.
Joyaux (Eliane), de Mureau, à Hambye, Manche.
Joz (Juliette) et enf., de Dendermonde, à Villeneuve-sur-Allier, Allier.
Judon (Emmanuel), de Quaregnon, à Granville, Manche.
Juguers (Maurice), de Louvain, à Reaumont, [illegible].
Julien (Stubbe), de Jabbeke, à Lamothe-Fénelon, Lot.
Julien (Linni) et enf., de Florenville, à [illegible], Allier.
Jurgen (Barbara) et enf., de [illegible], à Saignes, Lot.
Jussicour (Mme), de Mariembourg, à Niort, Deux-Sèvres.
Kaas (Eugène), d'Hemont, à Périgny, Manche.
Kaas (Alphonse), de Wilsene, à Agen, Lot-et-Garonne.
Kaman (Alfons de), de Banterssen, à Concarneau, Finistère.
Karkebeke (Séraphin), de Gand, à Bannalec, Finistère.
Keizer (Richard de), de Beckeghem, à Plonévez-du-Faou, Finistère.
Keizer (Victor de), de Snelleghem, à Plonévez-du-Faou, Finistère.
Kelbaert (Charles), de Termonde, à Quimperlé, Finistère.
Kellemer (Gustave), de Bruges, à La Flèche, Sarthe.
Kelders (Pierre) et fam., de Louvain, à Arzano, Finistère.
Kelders (Jean), de Louvain, à Arzano, Finistère.
Keller (Pierre) et fam., de Malines, à Andiran, Lot-et-Garonne.
Kemp (Jean), de Lecke-lès-Dixmude, à Lengronne, Manche.
Keppens (Maria), d'Oordegem, à Fresnay-l'Evêque, Eure-et-Loir.
Kerbnek (Gabrielle), de La Louvière, à Valençay, Indre.
Kerkoff (Anna), de Bonchoor, au Guilvinec, Finistère.
Kermans (Joanna) et enf., de Sempst, à Gourdon, Lot.
Kerkhof (Marie) et enf., de Roulers, à Pouillon, Hautes-Pyrénées.
Kayser (Odile de) et fam., de Thourout, à Cahors, Lot.
Kraemer (Constant de), d'Ostende, à Varaise, Lot.
Kerckart (Phariman) et fam., de Bruges, à St-Pourçain-sur-Besbre, Allier.
Kerremans (Pierre) et enf., de Malines, à Vieure, Allier.
Kerrebrouck (Maurice) et fam., de Somerghem, à [illegible], Allier.
Kerf (Judith de), de Wilryck, à Bannalec, Finistère.
Kesten (Henri et André), de Roeselaar, à Domérat, Allier.
Keshronon (Victorine), de Herenthals, à [illegible], Finistère.
Ketelers (Georges) et fam., de Cortemarck, à Rosporden, Finistère.
Ketelaere (Honoré de), de Zedelghem, à Plonévez-du-Faou, Finistère.
Ketelair (Camille de) et frère, de Zedelghem, à Mer, Loir-et-Cher.
Ketel (Frantz de), d'Alost, à Larreule, Hautes-Pyrénées.
Ketelaere (Jules de), de Varsenaere, à Saint-Germain-de-Salles, Allier.

Keuhelure (Octaaf de), de Gendbrugge, à Bayet, Allier.
Keuppens (Anna), de Malines, à Port-Launay, Finistère.
Keuster (Auguste et Joseph de), de Tieldonck, à Buxières-les-Mines, Allier.
Keymeulen (Franz), d'Alost, à Voussac, Allier.
Key (Marie de) et enf., de Wespelear, à Poullaouen, Finistère.
Keyser (Séraphine de), de Héverlé, à Pont-Aven, Finistère.
Keyser (Édouard de), de Snelleghem, à Plonévez-du-Faou, Finistère.
Keyser (Achille de) et frères, de Thourout, à Cahors, Lot.
Keyser (Adolp. de) et épouse, de Boortmeerbeeche, à Pont-Leroy, L.-et-Cher.
Keyser (Maurice de) et frères, de Thourout, à Cahors, Lot.
Keyser (Théophile de) et son épouse, d'Eleuwyt, à Castelnau, Htes-Pyrén.
Kickens, d'Alost, à La Loupe, Eure-et-Loir.
Kidder (Denis de), de Louvain, à Arzane, Finistère.
Kieckens (Armand), de . . . . , à Latour, Lot.
Kielemoes (Gustaaf), de Gand, à Conu-sur-l'Œil, Allier.
Kilesse (Joseph), d'Ougrée, à Langé, Indre.
Kimpe (Auguste), de Cortemarck, à Trévoux, Finistère.
Kimpe (Charles), de Sas-Slykens-lez-Ostende, à Quimperlé, Finistère.
Kimpe (Césarine) et enf., de Roulers, à Cahors, Lot.
Kin (Rosalia), d'Antwergen, à Saint-Paul-Labouffie, Lot.
Kind (Léon), de Saint-Michel, à Carhaix, Finistère.
Kindt (Alidor), de Bruges, à Ploëven, Finistère.
Kint (Richard), de Saint-Andries, à Lescurry, Hautes-Pyrénées.
Kleip (Eva), de Malines, à Saint-Née, Finistère.
Klarck (Edmond de), de St-Pierre-sur-la-Dyck, à Nérac, Lot-et-Garonne.
Klinck (Henri), de Bruges, à Nérac, Lot-et-Garonne.
Kockens (Henri), de Vilvoorde, à Biozat, Allier.
Koeckelenberg (François) et fam., d'Anvers, à Carhaix, Finistère.
Konne (Édouard de), de Gendbrugge, à St-Bonnet-de-Rochefort, Allier.
Koppings (Jeanna), de St-Valery-sur-Somme, à Thevet-St-Julien, Indre.
Kotte (Jean de), de Gendbrugge, à Cosne-sur-l'Œil, Allier.
Koster (Martin de), de Bruxelles, à Hambye, Manche.
Kottembourg (Louisa), d'Anvers, à Escurolles, Allier.
Kurs (Clémentine), de Danderlemonde, à Montréal, Gers.
Kraeye (Achille), de Gendbrugge, à Poudenas, Lot-et-Garonne.
Kreytens (Maurice), de Wyngene, à Saint-Aubin, Allier.
Krocker (Pierre de), de Clabeek, à La Flèche, Sarthe.
Kruydt (Georges de), de Bruges, à La Flèche, Sarthe.
Krygemans (Pierre) et enf., de Lebbeke, à Cahors, Lot.
Kyndt (Jules), de Ichtegens, à Montoire, Loir-et-Cher.
Lacroix (Henri), de Drocourt, à Saint-Plantaire, Indre.
Lacour (Joseph), de Châtelet, à Villiers-en-Plaine, Deux-Sèvres.
Lacroix (Félicie), de Mariembourg, à St-Cristophe-sur-Roc, Deux-Sèvres.
Lachière (Edmond), de Varsenaere à Souillac, Lot.
Lachapelle (Florimond), d'Erquelines, à Roncey, Manche.
Lacroix (Fernand), de Louvain, à Lanriec, Finistère.
Lachapelle (Zéphirin), de Jumet, à Arzane, Finistère.
Ladeleer (Joseph de), d'Alost, à Les Mées, Sarthe.
Ladeleer (Eulalie de), d'Alost, à Les Mées, Sarthe.
Laere (de), de Thielt, à Agen, Lot-et-Garonne.
Laender (Adolphe de), d'Evergem, à Montmarault, Allier.
Laet (Léon de), de Xanthem-Vilvorde, à Gannat, Allier.
Laedt-Lodewik (François de), de Malines, à Locronan, Finistère.
Laet (Élisabeth de), d'Anvers, à Plonévez-du-Faou, Finistère.
Laet (Jean de) et fam., de Boom, à Thoiré-sous-Contensor, Sarthe.
Laenen (François) et fam., de Lierre, à Bannalec, Finistère.
Laet (Joseph de) et fam., de Malines, à Concarneau, Finistère.
Laet (Jeanne de), d'Anvers, à Plonévez-du-Faou, Finistère.
Laedt (Lodewik de) et fam., de Malines, à Locronan, Finistère.
Laet (Théodore de) et fam., de Anvers, à Plonévez-du-Faou, Finistère.
Laevens (Cyrillus) et fam., de Roulers, à Labatut-Rivière, Hautes-Pyrénées.
Lafère (Georges), de Lens, à Montignac-Toupinerie Lot-et-Garonne.
Laforce (Joseph), de Bruges, à Couleuvre, Allier.
Laforce (Gaston), de Bruges, à Concarneau, Finistère.
Lagaert (Léopold), de Lille, à Mesnil-Garnier, Manche.
Lagrou (Auguste), de Snelleghen, à Plonévez-du-Faou, Finistère.
Lagrou (Léonie), de Roulers, à Rabastens, Hautes-Pyrénées.
Lahaye (née Vanpoucke, veuve Marie) et enf., de Ostende, à Montcuq, Lot.
Lahaye (Marguerite), de Ostende, à Montcuq, Lot.
Laliousse (Alphonse), de Bruges, à Doville, Manche.
Lahière (Henri), de Wyngene, à Montoire, Loir-et-Cher.
Lahaye (Eugène), de Birwart, à Saint-Aignan, Loir-et-Cher.
Laisse (Fernand), d'Anzin, à Fléré-la-Rivière, Indre.
Lakkelbergh (Jean), de Malines, à Lennon, Finistère.
Lalocer (Henri), de Lille, à Hérenguerville, Manche.
Lambrecht (Louis), de Bruges, à Nérac Lot-et-Garonne.
Lambrechts (Alfred), de Bruxelles, à La Flèche, Sarthe.
Lammretyn (Théophile), de Allost, à Roullée, Sarthe.
Lambert (Gabrielle) et fam., de Crupet-Namur, à Auxerre, Yonne.
Lambrechts (Jean), de Bouheyden, à Billenaves, Allier.
Lambert (Arthur), de Quenast, à Cosne-sur-l'Œil, Allier.

Lammenns (Charles), de Ostende, à Houeillès, Lot-et-Garonne.
Lamelin (Marie), de Santin-Sivry, à Luisant, Eure-et-Loir.
Lamotte (Adolphine de), de Louvain, à Arzand, Finistère.
Lambrechts (Isidore), de Rotsclaer, à Figeac, Lot.
Lambrechts (Anne) et enf., de Elwygt, à Seuillac, Lot.
Lamair (Thérèze) et fam., de Humbeck, à Cajare, Lot.
Lamair (Élise) et enf., de Humbeck, à Cajare, Lot.
Lambrecht (Cyrille), de Gaud, à Gretteville, Manche.
Lambrechts (Jean), de Vilhens-Biyssem, à Prétot, Manche.
Lambrecht et fam., de Housbekc, à Houtteville, Manche.
Lams (Prudent), de Oostende à Poullaouen, Manche.
Lamote (Édouard) et son épouse, de Assebrouke, à Bannalec, Finistère.
Lambrech (Edmond), de Ghistelles, à Lanriec, Finistère.
Lambrechts (Jean), de Malines, à Plonévez-du-Faou, Finistère.
Lambrech (Pierre), de Pittherm, à Lanriec, Finistère.
Lambert (Henri), de Oostramp, à Bannalec, Finistère.
Lamarque (Marie), de Malines, à Quimperlé, Finistère.
Lambert (Emilia), de Hancinelle, à Granville, Manche.
Lambrecht (Alphonse), de Roulers, à Lescurry, Hautes-Pyrénées.
Lamon (Émile), de Roulers, à Maubourguet, Hautes-Pyrénées.
Lambrecht (Jules) et fam., de Roulers, à Maubourguet, Hautes-Pyrénées.
Lanselle (née Julia Sevrin), de Chimay, à Auxerre, Yonne.
Lanseuns (Charles), de Saint-André, à Chantelle, Allier.
Lanno (René), de Wyngene, à Saint-Aubin, Allier.
Lansiers (Joseph), de Werchter, à Buxières-les-Mines, Allier.
Lamelin (née Anna Rouez), de Santin-Sivry, à Luisant, Eure-et-Loir.
Langeais (Clothide), de Belgique, à Mesnil-Sellières, Aube.
Langelez (Gustave), de Thoin, à Montpinchon, Manche.
Lanwers (Clémencia) et fam., de Malines, à Plouguer, Finistère.
Lanssens (Remy), d'Oostcamp, à Concarneau, Finistère.
Lansens (Cyrille), de Gourkelaere, à Bannalec, Finistère.
Lanwers (Charles), de Bruges, à Kerjulès en Rédené, Finistère.
Lanwers (Ferdinand) et enf., de Malines, à Plouguer, Finistère.
Landnelle (Camille) et fam., du Châtelet, à Granville, Manche.
Lansabo (Amélie), de Paris, à Coutances, Manche.
Langlois (Henri), de Bruxelles, à La Flèche, Sarthe.
Lankmans (Pierre) et fam., de Anderleecht, à Pouyastruc, Hautes-Pyrénées.
Laridou (Henri), de Bruges, à Nérac, Lot-et-Garonne.
Lassinal (Berthe), de Erquelines, à Niort, Deux-Sèvres.
Lasne (née Marie-Louise Dulieu, veuve), de Ostende, à Malines.
Lasseel (Jules), de Liévin, à Neuvy-Pailloux, Indre.
Lassoie (Arthur), de Calais, à Le Temple, Gironde.
Latoir (Édouard), de Gand, à Nérac, Lot-et-Garonne.
Latines (Victor), de Ostende, à Concots, Lot.
Latruwe (Gustave), de Zadelghem, à Mer, Loir-et-Cher.
Lauveaux (Robert) et fam., de Belgique, à Dions, Gard.
Lauselle (Jules), de Chimay, à Auxerre, Yonne.
Laufer (Ernest), de Ostende, à Marseille, Bouches-du-Rhône.
Lauwers (Joseph) et fam., de Eleuwyt, à Castelnau, Hautes-Pyrénées.
Lauwick (Mme), de Tournay, à Vichy, Allier.
Laubuy (Joseph), de Chénex, à Casteljaloux, Lot-et-Garonne.
Laurent (Elie), de Soissons, à Niort, Deux-Sèvres.
Laurent (Mme), de Bruxelles, à Niort, Deux-Sèvres.
Laurent (Théodore), de Belgique, à Mesnil-Sellières, Aube.
Laurent (Marcel), de Belgique, à Mesnil-Sellières, Aube.
Lauwreins (Lydia), de Ostende, à Puy-l'Évêque, Lot.
Laurents (Pétrus) et son épouse, de Lier, à Puy-l'Évêque, Lot.
Lauwreins (Henricus) et fam., de Ostende, à Puy-l'Évêque, Lot.
Lauwers (Rosalie), de Sempst, à Gourdon, Lot.
Lauwers (Pierre) et son épouse, de Grimberghen, à Figeac, Lot.
Lauwers (Marie) et enf., de Eppeghen, à Gourdon, Lot.
Lauwers (Jan) et fam., de Sempst, à Gourdon, Lot.
Lauwers (Egide), de Beughem, à Saint-Germain, Lot.
Lauwers (Eugène), de Lille, à Montaigu-le-Bois, Manche.
Lauwers (Amélia), de Anvers, à Carhaix, Finistère.
Laurant (Henri), de Liège, à Souyeaux, Hautes-Pyrénées.
Le Brun (Alfred) et fam., de Ostende, à Kergloff, Finistère
Le Borgne (Alfred), de Bruxelles, à Pont-Aven, Finistère.
Le Bon (Lucie), de Ostende, à Pont-Aven, Finistère.
Leblond (Alida), de Warneton, à Cahors, Lot.
Lebrun (Jean-Baptiste) et fem., de Hancinelle, à Granville, Manche.
Lebrun (Alphonse), de Trivières, à La Flèche, Sarthe.
Le Brun (Eugène), de Béthune, à Mirande, Gers.
Lebeke (née Amanda Defour), de Roulers, à Saint-Sever, Hautes-Pyrénées.
Lebeke (Marthe), de Rousselare, à Rabastens, Hautes-Pyrénées.
Lebcke (Charles) et fam., de Roulers, à St-Sever-de-Rustan, Htes-Pyrénées.
Lebrun (René) et fam., de Montigny-le-Tilleul, à Pouyastruc, Htes-Pyrénées.
Lecarte (Oscar), de Ham-sur-Heure, à Saint-Julien-en-Jarez, Loire.
Lecende (Émile), de Ledeberg, à La Flèche, Sarthe.
Lecomte (Arthur) et fam., de Binche, à Laslades, Hautes-Pyrénées.
Leclerc (Alice), de Chatelet-Hainaux, à Domérat, Allier.

Lecocq (Jean), de Gaudrenoville, à Couleuvre, Allier.
Lecot (Rosalie), de Anvers, à Vanriec, Finistère.
Lecat (Sophie), de Fellerie, à Quimperlé, Finistère.
Lecoq (Albéric), de La Bouverie, à Le Val-Saint-Père, Manche.
Leclerc (Louis), de Denain, à Valence, Gers.
Leclercq (Eugène) et son épouse, de Daussois, à Saint-Aignan, Loir-et-Cher.
Ledoux (Maurice), de Aerseele, à Cosne-sur-l'Œil, Allier.
Ledeyne (Alois), de Thourout, à Pons-Leroy, Loir-et-Cher.
Lecud (François de), de Alost, à Montmarault, Allier.
Leeman (Raymond), de Moorseu, à Montmarault, Allier.
Leest (Auguste), de Boon, à Domérat, Allier.
Leenknecht (Remy), de Pitheu, à Cosne-sur-l'Œil, Allier.
Lefort (femme Marie Haibeux), de Allé, à Herpont, Marne.
Lefebvre (Louis), de Neuville, à Domérat, Allier.
Lefèvre (Joseph), de Bruxelles, à Saint-Pé-Saint-Simon, Lot-et-Garonne.
Lefèvere (Frans), de Bruges, à Rosporden, Finistère.
Lefébure (Louis), de Bruges, à Trévoux, Finistère.
Lefebvre (Maurice), de Ypres, à Hambye, Manche.
Lefèvre (Oscar), de Eeloo-Eeckloo, à Beuzec-Conq, Finistère.
Lefevère (Sylvia), de Roulers, à Sombrun, Hautes-Pyrénées.
Legrand (Gustave), de Gand, à Bellenaves, Allier.
Legen, de Gand, à Saint-Menoux, Allier.
Légers (Rémi), de Eeghem, à Rosporden, Allier.
Le Grande (Maurice), de Saint-André, à Montoire, Loir-et-Cher.
Legon (Gustave), de Genthrugge, à Montoire, Loir-et-Cher.
Le Hime (Jules), de Soignies, à Domérat, Allier.
Lehot (Marguerite), de Corbion, à Saint-Maxire, Deux-Sèvres.
Lejong (François) et fam., de Ham-sur-Heure, à Beaune, Côte-d'Or.
Lejeune (née Aline Ruelle), de Jeumont, à Salindres, Gard.
Lejeune (Albert), de Ledeberg, à Vieure, Allier.
Lejeune (Yvan), de Gozée, à Montainville, Eure-et-Loir.
Le Jeune (Marie), de Anvers, à Quimperlé, Finistère.
Lejeune (Maurice) et fam., de Liège, à Biganos, Gironde.
Lekine (Hector), de Eroudegen, à Eauze, Gers.
Leleuze (Fernand), de Charleroi, à Franchesse, Allier.
Lelièvre (Alphonse), de Thildonck, à Saint-Antoine, Lot-et-Garonne.
Lelfhacht (Louis), de Herent, à Mer, Loir-et-Cher.
Lemaire (Ludistine), de Lourches, à Lacassagne, Hautes-Pyrénées.
Lemire (Édouard), de Sallaumines, à Domérat, Allier.
Lembrechts (Lidonie) et fam., de Vilborde, à Lauriec, Finistère.
Leman (Émile), de Rolieghem, à Plonévez-du-Faou, Finistère.
Lemmens (Albertine), de Alost, à Souillac, Lot.
Lemer (Élie), de Charleroi, à Soturac, Lot.
Lembrechts (Louis), de Vsymael, à Angoville-sur-Ay, Manche.
Lemmens (Louis), de Wilsele, à Angoville-sur-Ay, Manche.
Lensel (Napoléon), de Armentières, à Couleuvre, Allier.
Lens (Antonia) et fam., de Tourne, à Vichy, Allier.
Lenfort (Marie), de Doubrieux, à Saint-Germain-des-Fossés, Allier.
Leniaert (Emmanuel), de Gand, à Cosne-sur-l'Œil, Allier.
L'Enfant (Félix), de Beggynersdigck, à Concarneau, Finistère.
Lennis (Guillaume), de Kesselloo, à Saint-Rémy-du-Plain, Sarthe.
Lengrand (Adolphine), de Charleroi, à Granville, Manche.
Lenoir (Julia), de Belgique, à Leval-Saint-Père, Manche.
Lend (Adolphe), de Wespelaer, à Mer, Loir-et-Cher.
Léonard (Henri), de Cousobre, à Droiturier, Allier.
Léopol (Daniel), de Spy, à Saint-Hilaire, Allier.
Léopold (Grégoire), de Bruges, à Pouliaouen, Finistère.
Lepage (Félix), de Villers, à Mesnil-Sellières, Aube.
Lepage (Auguste), de Gand, à Montdoumerc, Lot.
Lepoivre (Oswald), de Montiers, à Lescherolles, Seine-et-Marne.
Lepomme (Jean-Baptiste) et sa fam., d'Anvers, à La Flèche, Sarthe.
Lequeux (Édouard) et sa fam., d'Anvers, à Lauriec, Finistère.
Lequeux (Gustave), de Gand, à La Flèche, Sarthe.
Lequeue (Clémence) et fam., de Fleurus à Troyes, Aube.
Le Roy (Joseph), de Boat-Merbeck, à Choisy-en-Brie, Seine-et-Marne.
Leroy (Sophie) et enf., de Donstienne, à Saint-Plantaire, Indre.
Leroy (Berthe), de Maubeuge, à Montmarault, Allier.
Leribaux (Catherine), de Louvain, à Lurcy-Lévy, Allier.
Leroy (Alida), d'Anvers, à Quimperlé, Finistère.
Le Roy (Pierre) et fam., d'Ostende, à Quimperlé, Finistère.
Le Roux (Edmond), de Fives-Lille, à La Meurdraquière, Manche.
Lescroart (Léon), d'Assebrouck, à Montmarault, Allier.
Lesage (Emile) et fam., de . . ., à Saint-Germain-des-Fossés, Allier.
Lesafre, de Lille, à Niort, Deux-Sèvres.
Le Sage (Albertine), de Bruges, à Concarneau, Finistère.
Lescrauwack (Oscar) et fam., de Bruges, à Catus, Lot.
Lescot (Joseph), de Ruitz, à Isle-Jourdain, Gers.
Letard (Joseph), d'Assebrouck, à Montmarault, Allier.
Letroye (Adèle), de Termonde, à Denneville, Manche.
Leutens (Alphonse et Jean), de Varssenaere, à St-Germain-de-Salles, Allier.
Leux (Antonia et Madeleine), de Rimagne, à Vichy, Allier.
Levau (Louise), de Guissignies, à Lurcy-Lévy, Allier.
Levis (Julien), de Termonde, à Lostudy (Finistère).
Levens (Henri) et fam., de Muysen, à Châteauneuf-du-Faou, Finistère.
Levert (Malvina) et fam., de Termonde, à Denneville, Manche.
Levens (Henri), de Muysen, à Châteauneuf-du-Faou, Finistère.
Leynen Schooncere, de Bruxelles, à Gannat, Allier.
Leys (Léonie), d'Appels, à Sainte-Colombe-de-Villeneuve, Lot-et-Garonne.
Leyn (Armand) et fam., de Lokeren, à Rosporden, Finistère.
Leyero (Louis) et fam., de Malines, à Plonévez-du-Faou, Finistère.
Leys (François) et fam., de Bruges, à Saint-Denis-Catus, Lot-et-Garonne.
Leyu (Pierre), d'Ostende, à Cenevières, Lot.
Leyssens (Ferdinand), de Louvain, à Agen, Lot-et-Garonne.
Leyssens (Florimond), d'Anvers, à La Flèche, Sarthe.
Leyts (Lucien), de Bruges, à Montoire, Loir-et-Cher.
Leyseele (Joseph et Raymond), de Bellem, à Montoire, Loir-et-Cher.
Leyre (Adolphe et Aimé), d'Ostende, à Montoire, Loir-et-Cher.
Lhermuzou (Ernest) et fam., de Dour, à Champcey, Manche.
Libert (Victor et Joseph), de Gand, à Droiturier, Allier.
Liboutois (Auguste) et fam., de Louvain, à Concarneau, Finistère.
Libert (Sylve) et fam.; d'Alost, à Les Mées, Sarthe.
Libert-Maldrie (Octavie), d'Alost, à Les Mées, Sarthe.
Licoppe (Bertha), d'Aerschob, à Pont-Aven, Finistère.
Liétard (Arthur), d'Ostiches, à Choisy-en-Brie, Seine-et-Marne.
Lievens (Camille) et fam., de Saint-Michel, à Montmarault, Allier.
Liébaut (Marin), d'Alost, à Moncrabeau, Lot-et-Garonne.
Liers (Antoine) et fam., de Malines, à Quimperlé, Finistère.
Liekens (Marie), de Campenhout, à Cahors, Lot.
Liétard (Rosa), de Gorée, à Moutainville, Eure-et-Loir.
Lievens (Maurice), de Lootenbulle, Houtteville, Manche.
Liévrus (Odilon) et sa fam., d'Alost, à Rosporden, Finistère.
Liévens (Florent) et sa fam., d'Alost, à Rosporden, Finistère.
Liétard (Arthur), de . . ., à Choisy-en-Brie, Seine-et-Marne.
Liévens (Marie), d'Alost, à Rosporden, Finistère.
Liénardy (Georges), de Schaerbeck, à Agnac, Lot-et-Garonne.
Liévin (Irma) et fam., de Ham-sur-Heure, à Regnéville, Manche.
Liottee (Alois de), d'Anvers, à La Flèche, Sarthe.
Liekens (Marie), de Campenhout, à Cahors, Lot.
Ligot (Benjamin) et fam., de Marcinelli, à Lourdes, Basses-Pyrénées.
Limpens (François), de Molenbeek-Saint-Jean, à Domérat, Allier.
Limebrets (Marie), de Louvain, à Fouesnant, Finistère.
Lippens (Florimond), de Gand, à La Flèche, Sarthe.
Lippens (Joseph), de Gand, à Montdoumerc, Lot.
Lisabeth (Aloise), de Lichtervelde, à Montmarault, Allier.
Lissens (J.-B.), de Moorsel, à Montmarault, Allier.
Lisabeth (Arthur), de . . ., à Cléden-Poher, Finistère.
Lisieur (Hippolyte), de Vered, à Sargé, Loir-et-Cher.
Livinus Van Kelst et fam., de Werde op Zenne, à Trezelle, Allier.
Livin (Jean) et fam., d'Ostende, à Castelnau, Hautes-Pyrénées.
Livemont (Séraphin), de Messines, à La Flèche, Sarthe.
Lobry (Marcel), de Denain, à Castelnau, Hautes-Pyrénées.
Lobber (Mathias) et fam., de Limal, à Bellenaves, Allier.
Lobber (Mathias), de Limal, à Bellenaves, Allier.
Labourcur (Ernest), de Gand, à Coigny, Manche.
Lodder (Richard de), de Grandbrugges, à Lauriec, Finistère.
Lodewyle (Setrillemans Jay), de Malines, à Concarneau, Finistère.
Lodewyckx (Marie), de Campenhout, à Pont-du-Cosse, Lot-et-Garonne.
Loet (Blondine de) et fam., de Humbeck, à Cajarc, Lot.
Loet (Louis de) et fam., de Humbeck, à Cajarc, Lot.
Loenen (Suzanne), de Roulers, à Rabastens, Hautes-Pyrénées.
Locmon (Zulma), de Roulers, à Rabastens, Hautes-Pyrénées.
Logghe (Charles) et fam., de Middelkerke, à Montoire, Loir-et-Cher.
Logier (François) et fam., de Mons, à Souyeaux, Hautes-Pyrénées.
Lomanyt (Charles), de Gand, à Lithaire, Manche.
Loncville (Camille), de Varssenaere, à Saint-Germain-de-Salles, Allier.
Loncke (Arthur) et fam., d'Ostende, à Concarneau, Finistère.
Loos (Gaston), de Malines, à Target, Allier.
Lootens (Hilaire) et fam., de Malines, à Saint-Hilaire, Allier.
Loose (Adelina de) et fam., de Dendermonde, à Villen.-sur-Lot, Lot-et-Gar.
Loose (Anna de) et fam., de Dendermonde, à Villen.-sur-Lot, Lot-et-Gar.
Loose (Désiré), de Bruges, à Saint-Sauveur-de-Pierrepont, Manche.
Loore (Richard), de Legdebergue, à Lanriec, Finistère.
Loodens (Pélagie), de Melle, à Nérac, Lot-et-Garonne.
Loriaux (Georges), de Charleroi, à Marseille, Bouches-du-Rhône.
Lorent (Raoul), de Tubize, à Lurcy-Lévy, Allier.
Loret (Oscar), de Termonde, à Pleyben, Finistère.
Loret (François) et fam., de Termonde, à Pleyben, Finistère.
Lorette (Jean), de . . ., à Lectoure, Gers.
Lotens (Léonard), de Gand, à Rouillée, Sarthe.
Louer (Joséphine), d'Ostende, à Lurcy-Lévy, Allier.
Louvies Sels (Maria) et fam., de Malines, à Concarneau, Finistère.
Louke (Jérome), de Handzaeme, à Bannalec, Finistère.

Louwagie (Henri), de Saint-André, à Peyrilles, Lot.
Lowyck (Camille), de Bruges, à Duravel, Lot.
Lowyck (Alphonse), de Bruges, à Duravel, Lot.
Loyen (Arthur), de Grobbentenelin, à Sombrun, Hautes-Pyrénées.
Loyen (Daniel), d'Anvers, à Sombrun, Hautes-Pyrénées.
Loza (Gustave), de Tourcoing, à La Meurdraquière, Manche.
Lozin (Egide), de Gand, à Montoire, Loir-et-Cher.
Lubre (Antoine), de Boussy-Hainault, à Domérat, Allier.
Luebreq (Clara) et fam., de Ostende, à Cahors, Lot.
Luce (Emile), de Warvsclom, à Cretteville, Manche.
Lucas (Marie) et fam., de Boom, à Quimperlé, Finistère.
Lucas (Henri), de Lens, à La Chapelle-Onzeram, Loiret.
Ludovicus (Ludovica) et fam., d'Ostende, à Loperec, Finistère.
Lugarde (Maurice), de Gand, à Montoire, Loir-et-Cher.
Luigier (Rémi), d'Aestrycke, à Chantelle, Allier.
Lamelin (Edouard), de Sautin-Sivry, à Luisant, Eure-et-Loir.
Lumay (Edouard) et fam., de Néerheyssen, à Quimperlé, Finistère.
Lust (Arthur), de Bekeghem, à Pleyben, Finistère.
Lust (Camille), de Rams-Capelle, à Lanriec, Finistère.
Lust (Victor) et fam., d'Ostende, à Pont-Avan, Finistère.
Lutjten (Emmanuel) et fam., de Hérent, à Ilyds, Allier.
Luyts (François) et fam., de Louvain, à Arzano, Finistère.
Ly (Willem de), de Gand, à Couleuvre, Allier.
Lybeer (François), de Saint-André-les-Bruges, à Saint-Ségal, Finistère.
Lyck (Julius), d'Ichteykin, à Concarneau, Finistère.
Lycke (Henri) et fam., d'Ichtegem, à Montoire, Loir-et-Cher.
Lyn (Catherine), de Lokeren, à Rosporden, Finistère.
Lyssens (François), d'Herent, à Saint-Aubin, Allier.
Machureau (Thélesphore) et fam., d'Orct, à Ecueillé, Indre.
Machureau (Jean) et fam., de Fouquières-les-Lens, à Ecueillé, Indre.
Machteliinck (Joseph), de Gand, à Domérat, Allier.
Macssem (Adolphe), de Bruges, à Saint-Pourçain-sur-Besbe, Allier.
Mackberghe (Georges), de Beckeghem, à Plonévez-du-Faou, Finistère.
Macs (Pierre) et fam., de Malines, à Ségalas, Hautes-Pyrénées.
Macke (Auguste) et fam., de Varsseuaere, à Villen-sur-Lot, Lot-et-Garonne.
Mackelberghe (Edouard), de Steene, à Gignac, Lot.
Madelin (Léon), de Bruxelles, à Châteauneuf-du-Faou, Finistère.
Maerteleire (Maria), de Liévin, à Neuvy-Pailloux, Indre.
Mrertelacre (Léon de) et fam., d'Oostroat, à Broût-Vernet, Allier.
Maes (Camille), de Ghistelles, à Saint-Bonnet-de-Rochefort, Allier.
Maene (Gérôme), de Snelleghen, à Saint-Rémy-en-Rollat, Allier.
Maessen (Adolphe), de . . ., à Saint-Pourçain-sur-Besbre, Allier.
Maeseman (Jérôme), d'Anvers, à Trézelles, Allier.
Maes (Henri), d'Aeltre, à Trezelle, Allier.
Maes (Gustave), de Gendbrugger, à Conu-sur-l'Œil, Allier.
Maone (Edmond) et sa fam., de Zedelghem, à Plonévez-du-Faou, Finist.
Maertens (Julien), de Bruges, à Concarneau, Finistère.
Maertens (Marie), de Monceau-sur-Sambre, à Quimperlé, Finistère.
Maertens (Bernard), de Bruges, à Concarneau, Finistère.
Maes (Louis), de Gand, à Pont-Aven, Finistère.
Maes (Marie) et enf., de Villebroek, à Concarneau, Finistère.
Macs (Marie) et fam., d'Ostende, à Saint-Hernin, Finistère.
Maekelberghe (Léopold), de Steene, à Gignac, Lot.
Maesèele (Oscar) et fam., d'Ichteghem, à Lévignan, Gironde.
Maes (Charles) et fam., de Zedelghem, à Montoire, Loir-et-Cher.
Maenhent (Jules), de Gand, à Souyeaux, Hautes-Pyrénées.
Maes (Elise), de Malines, à Rabastens, Hautes-Pyrénées.
Maetens (Maria), de Malines, à Colayrac-Saint-Cirq, Lot-et-Garonne.
Maes (Julie), d'Ostende, à Agen, Lot-et-Garonne.
Maesschalck (René), de Deynze, à Nérac, Lot-et-Garonne.
Maes (Pierre) et fam., d'Elfen, à Figeac, Lot.
Maertens (Albert), d'Ostende, à Douelles, Lot.
Maene (Florimond), de Bruges, à Gerville, Manche.
Maes (Marie), de Malines, à Rabastens, Hautes-Pyrénées.
Mafrans (André) et fam., de Louvain, à Nérac, Lot-et-Garonne.
Mafrans (Isidore), de Louvain, à La Flèche, Sarthe.
Magits (Joseph), de Wespelaer, à Buxières-les-Mines, Allier.
Maguet (Alexandre) et fam., de Liège, à Pouyastruc, Hautes-Pyrénées.
Maghne, de Bersilliers-Labbaye, à Saint-Loup, Manche.
Mahieu (Léon), de Leke, à Le Guilvinec, Finistère.
Massu (Sébastien), de Laeken, à Bannalec, Finistère.
Mahieu (Henri) et fam., de Rousselaere, à Laméac, Hautes-Pyrénées.
Mahieu (Elise), de Sobre-Saint-Gély, à Garou, Gard.
Mahaut (Arsène), de Bersilliers-Labbaye, à Saint-Loup, Manche.
Makelberge (Léonie), d'Ostende, à Châteauneuf-du-Faou, Finistère.
Malot (Clémence), de Bruges, à Target, Allier.
Malabœuf (Désiré), de Louvain, à Arzano, Finistère.
Malaise (Jules), de Esneux, à Loctudy, Finistère.
Malots (Henri), de Roisclare, à Mer, Loir-et-Cher.
Malfait (Gustave), de Aune-sur-Lino, à Semmaire-Besnardières, M.-et-L.
Mallesnes (Henri), de Wondelgens, à St-Martin-Labouval, Lot.

Mangelaère De (Auguste), de Gand, à Broût-Vernet, Allier.
Mangin (Robert), de Pussemange, à Perpignan, Pyrénées-Orientales.
Mandeville (Aloïse), de Snelleghem, à Plonévez-du-Faou, Finistère.
Manille (Louise), de Bonchoot, à Le Guilvinec, Finistère.
Mannekons (Léon), de Mortsel, à Bannalec, Finistère.
Man De (Paul) et fam., de Termonde, à Saint-Aignan, Loir-et-Cher.
Manette (Joséphine) et enf., de Malines, à Pont-Levoy, Loir-et-Cher.
Mondeville (Auguste), de Lille, à Purville, Manche.
Martens (Céryl), de Gand, à Chenay, Sarthe.
Marlot (Omer), de Lens, à Argenton, Indre.
Marcel (Louis) et enf., de Beerlaere, à Lafitole, Hautes-Pyrénées.
Marres (Aloïs) et fam., de Staden, à Sarriac, Hautes-Pyrénées.
Martin (Gustave), de Gand, à Droiturier, Allier.
Martem (Félix), de Lédeberg, à Commentry, Allier.
Martens (Louis), de . . . , à Charroux, Allier.
Marien (Ludovica) et enf., de Muysson, à Trézelles, Allier.
Marien (Louis) et enf., de Muysson, à Trézelles, Allier.
Marchand (Jules), de . . . , à Saint-Pourçain-sur-Besbre.
Marchand (Jules), de Chistelle, à Saint-Pourçain-sur-Besbre, Allier.
Marx (Jules), de Gand, à Quimperlé, Finistère.
Martens (Pauline) et enf., de Gand, à Souillac, Lot.
Marés (Pierre), de Gistel, à Rosporden, Finistère.
Margot (Emile), de Bruges, à Concarneau, Finistère.
Margriet (Jeanne) de Malines, à Pont-Aven, Finistère.
Martin (Arthur), de Farciennes, à Franchesse, Allier.
Marien (Alfons), de Lierre, à Bourg-Dédéné, Finistère.
Mercellis (Léopold), de Campenhout, à Présot, Manche.
Martens (Gustave), de Smick, à Beuzec-Conq, Finistère.
Mare (De), de Pisshem, à La Teste, Gironde.
Martens (Pierre), de Aeltre, à Montoire, Loir-et-Cher.
Marcel (Benjamin), d'Alost, à Lafitole, Hautes-Pyrénées.
Marx (Solange), de Gand, à Quimperlé, Finistère.
Marissens (Mathilde), de Contich, à Loctudy, Finistère.
Martin (Marie), de Roux, à Niort, Deux-Sèvres.
Martin (Mme), de Meaux, à Quimperlé, Finistère.
Mugain (Hermant), de Châtelineau, à Granville, Manche.
Marissol (Edouard), de Frameries, à Montchaton, Manche.
Martin (Vital), de Bichnes-sous-Thun, à Contrières, Manche.
Marquet (Théophile), de . . ., à Aignan, Gers.
Marlion (François), de Gand, à Lalbenque, Lot.
Martens (Maurice), de Gand, à Souillac, Lot.
Martens (Alphonse) et sa mère, de Gand, à Souillac, Lot.
Margot (Louis), de Bruges, à Duravel, Lot.
Marceux (André), de Rebecq, à Prétot, Manche.
Martins (Jean), de Gand, à Canville, Manche.
Masschalck (René), de Melle, à Saint-Pourçain-sur-Besbre, Allier.
Masson (Prospère) et fam., de . . ., à Saint-Pourçain-sur-Besbre, Allier.
Masy (Léon), d'Aiseau, à Langronne, Manche.
Massant (Dominique), de Roiselare, à Mer, Loir-et-Cher.
Masyn (Albéric), de Bruges, à Montoire, Loir-et-Cher.
Massart (Jean) et fam., de Louvain, à Pouldreuzen, Finistère.
Masse (Léon), de Louvain, à Lanriec, Finistère.
Massaat (Louis) et fam., de Wyngene, à Castelmoron, Lot-et-Garonne.
Masy (Adolphe), de Bruxelles, à Chartres, Eure-et-Loire.
Masso (Marie), de Louvain, à Lanriec, Finistère.
Massenhove (Jérôme), d'Ichteghem, à Trayssac, Lot.
Maton (Léon) et fam., de Gozée, à Auxerre, Yonne.
Mathieu (Eugène), de Drocourt, à Diou, Indre.
Matthys (Bernard), de Gendbrugge, à Vicure, Allier.
Mathon (Floribert), de Fontaine, à Longueville, Manche.
Mathys (Georges), d'Anderlues, à Montchaton, Manche.
Matthys (Julien), de Bruges, à Montoire, Loir-et-Cher.
Matthys (Bernard), de Bruges, à Gouézec, Finistère.
Matthys (Maria), de Termonde, à Concarneau, Finistère.
Matthys (Edouard), d'Anvers, à Penmarch, Finistère.
Matthys (Joseph), de Bruges, à Croizion, Finistère.
Mathys (François), d'Heverlé, à Ste-Colombe-de-Villeneuve, Lot-et-Garonne.
Motaigne (Emile) et fam., de Bruxelles, à Niort, Deux-Sèvres.
Mathys (Edouard), de Campenhaut, à Agen, Lot-et-Garonne.
Mathys (Georges) et fam., d'Anderlus, à Monchaton, Manche.
Mathieu (Fernand), de Châtelineau, à Granville, Manche.
Mauny (Aline), de Gozée, à Montainville, Eure-et-Loire.
Mayné (Edouard) et enf., de Braine-le-Comte, à Montoire, Loir-et-Cher.
Maziers (Paul), de Corbious, à Saint-Maxire, Deux-Sèvres.
Meauzonne (Henri), de Nieppe, à Mesnil-Villeman, Manche.
Mecus (Alphonse) et fam., de Bruges, à Bellenaves, Allier.
Meclielaere (Alphonse), de Bruges, à Souillac, Lot.
Médaerts (François) et fam., d'Alost, à Spézet, Finistère.
Meese (Paul) et fam., de Gand, à Broût-Vernet, Allier.
Meert (Ludovicus) et fam., de Termonde, à Jenzat, Allier.
Meerssemau (Théophile), de Furnes, à Couleuvre, Allier.

Mées (Edouard), de Gand, à Vieure, Allier.
Meelenaer De (Zwulma), de Pithem, à Come-sur-l'Œil, Allier.
Meert (Marie) et fam., d'Alost, à Souillac, Lot.
Meganck (Jules), à Mevele, à Lurcy-Lévy, Allier.
Meganck (Adolphe), de Gembrudgge, à Quimperlé, Finistère.
Méganck (Annetta), d'Alost, à Louvigny, Sarthe.
Méganck (Marie), d'Alost, à Louvigny, Sarthe.
Meinssechaut (Valère), de Moortzelle, à Saint-Pourçain-sur-Besbre, Allier.
Méiré (Gustave), de Gand, à Trévoux. Finistère.
Meirlaen (Oscar), de Swijnaerde, à Souillac, Lot.
Melchers (Raphael) et sœurs, d'Evergen-les-Gand, à Lourdes, Hautes-Pyr.
Melin (Pierre) et fam., de Birwart, à Saint-Aignan, Loir-et-Cher.
Melis (Louis), de Wliebrijk, à Lapoujade, Lot.
Mens (Pierre) et son épouse, de Lierre, à Thiel, Allier.
Menu (Odon), de Messines, à Mesnil-Amand, Manche.
Mennes (François) et fam., d'Anvers, à Lourdes, Hautes-Pyrénées.
Merre (Julien) de Gand, à Chavroches, Allier.
Mergaert (Léon), de Ghistelles, à Saint-Bonnet-de Rochefort, Allier.
Mertens (Pierre), d'Aerschot, à Come-sur-l'Œil, Allier.
Mertens (Emmanuel) et fam., de Malines, à Vieure, Allier.
Mertens (Jean-Baptiste) et enf., de Wespelear, à Poullaouen, Finistère.
Mertens (Auguste) et fam., de Grembergen, à Montoire, Loir-et-Cher.
Mertens (Christine), de Malines, à Pont-Leroy, Loir-et-Cher.
Mertens (Joseph) et fam., de Malines, à Escondeaux, Hautes-Pyrénées.
Mertens (Eugène), de Ombeck, à Rabastens, Hautes-Pyrénées.
Mertins (Jean), de Ombeck, à Rabastens, Hautes-Pyrénées.
Mertens (Pierre), de Wespelear, à Poullaouen, Finistère.
Mertens (François), de Wespelear, à Poullaouen, Finistère.
Merenue (Marius), de Maissin, à Fontenay-Rohan, Deux-Sèvres.
Merchez (Mme), de Louvain, à Agen, Lot-et-Garonne.
Mertens (Achille), de Bierghes, à Concots, Lot.
Mertens (François) et fam., de Hombeck, à Sarriac, Hautes-Pyrénées.
Mestag (Marie), d'Anvers, à Jaligny, Allier.
Mestdagh (Maritus), d'Ostende, à Pont-Aven, Finistère.
Mestdagh (Hilaire), de Meulebrech, à Cretteville, Manche.
Mesans (Guillaume), de Wolverthem, à Lasserre, Lot-et-Garonne.
Messiaen (Pierre) et fam., de Ledeghem, à Agnac. Lot-et-Garonne.
Mesmand (Maria), de Wasellin, à Saint-Pierre-de-Clairac, Lot et Garonne.
Mestdagh (Henri), d'Ostende, à Varaire, Lot.
Mesmaecker De (Rosalie), de Sempst, à Gourdon, Lot.
Metter De (Karl), de Gand, à Broût-Vernet, Allier.
Metsu (Charles) et son épouse, de Louvain, à Saint-Priest-d'Andelot, Allier.
Metzier (René) et fam., de Liége, à Mauzé-Thouarsais, Deux-Sèvres.
Meulemans (Edouard), de Hérent, à Plonévez-Porzay, Finistère.
Meuleuyser (Louis), de Gand, à Litbaire. Manche.
Meunier (Florine), de Dour, à Champcey, Manche.
Meulebrouck (Julien), de Bruges, à Pont-Leroy, Loir-et-Cher.
Meulendyckt (Armand), d'Anvers, à La Flèche, Sarthe.
Meurris (Joanna), d'Anvers, à Port-Sainte-Marie, Lot-et-Garonne.
Meyer De (Auguste) et fam., de Melle-lez-Gand, à Gannat, Allier.
Mey De (Henri), de Bruges, à Saint-Bonnet-de-Rochefort, Allier.
Meyers (Maurice), de Bruges, à Montmarault, Allier.
Meyères (Marie), d'Anvers, à Quimperlé, Finistère.
Méyer De (Coleta), de Beggynendigck, à Concarneau, Finistère.
Meyer (Polydor), de Gand, à Mesnil-Amand, Manche.
Meyer De (Victor), de Malines, à Mer, Loir-et-Cher.
Meysman (Joseph) et fam., de Malines, à Ségales, Hautes-Pyrénées.
Meyer (Hippolyte de) et fam., d'Alost, à Mézin, Lot-et-Garonne.
Meyer (Léopold), d'Ostende, à Puy-l'Evéque, Lot.
Meyer (Joanna) et enf., d'Ostende, à Puy-l'Evéque, Lot.
Meyer (Coniel de), de Mérendre, à Canville, Manche.
Meyer (Joachim de), de Bruges, à La Flèche, Sarthe.
Michem (Valérie) et fam., de Gendbrugge, à Quimperlé, Finistère.
Michiels (Marie Thérèse), d'Ostende, à Saint-Ségal, Finistère.
Michiels (Isidorius), d'Ostende, à Fouesnant, Finistère.
Michaux (Fernand) et fam., d'Erquelinnes, à Roncey, Manche.
Michael (Maes) et fam., de Malines, à Ségalas, Hautes-Pyrénées.
Michiels (Jean) et fam., de Jette-Saint-Pierre, à Pouyastruc, Htes-Pyrénées.
Michel (Albert), de . . . à Bessèges, Gard.
Michiels (Bernardus) et fam., de Bonheyden, à Montpouillan, Lot-et-Gar.
Michielsen (Albert), d'Anvers, à La Flèche, Sarthe.
Michiels (Félix), d'Alost, à Anglars-Juillac, Lot.
Michiels (Corneille), de Malines, à Trayssac, Lot.
Migeotte (Victor), de Boussu-en-Fagnes, à Granville, Manche.
Milleville (Joseph), de Sainte-Croix, à Rosporden, Finistère.
Mils (Edmond) et fam., de Somerghem, à Trézelles, Allier.
Miny (Isidore), de Handzaeme, à Bannalec, Finistère.
Miny (Cyrille), de Zedelghem, à Pleyben, Finistère.
Minne (Rémond), de Gendbrugge, à Mézin, Lot-et-Garonne.
Minnebo (Achiel), de Brugge, à Lacassagne, Hautes-Pyrénées.
Minne (Richard) et fam., de Gand, à Bellenaves, Allier.
Minsart (Edmond), d'Anvers, à Couleuvre, Allier.
Minnekens (Louis) et fam., de Muyssen, à Trezelle, Allier.
Minnekens (Maria), de Muyssen, à Trézelles, Allier.
Minne (Richard), de Gand, à Bellenaves, Allier.
Michou (Philémon) et fam., de Welteren, à Bannalec, Finistère.
Mirande (Louis) et fam., de Gand, à La Feuillie, Manche.
Michon (Marie), de Welteren, à Bannalec, Finistère.
Mistorten (Jean), de Malines, à Concarneau, Finistère.
Mispreun (Arthur), de Gand, à La Flèche, Sarthe.
Moens (Polydoor), de Gand, à Vieure, Allier.
Moëns (Jean), de Lebbeck, à Quimperlé, Finistère.
Moens (Germain), de Bruges, à Pont-Aven, Finistère.
Moeyaert (Arthur), de Saint-André, de Pleyben, Finistère.
Mœns (Augustin) et fam., de Gand, à La Feuillie, Manche.
Moerman (Fidelia), d'Alost, à Gloligny, Manche.
Moermant (Arthur), de Bruges, à Saint-Denis-Catus, Lot.
Moezmant (Frédéric), de Termonde, à Denneville, Manche.
Moezman (Hector), de Saint-André, à St Sauveur-de-Pierrepont, Manche.
Moens (Marie), de Malines, à Montoire, Loir-et-Cher.
Moeyaert (Camille), d'Ichtegem, à Montoire, Manche.
Moerenhout (Guillaume), d'Anderlecht, à Mézin, Lot-et-Garonne.
Moerman (Charles), de Gand, à La Flèche, Sarthe.
Mohieu (Edmond), de Ledeberg, à Gerville, Manche.
Moinaux (Louise) et enf., de Baccarat, à Saint-Pourçain-sur-Sioule, Allier.
Moitié (Désiré) et fam., d'Alost, à Lafitole, Hautes-Pyrénées.
Moitié (Delphine), d'Alost, à Lafitole, Hautes-Pyrénées.
Molenaer (Joseph) et fam., d'Ostende, à Loctudy, Finistère.
Mol (Rémy de), d'Erpe, à Lasserre, Lot-et-Garonne.
Molenaer (Constantin) et enf., d'Ostende, à Villeneuve-s.-Lot, Lot-et-Garonne.
Molenaer (Hélène), d'Ostende, à Loctudy, Finistère.
Mommens (Jérôme), d'Ostende, à Preyssac, Lot.
Mommaerts (Ludovic), de Bucken, à Figeac, Lot.
Monunorency (Alois), du Mont-Saint-Amand, à Guilvinec, Finistère.
Monsoux (Domithilde), d'Erquelines, à Roncey, Manche.
Monstrey (Joseph) et enf., de Middelkerke, à Montoire, Manche.
Monhallieu (Léon), de Bruges, à Poudenas, Lot-et-Garonne.
Montels (Louisa), de Soigny, à Virazeil, Lot-et-Garonne.
Moumoets (Jules), de Rotselaer, à La Flèche, Sarthe.
Montury (Yvonne) et fam., de . . ., à Fleurance, Gers.
Moor (Théophile de), de Ledeberg, à Commentry, Allier.
Moons (Marie-Thérèse) et fam., de Malines, à Port-Launay, Finistère.
Moor (Jean-Baptiste de), de Melle, à Nérac, Lot-et-Garonne.
Moons (Joseph), de Lebbeke, à Cieurac, Lot.
Mortier (Adhémar), de Gand, à Mamers, Sarthe.
Morlingoem (Henri) et fam., de Liévin, à Ecueillé, Indre.
Mortier (Henri), de Tuke, à Chavroche, Allier.
Morphy (Auguste) et fam., de Wenduyne, à Biozat, Allier.
Mortier (Florimond), de Gand, à Voussac, Allier.
Moreels (Théophile), de Mariakerke, à Chavroche, Allier.
Moreels (Désiré), d'Ecke, à Branssat, Allier.
Mor (Désiré de) et fam., de Gendbrugge, à Cosne-sur-l'Œil, Allier.
Mortier (René), d'Urzel, à Trézelles, Allier.
Moreaux (Odon), d'Anvers, à Dédené, Finistère.
Morlenaer (Robert), d'Ostende, à Loctudy, Finistère.
Mortier (François), de Gand, à Appeville, Manche.
Mortier (Henri), de Terilskerke, à Montoire, Loir-et-Cher.
Mortier (Alphonse), de Roiselare, à Mer, Loir-et-Cher.
Mortier (Edmond), de Zedelghem, à Mer, Loir-et-Cher.
Morcels (Irma), de Couillet, au Val-Saint-Père, Manche.
Moroy (Charles), de Bruges, à Duravel, Lot.
Moreau (Léopold), de Tamines, à Agneaux, Manche.
Moreels (Joseph), de Couillet, au Val-Saint-Père, Manche.
Morels (Florimond), de Gaud, à Saosnes, Sarthe.
Morton (Georges), de Warsenare, à Presignac, Lot.
Mortier (Bernard) et fam., de Gand, à Souillac, Lot.
Mostrey (Alois) et fam., de Couckelaere, à Rosporden, Finistère.
Mostaert (Adolphe), de Bruges, à Mesnil-Amand, Manche.
Motte (Joseph), de Mariembourg, à Niort, Deux-Sèvres.
Moulder (Alfons de), de Linth, à Larreule, Hautes-Pyrénées.
Mouton (Léon), d'Ardrycke, à Saint-Rémy-en-Rollat, Allier.
Mouillard (Odile), de Neerherlissen, à Quimperlé, Finistère.
Mouton (Henri), de Snelleghem, à Pleyben, Finistère.
Moubaillin (Léon), de Zedelghem, à Pleyben, Finistère.
Moutier (Clém.) et fam., à Chappelle-lez-Herlaimont, à Laslades, Htes-Pyrén.
Morger (Maurits de), de Saint-Amand-Berg, à Domérat, Allier.
Moyaere (Henri), d'Ichteghem, à Rosporden, Finistère.
Moyaert (Bruno), de Thourout, à Feugarolles, Lot-et-Garonne.
Moyar (François), de Gand, à Lalbenque, Lot.
Muhaert (Philomène), de Lierre, à Trayssac, Lot.
Mullaert (Camille), de Gand, à Vieure, Allier.
Mulkens (Joannès) et enf., de Lier, à Semeac-Tarbes, Hautes-Pyrénées

Mulkens (Catherine), d'Anvers, à . . . , Loir-et-Cher.
Mulder (Omer de), de Gand, à Pont-Leroy, Loir-et-Cher.
Muldermans (Louis), de Kappel op den Bosch, à Nérac, Lot-et-Garonne.
Mulder (Joseph de), de Gand, à Coigny, Manche.
Munck (Gustave de), de Borgerhout, à Saint-Pé-St-Simon, Lot-et-Garonne.
Munch (Honoré de), de . . . , à Saint-Blar, Gers.
Munter (Alfred de), de Mont-Saint-Amand, à Appeville, Manche.
Murlan (Octave), de . . . , à Peyrusse-Vieille, Gers.
Musschoot (Edmond), de . . . , à Saint-Pourçain-sur-Besbre, Allier.
Musschoot (Edmond), de Jemmapes, à Saint-Pourçain-sur-Besbre, Allier.
Mus (Edouard) et fam., de Bruges, à Bellenaves, Allier.
Mus (Louis) et fam., d'Ostende, à Trévoux, Finistère.
Muthys (César), d'Anderlues, à Montchaton, Manche.
Muyer (Pépinus de), de . . . , à Charroux, Allier.
Muynck (Firmin de), de . . . , à Charroux, Allier.
Muyldermans (François), de Werde-op-Zenne, à Trézelles, Allier.
Muynck (Camille de), de Lopham, à Quimperlé, Finistère.
Muyser (Jeanne), de Valenciennes, à Saint-Maixre, Deux-Sèvres.
Myny (Barbe), d'Ichtegem, à Montoire, Loir-et-Cher.
Nackaerts (Philippe), de Bierbeek, à Sainte-Colombe-de-V., Lot-et-Garonne.
Naeghels (Henrich), d'Anvers, à Lanriec, Finistère.
Naessens (Henri), de Saint-Michel, à Bannalec, Finistère.
Naessens (François), d'Iseghem, à Montpinson, Manche.
Naets (Frantz) et fam., de Haecht, à Saint-Hilaire, Allier.
Naeyaert (Alois) et enf., d'Ostende, à Cahors, Lot.
Naeyaert (Cyrille), de Bruges, à Calamane, par Mercuès, Lot.
Naeyaert (Maurice) et fam., d'Ostende, à Cahors, Lot.
Namur (Hubert) et enf., de Lobbes, à Louroux-de-Bouble, Allier.
Nangaevs (Firmin), de . . . , à Cléden-Poher, Finistère.
Nart (Désiré) et fam., de Louvain, à Pont-Aven, Finistère.
Nauwelaers (Charles) et fam., de Bruxelles, à Pouyasteuc, Htes-Pyrénées.
Navez (Eva), de Jeumont, à Salindres, Gard.
Nayart (Victor), de Bruges, à Concarneau, Finistère.
Nees (Ludovic), de Malines, à Quimperlé, Finistère.
Neenoos (Alberic), de Pitthem, à La Teste, Gironde.
Neef (Alfons de) et fam., d'Alost, à Buxières-les-Mines, Allier.
Neirings (Ferdinand) et fam., de Gand, à Couleuvre, Allier.
Neirynck (Emile), de Courtrai, à Muneville-sur-Mer, Manche.
Nens (Léon), de Gand, à Spezet, Finistère.
Neusy (Mathilde), de Dinant, à Saint-Pierre-Eglise, Manche.
Neut (Henri), d'Ostende, à l'Isle-Jourdain, Gers.
Neutjens (Edmond), de Malines, à Beaumont-sur-Sarthe, Sarthe.
Neutjens (Jean), de Malines, à Beaumont-sur-Sarthe, Sarthe.
Neusy (Lambert) et fam., de Dinant, à Saint-Pierre-Eglise, Manche.
Neve (Edmond de), de Lede, à Mer, Loir-et-Cher.
Nevejans (François), de Gand, à Pont-Leroy, Loir-et-Cher.
Neyts (Gustave) et enf., d'Ostende, à Penmarch, Finistère.
Neyt (Louis), de Bruges, à Bayet, Allier.
Neyrinck (Raymond) et enf., de Wyngene, à Saint-Aubin, Allier.
Neyt (Charles), de Bruges, à Guilligomarc'h, Finistère.
Nicaese (Johannes) et fam., de Gand-Ledeberg, à Braussat, Allier.
Nil (Pierre de), de Lebbeke, à Concores, Lot.
Nissen (Pierre), de Lille, à Lengronne, Manche.
Noe (Bernard), de Bruges, à Poudenas, Lot-et-Garonne.
Noes (René), de Bruges, à Duravel, Lot.
Noel (André), de Bruges, à Commentry, Allier.
Noel (Adolphine), de Gozée, à Martainville, Eure-et-Loir.
Noel (Rosa), de Martue, à Blois, Loir-et-Cher.
Noemans (Barthélemy), de Liége, à Cahors, Lot.
Noennum (Guillaume), de Nazareth, à Braussat, Allier.
Nohr (Léon), de Bruxelles, à Couleuvre, Allier.
Nollet (Gérard), de Bruges, à Saint-Denis-Catus, Lot.
Nommens (Joseph) et fam., de Malines, à Plonévez-Porzay, Finistère.
Noteboom (Henri), d'Assebrouck, à Voussac, Allier.
Notte (Guillaume), de Gand, à Domérat, Allier.
Notre-Dame (Jérôme), de Nieucappelle, à St-Laurent-la-Gâtine, Eure-et-Loir.
Noyson (Philippe), de Laeken, à Cretteville, Manche.
Nule (Romain de) et fam., de Melle, à Saint-Pourçain-sur-Besbre, Allier.
Nuytiens (Mme), de Malines, à Beaumont-sur-Sarthe, Sarthe.
Nuytemann (Ermelie), d'Anvers, à Quimperlé, Finistère.
Nys (Félix), de Botekom, à Pont-Aven, Finistère.
Nys (Anne-Marie de), de Malines, à Quimperlé, Finistère.
Nys (Malvine de), de Malines, à Quimperlé, Finistère.
Nys (Ludovic de), de Malines, à Quimperlé, Finistère.
Nys (Antonius de) et fam., d'Alost, à Souillac, Lot.
Nys (Pétronie de), de Malines, à Quimperlé, Finistère.
Nykeer (Verbeeck), de Rotselaer, à Veurdre, Allier.
Obrechts (Alphonsine), de Bruxelles, à Montoire, Loir-et-Cher.
Obin (Achille), de Staade, à Cosne-sur-l'Œil, Allier.
Obrecht (Louis), de Gand, à Target, Allier.
Octave (Elise), de Deworp, à Quimperlé, Finistère.
Offers (Pauline), de Malines, à Quimperlé, Finistère.
Oger (Lucienne), de Surice, à Anctoville, Manche.
Olbrechts (Joseph), de Beyghem, à Saint-Germain, Lot.
Olbrechts (Colette), de Schaerbeck, à Montoire, Loir-et-Cher.
Olbrechts (Joannes) et fam., de Cappellen, à Sénac, Hautes-Pyrénées.
Ollieux (Carolus) et fam., de Middelkerke, à Langlé, Lot.
Ombelet (Henri), de Kiel, à Concarneau, Finistère.
Ommeslag (Edmond), de Zedelghem, à Pleyben, Finistère.
Ondzat (Robert), de Paris, au Val-Saint-Père, Manche.
Onselaere (Oscar), de Gendbrugge, à Buxières-les-Mines, Allier.
Ons (Léonie) et enf., de Bille-Montinie, à Luzech, Lot.
Ooms (Louis), de Maysse, à Montmarault, Allier.
Oosters (Joseph), de Wyngnadael, à Labitte-Toupière, Hautes-Pyrénées.
Oost (Ferdinand), de Genbrudgge, à Quimperlé, Finistère.
Oosterlinck (Raymond), de Gand, à Voussac, Allier.
Op de Beech (Jeanne), de Contich, à Loctudy, Finistère.
Opigez (Florentin) et fam., de Harchies, à Mas-d'Agenais, Lot-et-Garonne.
Opstaele (Alida), de Lens, à Saint-Christophe-en-Bazelle, Indre.
Opstaele (Maurice), de Lens, à Saint-Christophe-en-Bazele, Indre.
Opsomer (Henri), de Steene, à Gignac, Lot.
Oschmann (Jean), de Gemmenicch, à Montoire, Loir-et-Cher.
Ossignac (Charles), de Breedenc, à Feugarolle, Lot-et-Garonne.
Ostyn (Leontine), d'Ostende, à Orléans, Loiret.
Oternoudt (Virginie), d'Ostende, à Concarneau, Finistère.
Oudenhove (Van), de Lille, à Montpinchon, Manche.
Owel (Maria), de Haine-Saint-Pierre, à Issoudun, Indre.
Ozouf (Adèle), de Paris, à La Haye-du-Puits, Manche.
Paheays (Palphile), de Varsenaere, à Souillac, Lot.
Paepe (Marie de) et fam., de Malines, à Motreff, Finistère.
Paepe (François de), de Malines, à Agen, Lot-et-Garonne.
Paepe (François de), de Malines, à Saint-Pé-Saint-Simon, Lot-et-Garonne.
Paesbrugghe (Victor), de Handzaenne, à Mézin, Lot-et-Garonne.
Pallemaerts (Cornelis), de Malines, à Arzand, Finistère.
Palmaers (Léon), de Malines, à Pont-Aven, Finistère.
Panckoucke (Elisa), d'Ostende, à Fouesnant, Finistère.
Panne (Sophie), de Bruxelles, à Pont-Aven, Finistère.
Panwels (François), d'Elewyt, à Lurey-Lévy, Allier.
Pappens (Maurice), de Gand, à La Flèche, Sarthe.
Paquet (Prudence), de Termonde, à Loctudy, Finistère.
Paquet (Léopol) et fam., de Blauwput-lès-Louvain, à Pont-Aven, Finistère.
Paradis (Léopold), de Lille, à Lengronne, Manche.
Pardaens (Germaine), d'Alost, à Souillac, Lot.
Pardo (Camille), de Bruges, à Boville, Manche.
Pardon (Ferdinand) et fam., de Wilsele, à Concarneau, Finistère.
Parewyck (Julien) et fam., d'Alost, à Louvigny, Sarthe.
Parenyck (Mme) et fam., d'Alost, aux Mées, Sarthe.
Parenyck (Albert), d'Alost, aux Mées, Sarthe.
Parenyck (Rosalie), d'Alost, aux Mées, Sarthe.
Parenyck (Clotilde), d'Alost, aux Mées, Sarthe.
Parenyck (Delphine), d'Alost, aux Mées, Sarthe.
Parenyck (Emerans), d'Alost, aux Mées, Sarthe.
Parenyck (Marie), d'Alost, aux Mées, Sarthe.
Parenyck (Edmond), d'Alost, aux Mées, Sarthe.
Parfoury (Emile), de Bruxelles, à Scoille, Bouches-du-Rhône.
Parisis (Martin), de Louvain, à Louroux-de-Bouble, Allier.
Parmentier (Achille) et enf., d'Ostende, à Lurcy-Lévy, Allier.
Paroli (Charles), de Maubeuge, à Gignac, Bouches-du-Rhône.
Parradys (Jean), d'Ostende, à Montoire, Loir-et-Cher.
Pastula (Louis), de Ghistelles, à Montmarault, Allier.
Pastyn (Gommaire) et fam., de Lierre, à Nérac, Lot-et-Garonne.
Paternoster (Maurice), de Gendbrugge, à Chantelle, Allier.
Paternoster (Julien), de Bruges, à Rosporden, Finistère.
Paternoster (Gustaaf), de Bruges, à Rosporden, Finistère.
Paternoster (Louis), de Bruges, à Rosporden, Finistère.
Pathé (Auguste), de Mont-Saint-Amand, à Chantelle, Allier.
Pattyn (Désiré), de Saint-Andries, à Villeneuve-sur-Lot, Lot-et-Garonne.
Patyn (Gustave), de Gand, à Saosnes, Sarthe.
Patyn (Bernard), de Gand, à Saosnes, Sarthe.
Pauli (Jacques), de Bruges, à Montoire, Loir-et-Cher.
Paulines (Charles), de Verviers, aux Biards, Manche.
Paulus (Armand), de Bruxelles, à Marseille, Bouches-du-Rhône.
Pauvels (Oscar), de Mont-Saint-Amand, à Cosne-sur-l'Œil, Allier.
Pauvels (René), de Gand, à Lithaire, Manche.
Pauw (Joanna de) et enf., de Hemeyen, à Maubourguet, Hautes-Pyrénées.
Pauw (Joseph de), de Wetteren, à Bannalec, Finistère.
Pauw (François de), de Malines, à Arzano, Finistère.
Pauw (Léonard de), de Malines, à Arzano, Finistère.
Pauwels (Arthur), de Gand, à Cretteville, Manche.
Pauwels (Auguste) et fam., d'Ostende, à Castelnau, Hautes-Pyrénées.
Pauwels (Jean) et fam., de Sempst, au Vigan, Lot.
Pauwels (Gustave), d'Ostende, à Anglars-Juillac, Lot.

Pays (Rémi), d'Aertrycht, à Bellenaves, Allier.
Pecquet (Léon), de Lophem, à Quimperlé, Finistère.
Pecquet (Clémentine), de Lofshem, à Quimperlé, Finistère.
Peeters (Alphonse), de Wilsele, à Angoville-sur-Ay, Manche.
Peeters (Frans), de Wilsele, à Angoville-sur-Ay, Manche.
Pede (Auguste), de . . . . . , à Clévilliers, Eure-et-Loir.
Peel (Charles), de Ghistelles, à Saint-Bonnet-de-Rochefort, Allier.
Peelaerts (Léopold) et enf., de Wilsele, à Hyds, Allier.
Peere (Marie) et fam., d'Assebroucq, à Plonévez-Porzay, Finistère.
Peers (Malvina), de Gand, à Bouilh-Devant, Hautes-Pyrénées.
Peeters (Paulina), de Rotselaer, à Treffiagat, Finistère.
Peeters (Marie), d'Haecht, au Faou, Finistère.
Peeters (Cornélie), de Lierre, à Bannalec, Finistère.
Peeters (Pierre) et fam., de Villebrouk, à Salzet, Lot-et-Garonne.
Peeters (Honoré), de Bruges, à Pont-Levoy, Loir-et-Cher.
Peeters (Arthur), d'Ostende, à Agen, Lot-et-Garonne.
Peeters (Franciscus) et fam., de Rotselaer, à Treffiagat, Finistère.
Peeters (Frans), d'Hoboken, à Brout-Vernet, Allier.
Peeters (Augustus) et enf., d'Herenthals, à Cabrerets, Lot.
Peirre (Adolphe), de Gand, à Montoire, Loir-et-Cher.
Peirsman (Édouard), de Montreuil, à Saint-Pezenne, Deux-Sèvres.
Peiters (Ester), d'Ostende, à Montoire, Loir-et-Cher.
Pelecym (Arthur), de Gand, à Courville, Eure-et-Loir.
Pelecyn (Polydor), d'Hersen, à Granville, Manche.
Pelgrim (Maria), de Haren, à Concarneau, Finistère.
Pelgrino (Victor), de Tremelo, à Concarneau, Finistère.
Pelsmaecker (Jean-Baptiste), de Wygmael, à Bézières-les-Mines, Allier.
Penninbs (Henri) et fam., de Bonchout, à Guilvinec, Finistère.
Penninckx (Édouard), de Louvain, à La Flèche, Sarthe.
Perdaens (Daniel), de Gand, à Chaveroche, Allier.
Perdaens (Félix) et fam., d'Alost, à Souillac, Lot.
Peremans (Guillaume) et fam., de Sempst-les-Malines, à Treralle, Allier.
Peremans (Marie), de Malines, à Maselet, Lot.
Peremans (Alfons) et enf., de Malines, à Maselet, Lot.
Perhesist (Georges), de . . . . . , à Cléden-Poher, Finistère.
Permans (Hector), de Charleroi, au Val-Saint-Père, Manche.
Permans (Édouard), de Charleroi, au Val-Saint-Père, Manche.
Pernol (Oscar), de Gand, à Moncrabeau, Lot-et-Garonne.
Perpète (Émile), de Paliseul, à Frontenay-Rohan-Rohan, Deux-Sèvres.
Perpète (Octavie), de Paliseul, à Frontenay-Rohan-Rohan, Deux-Sèvres.
Perre (Cyrille), d'Ostende, à Anglars-Juillac, Lot.
Perremans (Prosper), de Boomerbeeck, à Guilvinec, Finistère.
Perremans (Joseph), de . . . . . , à Guilvinec, Finistère.
Persoone (Charles), de Brugge, à Gouézec, Finistère.
Pesant (Alphonse), de Gand, à Mézin, Lot-et-Garonne.
Pescher (Auguste), de Carnion, à Niort, Deux-Sèvres.
Pète (Jean-Baptiste), de Seclin, à Reuilly, Indre.
Peters (René), de Kessel-Loo, à Port-Launay, Finistère.
Peterson (Jules), d'Anvers, à Montcuq, Lot.
Peterson (Henri), d'Anvers, à Montcuq, Lot.
Peterson (Édouard), d'Anvers, à Montcuq, Lot.
Pethe (Maria) et fam., de Chimay, à Beaune, Côte-d'Or.
Petras (Verbeure), d'Oostcamp, à Treffiagat, Finistère.
Pètre (Emmanuel), de . . . . . , à Saint-Pourçain-sur-Besbre, Allier.
Pètre (Charles) et fam., de Wetteren, à Saint-Pourçain-sur-Besbre, Allier.
Pètres (Alexis), de . . . . . , à Saint-Pourçain-sur-Besbre, Allier.
Pétrus (Théophilus) et fam., de Hooghlede, à Rabastens, Hautes-Pyrénées.
Pets (Charles) et fam., de Termonde, à Loctudy, Finistère.
Petteus (Louis), de Bierbeck-Haserade, à Castelmoron, Lot-et-Garonne.
Petyt (Maurice), de Saint-Michel, à Saint-Sauveur-de-Pierrepont, Manche.
Peutels (Pélagie), de Neerkeylissem, à Bannalec, Finistère.
Peuteman (Oscar), de Bruges, à Treffiagat, Finistère.
Peyte (Emilie) et enf., de Roulers, à Sombrun, Hautes-Pyrénées.
Peype (Marie), de Roulers, à Maubourguet, Hautes-Pyrénées.
Peype (Michel), de Roulers, à Maubourguet, Hautes-Pyrénées.
Peype (Cyrille), de Roulers, à Maubourguet, Hautes-Pyrénées.
Pfaff (Catherine), d'Anvers, à Soturne, Lot.
Philips (Pictor), de Lebbeke, à Cahors, Lot.
Philips (Charles), de Bruges, à Prétot, Manche.
Philips (Alphonse), de Bruges, à Saint-Sauveur-de-Pierrefond, Manche.
Philips (Albert), de Chênée, à Appeville, Manche.
Pichel, de Jemappes, à Niort, Deux-Sèvres.
Pichièque (Pierre), de Bouverie, à Valence, Gers.
Piens (Victor), de Gendebrugge, à Commentry, Allier.
Pierrard (Alfred), de Châtelineau, à Granville, Manche.
Pierloot (Louis), de Thourourt, à Marollette, Sarthe.
Pieters (Louis), de Middelkerke, à Ste-Colombe-de-Villeneuve, Lot-et-Garonne.
Pieters (Marguerite), d'Ostende, à Saint-Hernin, Finistère.
Pieters (Marie) et enf., d'Ostende, à Saint-Hernin, Finistère.
Pieters (Joseph), de Schellebelle, à Cosne-sur-l'Œil, Allier.
Pinck (Maria), de Malines, à Virazeil, Lot-et-Garonne.
Pinck (Marguerite), de Malines, à Virazeil, Lot-et-Garonne.
Pinckel (Oscar), de Vlisseghen, à Biozat, Allier.
Pinson (Florent), de Lille, à Ouville, Manche.
Pinson (Benoît), de Lille, à Ouville, Manche.
Pinselon (Joseph), de Bruges, à Montoire, Loir-et-Cher.
Pintelon (Julien), de Bruges, à Bayet, Allier.
Piot (Joseph), de Palemberg, à Saint-Sauveur-de-Meilhan, Lot-et-Garonne.
Pirard (Daniel), de Bruges, à Louroux-de-Bouble, Allier.
Piret (Louis) et fam., d'Ombret, à Ibourc, Hautes-Pyrénées.
Piron (Jules), d'Herzinnes, à La Flèche, Sarthe.
Pirront (Pierre), de . . . . . , à Cléden-Poher, Finistère.
Piteos (Auguste), de . . . . . , à Cléden-Poher, Finistère.
Pitchon (Petrers) et fam., de Wespelaer, de Sombrun, Hautes-Pyrénées.
Pitchon (Victorine) et fam., de Wespelaer, à Maubourguet, Hautes-Pyrénées.
Pitchon (Pauline), de Wispelaer, à Maubourguet, Hautes-Pyrénées.
Pitchon (Maria), de Wispelaer, à Maubourguet, Hautes-Pyrénées.
Plaete (Albert), de Malines, à Arzano, Finistère.
Planchaert (Alphonse), de Roysselede, à Montmarault, Allier.
Plancke (Albert), de Bruges, à Concarneau, Finistère.
Plancke (René), de Bruges, à Concarneau, Finistère.
Plaskie (Anna) et fam., de Willebroeck, à Larreule, Hautes-Pyrénées.
Plasqui (Charles), de Willebruch, à Maubourguet, Hautes-Pyrénées.
Plasse (Adolphe), de Dour, à Champcey, Manche.
Plasse (Alice), de Dour, à Champcey, Manche.
Plasse (Rosa), de Dour, à Champcey, Manche.
Plassehaert (Jean-Baptiste), de Gand, à Lalbenque, Lot.
Pleeck (Léopold), de Molenbeek, à Marseille, Bouches-du-Rhône.
Plettinck (Joseph), de Thielt, à Plounévézel, Finistère.
Pleuvier (Camille), d'Assebrouck, à Quimperlé, Finistère.
Pleuvier (Lucien), d'Assebrouck, à Quimperlé, Finistère.
Pochet (Mme), d'Imdelkerke, à Montpinchon, Manche.
Pockelé (Valentin), d'Esselghem, à Saosnes, Sarthe.
Pockele (Cornelius), d'Oudenburg, à Saosnes, Sarthe.
Pockele (Théophile), de Vlisseghen, à Biozat, Allier.
Podevyn (Philémon), d'Alost, à Guilligomarch, Finistère.
Podevyn (Louis), d'Alost, à Mézin, Lot-et-Garonne.
Poelaert (Henri), d'Ostende, à Concots, Lot.
Poelet (Jean), de Uccle, à Surville, Manche.
Poelmans (René) et fam., de Merrel-Beke, à Lanriec, Finistère.
Poepe (François de), de Hoene-Saint-Pierre, à La Flèche, Sarthe.
Pohy (Élise), de Bruxelles, à Plonévez-Porzay, Finistère.
Poinsot (Jules), du Meu, à Niort, Deux-Sèvres.
Polet (Eva), de Bouillon, à Granville, Manche.
Polet (Jules), de Bouillon, à Granville, Manche.
Polfliet (Robert), d'Anvers, à La Flèche, Sarthe.
Poète (Urbain), de Bruges, à Peyrilles, Lot.
Pollaris (Eugène), d'Anvers, à Surville, Manche.
Pollet (Jacques), de Varsenaere, à Souillac, Lot.
Pollet (Charles), de Jabeke, à Prosignac, Lot.
Pollet (Pierre) et fam., d'Ostende, à Sarriac, Hautes-Pyrénées.
Pollet (Marcel) et enf., d'Ichtegem, à Montoire, Loir-et-Cher.
Pollet (Firmin), de Sas-Slykens-lez-Ostende, à Quimperlé, Finistère.
Pollet (Cyrille), de Cortemarck, à Bannalec, Finistère.
Pollet (Odile) et fam., de Pithem, à Cosne-sur-l'Œil, Allier.
Pollet (Pierre), de Gand, à Voussac, Allier.
Polleyn (Oscar), de Couckelaere, à Guilvinec, Finistère.
Polydanias (Marie), de Bouillon, à Granville, Manche.
Polydanias (Renacle), de Bouillon, à Granville, Manche.
Ponchon (Félicien), Quaregnon, à Chef-Boutonne, Deux-Sèvres.
Ponte (Berthe), de Tongres, à Quimperlé, Finistère.
Poorens (Charles), de Bruges, à Gratteville, Manche.
Poppe (Augusta), de Gand, à La Flèche, Sarthe.
Popelier (Maurice), de Pouques, à Vendat, Allier.
Pomlaert (Joseph), de Dour-Hainault, à Domérat, Allier.
Pois (Arthur), de Gentbrugge, à La Flèche, Sarthe.
Pottié (Charles) et fam., de Steene, à Gignac, Lot.
Pottié (Jules) et fam., de Steene, à Gignac, Lot.
Pottier (Jules) et fam., de Zebkeghem, à Pleyben, Finistère.
Portael (Anna), de Malines, à Aiguillon, Lot-et-Garonne.
Portael (Rosalie) et fam., de Malines, à Maubourguet, Hautes-Pyrénées.
Portuel (Francisca), de Malines, à Denneville, Manche.
Portail (Marie) et fam., de Bonheyden, à Lurcy-Lévy, Allier.
Portal (Petrus), de Malines, à Aiguillon, Lot-et-Garonne.
Posse (Evariste), d'Alost, à Moncrabeau, Lot-et-Garonne.
Poucquaert (Louis), de Bruges, à Saint-Denis-Catus, Lot.
Pouetts (Joseph) et fam., de Bruxelles, à Pouyastruc, Hautes-Pyrénées.
Poulain (Léon) et fam., de Mettet, à Saint-Aignan, Loir-et-Cher.
Poulain (Marcelin) et fam., d'Estrebay, à Auxerre, Yonne.
Poullain (Albert), de Lecke, à Lithaire, Manche.
Poussard (Jean), de Malines, à Trévoux, Finistère.
Pouzalgue (Auguste), de Paris, à Cahors, Lot.

Praeps (Cornelis), de Rotsolaer, à Saint-Aubin, Allier.
Praet (Maurice), de Gand, à La Flèche, Sarthe.
Praets (Jules), de Gand, à Franchesse, Allier.
Prest (Joseph de) et fam., de Landegem, à Gannat, Allier.
Primo (Joseph), de Coxyde, à Escurolles, Allier.
Pruis (Henri de), de Ramsdruek, à La Feuillée, Manche.
Pruis (Pierre de), de Ramsdruek, à La Feuillée, Manche.
Prins (Louis de), de Loudezeel, à Prélot, Manche.
Prins (Alphonse de), de Landerzeel, à Prétot, Manche.
Prist (Louis de), de Bruges, à Angoville-sur-Ay, Manche.
Prol (Joseph de), d'Assebrouck, à Chantelle, Allier.
Provoost (Joseph), et enf., de Prsduinkerke, à Montoire, Loir-et-Cher.
Provoost (Jules), d'Anvers, à Cauville, Manche.
Provoost (Henri) et enf., de Zerkeghem, à Pleyren, Finistère.
Prudhomme (Albert), d'Anvers, à Troyes, Aube.
Puleman (Marie), de Wenduyne, à Montoire, Loir-et-Cher.
Puleston (Auguste) et fam., de Gand, à Moncrabeau, Lot-et-Garonne.
Puis (Joseph), d'Herenthals, à Trévoux, Finistère.
Putmane (Edouard), d'Elewijt, à Rosporden, Finistère.
Putsemans (François), de Grunberghen, à Figeac, Lot.
Putters (Louise), de Malines, à Barbé-Rabastens, Hautes-Pyrénées.
Putters (Josef) et fam., de Malines, à Rabastens, Hautes-Pyrénées.
Putters (Jean-Baptist), de Malines, à Rabastens, Hautes-Pyrénées.
Putters (Josefina), de Malines, à Rabastens, Hautes-Pyrénées.
Putters (Rosalie), de Malines, à Rabastens, Hautes-Pyrénées.
Puype (Alphonse), de Bruges, à Rédené, Finistère.
Puype (Maurice), de Bruges, à Rédené, Finistère.
Pynnaert (Séraphin), de Bruges, à Salviac, Lot.
Pynnaert (Albéric), de Bruges, à Salviac, Lot.
Quackelbeen (Pierre), de Steene, à Gignac, Lot.
Quairier (André), de Gand, à Domérat, Allier.
Quaghebeur (Alfred et Joseph), de Bruges, à Montoire, Loir-et-Cher.
Quaghebeur (Arthur), de Bruges, à Montoire, Loir-et-Cher.
Quarretz (Louise), de Roux-lès-Josies, à Escurolles, Allier.
Quentin (Léonie) et enf., de Vincennes, à Niort, Deux-Sèvres.
Quesnoy (Augusta), d'Anvers, à Penmarch, Finistère.
Querton (Hector), de Feluy-Hainaut, à Domérat, Allier.
Quévreux (Héloïse), de Bohain, à Granville, Manche.
Quinet (Rosalie), du Chatelet, à Laluzerne-d'Outre-Mer, Manche.
Quinten (Albert), de Louvain, à Soturac, Lot.
Quiter (Henri) et fam., de Tongres, à Quimperlé, Finistère.
Quintermont (Constant) et fam., de Gozée, à Montainville, Eure-et-Loir.
Rabacy (Auguste) et fam., de Yabbeke, à Loupiac, Lot.
Raes (Gustave), d'Hansbeke, à Montoire, Loir-et-Cher.
Raes (Raphaël), d'Hendersem, à Pleyben, Finistère.
Raes (Séraphin) et enf., d'Hendersem, à Pleyben, Finistère.
Raeve (Gustave de), de Gand, à Saint-Pourçain-sur-Besbre, Allier.
Raedts (Louis), de Louvain, à Feugarolles, Lot-et-Garonne.
Raedts (Charles), d'Héverlé, à Agen, Lot-et-Garonne.
Raedts (Cécile) et fam., de Louvain, à Feugarolles, Lot-et-Garonne.
Raedts (François) et fam., de Louvain, à Agen, Lot-et-Garonne.
Raes (Edouard), de Gand, à Flaugnac, Lot.
Raes (Alphonse), de Gand, à Flaugnac, Lot.
Raeve (Georges de), de Gand, à Flaugnac, Lot.
Raeve (Robert de), de Gand, à Flaugnac, Lot.
Raets (François), de Wespelaer, à Crétteville, Manche.
Raets (Arthur), de Wespelaer, à Crétteville, Manche.
Raeymakers (Palmyre) et fam., de . . . , à Bessèges, Gard.
Raès (Georges), de Gand, à Bouilh-Devant, Hautes-Pyrénées.
Rahouns (Emma), de Ledeberg, à Brout-Vernet, Allier.
Ralet (Elisabeth), de Liége, à Marseille, Bouches-du-Rhône.
Rambouts (Virginie), de Malines, à Thiel, Allier.
Ramault (Victorine), de Aertryck, à Bellenaves, Allier.
Ramault (Rémi), de Aertrycht, à Bellenaves, Allier.
Ram (Alphonse de), d'Aerseele, à Cosne-sur-l'Œil, Allier.
Ramael (Veuve) et fam., de Verhaeger, à Montoire, Loir-et-Cher.
Ramael (Marie), de Terhaegen, à Montoire, Loir-et-Cher.
Ranson (Arthur), de St-André-lès-Bruges, à Castelfranc, Lot.
Rapfin (Albert), d'Ennevelin, à Franchesse, Allier.
Rappoort (François), de Malines, à Plouguer, Finistère.
Rary (René), de Tin, à Pouyastruc, Hautes-Pyrénées.
Rassaerts (François), de Werchter, à Buxières-les-Mines, Allier.
Rasschaert (Léon), de . . . , à Saint-Pourçain-sur-Besbre, Allier.
Rassechaert (Léon), de Ledebert-les-Gand, à St-Pourçain-s.-Besbre, Allier.
Raty (Emile), et fam., de Bouillon, à Troyes, Aube.
Raymond (Maurice), de Bruges, à Louroux-de-Bouble, Allier.
Rayts (Mathilde), de Wilsele, à Tanis, Manche.
Redant (Victorine), d'Alost, à Lafitole, Hautes-Pyrénées.
Reets (Charles), d'Anvers, à St-Pourçain-sur-Besbre, Allier.
Regniers (Henri), de Wendelgem, à St-Martin-Labouval, Lot.
Regniers (Auguste), de Wendelgem, à St-Martin-Labouval, Lot.
Regnard (Elie), de Gendbrugge, à St-Germain-de-Salles, Allier.
Relécom (Maria), de Bruxelles, à St-Sylvestre, Lot-et-Garonne.
Rely (Gérard), de Kissel Loo, à St-Hilaire, Allier.
Remacle (Charles), de . . . , à Tamaris-les-Alais, Gard.
Renson (Arthur) et enf., de Jars-la-Buissière, à Melle, Deux-Sèvres.
Renders (Philippe), d'Eppeghem, à Quimperlé, Finistère.
Renis (Victor), de Louvain, à Arzano, Finistère.
Renier (Marie), de Vilvorde, à Quimperlé, Finistère.
Renier (Léonie), de Ghistel, à Quimperlé, Finistère.
Renders (Marie), d'Eppeghem, à Quimperlé, Finistère.
Renouit (Maria), de . . . , à Cléden-Poher, Finistère.
Renders (Jean-Baptiste), d'Eppeghem, à Castelfranc, Lot.
Renson (Maurice), de Bruges, à Calamane, Lot.
Renière (Eline), de Sobre-St-Géry, à Garons, Gard.
Renbens (Augustin), de Knocke, à Mesnil-Armand, Manche.
Renière (Calixte), de Sobre-St-Géry, à Garons, Gard.
Renaudin (Joseph), d'Ostende, à Soréac, Hautes-Pyrénées.
Renoirte (Augustine), de La Bouverie, à St-Christophe-en-Boucherie, Indre.
Renard (Adolphe), d'Itzel, à Marseille, Bouches-du-Rhône.
Reu (Jules de), de Meerendré, à Canville, Manche.
Rey (Mme), de Sars-la-Nuissière, à Niort, Deux-Sèvres.
Reydant (Firmin), d'Ostende, à St-Pé-St-Simon, Lot-et-Garonne.
Reynaert (Auguste) et fam., de Zevecote, à Treffiagat, Finistère.
Reynaert (Omer), d'Ostende, à Mézin, Lot-et-Garonne.
Reynvoet (Gustoval), de Gand, à Bouilh-Devant, Hautes-Pyrénées.
Reyck (Marcelina de), d'Alost, à Charroux, Allier.
Richard (Lucien), de Wetteren, à Bannalec, Finistère.
Richard (Defoort), de Brugge, à Gouézec, Finistère.
Rietmacker (Hector), de Wercken, à Arzano, Finistère.
Ridder (Joannès de), d'Anvers, à Andiran, Lot-et-Garonne.
Ridder (Charles de), de Termonde, à Pleyben, Finistère.
Ridder (Bertha de), de Gand, à Quimperlé, Finistère.
Ridder (Léo de) et fam., d'Audegem, à St-Aignan, Loir-et-Cher.
Ridder (Achiel de), de Meirelbeke, à St-Aubin, Allier.
Ridder (Gustave de), de Gendbrugge, à Buxières-les-Mines, Allier.
Rietmacker (Marie), de Snelleghem, à Pleyben, Finistère.
Riès (Auguste) et fam., de Bouillon, à Granville, Manche.
Rijmenams (Jean), de Duffel, à Quimperlé, Finistère.
Rikals (dit Nelly-Camps), de Liége, à Marseille, Bouches-du-Rhône.
Ring (Camille) et fam., de Cappelle-au-Bois, à Rabastens, Htes-Pyrénées.
Ring (Catherine) et fam., de Cappelle-au-Bois, à Rabastens, Htes-Pyrénées.
Rinse (Gustave), de Gand, à La Flèche, Sarthe.
Ringoot (Pierre), de Lebbeck, à Quimperlé, Finistère.
Rindt (Cyrille), de Wercken, à Landeleau, Finistère.
Rits (Jeanne), de Berlary, à Carhaix, Finistère.
Robberts (Emmanuel) et fam., de Rosbeck, à Néris-les-Bains, Allier.
Robert et fam., de Le Mousion en-Thurace, à Vichy, Allier.
Robyt (Raoul), de Bruxelles, au Séminaire Besnardière, Maine-et-Loire.
Robe (Auguste) et fam., de Dinant, à Joigny, Yonne.
Robyt (Raoul), de Bruxelles, à Marseille, Bouches-du-Rhône.
Robert (Arthur), de Namur, à Marseille, Bouches-du-Rhône.
Robyns (Emile) et famille, de Beyghem, à Lasserre, Lot-et-Garonne.
Rohreeb (Gilbert), de Bruges, à St-Louis-sur-Vire, Manche.
Robbe (Jules), de Warneton, à Grimesnil, Manche.
Roelandt (Gustave), de Lormone, à Mesnil-Villeman, Manche.
Rochens (Pierre), de Bruxelles, à Denneville, Manche.
Roelande (René), de Lède, à Mer, Loir-et-Cher.
Roelants (Joseph) et fam., de Malines, à Vendat, Allier.
Rockaerts (Gustave), de Louvain, à Commentry, Allier.
Rocker (Jules de), de Ledeberg, à Vicure, Allier.
Roerbert (Josephie) et enf., de Duffel, à . . . , Hautes-Pyrénées.
Roels (Georges) et fam., de Lokeren, à Pont-Aven, Finistère.
Roelands (Raoul), de Bruges, à Kervancon-en-Rédéré, Finistère.
Roeck (Pierre de) et fam., de Malines, Ploéven, Finistère.
Roels (Marguerite), d'Ostende, à Mirac, Lot-et-Garonne.
Roeck (Jean de), de Malines, à Ploéven, Finistère.
Roelandh (Maurice), de Gand, à La Flèche, Sarthe.
Roels (Désiré), de Syngem, à La Flèche, Sarthe.
Roeck (Rosalie de) et enf., de Duffel, à Payrac, Lot.
Roey (Sélima de), d'Aerschot, à Belleville, Manche.
Rockens (Jean), de Bruxelles, à Denneville, Manche.
Roebben (Gustave), d'Anvers, à Montoire, Loire-et-Cher.
Roefs (Léo) et enf., de Niel, à Montoire, Loir-et-Cher.
Roelandt (Egidius), d'Alost, à Droiturier, Allier.
Roelandt (Franz), d'Alost, à Droiturier, Allier.
Roelandt, d'Alost, à Commentry, Allier.
Roeland (Camille), d'Atelot, à Montmarault, Allier.
Roels (James), de Gand, à Couleuvre, Allier.
Roels (Edmond), de Gand, à St-Menoux, Allier.
Roels (Joseph), de Miesne-Meersch, à Buxières-les-Mines, Allier.
Rogmans (Georges), de Virginal à Mamers, Sarthe.

Roggemans (Hendrick), de Malines, à Arzano, Finistère.
Roggeman (Thérèse), d'Alost-Oost-Vlaanderen, à Louzes, Sarthe.
Rogiers (Léon), d'Evergens, à Mérac, Lot-et-Garonne.
Roland (Alfred), de Sallaumines, à Levroux, Indre.
Roland (Victorine), de Carnion, à Niort, Deux-Sèvres.
Roland (Victoria), de Carnion, à Niort, Deux Sèvres.
Roland (Charles), de Carnion, à Niort, Deux-Sèvres.
Roland (Rosalie), de Graux, à St-Etienne-la-Cigogne, Deux-Sèvres.
Rollers (Julie) et fam., de . . ., à Castelnau-sur-Gupie, Lot-et-Garonne.
Rombaut (Marie) et fam., de Malines, à Foucsnant. Finistère.
Romain (Nicolas), d'Anvers, à La Flèche, Sarthe.
Rombaux (Alfred), de Braine-le-Comte, à Issondun, Indre.
Roman (Georges), de Ledeberg, à Flaugnac, Lot.
Roman (André), de Ledeberg. à Flaugnac, Lot.
Roman (Joanna), de Termonde, à Denneville, Manche.
Rombaut (Henri), de Gendbrugge, à Chantelle, Allier.
Rombaut (César), de Gysegbem. à Franchesse, Allier.
Romain (Clovis), de Gand, à Vieure, Allier.
Ronzijn (Pierre), d'Appelterre, à Pouyastruc, Hautes-Pyrénées.
Rondas (Léon), d'Heverlé, à Lurcy-Lévy, Allier.
Ronse (Gustave), de Gand. à Bellenaves, Allier.
Roover (Georges de). de Furnes, à Escurolles, Allier.
Rooms (Alfons), de Waerschoot, à St-Hilaire, Allier.
Roo (Hector de), de Gendbrugge, à Cosne-sur-l'Œil, Allier.
Roose (Julien), de Bruges, à Poudenas. Lot et Garonne.
Roover (Augusta de), de Bruxelles, à Chartres, Eure-et-Loir.
Roose (Medart), de Zevecoti, à Treffiagat, Finistère.
Roose (Auguste), d'Oudenburg, Saosnes, Sarthe.
Roo'ls (Madeleine), d'Yabbeke, à Loupiac, Lot.
Ropaille (Julien), de Gand. à Saosnes, Sarthe.
Rossaert (Achille), d'Assebrouck, à Vendat, Allier.
Rosier (Jean), de Meckelen , à Biozat, Allier.
Rossel (Léopold), de Moere, à Sembas, Lot-et-Garonne.
Rossel (Maurice). de Steenne, à Sembas, Lot-et-Garonne.
Rosseel (Eugène) et fam., de Thielt, à Plounévézel, Finistère.
Rosseel (Auguste) et fam., de Muyssen les Maline, à St-Hernin, Finistère.
Rossennne (Cyrille), de Bruges, à St-Ségal, Finistère.
Rossi, d'Anvers, à La Flèche, Sarthe.
Rosseels (Ludovicus) et fam., de Lierre, à Sauzet (Lot).
Rosseuvre (Elise), d'Ostende, à Puy-l'Évêque, Lot.
Rosiers (Jean-Baptiste), de Lille, à Mesnil-Garnier, Manche.
Rosier (François), de Dour, à Champcey, Manche.
Rosiers (Marie). de Cappelle op den bosch, à Rabastens, Hautes-Pyrénées.
Rossaert (Léon), de Zedelghem, à Mer, Loir-et-Cher.
Roty (Alfred), de Tournai, à Concarneau, Finistère.
Rotsaert (Ernest), de St-Andriès, à Masclat, Lot.
Rottembourg (Antoinette) et fam., d'Anvers, à Escurolles, Allier.
Rotsaert (René), d'Assebrouck, à Chantelle, Allier.
Rousseaux (Maurice), de Gand, à Voussac, Allier.
Rouve (Camille de), de Coutrade, à St-Pourçain-sur-Besbre, Allier.
Roullier (Jules), de Verviers, à Marseille, Bouches-du-Rhône.
Rougerlan (Jeanne), de Lierre, à Bannalec, Finistère.
Rouard (Germaine) et fam., d'Ostende, à Rosporden, Finistère.
Rougerlov (Auguste) et fam., de Lierre, à Bannalec, Finistère.
Romenée (Marie), d'Ostende, à Rosporden, Finistère.
Rouneau (Marie) et fam., de Frameries, à Granville, Manche.
Roupcinski (Pierre), d'Ostende, à Quimperlé. Finistère.
Rowicess (Audray), de Bruxelles, à Marcellus, Lot-et-Garonne.
Royaert (Joseph), de Dukelghem, à La Flèche, Sarthe.
Royon (Gérard), d'Etterbeck, à Marseille, Bouches-du-Rhône.
Ruck (Emile de) et fam., de Loos, à Hadimesnil, Manche.
Ruelle (Henri) et fam., de Châtelet, à Niort, Deux-Sèvres.
Ruelle (Emile) et fam., de Frameries, à Granville, Manche.
Ruelle (Joseph), de Jeumont, à Salindres, Gard.
Buick (Urbain), de Gand, à Montoire, Loir-et-Cher.
Rudolf (Helders), de Bruges, à Calamane, Lot.
Ruelle (Aline), de Jeumont, à Salindres, Gard.
Ruelle (Walter), de Welkenreard. à Hourc, Hautes-Pyrénées.
Rulpin (Pie) et fam., d'Ostende, à Bannales, Finistère.
Rummens (Alphonse), de Louvain, à . . ., Allier.
Rungaert (Charles), de Zedelghem, à Pleyben, Finistère.
Rusch (André), de Gand, à Vieure, Allier.
Ruttiens (Rosalie), de Malines, à Kergloff, Finistère.
Ruttiens (Henri) et fam., de Malines. à Kergloff, Finistère.
Ruyssnick (Benoit) et fam., d'Alost, à Quimperlé, Finistère.
Buysselde (Marie) et fam., de Ludekerke. à Montpouillan, Lot-et-Garonne.
Ruyter (Maurice de), de Bruges, à Duravel, Lot.
Ruye (Guillaume de la), de Genthrugge, à Glatigny, Manche.
Rychier (Camillia), d'Ostende. à Aiguillon, Lot-et-Garonne.
Rycke (Michel de), de Gand, à Plobannalec, Finistère.
Ryckaers (Joseph), d'Uccles, à Mézin, Lot-et-Garonne.
Ryckx (Honoré), de Handzaemuce, à Pont-Leroy, Loir-et-Cher.
Ryde Bavo (Julien), de Saint-André, à Labastide-du-Vert, Lot.
Ryheul (Léon), de Zedelghem, à Pleylen, Finistère.
Ryheul (Jules), de Zedelgham, à Pleylen, Finistère.
Rykère (Edgard de), de Lophem, à Saint-Rémy-en-Rollat, Allier.
Rys (Joseph), d'Ostende, à Lacassagne, Hautes-Pyrénées.
Sablé (Henri) et fam., d'Ostende, à Saint-Hernin, Finistère.
Saboo (Félix), de Louvain, à Concarneau, Finistère.
Sablon (Fanee), d'Erquelines, à Roncey, Manche.
Sabbe (Bernard), d'Aertrycke, à Beuzec-Conq, Finistère.
Sablbe (Henri), d'Ostende, à Moncrabeau, Lot-et-Garonne.
Sabbe (Hector) et fam., d'Andegem, à Mézin, Lot-et-Garonne.
Saccasgn (Ach.), de Marcinelle-lès-Charleroi, à St-Pourçain-s-Besbre, Allier.
Sadeleer (Philémon de), de Wondelghem, à Montoire, Loir-et-Cher.
Saelens (François), de Herent, à Saint-Aubin, Allier.
Saelens (Edmond), de Bruges, à Saint-Denis Catus, Lot.
Saelens (Arthur), de Gand, à Marseille, Bouches du-Rhône.
Sainthuile (Georges), de Beaumont, à Moriers, Eure-et-Loir.
Sainthuile (Louise), de Beaumont, à Moniers, Eure-et-Loir.
Sainpaul (Elise), de Gozée, à Auxerre, Yonne.
Salembier (Edmond), de Varsseneare, à Villeneuve-sur-Lot, Lot-et-Garonne.
Salme (Jean), de Liége, à Orléans, Loiret.
Samyn (Henri) et fam., d'Ostende, à Concarneau, Finistère.
Samyn (Bertha) et fam., de Roulers, à Rabastens, Hautes-Pyrénées.
Samyn (Maria), de Rousselare, à Sénac, Hautes-Pyrénées.
Samyn (Marie), de Roulers, à Rabastens, Hautes-Pyrénées.
Samson (Hortense), de Bruges, à Lédat, Lot-et-Garonne.
Sander (René), de Westkerke, à Spézet, Finistère.
Sanders (Charles), de Westkerke, à Spézet, Finistère.
Sanetorim (Célina), de Roulers, à Rabastens, Hautes-Pyrénées.
Santens (Ivon), d'Hautmont, à Cénevières, Lot.
Sanders (Auguste) et fam., de Malines, à Albas, Lot.
Sanctorum (Joseph), de Ghistelles, à Saint-Bonnet-de-Rochefort, Allier.
Sandelé (Louis) et fam., de Clemskerke, à Charmeil, Allier.
Sander (Albert), de Malines, à Vendat, Allier.
Sansens (Franz) et son épouse, de Clemskerke, à Gannat, Allier.
Sansens (Evrard), de Vlisseghem, à Biozat, Allier.
Sapart (Léon), d'Anvers, à Carhaix, Finistère.
Saussez (Emile) et fam., de Hennihem, à Gannat, Allier.
Sauvage (Alfred), d'Aniche, à Lucay-le-Mâle, Indre.
Savoné (Jean) et sa fille, de Louvain, à Luray-Lévy, Allier.
Sbille (Emilion) et son ép., de Luttre, à Perpignan, Pyrénées-Orientales.
Scaillet (Fernand), de Langly, à Montpinchon, Manche.
Scailquin (Léona), de Farciennes, à Granville, Manche.
Scarcériaux (Joseph) et fam., de Wasmuël, à Montchaton, Manche.
Scaut (René) et fam., de Woumen, à La Fresnaye-sur-Chédouet, Sarthe.
Schalbroeck (Anna), d'Anvers, à Quimperlé, Finistère.
Schans (Joseph de), d'Anvers, à La Flèche, Sarthe.
Scheers (Louis), de Hérent, à Concarneau, Finistère.
Schellinck (Elisabeth), d'Alost, à Rosporden, Finistère.
Schepens (Jean), de Loochristy, à Trévoux, Finistère.
Scheemacker (A. de) et fam., de St-Andries, à Villeneuve-s.-Lot, Lot-et-Gar.
Scheldeman (Marie), de Roulers, à Rabastens, Hautes-Pyrénées.
Scheldeman (Bruno), de Dadzele, à Agnac, Lot-et-Garonne.
Schelck, d'Alost, à Commentry, Allier.
Schepens (Alphonse et Gustave), de Gand, à Voussac, Allier.
Scheire (Léo), de Destilbergen, à Montmarault, Allier.
Scheiris (Louis), de Gand, à Cosne-sur-l'Œil, Allier.
Scheers (François), de Bruges, à Buxières-les-Mines, Allier.
Schepens (Emile), de Gendbrugge, à Cosne-sur-l'Œil, Allier.
Schelquens (Jean), de Lille, à Vieure, Allier.
Schellynck (Théophile), de Lille, à Vieure, Allier.
Schellemens (Isabelle), de Malines, à Saint-Hilaire, Allier.
Schievers (Jean), de Louvain, à Arzano, Finistère.
Schiuckel (Charles), de Loochristy, à Orléans, Loiret.
Schillewaert (Léopold), de Houttave, à Salviac, Lot.
Schinckel (Joris de), de Gand, à Chantelle, Allier.
Schiste (Delphina), de Courtrai, à Saint-Pourçain-sur-Beste, Allier.
Schistain (Arthur), de Saumains, à Saint-Hilaire, Allier.
Schmidt (Henri), de Malines, à Vaumas, Allier.
Schneider (Julien), de Gand, à Cosnes-sur-l'Œil, Allier.
Schollaert (Joseph), d'Erpe, à Lasserre, Lot-et-Garonne.
Schollaert (Charles), d'Erpe, à Lasserre, Lot-et-Garonne.
Schol (Alexandre), de Louvain, à Arzano, Finistère.
Schol (François), de Louvain, à Port-Launay, Finistère.
Schoeters (Henri), de Muysten, au Faou, Finistère.
Schoeters (Maria), de Muysen, au Faou, Finistère.
Schoumblieger (Géradus), de Gand, à Coigny.
Schoone (Louis), de Lille, à Mesnil-Garnier, Manche.
Schouteet (Léon), d'Assebrouck, à Catus, Lot.
Sckoikaent (Prudent), de Cherscamp, à Villars, Eure-et-Loir.

Schoder (Maurice), de Gand, à La Flèche, Sarthe.
Schoeter (Louis), de Wespelaer, à Sombrun, Hautes-Pyrénées.
Schoutcten (Achille), de Wissghem, à Gannat, Allier.
Schockaert (Léon), de Furnes, à Couleuvre, Allier.
Schorreels (François), d'Elewyt, à Lurcy-Lévy, Allier.
Schoorgans (Roul), de Gand, à Couleuvre, Allier.
Schon (Léon), de . . . , à Saint-Pourçain-sur-Besbre, Allier.
Schœrters (Joseph), de Malines, à Vieure, Allier.
Schon (Léon), d'Alost, à Saint-Pourçain-sur-Besbre, Allier.
Schot (François), d'Anvers, à Jaligny, Allier.
Schot (Lucie), de Borgerhaut, à Jaligny, Allier.
Schot (Lucie) et son fils, d'Anvers, à Jaligny, Allier.
Schot (Gustave), d'Anvers, à Jaligny, Allier.
Schreiber (Elise), d'Ostende, à Montoire, Loir-et-Cher.
Schryver (Georges de) et fam., d'Alost, à Spezet, Finistère.
Schryver (Anastasie de) et enf., d'Alost, à Souillac, Lot.
Schrozens (Alfred), d'Anvers, à La Flèche, Sarthe.
Schroyins (Anna), de Lierre, à Sauzet, Lot.
Schroyins (Marie), de Lierre, à Sauzet, Lot.
Schryver (Bénédictus de) et fam., de . . . , à Charroux, Allier.
Schruko (Henri), d'Armentières, à Couleuvre, Allier.
Schutter (Joseph de), de Mortrel, à Lanriec, Finistère.
Schuermans (Henri), de Malines, à Mézin, Lot-et-Garonne.
Schuermans (Joseph), de Malines, à Néris-les-Bains, Allier.
Schuyter (Henri de), de Gand, à Cosne-sur-l'Œil, Allier.
Schwartz (Armand), d'Arlon, à Cahors, Lot.
Schyn (Antoine) et fam., d'Anvers, à Preyssac, Lot.
Sckokaent (Charles), de Cherscamp, à Villars, Eure-et-Loir.
Second (Léon), de Roubaix, à Saint-Denis-du-Gast, Manche.
Sechoite (Alphonse), de . . . , à Saint-Pourçain-sur-Besbre, Allier.
Seghers (Emile) et fam., de Bruges, à Lédat, Lot-et-Garonne.
Segaert (Julien) et fam., de Costemarck, à Trévoux, Finistère.
Seghers (Camille), de Cureghem, à Pouyastruc, Hautes-Pyrénées.
Segers (Julien), de Louvain, à Agen, Lot-et-Garonne.
Segers (Joseph) et fam., de Boom, à Preyssac, Lot.
Segers (Guillaume) et fam., de Boom, à Preyssac, Lot.
Schols (Clémentine) et fam., de Wispelear, à Maubourguet, Hautes-Pyrénées.
Scherens (Franz) et enf., de Werchter, à Chouvigny, Allier.
Selleslaghs (Jean), de Malines, à Andiran, Lot-et-Garonne.
Sellekaerts (Catherine), d'Hévorlé, à Pont-Aven, Finistère.
Sellekaerts (Gustave), de . . . , à Doville, Manche.
Sellekaerts (Adolf), de . . . , à Doville, Manche.
Selsmit (Pierre), de Malines, à Saint-Hilaire, Allier.
Semeelen (Rosalie), d'Haechot, au Faou, Finistère.
Semet (Albert), de La Madeleine, à Percy, Manche.
Semet (Camiel de), de Saint-Denis-Vesbem, à Montmarault, Allier.
Semeelen (Marie), de Bonheyden, à Lurcy-Lévy, Allier.
Sennaeve (Cyrille), d'Aertrycke, de Montoire, Loir-et-Cher.
Senave (Camille et Gustave), d'Ostende, à Voussac, Allier.
Serneels (Victor), de Wilsele, à Angoville-sur-Ay, Manche.
Serville (Arthur), de Soulme, au Temple-Médoc, Gironde.
Serruys (Rémi), de Lophem, à Montoire, Loir-et-Cher.
Serruys (Adèle) et fam., de Lophem-les-Bruges, à Quimperlé, Finistère.
Serouens (Théophile), d'Anvers, à Concarneau, Finistère.
Sermettens (Caroline), de Malines, à Quimperlé, Finistère.
Sergeys (Félix) et fam., de Louvain, à Agen, Lot-et-Garonne.
Servais (Georges), de Bracquegnies, à Foix, Ariège.
Serrens (Basile), de Zele, à La Flèche, Sarthe.
Servranckx (Jean-Baptiste) et fam., de Perck, à Cahors, Lot.
Serru (Oscar), de Bruges, à Lamotte-Fénelon, Lot.
Serron (François), de Bruges, à Duravel, Lot.
Sergent (Hortense) et fam., de Landegem, à Gannat, Allier.
Sette (Alphonse), d'Anvers, à Quimperlé, Finistère.
Seurinck (Maria), de Thielt, au Passage d'Agen, Lot-et-Garonne.
Seutin (Gaston), de Braine-le-Comte, à Mingot, Hautes-Pyrénées.
Sevrin (Marcel), de Chimay, à Auxerre, Yonne.
Sevenants (Maria), de Rotselaer, à Treffiagat, Finistère.
Seyvhaye (René) et fam., de Coolscamp, à Bouzec-Conq, Finistère.
Seynaeve (Emile), de Roulers, à Rabastens, Hautes-Pyrénées.
Seynaeve (Jules), de Roulers, à Rabastens, Hautes-Pyrénées.
Seynhave (Jérôme), de Coolscamp, à Concarneau, Finistère.
Seynhave (René), de Coolscamp, à Concarneau, Finistère.
Seynhaeen (Emile), de Thielt, à Biozat, Allier.
Shaubrock (Hilaire), de Lomme, à Châtillon-sur-Indre, Indre.
Shiyxlinck (Désiré), de . . . , à Charroux, Allier.
Sholliers (Maurice), de Tormonde, à Pleyben, Finistère.
Shryver (Emile de), de Gand, à Saint-Pourçain-sur-Besbre, Allier.
Sibille (Jules) et fam., de Vilvorde, à Quimperlé, Finistère.
Sieben (Jean), de Liège, au Bouscat, Gironde.
Siéron (Aloïse), de Gand, à Bannalec, Finistère.
Sieberts (Joseph) et enf., de Malines, à Gannat, Allier.

Silverans (Marie), de Weerde, à Quimperlé, Finistère.
Silverans (Anna), de Malines, à Bannalec, Finistère.
Silence (Hélène), de Louvain, à Beaumont-sur-Sarthe, Sarthe.
Simons (Marie) et fam., de Malines, à Virazeil, Lot-et-Garonne.
Simons (Emma), de Malines, à Virazeil, Lot-et-Garonne.
Simon (Emile) et son épouse, de Liège, à Pouyastruc, Htes-Pyrénées.
Simoens (Charles et François), de Hende, à Montoire, Loir-et-Cher.
Simoens (Polydor), de Genbrudgge, à Quimperlé, Finistère.
Simoens (Elodie), de Genbrudgge, à Quimperlé, Finistère.
Simoens (Constant), d'Houttave, à Pont-Aven, Finistère.
Simaever (Hippolyte), de Couchelaere, à Rosporden, Finistère.
Simonis (Sidonie), de Tournai, à Concarneau, Finistère.
Simon (Jacques) et fam., de Picquencourt, à Granville, Manche.
Simonis (Martin), de Verviers, à Fontanet, Lot.
Simoens (Jules), de Thielt, à Biozat, Allier.
Simoen (Léonard), d'Aertryck, à Bellenaves, Allier.
Simoens (Emile et Léon), de Gendbrugge, à Saint-Menoux, Allier.
Sinnaghel (Arthur), de Clercken, à Trévoux, Finistère.
Sinnaeve (Alois), Monceau-sur-Sambre, à Quimperlé, Finistère.
Sinnaeve (Léon et Jules), de Gendbrugge, à Cosne-sur-l'Œil, Allier.
Sinet (Charles de), de Somergbem, à Trezelle, Allier.
Sinnaeve (Constant), de Zande, à Cosne-sur-l'Œil, Allier.
Sivinnen (Rosalia), de Malines, à Quéménéven, Finistère.
Sivoa (Joseph), de Montignies, à Bannalec, Finistère.
Sivoen (Marie), de Malines, à Fouesnant, Finistère.
Sivinnen (Egied) et fam., de Malines, à Quéménéven, Finistère.
Slaëts (Fram), d'Anvers, à La Flèche, Sarthe.
Slalbrinck (François), de Cortemarck, à Trévoux, Finistère.
Slaats (Achille), d'Aerschot, à Montmarault, Allier.
Slegers (Pierre), de Malines, à Vieure, Allier.
Slingeneyer (Gérard), de Bruges, à Poudenas, Lot-et-Garonne.
Slock (Séraphin et Yvo), de Gand, à Couleuvre, Allier.
Smagghe (Julie), de Bruges, à Pont-Aven, Finistère.
Smedt (Edmond de), de Gand, à Mézin, Lot-et-Garonne.
Smeet (Vital de), de Louvain, à Montoire, Loir-et-Cher.
Smekens (Jacques), de Lede, à Mer, Loir-et-Cher.
Smets (Joseph), de Louvain, à Arzano, Finistère.
Smet (Maurice de) de Gand, à La Flèche, Sarthe.
Smeth (Antoine de) et fam., de Malines, à Quimperlé, Finistère.
Smedt (Charles de) et fam., de Gand, à Pont-Aven, Finistère.
Smet (Jeanne de) et enf., de Boortmeerbeck, à Figeac, Lot.
Smet (Zélia de), d'Alost, à Anglars-Juillac, Lot.
Smet (Ernest et Léon de), de Gendbrugge, à Cosne-sur-l'Œil, Allier.
Smet (Albert et Georges de), de Gand, à Couleuvre, Allier.
Smet (Alphonse et Pierre), d'Haeltert, à Buxières-les-Mines, Allier.
Smet (Pierre de), de Niels, à Domérat, Allier.
Smet (Joseph et François de), de Sivijnaerde, à Brout-Vernet, Allier.
Smesman (Germaine), de Gand, à Droiturier, Allier.
Smet (Camille), d'Haeltert, à Montmarault, Allier.
Smits (Joseph), d'Anvers, à Montoire, Allier.
Smits (Jean et Jeanne), d'Anvers, à Montoire, Allier.
Smidt (Marcel), de Gand, à La Flèche, Sarthe.
Smyer (Joseph), de Wygmael, à Labitte-Toupière, Hautes-Pyrénées.
Snasy (Gabrielle), de Bruxelles, à Chartres, Eure-et-Loir.
Snauwaert (Léon), de Varssenaerd, à Souillac, Lot.
Snauwaert (Jules), de Varssenaerd, à Souillac, Lot.
Sneppe (Camille), d'Assebrouck, à Montmarault, Allier.
Speyers (Antoine), et fam., de Malines, à Maubourguet, Htes-Pyrénées.
Socquet (Camille), de Malines, à Virazeil, Lot-et-Garonne.
Soemeu (Odiel), de Roulers, à Rabastens, Hautes-Pyrénées.
Socuen (Cyrille) et fam., de Haudzaeme, à Trévoux, Finistère.
Soenens (Joseph) et fam., de Thielt, à Plounévézel, Finistère.
Soffie (Emmanuel), de Bruxelles, à Marseille, Bouches-du-Rhône.
Sobie (Maurice) et fam., de Bruges, à Poudenas, Lot-et-Garonne.
Sossie (Michel), de Lille, à Mesnil-Garnier, Manche.
Sollie (Lodervyk) et fam., de Breendouck, à Lennon, Finistère.
Somers (Henri), de Bruges, à Nérac, Lot-et-Garonne.
Somers (Henri), de Wibryck, à Clatigny, Manche.
Somers (Elisabeth) et enf., de Malines, à Vaumas, Allier.
Somers (Marie), d'Anvers, à Lurcy-Lévy, Allier.
Sonnet (Pauline), de Fosses, à Granville, Manche.
Sools (Louis), d'Aerschot, à Figeac, Lot.
Sorée (Auguste), d'Erquelines, à Roncey, Manche.
Sorée (Fernand), de Gand, à Pont-Leroy, Loir-et-Cher.
Souris (Marie), d'Erquelines, à Roncey, Manche.
Souplet (Jules) et fam., de Roux, à Niort, Deux-Sèvres.
Soulliaert (Martha), de Borgherout, à Loctudy, Finistère.
Soudant (Marie), de . . . , à Lescherolles, Seine-et-Marne.
Souliaert (Jules), de Bruges, à Peyrilles, Lot.
Souliaert (Léopold), d'Ostende, à La Flèche, Sarthe.
Souter (Léon de), de Bruges, à La Flèche, Sarthe.

Spiegelaere (Isidore de), de Gand, à Lalbenque, Lot.
Spegelaere (Alouis), de Bruges, à Salviac, Lot.
Spiessens (Henri et Frans), d'Herenthals, à Couleuvre, Allier.
Spinnose (Mme), de Muysen, à Châteauneuf-du-Faou, Finistère.
Spinnose (Edouard) et fam., de Muysen, à Châteauneuf-du-Faou, Finistère.
Spinox (Marie-Thérèse), de Malines, à Concarneau, Finistère.
Spitachs (Robert), de Gand, à Trézelle, Allier.
Spiller (Jules), de . . ., au Petit-Moutiers, Allier.
Splétincock (Victorine), de Bruxelles, à Denneville, Manche.
Spruyt (Charles), de Bruges, à Montoire, Loir-et-Cher.
Stadius (Raymond), de Gand, à La Flèche, Sarthe.
Staelens (Amédée), de Gand, à Bannalec, Finistère.
Staelens (René) et fam., de Zevecati, à Treffiagat, Finistère.
Staelens (Oscar), de Chênée, à Bannalec, Finistère.
Staelens (Gustaaf), de Ledeberg, à Aillières, Sarthe.
Staelens (Jean-Baptiste) et fam., de Rhodes-St-Genèse, à Lavelanet, Ariège.
Stallaerts (Jean), d'Anvers, à La Flèche, Sarthe.
Standaert (Gustaaf), de Gand, à Montdourmec, Lot.
Stas (Louise), d'Anvers, à Lurcy-Lévy, Allier.
Stetsels (Guillaume) et fam., d'Anvers, à Branssat, Allier.
Steenkiste (Anna), d'Ostende, à Gontaud, Lot-et-Garonne.
Steeland (Julien), de Bruges, à Quimperlé, Finistère.
Steen (Jules), de Pervyse, à Bannalec, Finistère.
Stepman (Charles), d'Hockelberg, à Pont-Aven, Finistère.
Sterkendries (Charlotte) et enf., de Tirlemont, à Lopérec, Finistère.
Stercks, de Thildenek, à Saint-Sauveur-de-Meilhan, Lot-et-Garonne.
Steenlandt (François), de Bruges, à Nérac, Lot-et-Garonne.
Steeland (Evariste), de Steene, à Mézin, Lot-et-Garonne.
Steeman (Jules), de Gand, à Appeville, Manche.
Steinkiste (Alphonse) et fam., de Roulers, à Sarriac, Htes-Pyrénées.
Steenhvaut (Louis), d'Alost, à La Loupe, Eure-et-Loir.
Steenmans (Henri), de Boort-Meerbeck, à Cajarc, Lot.
Steenmans (Louise) et enf., de Bourt-Meebeck, à Tour-de Faure, Lot.
Steinkeste (Alphonse) et fam., de Roulers, à Sarriac, Htes Pyrénées.
Steyns (André), de Vons-sur-Sene, à La Grand'Combe, Gard.
Sterekx (Maurice), de Bruxelles, à Marseille, Bouches-du-Rhône.
Stercke (Emile de), de Ledeberg, à Etroussat, Allier.
Stercke (Désiré de), de Gendbrugge, à Etroussat, Allier.
Sterkx (Armand), de Bruges, à Bellenave, Allier.
Sterke (Armand), de . . ., à Charroux, Allier.
Steinwinckel (Jan Van), d'Herenthals, à Couleuvre, Allier.
Steinbrugge (Auguste), de Ledeberg, à Vieure, Allier.
Steyaert (Bruno et Jean), de Gand, à Vieure, Allier.
Sterke (Armand), de Bruges, à Bellenaves, Allier.
Stiévenard (Florine), de Dour, à Champcey, Manche.
Stimbreck (Théophile), de Gand, à Vieure, Allier.
Stommels (Ludovic) et fam., de Lierre, à Casteljaloux, Lot-et-Garonne.
Storm (François), de Bruges, à Concarneau, Finistère.
Storel (Mme), de Horme-Wosmuel, à Saint-Georges-de-Montcoq, Manche.
Stordair (Herman), de Marcinelle, à Lurcy-Lévy, Allier.
Stockx (Constant), d'Elewyt, à Lurcy-Lévy, Allier.
Stofferin (Camille), de Somerghem, à Trézelle, Allier.
Stobbe (Gaston), de Steenbrugge, à Couleuvre, Allier.
Stroobants (Jean), de Menysen, à Aiguillon, Lot-et-Garonne.
Stroobants (Louis) et fam., de Wygmad'hérent, à Plobannalec, Finistère.
Stroobant (Edouard), de . . ., à Arzano, Finistère.
Stroobant (Henri), de Louvain, à Arzano, Finistère.
Strubb (Alida), d'Eessen, à Quéménéven, Finistère.
Struyf (Maria), de Duffel, à Quimperlé, Finistère.
Stroobants (Marie), de Louvain, à Belleville, Manche.
Stroeymeyte (Emeil), de Ledeberg, à Aillières, Sarthe.
Strubbe (Henri), de Varsenaere, à Souillac, Lot.
Strypsteen (Alfred), de Saint-André, à Lapalice, Charente-Inférieure.
Strypsteen (Edouard), de Saint-André, à Labastide-du-Vert, Lot.
Stroff-Plasqui (Caroline), de Villebrück, à Maubourguet, Hautes-Pyrénées.
Stroff (Pauline), de Villebrück, à Maubourguet, Hautes-Pyrénées.
Stroff (Francisca) et enf., de Villebroeck, à Larreule, Hautes-Pyrénées.
Strubbe (Henri), d'Assebrouck, à Chantelle, Allier.
Strypsteen (Florimond), de Brugges, à Couleuvre, Allier.
Stuyckens (Félix), d'Ostende, à Lopérec, Finistère.
Stubbe (Achille), de Couchelaere, à Guilvinec, Finistère.
Stubbe (Edouard), de Couchelaere, à Guilvinec, Finistère.
Stunkiste (Elisa) et enf., de Roulers, à Rabastens, Hautes-Pyrénées.
Stunkiste (Yvonne), de Roulers, à Rabastens, Hautes-Pyrénées.
Stubbe (Henri), de Zeedelghem, à Montoire, Loir-et-Cher.
Stubbe (Eugénie), d'Yjabbeke, à Loupiac, Lot.
Stuchère (De), de Brugges, à Louroux-de-Bouble, Allier.
Styns (Auguste), de Bruxelles, à La Flèche, Sarthe.
Suetens (Eleonora), de . . ., à Charroux, Allier.
Sunt (Liévin), de Destelbergen, à Buxières-les-Mines, Allier.
Sunt (Jules), de Tieldonck, à Buxières-les-Mines, Allier.
Surrin (Rose), de Wasmüel, à Montchâton, Manche.
Surggers (Jozef), d'Anvers, à Luzech, Lot.
Surhippus (Joseph), de Bruxelles, à La Flèche, Sarthe.
Surin (Emile), de Neufville, à La Flèche, Sarthe.
Sussenaire (Odon), de Rebecq, à Cosne-sur-l'Œil, Allier.
Swanepoel (Eugène), d'Ichteghen, à Guilligomarc'h, Finistère.
Swanepoel (Homère), d'Ichteghen, à Guilligomarc'h, Finistère.
Swerts (Marie-Anne), de Louvain, à Beaumont-sur-Sarthe, Sarthe.
Swigers (Pierre), de Campenhout, à Figeac, Lot.
Swuf (Joséphine), d'Anvers, à Preyssac, Lot.
Symens (Marie), d'Aertchot, à Quimperlé, Finistère.
Symons (Maria), de Malines, à Quimperlé, Finistère.
Synave (Alphonse), de Couckelaere, à Bannalec, Finistère.
Sys (Camille), de Couckelaere, à Guilvinec, Finistère.
Tach (Camille), d'Aerseele, à Cosne-sur-l'Œil, Allier.
Tack (Joseph), de Loos, à Astaffort, Lot-et-Garonne.
Taets (Léon), de Saint-André, à Payrac, Lot.
Taeye (Liévin de), de Gand, à Mézin, Lot-et-Garonne.
Taillie (Adelin), de Lille, à Couleuvre, Allier.
Talloen (Henri), de Saint-Michel, à Lamotte-Fénelon, Lot.
Talloen (Irma), de Louvain, à Saint-Priest-d'Andelot, Allier.
Talloen (Léon), d'Oostcamp, à Rédené, Finistère.
Tambuyser (François), de Malines, à Mézin, Lot-et-Garonne.
Tambuyser (Pierre), de Malines, à Mézin, Lot-et-Garonne
Tampère (Achille) et fam., de Thouront, à Pont-Levoy, Loir-et-Cher.
Tampère (Henri), de Lichtervelde, à Gannat, Allier.
Toncré (Arthur), d'Ypres, à La Flèche, Sarthe.
Tanghe (Auguste), de Thourout, à Saint-Clair, Lot.
Tanghe (Coralie) et enf., de Thourout, à Saint-Clair, Lot.
Tanghe (Joseph), d'Assebrouck, à Montmarault, Allier.
Tangle (Julien), de Lille, à La Meurdraquière, Manche.
Tant (Julie), de Clerken, à Trévoux, Finistère.
Tassche (Nestor), d'Hockelberg, à Pont-Aven, Finistère.
Temmerman (Eugène), de . . ., à Charroux, Allier.
Temmerman (Cyrille), d'Assebrouck, à Montmarault, Allier.
Temmerman (Alide), de Zedelghem, à Montoire, Loir-et-Cher.
Tency (Alexandre), de Louvain, à Arzano, Finistère.
Tenghel (Florent), d'Hombeck, à Montmarault, Allier.
Teniers (Gustave), de Werchter, à Buxières-les-Mines, Allier.
Terheyden (Philippus), et enf., de Recquignies, à Montgivray, Indre.
Termste (Bernard), d'Aertrycke, à Montoire, Loir-et-Cher.
Terroir (Marguerite), de Quaregnon, à Grandville, Manche.
Terroir (Victor), de Quaregnon, à Granville, Manche.
Terrin (Maurice), de Roulers, à Maubourguet, Hautes-Pyrénées.
Tesaert (Prosper), de Lille, à Couleuvre, Allier.
Tessens (Pauline), d'Hérent-Wygmaal, à Fouesnant, Finistère.
Testaert (Joseph), de Louvain, à Fouesnant, Finistère.
Tengels (Maria), de Villebrouck, à Sembas, Lot-et-Garonne.
Tengels (Isidore) et fam., de Malines, à Escondeaux, Hautes-Pyrénées.
Teyens (Jean-Pierre) et fam., du Luxembourg, à Avesmes, Allier.
Teys (Florimond), de Gand, à Montdoumesc, Lot.
Thays (Cécile), d'Anvers, à Quimperlé, Finistère.
Théophile (Hubert), de Thourout, à Feugarolles, Lot-et-Garonne.
Thibot (Sophie), de Néerherlissen, à Quimperlé, Finistère.
Thibault (Adeline), de Gozée-lez-Thuin, à Dreux, Eure-et-Loir.
Thibault (Yvonne), de Gozée-lez-Thuin, à Montainville, Eure-et-Loir.
Thibault (Hubert), de Gozée-lez-Thuin, à Dreux, Eure-et-Loir.
Thibaut (Yvonne), de Gozée-lez-Thuin, à Dreux, Eure-et-Loir.
Thibaut (Hubert), de Gozée-lez-Thuin, à Montainville, Eure-et-Loir.
Thibaut (Adeline), de Gozée-lez-Thuin, à Montainville, Eure-et-Loir.
Thiébaut (Augustin), de Gerpinnes, à Biéville, Manche.
Thielemans (Joseph), de Beyghem, à Lurcy-Levy, Allier.
Thielemans (Marie-Antoinette) et fam., de Beyghem, à Saint Germain.
Thielemans (Angelina), de Malines, à Denneville, Manche.
Thielemans (François), de Nieuenod, à La Jeuillie, Manche.
Thienpont (Maurice), de Wondelgem, à Saint-Martin-Labouval, Lot.
Thieupont (Henri), de Gand, à Trévoux, Finistère.
Thieupont (Albert), d'Anderlecht, à Mézin, Lot-et-Garonne.
Thimpons (Pélagie), d'Alost, à Fouesnant, Finistère.
Thimpont (Rosalie), d'Alost, à Quimperlé, Finistère.
Thiéry (Blanche), de Lens, à Issoudun, Indre.
Thiry (Mme) et enf., de Schaerbeck, à Marseille, Bouches-du-Rhône.
Thomas (Pierre), de Gand, à La Jeuillie, Manche.
Thomas (Léon), de Rance, à Issoudun, Indre.
Thonon (Marie), de Midelkerch, à Pont-Aven, Finistère.
Thorens (Alfred), de Landeberg, à La Flèche, Sarthe.
Thoofs (François), de Gand, à Chantelle, Allier.
Thuin (Arthur), de Saint André, à Sauveur-de-Pierrepont, Manche.
Thuyenken, d'Ostende, à Motreff, Finistère.
Thys (Marie) d'Hemixem, à Montoire, Loir-et-Cher.
Thys (Thérèse), de Puy-l'Evêque, à Lier, Lot.

Thys (Louis), d'Aeltre, à Trezelle, Allier.
Thyri (Palmire), de La Bouverie, à Granville, Manche.
Tihax (Pierre) et fam., de Lierre, à Prayssac, Lot.
Ticlemans (Louis) et fam., de Berlary, à Carhaix, Finistère.
Tiennaber (Henri), de Brugge, à Lacassagne, Hautes-Pyrénées.
Tilay (Victor), de . . . , à Charroux, Allier.
Tillieux (Antoine), de Malines, à Branssat, Allier.
Timmerman (Julien), de Gand, à Target, Allier.
Timmermans (Angélina), de Berchem, à Loctudy, Finistère.
Timmarman (Clémence) et enf., d'Ostende, à Plonévez-Porzay, Finistère.
Timmermans (Bertha), de Berchem, à Loctudy, Finistère.
Timmarman (Mathilde), d'Ostende, à Plonévez-Porzay, Finistère.
Timmermans (Marie), de Berchem, à Loctudy, Finistère.
Timmerman (Jan), de Malines, à Fouesnant, Finistère.
Tintillier (Marie), d'Anvers, à Cahors, Lot.
Tison (Gustave), de Fontaine-Valmont, à Longueville, Manche.
Tizifayls (Augusta), de Châtelet, à La Lucerne, Manche.
Tohel (Marie de), de Zamerghen, à Voves, Eure-et-Loir.
Toch (Arthur), de Gand, à Spezet, Finistère.
Tocquyt (Charles) et enf., de Gand, à Chavroche, Allier.
Tollemans (Victor), d'Ostende, à Loctudy, Finistère.
Tombeur (Carol), d'Alost, à Lignières-la-Carelle, Sarthe.
Tondeur (Zélie), de Rocq-Recquignies, à Saint-Chartier, Indre.
Tordoir (Alexis), de Malines, à Montoire, Loir-et-Cher.
Toruc (Armand), de Calfort, à Luzech, Lot.
Torfs (Franciscus) et fam., de Lier, à Puy-l'Evêque, Lot.
Torfs (Marie) et fam., de Malines, à Loupiac, Lot.
Torfs (Anna-Catharina) et fam., de Lier, à Puy-l'Evêque, Lot.
Torfs (Josephus) et fam., de Muysen, à Jaligny, Allier.
Tossyn (Gustave), de Louvain, à Villeneuve-sur-Lot, Lot-et-Garonne.
Tossyn (Jean), d'Ixelles, à Cahors, Lot.
Totté (Gustave), d'Ostende, à Quimperlé, Finistère.
Touchaon (Rossel), de Bruges, à Coulcuvre, Allier.
Toudre (Elie), d'Aisemont, à Cambernon, Manche.
Traen (Edgar) et fam., de Bruges, à Montoire, Loir-et-Cher.
Tratsaert (Auguste), de Saint-Michel, à Payrac, Lot.
Travert (Pierre), de Terdonch, à Crettevile, Manche.
Trauwkens (Victor), de Gistillen, à La Fresnay-sur-Chédouet, Sarthe.
Tricot (Germaine) et enf., de Gentbrugge, à Marseille, Bouches-du-Rhône.
Trigaux (Marie), de Rance, à Issoudun, Indre.
Trigaux (Laura), de Rance, à Issoudun, Indre.
Troch (Marie) et enf., d'Ostende, à Châteauneuf-du-Faou, Finistère.
Troch (Philippe) et fam., de Malines, à Lennon, Finistère.
Troch (Jean-Jacques), de Malines, à Lennon, Finistère.
Troch (Odilon), de Termonde, à Chezelle, Allier.
Troye (Maria), d'Holsbeck, à Chavoche, Allier.
Troyer (Philippe de), d'Héver, à Payrac, Lot.
Truyen (Joseph) et fam., de Malines, à Châteaulin, Finistère.
Truwant (Henri), d'Houplines, à Lengronne, Manche.
Truyaert (Elisa) et enf., de Rousselare, à Lameac, Hautes-Pyrénes.
Tuey (Aimé de), de Gand, à Chantelle, Allier.
Tuyer (Maurice de), de Gand, à Chantelle, Allier.
Tuytschaever (Roger), de Gand, à Pont-Leroy, Loir-et-Cher.
Tyland (Victorine), d'Ostende, à Beg-Meil, Finistère.
Tyland (Victorine), d'Ostende, à Beg-Meil, Finistère.
Tyland (Albert), d'Ostende, à Fouesnant, Finistère.
Tylleman (Docile), d'Handzaeme, à Marollette, Sarthe.
Uccles, d'Uccles, à Mézin, Lot-et-Garonne.
Ulsens (Joret), de Malines, à Gaillardat, Hautes-Pyrénées.
Unique (Prudente), de Borseillies-Labay, à Muriers, Eure-et-Loir.
Unique (Augustin), de Doustienne, à Muniers, Eure-et-Loir.
Unique (Georges), de Thuillies, à Marseille, Bouches-du-Rhône.
Urbain (Camille), de Frameries, à Granville, Manche.
Urmetz (Jules), de Marembourg, à Niort, Deux-Sèvres.
Ursant (Julia), de Malines, à Trévoux, Finistère.
Uttervelghe (Marie), d'Heyst, à Chartres, Eure-et-Loir.
Uuntyghem, de . . . , à Doville, Manche.
Uving (Célina) et fam., de Montignies, à Target, Allier.
Uytterlist (Josse), de Kockelberg, à Pont-Aven, Finistère.
Vaat (Edgar), d'Ostende, à Tostat, Hautes-Pyrénées.
Vacle (Gustave de), de Lokeren, à Kerfolès-en-Rédené, Finistère.
Vadder (Emile de), de Werchter, à Gouézec, Finistère.
Vaet (Henri), de Malines, à Quimperlé, Finistère.
Vagelaere (Charles de), de Beckeghem, à Plouévez-du-Faou, Finistère.
Vaganée (Louis) et enf., de Malines, à Cahors, Lot.
Vaguener (Emile), de Grapfontaine, à Quimperlé, Finistère.
Vaganée (Jean) et fam., d'Hofstade, à Pontlevoy, Loir-et-Cher.
Vaganée (Elisabeth) et enf., de Malines, à Masclat, Lot.
Vaganée (Emiel), de Malines, à Masclat, Lot.
Valch (Pétronella de), de Malines, à Rabastens, Hautes-Pyrénées.
Valckenaere (Charles), de Gand, à Lithaire, Manche.
Valeé (Jules), de Cortemarck, à Cosne-sur-l'Œil, Allier.
Valchenaers (François), de Rotsclaar, à Domérat, Allier.
Valcke (Prosper), d'Ostende, à Cahors, Lot.
Vamvulpen (Franciscus), d'Ostende, à Houeillès, Lot-et-Garonne.
Van (Colette), d'Anvers, à Lurcy-Lévy, Allier.
Van Auwelaer (Pierre), d'Eppeghem, à Quimperlé, Finistère.
Van Aerschot (Louis) et enf., de Roisclare, à Mer, Loir-et-Cher.
Vanacker (Léopold) et fam., d'Ostende, à Sarriac, Hautes-Pyrénées.
Vanachère (Valère), d'Ostende, à Rabastens, Hautes-Pyrénées.
Van Alphen (Marie) et enf., de Malines, à Châteaulin, Finistère.
Van Asscle (Oscar), de Gand, à Rosporden, Finistère.
Van Aelot (Joséphine), d'Anvers, à Concarneau, Finistère.
Van Aerschot (Léopold), d'Alost, à Concarneau, Finistère.
Van Arkkels (Joanna), de Lierre, à Casteljaloux, Lot-et-Garonne.
Vanaken (Juliana), de Boom, à Casteljaloux, Lot-et-Garonne.
Vad Auvenberghe (Georges), de Gand, à La Flèche, Sarthe.
Van Appe (François), de Campenhout, à Pont-du-Casse, Lot-et-Garonne.
Van Avermaet (Désiré), de Gand, à Lithaire, Manche.
Van Assche (Carolus), d'Anvers, à Bolleville, Manche.
Vanachten (Alphonse), de Wilsele, à Angoville-sur-Ay, Manche.
Vanachten (Auguste), de Wilsele, à Angoville-sur-Ay, Manche.
Vanaerchot (Louis), de Boortmeerbeck, à Montmarault, Allier.
Vanacher (Emile), d'Aertrycke, à Saint-Pourçain-sur-Besbre, Allier.
Vanacher (Emile), de . . . , à Saint-Pourçain-sur-Besbre, Allier.
Van Assche (Hippolyte), d'Alost, à Commentry, Allier.
Van Asseche (François), de Merchtem, à Montmarault, Allier.
Vanliesbrauk (Clémence), de Roulers, à Maubourguet, Hautes-Pyrénées.
Van Boven (Gustave), d'Andegen, à Mer, Loir-et-Cher.
Van Brockhoven (Florent), de Malines, à Châteaulin, Finistère.
Van Buggenhout (Gustave), d'Anvers, à Pont-Aven, Finistère.
Van Brussel (Marie), de Malines, à Quimperlé, Finistère.
Vanbrabant (Henri), de Costemarck, à Trévoux, Finistère.
Vanden-Broecke (Georges), de Bruges, à Rédéné, Finistère.
Vanden-Broecke (Arthur), de Bruges, à Rédéné, Finistère.
Van Brabant (Oscar), de Saint-André-les-Bruges, à Concarneau, Finistère.
Van Bruyggenhout (Henri), de Wolvertheim, à Lasserre, Lot-et-Garonne.
Van Broeck, d'Anvers, à Colayrac-Saint-Cirq, Lot-et-Garonne.
Vanborien (Emile), de Steene, à Moncrabeau, Lot-et-Garonne.
Van Beveren (Maria) et enf., de Liévin, à Isle-Jourdain, Gers.
Van Brandt (Gommaire), de Lierre, à Nérac, Lot-et-Garonne.
Van Bever (Marie), de Louvain, à Agen, Lot-et-Garonne.
Vanbelleghen (Léon), d'Ichteghem, à Bannalec, Finistère.
Van Beveren (Jaak), d'Hoboken, à Broût-Vernet, Allier.
Van Bever (Clément), de Gendbrugge, à Etroussat, Allier.
Van Belleghem (Noé), d'Eecke, à Branssat, Allier.
Van Bellighen (Léon), d'Assebrouck, à Montmarault, Allier.
Van Bellighen (Louis), de Tubize, à Montmarault, Allier.
Van Belleghem (Achille), d'Assebrouck, à Voussac, Allier.
Van Beveren (Henri), de Gand, à Vieure, Allier.
Van Cotthem (Gudule), d'Anvers, à Bolleville, Manche.
Van Cuyck (René), de Gentbrugge-les-Gand, à Canville, Manche.
Van Crombrugghe (Maria), d'Alost, à Clatigny, Manche.
Vancraegerest (Octave), de Couckelaere, à Prétot, Manche.
Van Beveren (Simone), de Liévin, à l'Isle-Jourdain, Gers.
Van Cauter (Emmanuel) et fam., d'Alost, à Blois, Loir-et-Cher.
Van Campenhout (Françoise), de Beyghem, à Lasserre, Lot-et-Garonne.
Van Cothem (Jean) et enf., de Malines, à Kergoff, Finistère.
Van Compernolle (Achille), de Bruges, à Pont-Aven, Finistère.
Van Coppenolle (Léopold), de Termonde, à Kerguelfre-en-Rédené, Finistère.
Van Cothem (Emma) et enf., de Malines, à Kergloff, Finistère.
Van Cothem (Jacques), de Malines, à Kergloff, Finistère.
Van Campenhout (Jean), d'Ostende, à Saint-Pé-Saint-Simon, Lot-et-Gar.
Van Cauwenberge (Petrus), d'Erwetegem, à Souillac, Lot.
Van Cauvenberge (Pierre), d'Audenhoven-Sainte-Marie, à Souillac, Lot.
Van Cauvenbergh (Aloysius) et enf., d'Alost, à Souillac, Lot.
Van Cappel (Achiel), de Saint-Audries, à Masclat, Lot.
Van Cappel (Joseph), de Saint-Audries, à Masclat, Lot.
Van Caneghem (René), de Charleroi, à La Flèche, Sarthe.
Van Crombrugge (Gustave), de Gand, à La Flèche, Sarthe.
Van Coppenalle (Marie), d'Ostende, à Agen, Lot-et-Garonne.
Van Cauwenbergh (François), d'Alost, à Mézin, Lot-et-Garonne.
Vancoille (Maurice), d'Ostende, à Mézin, Lot-et-Garonne.
Vancoillie (Cyrille), de Pittherm, à Lanriec, Finistère.
Van Caneghem (Cyrille), de Gand, à Bannalec, Finistère.
Van Caillie (Antoine), de Bruges, à Ploéven, Finistère.
Vancalsteren (Joseph), de . . . , à Trévoux, Finistère.
Vancoillie (Remy), de Pittherm, à Lanriec, Finistère.
Van Cambrugghe, de Gand, à Coigny, Manche.
Van Craenbroeck (Hubert), de Bruxelles, à Hambye, Manche.
Vancraeyerest (Isidore), de Couckelaere, à Prétot, Manche.
Vancanneyt (Camille), d'Aertrycht, à Bellenaves, Allier.

Van Craenebrock (Albert), de Campenhout, à Franchesse, Allier.
Van Craesbeck (Louis), d'Hiront, à Buxières-les-Mines, Allier.
Vandamme (Charles), d'Ostende, à Gouézec, Finistère.
Vandamme (Alice), de Welteren, à Bannalec, Finistère.
Vandaele (Louis), de Conkelaert, à Spézet, Finistère.
Vandamme (Augusta), de Boelteren, à Bannalec, Finistère.
Van Damme (Joannès), de Termonde, à Ste-Colombe-de-Villeneuve, L.-et-G.
Vandamme (Auguste), d'Ostende, à Moncrabeau, Lot-et-Garonne.
Vandaele (Hector), de Saint-André, à Fontane, Lot.
Van Dam (Hubert), de Grimberghem, à Rigeac, Lot.
Van Dam (Judocus) et enf., de Grimberghen, à Souillac, Lot.
Vandaele (Joseph) et fam., de Malines, à Pontlevoy, Loir-et-Cher.
Vandamme (Henri), d'Aertrycke, à Montoire, Loir-et-Cher.
Vandaele (Charles), de Zedelghem, à Plonévez-du-Faou, Finistère.
Vandamme (Adrienne), d'Essen, au Faou, Finistère.
Van Damme (Irma), d'Ostende, à Quimperlé, Finistère.
Van Daele (Alfred), de Bruges, à Guilligomarc'h, Finistère.
Vandamme (René), de Gand, à La Flèche, Sarthe.
Van Damme (Joseph), de Saint-Gilles-lez-Termonde, à La Flèche, Sarthe.
Vandaele (Louis), de Gand, à Vieure, Allier.
Van Damme (Ernest), d'Anvers, à Buxières-les-Mines, Allier.
Van Damme (Jules), de Gand, à Vieure, Allier.
Van Damme (Louis), de Gand, à Brout-Vernet, Allier.
Vandenkerkove (Florent), Belge, à Saint-Pourçain-sur-Besbre, Allier.
Vandamme (Edouard), de . . . , à Saint-Pourçain-sur-Besbre, Allier.
Van de Kerckhove (Auguste), de Zuyenkerke, à Salviac, Lot.
Van de Borne (Maria), de Bouheyden, à Houeilles, Lot-et-Garonne.
Van de Broeck (Amandine), d'Alost, à Lafitole, Hautes-Pyrénées.
Van de Castaele (Walter), d'Ostende, à Bannalec, Finistère.
Van Decautre (Octave), de Diskelvenne, à Auxerre, Yonne.
Van de Caveye (Georges), d'Oudenburg, à Cabessut, Lot.
Van de Casteele (Charles), de Gistelles, à Pontlevoy, Loir-et-Cher.
Van de Caute (Louis), de Gand, à Gannat, Allier.
Vandecantar (Auguste), de Rotselaer, à Domérat, Allier.
Van de Heuvel, Belge, de Kapelle-op-den-Bosch, à Treteau, Allier.
Van de Kerckhove (Auguste), de Snellegem, à St-Remy-en-Rollat, Allier.
Van de Kerk (Camille) et fam., d'Erpe, à Charroux, Allier.
Vandekaere (Camille), de Wyngene, à Saint-Aubin, Allier.
Van de Kerckhove (Camiel), de Zuyenkerke, à Salviac, Lot.
Van de Kerkhove (Charles), d'Anvers, à Quimperlé, Finistère.
Van de Lierre (Joseph), d'Assenede, à Plonévez-Porzay, Finistère.
Van de Lierre (Alfred), d'Assenede, à Plonévez-Porzay, Finistère.
Van de Maele (Léopold), d'Oost-Dunkerque, à Edern, Finistère.
Van de Heuvel (Corneille) et enf., d'Ostende, à Montoire, Loir-et-Cher.
Vandelois (Maurice), de Gembloux, à Villeneuve-sur-Lot, Lot-et-Garonne.
Vandeleene (Jules) et enf., d'Ostende, à Châteaulin, Finistère.
Vandelvede (Léopoldine), de Termonde, à Valence, Gers.
Vandeling (Mlle), de Paris, à Vichy, Allier.
Van de Maele (Maria), d'Oost-Dunkerque, à Edern, Finistère.
Van de Maele (Léon) et enf., d'Alost, à Edern, Finistère.
Van de Moere (Auguste), de Vlisseghem, à Gannat, Allier.
Van de Maelen (René) et fam., de Thielt, à Cosne-sur-l'Œil, Allier.
Vandemaele (Rémi), de Thielt, à Biozat, Allier.
Van den Abiel (Rosalia), d'Alost, à Thoiré-sous-Contensor, Sarthe.
Vandenauwele (Clémence), d'Ostende, à Châteauneuf-du-Faou, Finistère.
Vandenacker (Arthur), de Wingene, à Castelmoron, Lot-et-Garonne.
Vandenabele (Edmond), d'Ostende, à Penmarch, Finistère.
Vandenabele (Maurice), d'Ostende, à Penmarch, Finistère.
Vandenabele (Henri), d'Ostende, à Penmarch, Finistère.
Vandenauwele (Albert) et fam., d'Ostende, à Châteauneuf-du-Faou, Finistère.
Vandenabeele (Oscar), d'Ostende, à Cahors, Lot.
Van den Abeele (Léopold), de Bruges, à Lastergues-St-Denis-Catus, Lot.
Van den Abiel (Nicolaus), d'Alost, à Thoiré-sous-Contensor, Sarthe.
Vandenacker (Camille), de Wyngene, à Castelmoron, Lot-et-Garonne.
Vandenacker (Léonard), de Wyngene, à Castelmoron, Lot-et-Garonne.
Vandenabeele (Albéric), d'Handzaeme, à Bannalec, Finistère.
Van den Abiel (Daniel), d'Alost, à Thoiré-sous-Contensor, Sarthe.
Vandenabele (Désiré), d'Ostende, à Penmarch, Finistère.
Vandenabele (Ernest), d'Ostende, à Penmarch, Finistère.
Vandenabele (Jules), d'Ostende, à Penmarch, Finistère.
Van den Brook (Emma), d'Herenthout, à Guilvinec, Finistère.
Vandenbrouct (Joséphine), de Quanquimot, à Fouesnant, Finistère.
Van den Bossche (Jean-Baptiste), d'Anvers, à Quimperlé, Finistère.
Van den Bussche (André), de Bruges, à Ploeven, Finistère.
Van den Broeck (Joseph) et fam., d'Herenthout, au Guilvinec, Finistère.
Van den Broeck (Anna), de Malines, à Quimperlé, Finistère.
Van den Broeck (Albertine), de Malines, à Quimperlé, Finistère.
Van den Branden (Jean), de Malines, à Quimperlé, Finistère.
Van den Borne (Jean-Baptiste) et fam., de Malines, à Lanriec, Finistère.
Van den Branden (Jean), de Malines, à Quimperlé, Finistère.
Vanden Berghe (Pierre), de Lierre, à Appeville, Manche.
Vanden Berghe (Jean), de Gand, à Appeville, Manche.
Vandenberghe (Henricus), d'Ostende, à Gontaud, Lot-et-Garonne.
Vandenbosch (Maria), de Malines, à Maubourguet, Hautes-Pyrénées.
Vandenbogaerde (Charles), de Gand, à Montoire, Loir-et-Cher.
Vandenbroeck (Guillaume), de Malines, à Pont-Levoy, Loir-et-Cher.
Vanden Bergghe (Jean), de Steen, à Labastide-du-Vert, Lot.
Vanden Berghe (Polydore), d'Alost, à Anglars-Juillac, Lot.
Van den Bogaert (Guillemine) et enf., d'Hoboken, à St-Paul-Labouffie, [illegible]
Van den Bohede (Camille), d'Ostende, à Mazerolles, Lot.
Van den Bosch (Jean), de Laer-Sempst, à Catus, Lot.
Van den Bosch (Louis), de Laer-Sempst, à Catus, Lot.
Van den Brook (Gommaire) et fam., de Lierre, à Saint-Aignan, [illegible]
Van den Broeck (Joseph), d'Heyst-op-den-Berg, à Saint-Aignan, Loir-[illegible]
Vandenberghe (Victor), de Ghoy, à Pont-Levoy, Loir-et-Cher.
Van den Berghe (Julien), de Saint-Michel, à Saint-Aignan, Loir-[illegible]
Van den Bosch (Joseph), de Laer-Sempst, à Catus, Lot.
Van den Bosch (Louise), de Laer-Sempst, à Catus, Lot.
Van den Bosch (Marie), de Laer-Sempst, à Catus, Lot.
Van den Bosch (Rosalie), de Laer-Sempst, à Catus, Lot.
Van den Bosch (Thérèse), de Laer-Sempst, à Catus, Lot.
Vanden Branden (Lucrèce), d'Eppeghem, à Cahors, Lot.
Vanden Branden (Rosine), de Malines, à Locronan, Finistère.
Van den Bossche (Marie), d'Anvers, à Quimperlé, Finistère.
Van den Broele (Lambert), d'Ostende, à Montaignan, Hautes-[illegible]
Vandenbussche (Honoré), d'Alost, à Plobannalec, Finistère.
Van den Bossche (François), de . . . , à Lescherolles, Seine-et-Marne.
Van den Broeck (Pauline), de Muyssen, à Aiguillon, Lot-et-Garonne.
Van den Busschen (Polydor), de Gentbrugge, à Guilligomarc'h, Finistère.
Van den Bussche (Emile), de Bruges, à Ploeven, Finistère.
Van den Bosh (Auguste), d'Anvers, à La Flèche, Sarthe.
Vandenberghe (Sidonie), de Termonde, à Quimperlé, Finistère.
Van den Bussche (Arthur), de St-Andries, à [illegible]
Van den Broeck (Elisa), de Malines, à Aiguillon, Lot-et-Garonne.
Van den Broeck (Gérard), de Malines, à Aiguillon, Lot-et-Garonne.
Vandenbussch (Henri), de Montigny-sur-Sambre, à [illegible]
Vandenberghe (Mauritius), d'Ostende, à Gontaud, Lot-et-Garonne.
Vandenbrouck (Désiré), d'Erneghem, à Arzano, Finistère.
Van den Basch (Joseph), d'Anvers, à La Flèche, Sarthe.
Van Denbosche (Rosalie), d'Anvers, à Issoudun, Indre.
Vanden Bossche (Gustave), de Gand, à Sceaux, Sarthe.
Vandenbranck (Marie-Joseph), de Tamines, à Moulines, Manche.
Van den Born (Auguste), d'Oostcheim, à La Flèche, Sarthe.
Vandenberghe (Edmondus), d'Ostende, à Gontaud, Lot-et-Garonne.
Van den Broeck (Léopold), de Muysen, à Aiguillon, Lot-et-Garonne.
Van den Broeck (Pieter), de Malines, à Aiguillon, Lot-et-Garonne.
Vanden Broeck et fam., de Wyngene, à Houeilles, Lot-et-Garonne.
Van den Bossche (François), d'Essche-Saint-Liévin, à Lescherolles, [illegible]
Van Herreinghi (Léon), de Steenhuyse, à Lescherolles, Seine-[illegible]
Vanden Bossche (Oscar), de Gand, à Vieure, Allier.
Vandenbroock (Emile), d'Haden, à Cosne-sur-l'Œil, Allier.
Vanden Durssche, de Bruges, à Guilligomarc'h, Finistère.
Vandendriessche (Auguste), de Werken, à Bannalec, Finistère.
Van den Dungen (Jeanne) et fam., de Liège, à Quimperlé, Finistère.
Vandendriessche (Joseph), de Bruges, à St-Pourçain-sur-Besbre, Allier.
Van den Eyden (Louis), de Nevers, à St-Samson-de-Bonfossé, Manche.
Van den Eynde (Achille), de Gand, à Lithaire, Manche.
Van den Eynde (Jules), d'Eppeghem, à Quimperlé, Finistère.
Van den Eynde (Pauline), de Meysem, à Aiguillon, Lot-et-Garonne.
Van den Eynde, de Muysen, à Aiguillon, Lot-et-Garonne.
Van den Eynde, de Muysen, à Aiguillon, Lot-et-Garonne.
Van den Eynde (Maria), de Muysen, à Aiguillon, Lot-et-Garonne.
Van den Eynde (Anna), de Muysen, à Aiguillon, Lot-et-Garonne.
Van den Eynde (Maria), de Muysen, à Aiguillon, Lot-et-Garonne.
Vanden Eynde (Josephus), de Waver-Notre-Dame, à Broqueval, [illegible]
Vandenbussche (Félix), d'Ostende, à Loctudy, Finistère.
Vanden Heynde (Jean), de Wackler, à Mur, Loir-et-Cher.
Van den Hamme (Louis), d'Alost, à Prayssac, Lot.
Vandenhook (Jean-Baptiste), de Louvain, à Lanriec, Finistère.
Vandenheedt (Edouard), de Jabbeke, à Pleyben, Finistère.
Vandenheedt (Edmond), de Jabbeke, à Pleyben, Finistère.
Vandenheedt (Gustave), de Jabbeke, à Pleyben, Finistère.
Vandenheid (Florimond), de Furnes, à Couleuvre, Allier.
Van den Heuvel (Jules et Emile), de Thieldonck, à Buxières-les-Mines, [illegible]
Vandenhed (Léon), de Saint-Amandsberg, à Couleuvre, Allier.
Van den Hove (Arthur), de Gendbrugge, à Saint-Menoux, Allier.
Vandenhude (Léonard), de Vorka, à Besnardière, Maine-et-Loire.
Van den Heuvel (Bertha), de Woerde, à Quimperlé, Finistère.
Van den Hove (Camille), de Leydeberg, à Quimperlé, Finistère.
Van den Hove (Guillaume), de Leydeberg, à Quimperlé, Finistère.
Van den Kieboom (Virginie), de Malines, à Quimperlé, Finistère.
Vandenkirkove (Florent), d'Eerbrycke, à St-Pourçain-sur-Besbre, Allier.

Van den Kiekboom (Christine) et fam., de Malines, à Vaumas, Allier.
Vanden Eeckhoute (Lydia), d'Ostende, à Contaud, Lot-et-Garonne.
Vanden Eeckhoute (Frédéricus), d'Ostende, à Contaud, Lot-et-Garonne.
Vanden Noorgate et son épouse, de Turnhaut, à Pouyastruc, Htes-Pyrén.
Van Denobèle (Alphonse), de Bruges, à Rosporden, Finistère.
Van den Ostende, de Chaussée-d'Hondelghem, à Saint-Hilaire, Allier.
Van den Smissen (Adrien) et fam., d'Anvers, à Saint-Nic, Finistère.
Van den Sande, de Malines, à Cosne-sur-l'Œil, Allier.
Vandershaten (Alexandre), de Mons, à Granville, Manche.
Van den Tynde (Alphonse) et fam., de Malines, à Vaumas, Allier.
Van den Vieuwenhop (Pierre) et fam., de Contich, à Concarneau, Finistère.
Vandenvater (René et Rémy), de Coolscamp, à Cosne-sur-l'Œil, Allier.
Vanden Wijngaert (Ludovicus), d'Hoboken, à Brout-Vernet, Allier.
Vanfracheur (Guillaume), de Sataumines, à Besnadière, Maine-et-Loir.
Vanden Wyngaert (Marie), de Louvain, à Rosporden, Finistère.
Vanden Wyngaert (François), de Louvain, à Rosporden, Finistère.
Vanden Wyngaert (Maria), de Rotselaey, à Virazeil, Lot-et-Garonne.
Vanden Wyndaert (Joséphine), de Louvain, à Rosporden, Finistère.
Vandenywenhoden (Pierre), d'Ostende, à Concarneau, Finistère.
Vandenywenhoden (Léon), d'Ostende, à Concarneau, Finistère.
Vandenywenhoden (Albert), d'Ostende, à Concarneau, Finistère.
Vandeplamee (Berthe), de Louvain, à St-Priest-d'Andelot, Allier.
Vande Putte (Charles et Oscar), d'Hansbeke, à Lurcy-Lévy, Allier.
Vandepoel (Emile), d'Eersten, à La Flèche, Sarthe.
Van de Putte (Camille), d'Hedinge, à Souillac, Lot.
Vandeputte (Gustave), d'Heydinghe, à Souillac, Lot.
Van de Putte (Maurice), de Meirelbeke, à Mézin, Lot-et-Garonne.
Van de Putte (Firmin), de Meirelbeke, à Mézin, Lot-et-Garonne.
Van de Plas (Séverin) et fam., d'Aerschot, à Cieurac, Lot.
Van de Plas (Thérèse), de Saint-Andries, à Montoire, Loir-et-Cher.
Vandeputte (Jules), de Lille, à Surville, Manche.
Vander (Jules), d'Ostende, à Concarneau, Finistère.
Vander (Maes), de Bruges, à Guilligomarc'h, Finistère.
Vander Anvers (Adèle) et fam., de Malines, à Quimperlé, Finistère.
Vanden Brook (Fernand), d'Herenthout, à Guilvinec, Finistère.
Vander Brook (Henri), d'Herenthout, à Guilvinec, Finistère.
Vander (Meulen) et fam., de Gand, à Quimperlé, Finistère.
Van der Anvers (François) et fam., de Malines, à Quimperlé, Finistère.
Van der Auwelaere (Thérèse), d'Eppeghem, à Quimperlé, Finistère.
Van der Ahent, de Termonde, à Gannat, Allier.
Van der Anverra (Louis) et fam., de Malines, à Vaumas, Allier.
Vanderbruggen (Gilles) et fam., de Bruxelles, à Chartres, Eure-et-Loir.
Vanderbruggen (Thérèse), de Bruxelles, à Chartres, Eure-et-Loir.
Vanderbudt (Edouard), de Malines, à Denneville, Manche.
Vander Borght (Alphonse) et enf., d'Herent, à Hyds, Allier.
Vandercammen (Georges) de Rebecq, à Commentry, Allier.
Van de Reviere (Edmond), d'Aeltre, à Cahors, Lot.
Van de Reviere (Jules), d'Aeltre, à Cahors, Lot.
Van der Erken (Jean-Baptiste), d'Alost, à la Loupe, Eure-et-Loir.
Vander Elst, de Vilvoorde, à Biozat, Allier.
Vandengenst (Oscar), de Steene, à Doville, Manche.
Vandergucht (Julien), de Gand, à Commentry, Allier.
Vander Heyde (Joseph), de Bruges, à Salviac, Lot.
Vanderhisfelhe (Alphonse) et fam., de Bruges, à Catus, Lot.
Vanderhaegen (Jeanne) et fam., de Malines, à Ségalas, Hautes-Pyrénées.
Vanderhaege (René) et fam., de Watermael, à Talence, Gironde.
Van der Heyden (Charles), d'Hoboken, à Saint-Pol-Labouffie, Lot.
Van der Heyden (Marie) et mère, de Lier, à St-Vincent-Rive-d'Olt, Lot.
Vanderhejede (Charles) et enf., d'Halluin, à Salviac, Lot.
Vanderhaeren (Jules), de Gand, à Rédéné, Finistère.
Van der Hoeven (Gilles), de Werchter, à Buxières-les-Mines, Allier.
Vander Haeghen (Léopold), de Bruges, à Vieure, Allier.
Vander Haeghen (Joseph), de Bruges, à Vieure, Allier.
Vander Haeghen (Marcel), de Coolkerke, à Vieure, Allier.
Vander Haeghen (Firmin), de Dudzeele, à Vieure, Allier.
Vander Haeghen (Jérôme), de Dudzeele, à Vieure, Allier.
Van de Rivière (Aimé), de Saint-André, à Peyrilles, Lot.
Van der Kuylen (Joséphine) et enf., de Lier, à Puy-l'Evêque, Lot.
Van der Kuylen (Maria) et enf., de Lier, à Puy-l'Evêque, Lot.
Van der Zyp (Camiel), de Gand, à Coigny, Manche.
Vander-Linden (Arthur), de Gand, à Coigny, Manche.
Vanderleyden (Victor), de Vladsloo, à Lanriec, Finistère.
Van der Ley (Virginie), de Boom, à Quimperlé, Finistère.
Van der Ley (Pierre), de Boom, à Quimperlé, Finistère.
Van der Meiren (Albertine), de Ramprappelle, à Concarneau, Finistère.
Vanderlinden (Clémence) et enf., de Charleroi, à Vaumas, Allier.
Vander-Meulen (Omer), de Thielt, à Coigny, Manche.
Van der Meeren (Edouard), de Malines, à Saint-Antoine, Lot-et-Garonne.
Vandermeersche (Alphonse), de Gand, à Pont-Levoy, Loir-et-Cher.
Vandermeesch (Antonia) et enf., d'Alost, à Souillac, Lot.
Van der Mersch (Sidor), de Roulers, à La Flèche, Sarthe.
Vandermeeren (Paul), de Termonde, à La Flèche, Sarthe.
Vandermeirsch (Henri), d'Aerschot, à Rédéné, Finistère.
Van der Mursch, de Pinte, à Montmarault, Allier.
Van Dermoere (Raymond), de Bruges, à St-Germain-de-Salles, Allier.
Van der Nee (Thérèse) et mère, de Liene, à Sauzet, Lot.
Vandermeure (Jean), de Neclé, à Surville, Manche.
Vanderpoorten (Pétrus), d'Alost, à Souillac, Lot.
Vanderouvera (Mme), de Contech, à Châteauneuf-du-Faou, Finistère.
Van der Rol (Jean), de Mont-Saint-Amand, à Chantelle, Allier.
Van der Smissen (Jean) et fam., d'Anvers, à Saint-Nic, Finistère.
Van der Snick (Pierre), de Lede, à Mer, Loir-et-Cher.
Vanderstockene (Emile), de Bierghes, à Concots, Lot.
Van der Stuyft (Maria) et enf., d'Alost, à Souillac, Lot.
Van der Syp (Auguste), d'Erpe, à Lasserre, Lot-et-Garonne.
Van der Sempel (Henri), de Gand, à La Flèche, Sarthe.
Vanderstraeten (Maria), de Malines, à Ste-Bazeille, Lot-et-Garonne.
Vanderschueren (Louis), d'Ostende, à Loctudy, Finistère.
Van der Stoen (Benoit), d'Alost, à Montmarault, Allier.
Vander Schelden (Maurice), de Gand, à Lourdes, Hautes-Pyrénées.
Vander Schelden (Joseph), de Gand, à Lourdes, Hautes-Pyrénées.
Van der Stroeten (Alphonse), de Grand-Bruggde, à Saint-Hilaire, Allier.
Vandertyp (Pierre), de Hombeck, à Montoire, Loir-et-Cher.
Vander Vekens (Pauline), de Gistillen, à La Fresnaye-sur-Chédouet, Sarthe.
Vanderville (Félix) et enf., de Campenhout, à Figeac, Lot.
Vandersvalle (Angèle), d'Ostende, à Concarneau, Finistère.
Vandersvalle (Henri), de ..., à Labatut-Rivière, Hautes-Pyrénées.
Van der Vekens (Charles), de Gistillen, à La Fresnaye-sur-Chédouet, Sarhte.
Vandervilde (Frédéric) et père, de Campenhout, à Figeac, Lot.
Vandervilde (Pierre), de Buken, à Figeac, Lot.
Vandervilde (Pierre) et fam., de Campenhout, à Figeac, Lot.
Vandervliet (Maria) et fam., de Malines, à Denneville, Manche.
Van der Wee (Anna) et fam., de Liene, à Sauzet, Lot.
Vanderwalle (Frédéric), de Saint-André, à Carhaix, Finistère.
Vanderwalle (Madeleine), d'Ostende, à Concarneau, Finistère.
Van der Wigaert (Marie-Louise), de Liene, à Sauzet, Lot.
Van der Wildt (François), de Malines, à Blois, Loir-et-Cher.
Van de Sype (Emilie), d'Erpe, à Lasserre, Lot-et-Garonne.
Van Dessel (Pétrus) et fam., de Malines, à Saint-Aignan, Loir-et-Cher.
Van Dessel (Joseph) et fam., de Campenhout, à Figeac, Lot.
Vandesasteele (Jean), d'Ostende, à Bannalec, Finistère.
Van Dessel (Joseph), de Campenhout, à Franchesse, Allier.
Van Dessel (Joséphine) et fam., de Lierre, à Thiel, Allier.
Vandeteren (Henri), de Gand, à Bourg-de-Rédéné, Finistère.
Vandevoorde, de Thielt, à Larreule, Hautes-Pyrénées.
Vandevelde (Pierre), de Wetteren, à Bannalec, Finistère.
Van de Ven (Louis), de Malines, à Le Faou, Finistère.
Van de Voorde (Achille), de Pitthem, à Plounévézel, Finistère.
Vandevaade (Camille), de Dopering, à Muneville-sur-Mer, Manche.
Vandevdriessche (Camille), de Bovekerke, à Bannalec, Finistère.
Van de Ven (Louis), de Calfort-Fuers, à Lusech, Lot.
Vandevovide (Marie), de Roulers, à Rabastens, Hautes-Pyrénées.
Vandevenne (René), de Louvain, à La Flèche, Sarthe.
Van de Ven (Calixte), de Malines, à Fouesnant, Finistère.
Van de Verne (François), de Bruxelles, à Blois, Loir-et-Char.
Van de Voorde (Théophile), d'Aeltre, à Cahors, Lot.
Vandevelde (Henri), de Gand, à Rédéné, Finistère.
Van de Vooda (Remi), de Gand, à Courville, Eure-et-Loir.
Van de Voorde (Julien), de Bruges, à Lamothe-Fénelon, Lot.
Van de Verre (Robert), de Palinkhuis, à Flaugnac, Lot.
Vandevorde (Charles), de Roulers, à Liac, Hautes-Pyrénées.
Van de Velde (Auguste), de Gand, à Lurcy-Lévy, Allier.
Van de Velde (Auguste), de Tieldonck, à Buxières-les-Mines, Allier.
Van de Vyver (Hélène), de Ledeberg, à Branssat, Allier.
Vandevelde (Jules), de Ruysselede, à Montmarault, Allier.
Vandevoorde (Emile), de Gand, à Chavroche, Allier.
Vandevelde (Jules), de Gand, à Saint-Hilaire, Allier.
Van de Winkel (Julien) et fam., de Charleroi, à Les Aulneaux, Sarthe.
Vandawalle (René), de Ruysselede, à Rosporden, Finistère.
Van de Winkel (Marie), de Charleroi, à Les Aulneaux, Sarthe.
Van de Walle (Joseph), de Hansbeke, à Cahors, Lot.
Van de Walle (Julien), de Bruges, à Labastide-du-Vert, Lot.
Van der Woorde (Alfred), de Bruges, à Concarneau, Finistère.
Van Deyck (Eugène) et fam., de Malines, à Lennon, Finistère.
Van Deyck (Eléonora), de Malines, à Lennon, Finistère.
Van Dez Brook (Elisabeth), d'Herenthout, à Guilvinec, Finistère.
Van Dich (Joséphine), de Malines, à Plonévez-Porzay, Finistère.
Van Dick (Joséphine), de Malines, à Quimperlé, Finistère.
Van Dieren (Julien), de Bruxelles, à La Flèche, Sarthe.
Van Dick (Elisabeth), de Malines, à Plouguer, Finistère.
Van Diependael (Charles), d'Anvers, à Coigny, Manche.
Van Dieh (Victorine) et enf., de Malines, à Plonévez-Porzay, Finistère.

Vandistren (Gustave), de . . . . à Cleden-Poher, Finistère.
Vandoolaeghe (Máxime), de Lille, à Hudimesnil, Manche.
Van Dorpe (Léonie), d'Alost, à Rosporden, Finistère.
Van Doveke (Stéphanie), de Dieghem, à Casteljaloux, Lot-et-Garonne.
Vandoren (Mathilde), de Malines, à Fouesnanbe, Finistère.
Van Doorslaer (François), de Malines, à Cahors, Lot.
Vandoren (Edouard) et fam., de Malines, à Fouesnaut, Finistère.
Vandombronch (Emile), d'Ypres, à Auxerre, Yonne.
Vandamme (Charles), de Lille, à Herenguerville, Manche.
Van Dooren (Camille), de Saint-Gilles-les-Deutermonte, à Duravel, Lot.
Vandooren (Henri), de Middelkerke, à Concots, Lot.
Vandoren (François) et fam., de Malines, à Fouesnant, Finistère.
Vandoren (Léon) et fam., de Louvain, à Agen, Lot-et Garonne.
Vandomme (Joseph), de Bruges, à St-Bonnet-de-Rochefort, Allier.
Vandreranguese (Marie), de Villaines, à Breloux-la-Crèche, Deux Sèvres.
Vandrion (Eva), de Jeumont, à Salindres, Gard.
Van Driesche (Georges), de Gand, à Buxières-les-Mines, Allier.
Van Driessche (Maurice), de Gaud, à La Flèche, Sarthe.
Vandustapper (Bertha) et fam., de . . . , à Rabastens-de-Bigorre, Htes-Pyr.
Vanduyslaeger (Odile), de Tourcoing, à La Meurdraquière, Manche.
Vanduyslaegér (Alexis), de Tourcoing, à La Meurdraquière, Manche.
Van Durpe (Georges), de Gand, à Buxières-les-Mines, Allier.
Van Dych (Louis) et fam., de Malines, à Plonévez-Porzay, Finistère.
Van Enooge (Camille), de Thielt, à Lavieule, Hautes-Pyrénées.
Van Eenooge (Remy), de Thielt, à Larreule, Hautes-Pyrénées.
Vaneenoo (Girard) et fam., de Marly, à Ouville, Manche.
Vaneenoo (Augustus) et fam., de Rousselare, à Sénac, Hautes Pyrénées.
Van Eslander (Joseph), de Steene, à Gignac, Lot.
Van Eeghem (Léon), de Steenburg-Saint-Michel, à Saint-Etienne, Lot
Van Engelegem (Jeanne), de Boom, à Spézet, Finistère.
Van Eeckhout (Jean), de Gimbergen, à Concarneau. Finistère.
Van Eylen (Jules) et fam., de Tamines, à Kergloff, Finistère.
Van Eeghem (Frédéric), de Hasselbrouck, à Quimperlé, Finistère.
Van Eenoo (Charles), de Saint-Andries, à Villeneuve-sur-Lot, Lot-et-Gar.
Van Eechbout (Jean), de Beyghem, à Lasserre, Lot-et-Garonne,
Van Eechbout (Dominique), de Keiberg, à Lasserre, Lot-et-Garonne.
Van Echoute (Victorina), d'Ostende, à Gontaud, Lot et-Garonne.
Van Essche (René), de Thielt, à Agen, Lot-et-Garonne.
Van Ery (Marie-Louise) et f, de Malines, à St-Sauveur-de-Meilhan, L-et-G.
Van Gysegen (Alice), d'Alost, à Rosporden, Finistère.
Vaneecke (Julien), de Gand, à Voussac, Allier.
Van Eyken (François), de Rotselear, au Veurche, Allier.
Van Enoo (Arthur), de Lille, à Couleuvre, Allier.
Van Eyken (François), d'Ostende, à Le Veurdu, Allier.
Van Eeckhout (Robert), de Beyghem, à Lurey-Levy, Allier.
Vangrunderbeck (René) et fam., de Wilsele, à Tanis, Manche.
Van Gintertaele (Polydor), de Gand, à Angoville-sur-Ay, Manche.
Van Gintertaele (Auguste), de Gand, à Augoville-sur Ay, Manche.
Van Geen (Jules), de Mont-Saint-Amand, à Appeville, Manche.
Van Gele (Edmond), de Ledeberg, à Glatigny, Manche.
Vangasse (Gustave), d'Arnippe, à Hambye, Manche.
Van Gansen (Alphonse), d'Anvers, à Luzech, Lot.
Van Gaever (Gaston), de Ledeberg, à Flaugnac, Lot,
Van Coethem (Jean-Baptiste), de Malines, à Concarneau, Finistère.
Van Geel (Ferdinand), d'Herhent, à Treffiagat, Finistère.
Van Gucht (Louis), d'Holvokey, à Rédéne, Finistère.
Van Geel (Jean-Baptiste), d'Anvers, à Rédéné, Finistère.
Van Grunderbeeck (Pierre) et fam., de Camp-en-Hout, à Carhaix, Finist.
Van Gysegen (Joseph), d'Alost, à Rosporden. Finistère.
Van Gysegen (Odilon), d'Alost, à Rosporden, Finistère.
Van Gyseghem (Léon), de Boom, à Douelle, Lot.
Van Gyseghem (Arthur), de Boom, à Douelle, Lot.
Van Ginderdeuren (Juliaan) et fam., de Ludekerke, à Montpouillan, L.-et-G.
Van Geert (Emma), de Mazingarle, à Saint-Jean-de-Duras, Lot-et-Garonne.
Van Geert (Suzanne), de Mazingarle, à St-Jean-de-Duras, Lot-et-Goronne.
Van Geysel (Guillaume), de Werchter, à Buxières-les-Mines, Loire.
Van Geertruy (Polydor), de Gand, à Vieure, Loire.
Vanhoegoelt (Joseph), de Wilsele, à Angoville-sur-Ay, Manche.
Vanberck (Pierre), d'Anvers, à Saint-Symphorien, Manche.
Van Handenove (Théophile) et fam., de Danderhemonde, à Montréal, Gers.
Van Hoo (Jules), de Gand, à Lithaire, Manche.
Vanherck (François) et fam., d'Anvers, à Saint-Symphorien, Manche.
Van Hecke (Edouard), de Gendbrugge, à Canville, Manche.
Vanberck (Caroline) et fam., d'Anvers, à Saint-Symphorien, Manche.
Van Hecke (Bernard), de Tronchienne, à Denneville, Manche.
Van Hauue (Prosper), de Gand, à Cretteville, Manche.
Vanbaerem (Auguste), de Weissghem, à Surville, Manche.
Van Hulle (Théophile), d'Hansbeck, à Montoire, Loir-et-Cher.
Van Hool (Alphonse), d'Hoyst, à Montoire, Loir-et-Cher.
Van Hecke (Othila), d'Ostende, à Montoire, Loir-et-Cher.
Van Hoey (Guillaume), de Malines, à Blois, Loir-et-Cher.

Vanhoeren (Edouard), d'Ostende, à Pontlevoy, Loir-et-Cher.
Vanhove (Jules), de Wespelaer, à Pontlevoy, Loir-et-Cher.
Van Humbeck (Jean-Baptiste) et fam., de Beyghem, à Concorès, Lot.
Vanhoucke (Elisa), d'Ostende, à Quimperlé, Finistère.
Van Hille (Germaine), de Bruges, à Pont Aven Finistère.
Van Heylen (Guillaume), de Malines, à Quimperlé, Finistère.
Van Horenbeck (Emile) et fam., d'Elewygt, à Souillac, Lot.
Van Hoorbeck (Antoinette) et fam., de Boortmeerbeek.
Van Hooguerden (François), d'Anvers, à Saint-Martin-Labouviel, Lot.
Van Herrewegen (Marcel) et fam., de Beyghem, à Calamaire, Lot.
Van Heerswynghels (Achille), de Brugges, à Peyrilles, Lot.
Van Haut (Franz), d'Alost, à Souillac. Lot.
Van Haeche (Auguste) et fam., de Jabbeke, à Loupiac, Lot.
Van Herreivegbi (Léon), de . . . , à Lescherolles, Seine-et-Marne.
Van Wuige (Ida), de Malines, à Quimperlé, Finistère.
Vanhecke (Séverin), d'Handjaeme, à Concarneau, Finistère.
Van Holder (Madeleine) et fam., d'Oordegem, à Fresnay-l'Evéq., Eure-et-L.
Van Honacker (Camille), de Gand, à Courville, Eure-et-Loir.
Van Hecke (Léon), de Thilt, à Sombrun, Hautes-Pyrénées.
Vanhoof (Mathilde), d'Hérent, à Maubourguet, Hautes-Pyrénées.
Van Holle (Joseph), de Gand, à Moncrabeau, Lot-et-Garonne.
Van Hoeke (Egidius), d'Appels, à Ste-Colombe-de-Villeneuve, Lot-et-Gar.
Vanhansaens (Emile) et fam., de Thourout, à Feugarolles, Lot-et-Garonne
Van Handenove (Clémentine), de Danderlemonde, à Montréal, Gers.
Vanbuysbergh (Léon), de Noyelles-sous-Lens, à Fontguenand, Indre.
Van Halle (Jules), de Gand, à Beaumont-sur-Sarthe, Sarthe.
Van Hoesen (Séraphin), de Gand, à La Fleche, Sarthe.
Van Houte (Albert), de Gand, à La Flèche, Sarthe.
Van Houwaert (Jean), d'Anvers, à La Flèche, Sarthe.
Vanhecke (Georges), de Bruges, à La Flèche, Sarthe.
Van Herzèle (Edouard), d'Anvers, à La Flèche, Sarthe.
Van Hoos (Henri), d'Hérent, à Saint-Sauveur-de-Meilhan, Lot-et-Garonne.
Vanhee (Léonard), de Zerkeghem, à Pleyben, Finistère.
Vanhee (Edmond), de Zerkeghem, à Pleyben, Finistère.
Van Houle (Laurent), de Bruges, à Guilligomarc'h, Finistère.
Van Houtert (Catherine), de Malines, à Quimperlé, Finistère.
Van Horembeech (Marie Thérèse) et fam., de Malines, à Quimperlé, Fin.
Van Hoof (Albert) et fam., de Malines, à Motreff, Finistère.
Vanhaecke (Petrus) et fam., de Jabbeke, à Lennon, Finistère.
Vanhaeke (Alfons), de Snelleghem, à Lennon, Finistère.
Vanhaete (Jérôme), de Snelleghem, à Lennon, Finistère.
Van Horembeeck (Marie), de Malines, à Quimperlé, Finistère.
Vanhee (Richard) de Snelleghem, à Pleyben, Finistère.
Van Haeven (Félix), de Louvain, à Arzand, Finistère.
Van Hoof (Elise), de Malines, à Motreff, Finistère.
Van Hoof (Franz), de Malines, à Motreff, Finistère.
Vanbaeren (Gentiel), de Vladsloo, à Lanriec, Finistère.
Vanbee (Théophile), de Schoore, à Rosporden, Finistère.
Vanhee (Jérôme), de Schoore, à Rosporden, Finistère.
Vanhoutte (Sylvie), d'Ostende, à Pont-Aven, Finistère.
Van Hoof (Joséphine), de Malines, à Motreff, Finistère.
Van Hoof (Joseph), d'Herendhals, à Trévoux, Finistère.
Van Hysebeten (Léon), d'Hamme, à Carhaix, Finistère.
Van Herchost (Catherine), de Louvain, à Plobannalec, Finistère.
Vanhyghem (Emile), de Couckelaere, à Treffiagat, Finistère.
Vanhyghem (Jules), de Couckelaere, à Treffiagat, Finistère.
Van Hille (Emilie) et fam., de Bruges, à Pont-Aven, Finistère.
Vanhellemont (Valérie) et fam., de Neerheylissen, à Bannalec, Finistère.
Vanhovren (Médard), de Schoore, à Guilvinec, Finistère.
Van Hoof (Maria), de Malines, à Bannalec, Finistère.
Van Hemelen (Théodore) et fam., de Louvain, à Chécy, Loiret.
Van Lierde (Léon), de Gand, à La Flèche, Sarthe.
Van Hecke (Adolphe), de Gand, à Roullée, Sarthe.
Van Humbeck (Marthe) et fam., de Begghem, à Concorès, Lot.
Vanhove (Félix) et fam., d'Holsbeek, à Saint-Remy-du-Plain, Sarthe.
Van Halle (Charles), de Ledeberg, à Aillières, Sarthe.
Vanhorenbeeck (Jean-Baptiste) et fam., de Malines, à Etroussat, Allier.
Vanhulle (René), de Maubeuge, à Montmarault, Allier.
Van Hulle (Maurice), de Blankenberghe, à Trezelle, Allier.
Van Haegenborgh (Louis), d'Hérent, à Saint-Aubin, Allier.
Van Hancke (Prosper), de Grandbrugge, à Carlenne, Allier.
Van Hove (Louise), de Malines, à Target, Allier.
Van Hellepulte (Léon) et fam., de Gendbrugge, à Buxières-les-Mines, Allier.
Van Hocke (Robert), de Saint-Denis, à Montmarault, Allier.
Van Hortenrijck (Jean-Baptiste) et fam., de Gand, à Escurolles, Allier.
Van Hoecke (Albert), de Gand, à Droiturier, Allier.
Van Hoorde (Robert), de Gendbrugge, à Saint-Germain-de-Salles, Allier.
Van Humbeck (Camille), de Meysse, à Montmarault, Allier.
Van Hove (Louis) et fam., de Malines, à Target, Allier.
Van Handenhove (René), de Gand, à Chavroche, Allier.
Vanhoorenbeke (Oscar) et fam., de Quai-Napoléon, à Roquevaire. B.-du-R.

Vanhaelewyck (Henr.) et enf., de Berchem-l-Anvers, à Broût-Vernet, Allier.
Vanbasselt (Jean-Baptiste), de Wingles, à Carleuvre, Allier.
Vanisaker (Edouard) et fam., de Wladsloo, à Lanriec, Finistère.
Vamifel (Auguste), d'Alost, à Fouesnant, Finistère.
Van Inis (Anne) et fam., d'Hérent, à Plonévez-Porzay, Finistère.
Van Immerseel (Elisa), d'Eppeghem, à Vaumas, Allier.
Van Korp (Elisa) et fam., de Boort-Meerbeck, à Cajarc, Lot.
Van Joseph (Julienne), de Roulers, à Maubourguet, Hautes-Pyrénées.
Vankerck (François), d'Anvers, à Saint-Symphorien, Manche.
Van Keerberghem (Jean-B.) et fam., de Dieghem, à Casteljaloux, Lot-et-G.
Van Keymeulen (Anne) et fam., de Montigny-s-S., à Nogent-l-Roi, E. et L.
Van Kricknige (Alphonse), de Kessel-Loo, à Nérac, Lot-et-Garonne.
Van Kerkschaever (Joseph), de Bruges, à Nérac, Lot-et-Garonne.
Van Keymeulen (Alexis), de Montigny-sur-Sambre, à Nogent-le-Roi, E. et L.
Van Kamp (Josef), de Gand, à Chenay, Sarthe.
Vankleenenbrugel (Georges), de Vilsele-lès-Louvain, à La Flèche, Sarthe.
Vankersbilcb (Théophile), de Thielt, à Biozat, Allier.
Vankest (Joseph), de Clercken, à Cosne-sur-l'Œil, Allier.
Van Kerrebroeck (René), de St-André-l-Brugges, à Louroux-de-Bouble, All.
Van Kairsbulck (Cyrille), de Thielt, à Cosne-sur-l'Œil, Allier.
Van Lierde (Georges), de Mont-Saint-Amand, à Appeville, Manche.
Van Lierde (Philémon), de Mont-Saint-Amand, à Appeville, Manche.
Vanlerberghe (Pierre) et fam., de Roulers, à Pouyastruc, Hautes-Pyrénées.
Van Loo (Pierre) et fam., de Bonheyden, à Pontlevoy, Loir-et-Cher.
Van Loo (Louis) et fam., de Bonheyden, à Pontlevoy, Loir-et-Cher.
Van Li (Henri), d'Ostende, à Montoire, Loir-et-Cher.
Van Laere (Alphonse) et fam., de Landegem, à Montoire, Loir-et-Cher.
Vanlerberghe (Maurice), de Nieucappelle, à Saint-Laurent, Eure-et-Loir.
Vanhecke (René), d'Hanjaene, à Concarneau, Finistère.
Van Lierop (François), de Malines, à Aiguillon, Lot-et-Garonne.
Van Loo (Mélanie), de Bruxelles, à Isle-Jourdain, Gers.
Van Loye (François), de Louvain, à Beaumont-sur-Sarthe, Sarthe.
Van Loo (Oscar), de Gand, à La Flèche, Sarthe.
Vanlachene (Léonie), de Thielt, à Passage-d'Agen, Lot-et-Garonne.
Vanlierde (Clémence) et fam., d'Alost, à Spéret, Finistère.
Van Laken (Marie-Louise) et fam., d'Anvers, à Quimperlé, Finistère.
Vanlaer (Barbara), d'Eppeghem, à Quimperlé, Finistère.
Van Litsenburg (Joseph), d'Anvers, à Saint-Nic, Finistère.
Van Lierde (Joseph), d'Alost, à Spézet, Finistère.
Van Lier (Louis) et fam., de Lierre, à Fainac, Lot.
Vanlerberghe (Henri), de Lichtervelde, à Gannat, Allier.
Vanlaethem (Vital), de Buggenhant, à Montmarault, Allier.
Van Laethem (Jean-Baptiste), de Gand, à Chantelle, Allier.
Van Laer (César), de Gendbrugge, à Saint-Germain-de-Salles, Allier.
Van Linthout (Henri), d'Hérent, à Saint-Aubin, Allier.
Van Leseghem (Edouard), de Gand, au Veurdre, Allier.
Van Moer (Victor) et fam., de Capelle-au-Bois, à Rabastens, Hautes-Pyr.
Van Mensbrughe (Evariste), de Gand, à Appeville, Manche.
Van Maercke (Léon), de Ledeberg, à Glatigny, Manche.
Van Maercke (Achille), de Ledeberg, à Glatigny, Manche.
Van Meel (Henri), de Roiselare, à Mer, Loir-et-Cher.
Vanmassenhar (Marie) et enf., de Roulers, à Sarriac, Hautes-Pyrénées.
Vanmassenhove (Charles), de Roulers, à Sarriac, Hautes-Pyrénées.
Vanmeer (Jean) et enf., de Cappelle-au-Bois, à Rabastens, Hautes-Pyrén.
Vanmorselbeen (Jules), d'Héverlé, à Ste-Colombe-de-Villeneuve, Lot-et-G.
Van Malder (Edmond) et fam., de Wolverthem, à Lasserre, Lot-et-Gar.
Van Maele (Arthur), de Bruges, à La Flèche, Sarthe.
Van Maele, d'Ostende, à Agen, Lot-et-Garonne.
Van Maele (Richard), d'Ostende, à Agen, Lot-et-Garonne.
Van Maele (Mme), d'Ostende, à Agen, Lot-et-Garonne.
Vamvulpen (Marie), d'Ostende, à Houeillès, Lot-et-Garonne.
Van Malder (Marie), d'Hunbeek, à Bannalec, Finistère.
Van Malder (Joseph) et fam., d'Hunbeek, à Bannalec, Finistère.
Van Meulebroeck (Philoménon), de Liège, à Poullaouen, Finistère.
Van der Meulen (Marie), de Louvain, à Bannalec, Finistère.
Van Mulder (Hippolyte), de Gand, à Trévoux, Finistère.
Vanmaele (Jean) et fam., de Staden, à Trézelle, Allier.
Van Minsel (Joseph), de . . . ., à Charroux, Allier.
Van Muffel (Adolf), d'Alost, à Commentry, Allier.
Van Maele (Adolphe), de Bulscamp, à Montmarault, Allier.
Van Melo (Florimond), de Wasmunster, à Cosne-sur-l'Œil, Allier.
Van Middel (Edmond), de Bruges, à Buxières-les-Mines, Allier.
Van Minsel (Albert), d'Herent, à Le Veurdre, Allier.
Van Maele (Urbain) et fam., de Wingene, à Saint-Aubin, Allier.
Vanneries (Elie), de Gavray, à Mesnil-Villemant, Manche.
Vannacher (Joseph), d'Ichtegem, à Montoire, Loir-et-Cher.
Van Nerom (Auguste), d'Anderleck, à Blois, Loir-et-Cher.
Vannassenhove (Charles), de Thourout, à Feugarolles, Lot-et-Garonne.
Van Nassel (Pierre) et fam., de Malines, à Salviac, Lot.
Van Neron (Marie), de Malines, à Concarneau, Finistère.
Van Néron (Willem) et fam., de Malines, à Concarneau, Finistère.
Vannunen (Pétronille), de Neherlissem, à Quimperlé, Finistère.
Van Neron (Suzanne), de Malines, à Concarneau, Finistère.
Van Nunen (Catherine) et fam., de Deurne, à Loctudy, Finistère.
Van Nuffelen (François), de Benken, à Hergloff, Finistère.
Van Nieuwen (Emile), d'Alost, à Buxières-les-Mines, Allier.
Van der Heyden (Anna) et sa mère, de Lier, à St-Vincent-Rive-d'Olt, Lot.
Vanoveztveldt (Octave), de Lille, à Roncey, Manche.
Vanoverveldt (Richard), de Lille, à Roncey, Manche.
Vanoverbeke (Gustave), de Couckelaere, à Prétot, Manche.
Van Overbeke (Auguste), de Gistelles, à Pont-Levoy, Loir-et-Cher.
Van Overskaenten (Célina), de Malines, à Denneville, Manche.
Van Oppen (Marie-Louise) et fam., de Louvain, à Belleville, Manche.
Van Overscheldc (Marthe) et fam., d'Anvers, à Montoire, Loir-et-Cher.
Van Oost (André), de Saint-André, à La Palice, Charente-Inférieure.
Van Oost (Maurice) et fam., de Malines, à Mézin, Lot-et-Garonne.
Vanoverchelde (Achille), de . . . ., à Cléden-Poher, Finistère.
Vanoverchelde (Gérard), de . . . ., à Cléden-Poher, Finistère.
Vanovembeldc (Jérôme), de Cortemarck, à Landeleau, Finistère.
Vanoutryve (Emile), de Charleroi, à Montmarault, Allier.
Vanongevalle (Virgile), d'Everbecq, à
Van Tester (John), d'Anvers, à Surville, Manche.
Vanpraelle (Sophie), de Malines, à Denneville, Manche.
Van Possel (Josse), de Gand, à Montdoumerc, Lot.
Vanpaennel (Henri), de Saint-Andries, à Villeneuve-s-Lot, Lot-et-Garonne.
Van Paesschen (Marie-Françoise), de Malines, à Quimperlé, Finistère.
Van Paesschen (Marie), de Malines, à Quimperlé, Finistère.
Van Poppel (Henri), de Lierre, à Kergloff, Finistère.
Van Passel (Félix), d'Aenbrodt, à La Flèche, Sarthe.
Van Paesschen (Marie), de Malines, à Quimperlé, Finistère.
Van Praet (Jean) et fam., d'Hunbeeck, à Bannalec, Finistère.
Van Pottelsberghe de la Potterie (Ernest) et enf., d'Yvoir, à Bordeaux, Gironde.
Van Aarschot (Philémon), d'Alost, à Concarneau, Finistère.
Van Quathem (Auguste), de Malines, à Vieure, Allier.
Van Quaethem (Hermann), de Malines, à Vieure, Allier.
Van Rentergem (Evariste), de Gand, à Lalbenque, Lot.
Van Poucke (Gustave), de Saint-Michel, à Lainotte-Fénelon, Lot.
Vanrentergbem (Victor), d'Assebroucke, à Bannalec, Finistère.
Vanroose (Auguste), de Zerren, à Plohannalec, Finistère.
Vanroode (Jeanne), de Wolwerthem, à Concarneau, Finistère.
Vanroose (Cyrille), de Zarren, à Plohannalec, Finistère.
Vanraefelghem (Edouard) et enf., de Zedelghem, à Plonévez-du-Faou, Finist.
Vanraefelghem (Camille), de Zedelghem, à Plonévez-la-Fosse, Finistère.
Van Rambeeck (Alphonse), de Termonde, à Kergueffec, Finistère.
Van Rolleghem (René), de Bruxelles, à Lennon, Finistère.
Van Renterghem (Gustaaf), de Ledeberg, à Rosporden, Finistère.
Vanrelt (Arthur), de Salaumines, à Fontguenang, Indre.
Van Renterghem (Augustin), de Ledeberg, à Aillières, Sarthe.
Van Rentergem (Louis), de Gand, à Lalbenque, Lot.
Van Ramoorteres (Gustave), de Gand, à Franchesse, Allier.
Van Rillaer (Jean-Baptiste), d'Herent, à Buxières-les-Mines, Allier.
Van Rompay (Louis) et fam., de Muyssen, à Trezelle, Allier.
Van Reuterghem (René), de Scevergem, à Saint-Germain-de-Salles, Allier.
Van Ravsbeeck (Arnold) et fam., de Malines, à Jaligny, Allier.
Van Stoppen (Jacob) et fam., de Lille, à Montaigu-les-Bois, Manche.
Van Steelant (Emile), de Gand, à Montoire, Loir-et-Cher.
Vanslembroeck (Cyrille), de Cortemarcq, à Pont-Levoy, Loir-et-Cher.
Van Sina (Jean-Baptiste) et fam., de Malines, à Pont-Levoy, Loir-et-Cher.
Vansninerlavhe (Albert), d'Anvers, à Talence, Gironde.
Vanstavel (Jean), d'Anvers, à Fouesnant, Finistère.
Van Stekeelman (Valentine) et enf., d'Ostende, à Concarneau, Finistère.
Van Stem (Marie), d'Anvers, à Plonévez-Porzay, Finistère.
Van Stem (Adèle), d'Anvers, à Plonévez-Porzay, Finistère.
Van Steenwinkel (Henri) et fam., de Malines, à Quimperlé, Finistère.
Van Speybroenck (Louis) et fam., d'Ostende, à Quimperlé, Finistère.
Van Sassenbronck (Prosper), de Bruges, à Guilligomarc'h, Finistère.
Vanstechelmair (Valentine), d'Ostende, à Concarneau, Finistère.
Vanslembrouck (Henri), de Cortemarck, à Trévoux, Finistère.
Vansternhiste (Joseph), d'Assebroucke, à Bannalec, Finistère.
Vansteenhiste (Emile), d'Assebroucke, à Bannalec, Finistère.
Van Schaerebeeck (Marie), de Malines, à Pont-Aven, Finistère.
Vanselet (Léandre), de Faciennes, à La Flèche, Sarthe.
Vanslembrouck (Aimé), de Middelkerke, à Concots, Lot.
Vansever (Médard), de Vlisseghen, à Biozat, Allier.
Van San (Jean-Baptiste) et fam., de Malines, à Vendat, Allier.
Van Sveren (Thérèse) et fam., de Landegem, à Gannat, Allier.
Van San (Louis) et fam., de Malines, à Vendat, Allier.
Van Steembergen (Léo), de Gand, à Vieure, Allier.
Van Tomhout (Maurice), d'Hansbeke, à Houtteville, Manche.
Van Tomhout (Gentil), d'Hansbeke, à Houtteville, Manche.
Vantorre (Constant) et fam., d'Heipt, à Chartres, Eure-et-Loir.
Van Tricht (Adolphe), d'Heyst-op-den-Berg, à Plounévézel, Finistère.

Vantyghen (Achille), de Stuyvckemberque, à Plobannalec, Finistère.
Vantyghem (Henri), d'Anvers, à Plobannalec, Finistère.
Vanthyne (René), de Cortemarck, à Trévoux, Finistère.
Van Troostemberge (Camille), de Lophem, à Quimperlé, Finistère.
Van Tricht (Auguste), d'Hérent, à Carhaix, Finistère.
Van Troostemberge (René), de Lophem, à Quimperlé, Finistère.
Vanters (Henri), de . . . , à Clévilliers, Eure et Loir.
Vanthourmont (Oscar) et fam., d'Eessen, à Le Faou, Finistère.
Van Thealen (Charles) et fam., de Bonchoot, à Guilvinec, Finistère.
Van Tolbuysen (Maria), de Malines, à Fouesnant, Finistère.
Van Tolbuysen (Jean-Baptiste), de Malines, à Fouesnant, Finistère.
Vantieghem (Alidor), de Saint-Michel, à Payrac, Lot.
Van Troyen (François), de Warscnaere, à Présignac, Lot.
Vantoweghem (Gustave et Victor), de Furnes, à Couleuvre, Allier.
Van Touyckom (Maurice), de Bruges, à Buxières-les-Mines, Allier.
Van Ursel (Pierre), de Malines, à Concarneau, Finistère.
Vanuytsel (Emma), d'Eppeghem, à Cahors, Lot.
Vanuytsel (Maria), d'Eppeghem, à Cahors, Lot.
Vanuytsel (Hilaire) et son épouse, d'Eppeghem, à Cahors, Lot.
Van Uytvanck (Auguste), de Melsen, à Saint-Aubin, Allier.
Van Weensel (Albert), d'Ostende, au Veurdre, Allier.
Van Vooren (Florimond), d'Evergem, à Saint-Martin-Labouval, Lot.
Van Vyve (Gérard), de Bruges, à Catus, Lot.
Vanoverscheld (René), de Steene, à Doville, Manche.
Vanvezskaete (Camille), de Bruges, à Doville, Manche.
Van Vyve (Amédée) et fam., de Bruges, à Nérac, Lot-et-Garonne.
Van Vieuwenhuyse (Jean), de Pitthem, de Plounévézel, Finistère.
Vanvieurvenbuy (Oscar), de Couckelaere, à Plobannalec, Finistère.
Van Voorde (Georges), de Bruges, à Kernéchennec-en-Rédéné, Finistère.
Van Vinge (Nathalie), de Malines, à Quimperlé, Finistère.
Vanvaerenberg (Victor), d'Ostende, au Veurdre, Allier.
Van Vaerenbergh (Victor), d'Ostende, au Veurdre, Allier.
Van Vlancaer (François), d'Annière, à Muneville-sur-Mer, Manche.
Van Vooren (Joseph), de Gendbrugge, à Saint-Menoux, Allier.
Van Vorenbeeck (François), d'Elewyt, à Lurcy-Lévy, Allier.
Van Vliet (Auguste) et enf., d'Anvers, à Lurcy-Lévy, Allier.
Van Wymsberg (Léopold), de Lootenbulle, à Houtteville, Manche.
Van Wyesberg (Henri), de Lootenbulle, à Houtteville, Manche.
Van Walleghem (Joseph), de Bruges, à Saint-Sauveur-de-Pierrepont, Manche.
Van Woendel (Victor) et fam., d'Heystop den Berg, à St-Aignan, Loir et Cher.
Van Welle (Louis) et fam., de Bruges, à Saint-Denis-Catus, Lot.
Van Wetter (Antonia), d'Anvers, à Edern, Finistère.
Van Wetter (Antonius), d'Anvers, à Edern, Finistère.
Van Winge (Jean) et son épouse, de Malines, à Quimperlé, Finistère.
Van Winge (Louis) et son épouse, de Malines, à Quimperlé, Finistère.
Van Walleghem (Arthur) et fam., de Stuyvkenskerke, à Lauriec, Finistère.
Van Wambeke (Léopold), de Gand, à La Flèche, Sarthe.
Van Wingbe (François), de Malines, à Quimperlé, Finistère.
Van Winge (Léo) et fam., de Malines, à Quimperlé, Finistère.
Van Wesemael (Jacobus) et fam., d'Alost, à Lafitole, Hautes-Pyrénées.
Van Winckel (Théophile), d'Aerschot, à Montmarault, Allier.
Van Welkenhuize (Alfred), de . . . , à Charroux, Allier.
Van Wassnhovers (Achille), de Gand, à Commentry, Allier.
Van Zubrock (Louis), de Wolvertein, à Concarneau, Finistère.
Vanzielpelde (Arthur), de Bruges, à Doville, Manche.
Vanzeebrouck (Eugène), de Swezeele, à Commentry, Allier.
Varnaken (Yvonne), de Boom, à Casteljaloux, Lot-et-Garonne.
Vastenovond (Émiel), d'Ostende, à Escurolles, Allier.
Veekmans (Philippe) et fam., d'Eppeghem, à Castelnau, Hautes Pyrénées.
Veeyts (Henri), de Betecom, à La Flèche, Sarthe.
Veerdt [de] (César), de Gendbrugge, à Cosne-sur-l'Œil, Allier.
Vehilmans (Édouard) et fam., de . . . , à Cleden-Pober, Finistère.
Veirman (Liévin De), de Loebristi, à Franchesse, Allier.
Veirière (Pierre), d'Elterteek, à Saint-Sauveur-de-Meilhan, Lot-et-Garonne.
Vekemans (Caroline) et fam., d'Hombeck, à Beaumont sur-Sarthe, Sarthe.
Veldeman (Edouard), de Gand, à Bannalec, Finistère.
Veldeman (Auguste), de Gand, à Bannalec, Finistère.
Vendendrisse (Emile) et fam., de Malines, à Carhaix, Finistère.
Ven Prat (Nathalie) et fam., de Cappelle-au-Bois, à Rabastens-de-Bigorre, H.-P.
Verachteit (Jules), de Malines, à Port-Launay, Finistère.
Verachteit (Émile), de Malines, à Port-Launay, Finistère,
Verbiest (Hoetmans), de Gand, à Cretteville, Manche.
Verberdt (Virginie), de Malines, à Maubourguet, Hautes-Pyrénéees,
Verbrugghe (Auguste), de Bruges, à Montoire, Loir-et-Cher.
Verbelen (Charles), de Beyghem, à Lasserre, Lot-et-Garonne.
Verbeek (Alphonsin) et fam., de Bouheyden, à Houeillès, Lot-et-Garonne.
Verbeke (Alphonssus), d'Iuddelkerke, à Saint-Antoine, Lot-et-Garonne.
Verbeke (Magdelana), de Middelkerke, à Saint-Antoine, Lot-et-Garonne.
Verbist (Léon), de Malines, à Bannalec, Finistère.
Verbauwen (Jules), de Gand, à Domérat, Allier.
Verbrandt (Franz), de Bruges, à Commentry, Allier.

Verbrugge (Gustave), de Ledeberg, à Commentry, Allier.
Verbanck (Ernest), de Geudbrugge, à Saint-Menoux, Allier.
Verbeeck (Alphonse), d'Ostende, au Veurdre, Allier.
Verbeeck (Jean), d'Ostende, au Veurdre, Allier.
Verbeeck (Jean), d'Ostende, au Veurdre, Allier.
Verbelen (François et Antoine), de Beyghem, à Lurcy-Lévy. Allier.
Verbist (Joseph) et fam., de Malines, à Vaumas, Allier.
Verbrugge (Joris), de Gand, à Couleuvre, Allier.
Verbecke (Guillaume), de Gand, à Fontanes, Lot.
Verbecke (Eugène), de Gand, à Fontanes, Lot.
Verbeeck (Clémentine) et fam., de Boortmeerbeck, à Figeac, Lot.
Verbelen (Amélie), de Beghem, à Saint-Germain, Lot.
Verbelen (Joseph) et fam., de Beyghem, à Saint-Germain, Lot.
Verbist (Emile) et fam., d'Elewygt, à Souillac, Lot.
Verbist (Louis), de Sempst, à Gourdon, Lot.
Verhomen (Rosalie) et enf., de Boort-Meerbeck, à Cajarc, Lot.
Verbruggen (Siebe), de Gand, à La Flèche, Sarthe.
Verberdt (Joseph), de . . . , à Maubourguet, Hautes-Pyrénées.
Verbanch, d'Ostende, à Agen, Lot-et-Garonne.
Verbelin (Sophie), de Beyghem, à Nérac, Lot-et-Garonne.
Verbist (Hubert), de Louvain, à Agen, Lot-et-Garonne.
Verbeecken (Charles), d'Anvers, à La Flèche, Sarthe.
Verbeke (Honorine), de Charleroi, à Beaumont-sur-Sarthe, Sarthe.
Verbeecken (Émile), d'Anvers, à La Flèche, Sarthe.
Verbeke (Oscar), d'Anvers, à Plobannalec, Finistère.
Verbruggen (Edmond), à Saint-André-les-Bruges, à Concarneau, Finistère.
Verbist (Pierre) et fam., de Malines, à Concarneau, Finistère.
Verbosen (Joséphus), de Merxen, de Rosporden, Finistère.
Verbeck (Rosalie), de Poullaouen, Finistère,
Verbist (Marcel) et fam., d'Elewijt, à Rosporden, Finistère.
Verboven (Alphonse), de Comines, à Rosporden, Finistère.
Vercaigne (Jules) et fam., de Roulers, à Labitte-Toupière, Hautes-Pyrénées,
Vercaigne (Maurice), de Roulers, à Maubourguet, Hautes-Pyrénées.
Vercommen (François), de Lierre, à Pontlevoy, Loir-et-Cher.
Vercampt (Louis), de Gand, à Franchesse, Allier.
Vercamen (Anna) et sa mère, de Lierre, à Sauzet, Lot.
Vercooren (Prosper), de Zarren, à Mézin, Lot-et-Garonne,
Verdonch (Jules), de Jabbeke, à Mer, Loir-et-Cher.
Verdouck (Marcel), de Gand, de Pontlevoy, Loir-et-Cher.
Verduyn (Hector), de Zedelghem, à Plonévez-du-Faou, Finistère.
Verdampt (Hector), d'Hooglede, à Gannat, Allier.
Verdoolaeghe (Jérôme), d'Ostende, à Mazerolles, Lot.
Verdenere (Elisa), d'Anderlues, à Figeac, Lot.
Verdeure (Eugénie) et fam., d'Ostende, à Montcuq, Lot.
Vercechin (Gustave), d'Oostacker, à Montoire, Loir-et-Cher.
Vereeche (Jules), de Cortemarck, à Rosporden, Finistère.
Vereeghen (François), d'Hérent, à Concarneau, Finistère,
Vereecke (René), de Thielt, à Plounévézel, Finistère.
Veregeine-Peelaert, de Louvain, à Saint-Priest-d'Andelot, Allier.
Verelst (Victorine) et enf., d'Anvers, à Lurcy-Lévy, Allier.
Vercruyce (Hélène) et fam., d'Ostende, à Vire, Lot.
Vereecke (Félicien), de Gand, à Montdoumerc, Lot.
Vereecke (Louise), de . . . , à Trévoux, Finistère.
Verfaillie (Joseph), d'Iseghem, à Lédat, Lot-et Garonne.
Verfaillie (Marie) et fam., de Moorslede, à Agnac, Lot-et-Garonne.
Vergracht (Berthe) et fam., d'Ostende, à Quimperlé, Finistère.
Vergauwe (Médard), de Middelkerke, à Concots, Lot.
Verghote (Jules) et fam., de Loo, à Saint-Laurent-la-Gâtine, Eure-et-Loir,
Verhutte (Jules), de Lille, à Montaigu-le-Bois, Manche.
Verhelst (Honorine), de Lyroudeve, à Beuzec-Conq, Finistère.
Verhulst (Irma) et fam., d'Alost, à Lafitole, Hautes-Pyrénées,
Verhaeghe (Emile) et fam., de Roulers, à . . . , Hautes-Pyrénées.
Verhelst (Anne), de Saint-Andries, à Montoire, Loir-et-Cher.
Verhaeghe (Julie), de Zedelghem, à Montoire, Loir-et-Cher.
Verhaert (Benoît) et fam., d'Alost, à Fouesnant, Finistère.
Verhulst (Louise), de Lebèke, à Rabastens, Hautes-Pyrénées.
Verheyen (Anna) et fam., de Malines, à Quimperlé, Finistère.
Verhelst (Louis), de Mauckensvere, à Concarneau, Finistère.
Verhaegen (Amandus), de Malines, à Sainte-Bazeille, Lot et-Garonne.
Verhaegen (Joanna), de Beggynendyck, à Louroux-de-Bouble, Allier.
Verbels (Camille), de . . . , à Saint-Pourçain-sur-Besbre, Allier,
Verhagen (Jean), de Gendbrugge, à Cosne-sur-l'Œil, Allier.
Verheye (Gaston) et fam., de Gand, à Franchesse, Allier.
Verhulst (Camille), d'Alost, à Preyssac, Lot.
Verheyen (Constant), de Middelkerke-Digue, à Figeac, Lot.
Verhulst (Edgard), de Gand, à La Flèche, Sarthe.
Vermyster (Marie) et enf., d'Herreym, à Maubourguet, Hautes-Pyrénées.
Vermuyten (Mathilde), d'Herreym, à Maubourguet, Hautes-Pyrénées,
Verhulst (Sévy) et sa fam., de . . . , à Castelnau-sur-Gupie, Lot-et-Garonne,
Verhelst (Honorine), de Manskenswere, à Concarneau, Finistère.
Verheyen (François), de Malines, à Quimperlé, Finistère.

Verhaeghe (Joseph), de Wercken, à Arzano, Finistère.
Verbeest (Gabriel), de Ledeberg, à Rédéné, Finistère.
Verhaert (Ludovicus), d'Alost, à Fouessant, Finistère.
Verjut (Joseph), de Litchtervelde, à Gannat, Allier.
Verkeke (Aimé) et fam., de Pérenchies, à Mesmo-Villemon, Manche.
Verlinde (Alphonse) et fam., de St-André, à St-Sauveur-de-Pierrepont, Manche.
Verleysin (Antonius) et fam., d'Alost, à . . ., Hautes-Pyrénées.
Verleysen (Victor) et fam., d'Alost, à Lafitole, Hautes-Pyrénées.
Verlinde (Charles) et fam., de Cortemarck, à Trévoux, Finistère.
Verleysen (Marguerite) et fam., de Malines, à Pont-l'Abbé, Finistère.
Verbeke (Henri), de Zedelghem, à Pleyben, Finistère.
Verlinde (Marie), de Malines, à Concarneau, Finistère.
Verlenden (Maria), de Muysen, à Châteauneuf-du-Faou, Finistère.
Verleysen (Jules), de Grembergue, à Jenzat, Allier.
Verlinde (Virginie), de Gand, à Chavroche, Allier.
Verlinden (Marie) et fam., de Malines, à Villefranche, Allier.
Verlinde (Théophile), de Roulers, à Saint-Menoux, Allier.
Verlerie (Marie) et fam., de . . ., à Saint-Pourçain-sur-Bresbre, Allier.
Verlinden (Guillaume) et fam., d'Hofstade-les-Malines, à Trezelle, Allier.
Verloore (Auguste), de Gendbrugge, à Cosne-sur-l'Œil, Allier.
Verlnove (Alfred), de Ledeberg, à Aillières, Sarthe.
Verleye (Camille) et fam., de Saint-André-les-Bruges, à Loupiac, Lot.
Verledais (Alice), de Thourout, à Cahors, Lot.
Verlenden (Vve), de Muysen, à Châteauneuf-du-Faou, Finistère.
Verlaet (Joseph), de Bruxelles, à La Flèche, Sarthe.
Verleck (François), de Wespelear, à Poullaouen, Finistère.
Verleke (Cyriel), de Zedelghem, à Plonévez-du-Faou, Finistère.
Verlinden (Joseph) et fam., de Malines, à Port-Launay, Finistère.
Verlinde (Omer), d'Oudenbourg, à Plonévez-Porzay.
Vermœsen (Martha), d'Alost, à Lafitole, Hautes-Pyrénées.
Vernmyten et fam., de Malines, à . . ., Hautes-Pyrénées.
Vermander (Léopold), de Steen, à Montoire, Loir-et-Cher.
Vermaelen (Joanna) et enf., de Lierre, à Bourré, Loir-et-Cher.
Vermote (Alphonse et Henri), de Thourout, à Montoire, Loir-et-Cher.
Vermoot (Frans) et Hautmann (Cornélie), de Malines, à St-Aignan, Loir-et-Cher.
Vermossen (Félix), de Melle, à Pontlevoy, Loir-et-Cher.
Vermeulen (Rosalie et Antoinette), de Bruxelles, à St-Aignan, Loir-et-Cher.
Vermeulen (Victor) et fam., de Malines, à Pontlevoy, Loir-et-Cher.
Vermeulen (Francis) et fam., d'Heystop-den-Berg, Loir-et-Cher.
Vermeesch (Jules), d'Ostende, à . . ., Loir-et-Cher.
Vermaire (René), d'Ostende, à Concarneau, Finistère.
Vermeerch (Léopold), de Pittherm, à Lanriec, Finistère.
Vermeulen (Pierre) et fam., de Lebbeck, à Quimperlé, Finistère.
Vermeersch (Jules), de Thielt, à Plounévézel, Finistère.
Vermacler (Jean), de Wilsele, à Buxières-les-Mines, Allier.
Vermeesch (Désiré), d'Hooghlede, à Gannat, Allier.
Vermeulen (Jeanne) et fam., de Gand, à Escurolles, Allier.
Vermeulen (Omer et André), de Maddelkerbe, à Bayssat, Allier.
Vermeiren (Romaine), de Gendbrugge, à Villeneuve-sur-Lot, Lot-et-Garonne.
Vermeiren (Albert), de Gendbrugge, à Villeneuve-sur-Lot, Lot-et-Garonne.
Vermast (Hippolyte), de Wondelgem, à Saint-Martin-Labouval, Lot.
Vermeer (Marie) et enf., de Lebbede, à Cahors, Lot.
Vermeersh (Charles), de Bruges, à Calamane, Lot.
Vermeersch (Jules), de Saint-André, à Peyrilles, Lot.
Vermeulen (Maurice), de Gand, à Flaugnac, Lot.
Vermeylen (Léonard) et enf., de Lierre, à Puy-l'Évêque, Lot.
Vermote (Auguste), de Steene, à Gignac, Lot.
Vermuyten (Jean) et fam., de Boortmerbeck, à Figeac, Lot.
Vermuyter (Édouard), de . . ., à Maubourguet, Hautes-Pyrénées.
Vermeulen (Casimir), de Malines, à Trévoux, Finistère.
Vermuyten (Jeanne) et fam., d'Anvers, à Carhaix, Finistère.
Vermeulen (Hortensia), de Malines, à Trévoux, Finistère.
Vermmimen (Léopold), d'Anvers, à Bourg-de-Rédéné, Finistère.
Vermeulen (Louise) et fam., de Malines, à Trévoux, Finistère.
Vermetten (Anna) et fam., de Lier, à Fouesnant, Finistère.
Vermuuicht (Jules), de Louvain, à Nérac, Lot-et-Garonne.
Vermier (Louis) et fam., de Lebbeke, à Louvigny, Sarthe.
Vermeulen (Maurice), d'Aerseele, à Saint-Hernin, Finistère.
Vernimnen (Jean), d'Alost, à Guilligomarch, Finistère.
Verscheide (Irène), d'Ostende, à Loperec, Finistère.
Vernenlen (Franciscus) et fam., de Malines, à Concarneau, Finistère.
Verneere (Leander), de Furnes, à Couleuvre, Allier.
Vernimmen (Hector), de Malines, à Arzand, Finistère.
Vernay (Jean), d'Anvers, à Quimperlé, Finistère.
Verphaetse (Georges), de Gand, à Appeville, Manche.
Verphancke (Esther) et fam., de Zedelghem, à Montoire, Loir-et-Cher.
Verplanche (Oscar), de Zedelghem, à Mer, Loir-et-Cher.
Verplanck (Alphonse), de Zedelghem, à Mer, Loir-et-Cher.
Verplancke (Léon), d'Assebrouck, à Montmarault, Allier.
Verplancke (Henri), de Saint-Michel, Bruges, à Payrac, Lot.
Verpoest (Théophile), de Forest-lez-Bruxelles, à Cahors, Lot.
Verplaesse (Raymond), de Marine-lès-Courtrai, à La Flèche, Sarthe.
Verplanche (Gustave) et fam., de Saint-Michel, à Carhaix, Finistère.
Verrydt (Ferdinand), de Boort-Meerbeck, à Prétot, Manche.
Verrept (Frans), de Malines, à Lescurry, Hautes-Pyrénées.
Verrept (Arnold), de Villebroocke, à Lanriec, Finistère.
Verreth (Hernicus), de Bonheyden, à Montpouillan, Lot-et-Garonne.
Verrecas (Alfons), de Bruges, à Calamane, Lot.
Verrocht (Léonie), de Boost-Meerbech, à Tour-de-Faure, Lot.
Verroch (Henri), de Boost-Meerbech, à Tour-de-Faure, Lot.
Verroch (Ernest), de Boort-Meerbech, à Tour-de-Faure, Lot.
Verroch (Jules), de Boort-Meerbech, à Tour-de-Faure, Lot.
Verrept (Franciscus) et fam., de Villebrooke, à Lanriec, Finistère.
Verreth (Guilielmus) et fam., de Bonheyden, à Montpouillan, Lot-et-Gar.
Verocheure (Magdalène), de Zedelghem, à Montoire, Loir-et-Cher.
Verskaet (Firmin), de Derlyk, à Montpinchon, Manche.
Verstraete (Charles), d'Ichtegem, à Montoire, Loir-et-Cher.
Verschueren (Frans) et fam., de Heystop-den-Berg, à St-Aignan, Loir-et-Ch.
Verschaetse (Gustave), d'Aerseele, à Montoire, Loir-et-Cher.
Verschelde *née* Grasmichel (Léonie) et enf., d'Ostende, à Loperec, Finistère.
Verschaffel (Alphonse), de Mariakerke, à Brout-Vernet, Allier.
Verschaere (Émile), de Snelleghen, à Saint-Rémy-en-Rollat, Allier.
Verstraete (Gérard), de Gand, à Target, Allier.
Ververs (Gustave), d'Anvers, à Vendat, Allier.
Verstrepen (Clémence), de Villebrouk, à Sembas, Lot-et-Garonne.
Verschooten (Isabelle), de Bonheyden, à Montpouillan, Lot-et-Garonne.
Versleylen (Florence) et fam., de Montignies, à Bannalec, Finistère.
Vertyck (Arthur), de Schowre, à Guilvinec, Finistère.
Verstraete (Césarine), de Snelleghem, à Pleyben, Finistère.
Versehae (Stéphanie), d'Ostende, à Rosporden, Finistère.
Versteylen (Florence), de Montignies, à Bannalec, Finistère.
Verstraete *née* Provoost (Romanie) et fam., d'Ostende, à Pleyben.
Verstraden (Marie), de . . ., à Cleden-Poher, Finistère.
Verschelde (Charles), d'Ostende, à Loperec, Finistère.
Verschaere (André), de Warschout, à Souillac, Lot.
Verrocht (Marie), de Boort-Meerbech, à Tour-de-Faure, Lot.
Verschaere (Octave), de Warschout, à Souillac, Lot.
Verschoors (Camille), de Snaeskerken, à Chartres, Eure-et-Loir.
Verschueren (Guillaume) et fam., de Malines, à Salviac, Lot.
Verspaegen (Jeanne) et enf., de Beyghem, à Concorès, Lot.
Verstraete (Florimond) et fam., d'Evergheim, à Cahors, Lot.
Verstraeten (Anne), de Beyghem, à Saint-Germain, Lot.
Verstraeten (Alfred), de Bruges, à Salviac, Lot.
Verstraeten (Joseph) et fam., d'Eppeghem, à Castelfranc, Lot.
Verstraeten (Eduard) et fam., de Beyghem, à Saint-Germain, Lot.
Verstraeten (Marie), de Beyghem, à Saint-Germain, Lot.
Verstraeten (Jeannette) et fam., de Malines, à Albas, Lot.
Verstrepen (Ferdinand), de Willebroek, à Saint-Vincent-Rive-d'Olt, Lot.
Verswyver (Pierre) et fam., de Duffel, à Payrac, Lot.
Verschueren (Jean), de Malines, à Plonévez-Porzay, Finistère.
Verstiggel (Octavie), de Gendbrugge, à Quimperlé, Finistère.
Versteirt (Anna) et fam., d'Erpic, à Chartres, Eure-et-Loir.
Verspult (Arthur), de . . ., à Cleden-Poher, Finistère.
Vertommen *née* de Key (Céline) et enf., de Wespelear, à Poullaouen, Finist.
Vertommey (Alphonse), de Wygmail'herent, à Plobannalec (Finistère).
Vertommen (Marcel), de Wespelear, à Poullaouen, Finistère.
Vertraeten (Charles), d'Elewyt, à Souillac, Lot.
Vervoort (Cyriel) et enf., de Malines, à Rabastens, Hautes-Pyrénées.
Vervaecke (Marie) et enf., de Roulers, à Rabastens, Hautes-Pyrénées.
Vaat (Eugénie) et enf., d'Ostende, à Tostat, Hautes-Pyrénées.
Vervenne (Florine), d'Ostende, à Pont-Aven, Finistère.
Vervoort, de . . ., à Rabastens, Hautes-Pyrénées.
Vervack (Anne), de Sempst, à Gourdon, Lot.
Vervoort (Joseph) et fam., de Beyghem, à Saint-Germain, Lot.
Verwaernenlen (Marcel), de Bruges, à Guilligomarc'h, Finistère.
Vestongen (Henri), de Wilsele, à Angoville-sur-Ay, Manche.
Vestel (François de), de Bruges, à Peyrilles, Lot.
Vets (Henri), de Gendbrugge, à Canville (Manche).
Viaene (Camille), de Courtrai, à Lapoujade, Lot.
Viane (Eudoxie) et enf., de Roulers, à Rabastens, Hautes-Pyrénées.
Viane (Auguste) et fam., de Ghistel, à Quimperlé, Finistère.
Vierendeels (Eugène), de Saintes, à Commentry, Allier.
Viggria (Rosalie), de Liège, à Brout-Vernet, Allier.
Vigne (Clémentina) et enf., d'Ostende, à Junies, Lot.
Vigne (Léon) et fam., de Bruges, à Concarneau, Finistère.
Villers (Honoré), de Gendbrugge, à Cosne-sur-l'Œil (Allier).
Vilder (Ivo de) et fam., de Pontavendin, à Argenton, Indre.
Villain (Jules) et fam., de Liévin, à Lourdoueix-St-Michel, Indre.
Vilain (Pierre), de Wasmes, à Souyeaux, Hautes-Pyrénées.
Villemuys (Emma), de Roulers, à Maubourguet, Hautes-Pyrénées.
Vinnelinchx (Louis), de Vilvorde, à Biozat, Allier.
Vinster (Ivo de) et fam., de Lierre, à Gauzet, Lot.

Vincent (Léon), de Gand, à La Flèche, Sarthe.
Vinnepemninchz (Alfred), de Termonde, à La Flèche, Sarthe.
Vis (Alexandre de), d'Anvers, à Lurcy-Lévy, Allier.
Visscher (Evariste de), de Gand, à Lalbenque, Lot.
Visne (Sophie), de . . . . à Cléden-Poher, Finistère.
Vissenaekem (Frédéric), de Wygmorel, à Labitte-Toupière, Htes-Pyrénées.
Visscher (Maurice de), de Gand, à Coigny, Manche.
Vito (Joseph), de Bruxelles, à Poullaouen, Finistère.
Vits (Louise) et fam., de Heront-Wygmaal, à Fouesnant, Finistère.
Vits (Emile) et fam., de Heront-Wygmaal, à Fouesnant, Finistère.
Vits (Marie), de Louvain, à Bolleville, Manche.
Vits (Jeannette), de Louvain, à Bolleville, Manche.
Vits (Jean-Baptiste), de Louvain, à Bolleville (Manche).
Vits (Jacques), de Louvain, à Bolleville, Manche.
Vivez (Rosalie) et fam., d'Eerneghem, à Bannalec, Finistère.
Vlaemick (Frédéric), de Jableke, à Saint-Rémy-en-Rollat, Allier.
Vleeschauwer (Guillaume), d'Alost, à Rosporden, Finistère.
Vleminck (Laurent) et fam., de Dixmude, à Lopérec, Finistère.
Vleskouwers (Fernand), d'Arleux, à Lengronne, Manche.
Vliermael-Dumont, de Liège, à Quimperlé, Finistère.
Vliebger (Alphonse de) et fam., de Gand, à Doville, Manche.
Vlierger (Raoul de) et fam., de Malines, à Banssat, Allier.
Vloedt (de), de Melle, à Louroux-de-Bouble, Allier.
Vloo (Vincent de), de Bruges, à Blois, Loir-et-Cher.
Vodderine (Clémentine), de Malines, à Concarneau, Finistère.
Voguelaere (Jules de), de Merrel-Beke, à Lanriec, Finistère.
Vohy (Thérèse), d'Anvers, à Laudeleau, Finistère.
Voindendrussh (Pétrus), de Raumclare, à Lacassagne, Hautes-Pyrénées.
Voiron (Antoine), d'Asfeld, à Cusset, Allier.
Volfinger et enf., de Moyenmoutier, à Huriel, Allier.
Volekaert (Maurice), de Meirelbecke, à Montmarault, Allier.
Volcart (Jean), de Gand, à Buxières-les-Mines, Allier.
Volckaerts (Jeanne), de Hoboken-lès-Anvers, à Pont-Aven, Finistère.
Volbrucht (Cyrille), de Coochelore, à Guilvinec, Finistère.
Volke (Jules) et fam., de . . ., à Cléden-Poher, Finistère.
Volder (Henri de), de Saint-André, à Montoire, Loir-et-Cher.
Volet (Augustin), de Romedenne, à Audeville, Manche.
Vonde-Vliet (Christine) et fam., de Malines, à Quéménéven, Finistère.
Vouken (Arthur), de Lobbés, à Saint-Romphane, Manche.
Vonhoovien (Henri), de . . ., à Lectoure, Gers.
Vouken (Bertha), de Lobbès, à Saint-Romphane, Manche.
Vorroken (Albert), d'Anvers, à Quimperlé, Finistère.
Vos (Gustave de), de Bruges, à Guilligomarc'h, Finistère.
Vos (Engleberte de), d'Heverlé, à Pont-Aven, Finistère.
Vos (Corneille de) et fam., de Malines, à Quimperlé, Finistère.
Vos (Louis de), de Bruges, à Marseille, Bouches-du-Rhône.
Vos (Maurice de), de Coxyde, à Escurolles, Allier.
Vos (Augustin de) et fam., de Grembergue, à Jenzat, Allier.
Vouters (Auguste) et fam., d'Alost, à Quimperlé, Finistère.
Vouters (Marie), d'Ostende, à Pontlevoy, Loir-et-Cher.
Voytterhoeven (Philomène), de Malines, à Bannalec, Finistère.
Vranc (Marguerite), de Roulers, à Rabastens, Hautes-Pyrénées.
Vranjez (Hermann), de Gand, à Pontlevoy, Loir-et-Cher.
Vrankse (Cécile), de Louvain, à Fouesnant, Finistère.
Vranckx (Jean), d'Andrelecht, à Mézin, Lot-et-Garonne.
Vranckx (Adolphe), de Vilvorde, à La Flèche, Sarthe.
Vrielynck (Florimond), de Gand, à Trezelles, Allier.
Vrieze (Léon de), de Saint-André, à Payrac, Lot.
Vlieger (Jules de), d'Aeltre, à Montoire, Loir-et-Cher.
Vrielink (Maurice) et fam., de Bruges, à Guilligomarc'h, Finistère.
Vrouman (Arthur), de Wyngène, à Saint-Aubin, Allier.
Vrulynck (Charles), de Bruges, à Couleuvre, Allier.
Vryclinck (Henri) et fam., d'Ostende, à Gouézec, Finistère.
Vuisst (Camille), de Boubeke, à Choisy-en-Brie, Seine-et-Marne.
Vunden Broecke (Charles), de Coxyde, à Escurolles, Allier.
Vuyst (Benedictus de), de Lille, à Montpinchon, Manche.
Vuylstèke (Jules), de Becelos, à Equilly, Manche.
Vuylstèke (Camille), de Bovekerke, à Bannales, Finistère.
Vyncke (Gustave), de Gand, à Couleuvre, Allier.
Walbravens (Pierre), de Paris, au Temple Médoc, Gironde.
Wachter (Jacobus) et fam., d'Hoboken, à Lennon, Finistère.
Wadbled (Léon), de Sars-et-Rosières, à Pont-du-Casse, Lot-et-Garonne.
Waegenaere (Arthur de), d'Anvers, à Lanriec, Finistère.
Waigraeve (Albert), de Bruges, à Rédéné, Finistère.
Walgraeve (Achille), de Bruges, à Rédéné, Finistère.
Walgraef (Léonie) et enf., d'Alost, à Souillac, Lot.
Walle (Jean de), de Louvain, à Buxières-les-Mines, Allier.
Wambeke (Jules), de Gand, à Arzano, Finistère.
Wandelet (Désiré), de Boussoulx, à Auxerre, Yonne.
Wanters (Pierre), d'Alost, à Quimperlé, Finistère.
Wanters (Joseph), de Muyssen, au Faou, Finistère.
Wantelet (Joseph), de Châtelet, à Niort, Deux-Sèvres.
Willems (Isabelle), de Malines, à Virazeil, Lot-et-Garonne.
Wanters (Pierre) et fam., de Boom, à Spézet, Finistère.
Wan Hoff (Philomène), d'Herentals, à Trévoux, Finistère.
Wanters (Louise) et fam., de Boom, à Spézet, Finistère.
Wanters (Gustave), d'Ostende, à Preyssac, Lot.
Wandewalle (Raymond), d'Oostcomp, à Canville, Manche.
Wansteenkis (Wilbrord), d'Iseghem, à Mesnil-Amand, Manche.
Wanters (Urbain), de Furnes, à Couleuvre, Allier.
Wardenier (Elodie), de Thourout, à Saint-Clair, Lot.
Warnier (Adolphe), de Bruges, à Souillac, Lot.
Wardenier (Léon), de Bruges, à Lithaire, Manche.
Wardenier (Marcel) et fam., de Varsemaer, à Lithaire, Manche.
Waricbet (Jules) et fam., de Dampreman, à Auxon, Aube.
Wareinghem (Alexandre), de Weingles, à Franchesse, Allier.
Warnier (Ghislain), de Bruges, à Buxières-les-Mines, Allier.
Wastyn (Hélène), de Roulers, à . . . ., Hautes-Pyrénées.
Wastech (Guillaume), d'Ostende, à Escurolles, Allier.
Waternaux (Edouard) et fam., de Villers-d'Orval, à Mesnil-Sellier, Aube.
Wauthy (Marie), de Gembloux, à Toury, Eure-et-Loir.
Wauthy (Désiré), de Gembloux, à Toury, Eure-et-Loir.
Wauters (Gérardus), d'Ostende, à Puy-l'Évêque, Lot.
Wauters (Anna) et fam., de Malines, à Denneville, Manche.
Wauters (François), d'Hoecht, à Prétot, Manche.
Wauters (Théophile), de Gand, à La Flèche, Sarthe.
Wauters (Marcelle et René), de Bruxelles, à Montoire, Loir-et-Cher.
Wauters (Victor), de Boortmeerbeek, à Pouyastruc, Hautes-Pyrénées.
Wauters (Léon) et fam., d'Alost, à Lafitole, Hautes-Pyrénées.
Wauquier (Gaston) et fam., d'Hornu, à Granville, Manche.
Wauters (Franz), de Campenhout, à Franchesse, Allier.
Wauters (Benoni), de Weingles, à Franchesse, Allier.
Wavrin (Jules), de Loo, à Saint-Laurent-la-Gâtine, Eure-et-Loir.
Wayaert (Achille), de Couchelaere, à Guilvinec, Finistère.
Wayaert (Camille), de Couchelaere, à Guilvinec, Finistère.
Wazelle (Flore), de Maubeuge, à Saint-Clout, Indre.
Weets (Alphonse) et fam., de Louvain, à Carhaix, Finistère.
Weets (Alphonse), de Linden-les-Louvains, à Néris-les-Bains, Allier.
Weiler (Léonard), d'Anvers, à Plonévez-du-Faou, Finistère.
Wellens (Armand), de Gendbrugge, à Trezelle, Allier.
Wellecomme (Marceline), d'Ostende, à Puy-l'Evêque, Lot.
Well (Ludovic de) et fam., d'Anvers, à Mer, Loir et Cher.
Wendelen (Paul) et fam., de Bruxelles, à Troubaut, Côte-d'Or.
Wenkel (Elie), de Rebecq, à Cosne-sur-l'Œil, Allier.
Ven de Winkel (Ludovicus), d'Alost, à Thoiré-sous-Contensor, Sarthe.
Werbruggen (Jules) et fam., de Bonchoot, à Guilvinec, Finistère.
Wermieuwenhuyse (René), d'Ichteghem, à Prétot, Manche.
Wery (Jules), de Marchiennes-au-Pont, à Couvains, Manche.
Werbruggen (François), de Bonchoot, à Guilvinec, Finistère.
Wesemael (Anna) et fam., d'Alost, à Lafitole, Hautes-Pyrénées.
Wets (Charles), de Rotselaer, à Saint-Sauveur-de-Meilhan, Lot-et-Garonne.
Wengue (Jean), de Sob, à Herenguerville, Manche.
Weylant (Henri), de Gand, à Cosne-sur-l'Œil, Allier.
Wiard (Alice), de Marlaix-la-Tour, à Coutrières, Manche.
Wiels (Joséphine), d'Alost, à Souillac, Lot.
Wigy (Edmond), de Malines, à Target, Allier.
Willems (Charles), de Gand, à Quimperlé, Finistère.
Willems (Henri) et fam., de Malines, à Saint-Nic, Finistère.
Wilms (Maria), de Contich, à Concarneau, Finistère.
Wilmet (Emile) et fam., de Nivelles, à Carhaix, Finistère.
Willerms (Alfons), de Bruges, à Concarneau, Finistère.
Wenque (Edmond), de . . ., à Clevilliers, Eure-et-Loir.
Wilms (Adolphe) et fam., de Contich, à Loctudy, Finistère.
Wilde (Emiel de), de Termonde, à Concarneau, Finistère.
Wilder (Maurice de), de Gand, à La Flèche, Sarthe.
Wilmet (François), de Grammont, à La Flèche, Finistère.
Willot (Clémence), de Jeumont, à Vicq-Exemplet, Indre.
Willaert (Jacques), d'Ostende, à Lédat, Lot-et-Garonne.
Willems (Francs) et fam., de Malines, à Virazeil, Lot-et-Garonne.
Wilde (Prosper de) et fam., de Bruges, à Concarneau, Finistère.
Willems (Philippe) et fam., d'Hirent, à Beaumont-sur-Sarthe, Sarthe.
Willems (Achille) et fam., de Bruges, à Catus, Lot.
Willems (Theophiel), de Steenbrugge, à Saint-Etienne, Lot.
Wilde (Julien de), de Bruges, à Doville, Manche.
Willemine (Marie), de Roulers, à Monfor-Rabastens, Hautes-Pyrénées.
Wilde (Alphonse de) et fam., de Bruges, à Beuzec-Long, Finistère.
Willems (Achille et Richard), de Saint-Andries, à Montoire, Loir-et-Cher.
Willaert (Julien), de Couchelaere, à Treffiagoet, Finistère.
Willotoug (Albert), de . . ., à Dions, Gard.
Willems (Jules), de Rebecq, à Cosne-sur-l'Œil, Allier.
Wilson (Alphonse), de Lille, à Saint-Bonnet-de-Rochefort, Allier.
Willems (Auguste et Edmond), de Clemskerke, à Gannat, Allier.

Wiinnepennuich (Anna-Marie) et fam., de Malines, à Fouesnant, Finistère.
Winter (Marie-Thérèse de), de Lier, à Fouesnant, Finistère.
Winckel (Maria de) et fam., d'Alost, à Thoiré-sur-Contensor, Sarthe.
Winand (Pétrus) et fam., de Lierre, à Casteljaloux, Lot-et-Garonne.
Winter (Ernestin de) et fam., de Lierre, à Fouesnant, Finistère.
Windey (Gustave), de Gand, à Laibenque, Lot.
Winter (François de) et fam., de Lierre, à Fouesnant, Finistère.
Wit (Elisabeth de), de Malines, à Aiguillon, Lot-et-Garonne.
Withof (Jean), de Malines, à Saint-Pé-Saint-Simon, Lot-et-Garonne.
Wit (Emile de) et fam., de Beyghem, à Espère, Lot.
Wittebolle (Alfred), de Bruges, à La Flèche, Sarthe.
Wittemans (André) et fam., de Rotselaer, à Rosporden, Finistère.
Witorh (Emma), de Wilryck, à Bannalec, Finistère.
Witte (Augustin de) et fam., de Gand, à Chantelle, Allier.
Wite (André de), de Varssenare, à Saint-Germain-de-Salles, Allier.
Wittevronghel (Georges), de Gand, à Vieure, Allier.
Wolf (Louis de) et fam., d'Alost, à Buxières-les-Mines, Allier.
Wolf (Camiel de) et fam., d'Alost, à Spézet, Finistère.
Wollaert (René), de Ledeberg, à Arzano, Finistère.
Wolf (Rosalie de), d'Alost, à Spézet, Finistère.
Wonters (Romain), de Sainte-Croix-lez-Bruges, à Salviac, Lot.
Wonters (François), d'Haecht, à Kergloff, Finistère.
Wonters (Henri), d'Haecht, à Prétot, Finistère.
Wonters (Louis) et fam., de Bourtmeebeeck, à Pont-Levoy, Loir-et-Cher.
Woukier (Virginie) et enf., de Wygmail'herent, à Plobannalec, Finistère.
Wugts (Maria) et fam., d'Anvers, à Edern, Finistère.
Wolf (André et Roger), de Swynaerde, à Gannat, Allier.
Wullaers (Auguste) et fam., de Roulers, à Labatut-Rivière, Htes-Pyrén.
Wullairt (Alphonse), de Thielt, à Agen, Lot-et-Garonne.
Wulf (François de) et fam., d'Ostende, à Vire, Lot.
Wybo (Irma), de Pitthem, à La Teste, Gironde.
Wybo (Reine) et fam., de Pitthem, à La Teste, Gironde.
Wychuys (Camille), de . . . , à Bègues, Allier.
Wykees (Michel), de Bruges, à Calus Lot.
Wymaes (Hector), de Malines, à Bazillac, Hautes-Pyrénées.
Wyns (Willem) et fam., de Malines, à Trévoux, Finistère.
Wyndaele (Doothem), de Gand, à Escurolles, Allier.
Yansens (Marie) et fam., d'Ichteghem, à Concarneau, Finistère.
Yernaux (Lucien) et fam., de Lobles, à Hourc, Hautes-Pyrénées.
Yonchère (Léonie) et fam., d'Ostende, à Montcuq, Lot.
Yourk (Sébastien de) et fam., de Lierre, à Bannalec, Finistère.
Ypermann (Georges), de Tourcoing, à Hambye, Manche.
Yvanne (Pierre), d'Alost, à Cahors, Lot.
Zager (Francois de), d'Anvers, à Colayrac-Saint-Cirq, Lot-et-Garonne.
Zambreckt (Joseph), de Bruges, à Condom, Gers.
Zègue (Jules), d'Erquelines, à Montpinchon, Manche.
Zegers (Jean-Joseph), d'Anvers, à Concarneau, Finistère.
Zeyter (Achiel de), de Meirelbeke, à Saint-Aubin, Allier.
Zimmermanl (Etienne), de Westende, à Saint-Menoux, Allier.
Zimmermanl (Achiel), de Gand, à Saint-Menoux, Allier.
Zwaenepoel (Pius), de Steene, à Gignac, Lot.
Zwaenepoel (Henri) de Saint-André-lez-Bruges, à Anglars-Juillac, Lot.
Zwaenepoel (Léon), de Steene, à Gignac, Lot.

13e LISTE.

Aagelink (Jean), de Gent, à Vindefontaine, Manche.
Abrassard (Charles) et fam., de Dourd, à Cuves, Manche.
Adam (Joséphine), de Jeumont, à Hauteville-sur-Mer, Manche.
Amerlinck (Achiel), de Gand, à Millières, Manche.
Adam (François), de Frameries, à Granville, Manche.
Adelin (Henri), de Châtelineau, à Granville, Manche.
Aeten (Henri), de Hechtel, à La Rochelle, Charente-Inférieure.
Alexandre (Eugène) et fam., de Châtelineau, à Granville, Manche.
Allard (Guy) et fam., de Pommereul, à Granville, Manche.
Allemeersck (Victor), d'Assebrouck, à Montluçon, Allier.
Aloise (Lisabeth), de Lichtervelle, à Montluçon, Allier.
Andenbosch (Charles), de Ledeberl-Gand, à Montluçon, Allier.
André (Albert), de Saint-Amand-Namur, à La Rochelle, Charente-Infér.
Andry (Gustave), de Wasmes, à Saint-Loup, Manche.
Annocquet (Edmond), de Gand, à Montluçon, Allier.
Anthemus (Georges), de Ledeberg, à Donjon, Allier.
Appui (Joseph) et son ép., de Louvain, à Montluçon, Allier.
Aras (Alphonse) et fam., de Gand, à Montluçon, Allier.
Ardenois (Odile), de Bruges, à La Rochelle, Charente-Inférieure.
Arnoud (Besons), de Lille, à Donjon, Allier.
Asbath (Leopold), de Gand, à Montluçon, Allier.
Aubocq, d'Anvers, à Montluçon, Allier.
Augustius (Jeanne), de Louvain, à Montluçon, Allier.
Augustans (Dominique), de Louvain, à Montluçon, Allier.
Auquier (Augustin), de La Bouverie, à Avranches, Manche.
Baert (Florimond), de Bruges, à Montluçon, Allier.
Baert (Florimond), de Beernem, à Néris-les-Bains, Allier.
Bailleux (Claire), de Charleroi, à Granville, Manche.
Bal (Joseph), d'Audenbourg, à Montluçon, Allier.
Bants (Raymond), de Saint-Denis, à Vindefontaine, Manche.
Bartens (Polydore), de Gand, à Donjon, Allier.
Bar (Adolphine), de Wasmes, à Saint-Loup, Manche.
Bartholomès (Victor), de Rebecq-Rognon, à Vesly, Manche.
Bastogne (Isidore), d'Izel, à Lusigny, Aube.
Batselier (Achille), de Wesemaele, à Vesly, Manche.
Batsleer (Gustave) et fam., de Gand, à St-Germain-sur-Ay, Manche.
Bauche (Louis), d'Abscon, à Lozon, Manche.
Baudaux (François), de Châtelineau, à Granville, Manche.
Baudet (Maria), de Bruges, à La Rochelle, Charente-Inférieure.
Beaujean (Constant), d'Arras, à Châtillon-sur-Indre, Indre.
Becker (Charles de) et sa fam., d'Elewyt, à Montluçon, Allier.
Beck (Jean), de Bauize, au Pignat, Creuse.
Begue (Henri), de Blankenberghe, à Montluçon, Allier.
Behaegel (Théophile), de Gand, à Montluçon, Allier.
Beir (Camille de), et sa fam., de Wondelgen, à St-Germain-sur-Ay, Manche.
Beker (Jean de) et fam., de Ledeberg, à Montluçon, Allier.
Beko (Frans), de Gand, à Millières, Manche.
Bekylspotter (Victor), de Douai, à Montluçon, Allier.
Belleville (Benoît), de Gand, à Montluçon, Allier.
Belmans (Catherine), de Malines, à Néris-les-Bains, Allier.
Belkin (Alphonse), de Gand, à Millières, Manche.
Bellet (Georges) et fam., de La Bouverie, au Val-Saint-Père, Manche.
Benhekem (Edouard), de Louvain, à Montluçon, Allier.
Berdal (Marie), d'Anvers, à Baudreville, Manche.
Berthaud (Louise), de Toul, à Montluçon, Allier.
Bériot (Félicien) et sa fam., de Jemmapes, à Granville, Manche.
Bernard (François), d'Ixelles, à Saint-Germain-sur-Ay, Manche.
Berdal (Ernest) et sa fam., d'Anvers, à Baudreville, Manche.
Bertovers (Marie), de Malines, à Huisnes, Manche.
Bernard (François) et son ép., de Florenville, à La Rochelle, Charente-Inf.
Besest (Léon), de Mons, à Percy, Manche.
Besnoit (Maurice), de Dompremier, à La Rochelle, Manche.
Beulekens (Henri), de Louvain, à Montluçon, Allier.
Beuselinck (Médard), de Bruges, à Montluçon, Allier.
Biard (Marie) et sa fam., de Landrecies, à Avranches, Manche.
Biefnot (Alice), de Flénu, à Granville, Manche.
Bienfait (Marie-Anne), de Bohain, à Granville, Manche.
Biot (Emile) et sa fam., de Fosses, à Granville, Manche.
Biron (Alphonse), de Malines, à Huisnes, Manche.
Blacre (Pierre de) et fam., de Gand, à Millières, Manche.
Blairon (Marie) et fam., de Frameries, à Granville, Manche.
Blanvraett (Alphonse), d'Assebrouck, à Montluçon, Allier.
Blanchaert (Ernest), de Gand, à Saint-Germain-sur-Ay, Manche.
Blanwaert (Albert), de Gand, à Millières, Manche.
Blehias (Emile), de Valenciennes, à Carnet, Manche.
Bleigé (Maurice de), de Ledeberg, à Montluçon, Allier.
Bleckn (Prosper), de Malines, à Montluçon, Allier.
Blondeel (Auguste) et sa fam., de Bruges, à Montluçon, Allier.
Blondiau (René), de Rebecq-Rognon, à Vesly, Manche.
Bodart (Célestine), de Bouillon, à Bouillon, Manche.
Boel (Valéry), de Denderbelle, à Montluçon, Allier.
Boel (Ambroise), de Drocourt-Coran, à St-Christophe, Charente-Inférieure.
Bogaert (Van), de Machelen, à Néris-les-Bains, Allier.
Boliau (Edgard), de Gand, à Montluçon, Allier.
Bols (Franze), de Wesemaele, à Vesly, Manche.
Bonne (Maurice), de Berck-sur-Mer, à St-Agnan-de-V., Creuse.
Bonne (Jean-Baptiste), de Gand, à Lauine, Manche.
Boon (Léona), de Mons, aux Biards, Manche.
Boule (Georges), de Gand, à Millières, Manche.
Bourdier (Albert) et fam., de Chimay, à Granville, Manche.
Bourdon (Marie), de Liège, à Baudreville, Manche.
Bouson (Edouard) et sa fam., de Frameries, à Donville-les-Bains, Manche.
Bouvernes (Gustave), de Gand, à Lauine, Manche.
Bouzin (Camélia) et sa fam., de Moriaimé, à Pontaubault, Manche.
Boulogne (Alexandre), de Loos, à Bourey, Manche.
Boyer (Adèle), de Liège, à Royan, Charente-Inférieure.
Braeckeveldt (Henri) et sa fam., de Liévin, à Luçay-le-Mâle, Indre.
Bral (Basile), de Landscoutte, à Montluçon, Allier.

Braeckmans (Marie), de Bruges, à La Rochelle, Charente-Inférieure.
Brabander (Julien de), de Gand, à Millières, Manche.
Brion (Céline), d'Hornu, à Granville, Manche.
Briquet (Clémence) et sa fam., de Lobbes, à Granville, Manche.
Brion (Noël) et sa fam., d'Hornu, à Granville, Manche.
Brouhon (Marthe) et sa fam., d'Hoboken, à Vessey, Manche.
Brohez (Achille) et sa fam., d'Eugies, à Avranches, Manche.
Briquet (Emile), de Lobbes, à Granville, Manche.
Brichaux (Oscar) et sa fam., de Morialmé, à Aulnay-s. Mauldre, S.-et-O.
Brouwers (Marie) et enf., de Louvain, à Montluçon, Allier.
Broos (Victorine), d'Hérenthals-Anvers, à La Rochelle, Charente-Infér.
Broeders (Sophie), d'Hoboken, à Vessey, Manche.
Bruyn (Josephus de) et sa fam., d'Anvers, à Montluçon, Allier.
Bruuin (Prosper), d'Ostende, à La Rochelle, Charente-Inférieure.
Bruggeman (Georges), de Gand, à Millières, Manche.
Bruaux (Olivier) et fam., d'Hansinelle, à Aulnay-sous-Bois, Seine-et-Oise.
Buck (Jean de) et sa fam., de Gand, à Millières, Manche.
Bucquoy (Auguste), d'Oudenburg, à Montluçon, Allier.
Buddecker (Guillemine), de Bruges, à La Rochelle, Charente-Inférieure.
Buelterre (Henri) et son ép., de Malines, à Montluçon, Allier.
Bultiune (Arthur), de Saintes, à Montluçon, Allier.
Bury (Victorine), de Bruges, à La Rochelle, Charente-Inférieure.
Bury (Palmire), d'Erquelines, à Roncey, Manche.
Burton (Marie), de Liège, à Bouillon, Manche.
Burey (Arthur), d'Ham-sur-Meuse, à Port-Villez, Seine-et-Oise.
Cadron (Floris), de Lille, à Chapelle-Urée, Manche.
Cajardo (Anne), de Bruges, à La Rochelle, Charente-Inférieure.
Callaerts (Joseph), d'Hombeck, à Montluçon, Allier.
Callens (Maurice), de Bruges, à Néris-les-Bains, Allier.
Camu (Romain), d'Alost, à Bretteville-sur-Ay, Manche.
Campe (Camille), de Breedèrre, à La Petite-Marche, Allier.
Campe (Arthur), de Degnoze, à Montluçon, Allier.
Canké (Florent), de Lille, à Carnet, Manche.
Capron (Eva), de Wasmes, à Saint-Ovin, Manche.
Capiau (Desmares) et fam., de Dour, à La Lucerne-d'Outre-Mer, Manche
Capoen (Lépold), de Woormezeelles, à Carnac, Morbihan.
Carion (Anne), de Frameries, à Donville-les-Bains, Manche.
Carnaille (Marcelle), de Bruges, à La Rochelle, Charente-Inférieure.
Cas (Cyrille), d'Herbsken, à Gometz-la-Ville, Seine-et-Oise.
Cauberg (Marie) et fam., de Liège, à Quiberon, Morbihan.
Cerf (Mme), de Bruxelles, au Palais, Morbihan.
Chalon (François) et son ép., de Maubeuge, à Dun-les-Palleteau, Creuse.
Champagne (Alice), de Gougny, à Avranches, Manche.
Charles (Alina), de Falisolles, à Saint-Ovin, Manche.
Chanson (Emile) et fam., d'Hansinelle, à Aulnay-sous-Bois, Seine-et-Oise.
Christiaens (Hélène), de Bruges, à La Rochelle, Charente-Inférieure.
Claerbout (Gustave), de Gand, à Montluçon, Allier.
Claus (Marie), de Bruges, à La Rochelle, Charente-Inférieure.
Claers (Alexandry), d'Anvers, à Huisnes, Manche.
Claessens (Jean), de Molenbeck, à Vesly, Manche.
Claus (François), de Lille, à Notre-Dame-de-Livoye, Manche.
Clauwert (Adolphe), d'Alsie, à Vindefontaine, Manche.
Cleynhens (Edouard), de Malines, à Montluçon, Allier.
Clément (Albéric), de Thourout, à Lessay, Manche.
Clément (Armant), de Monceau-Marchiennes, à Avranches, Manche.
Clément (Honoré), de Thourout, à Lessay, Manche.
Clément (Horace), de Monceau-Marchiennes, à Avranches, Manche.
Clincke (Léon) et sa fam., de St-Pierre-les-Bruges, à Montluçon, Allier.
Clincke (Léon), de Sainte-Croix-les-Bruges, à Néris-les-Bains, Allier.
Cluytens (Maria), de Malines, à Néris-les-Bains, Allier.
Cluytens (Marie), de Malines, aux Pas, Manche.
Cnopr (Armand), de Louvain, à Montluçon, Allier.
Cociramont (Arthur), de Monceau-Marchiennes, à Avranches, Manche.
Cock (Aline de), de Bruges, à La Rochelle, Charente-Inférieure.
Cock (Coustant de) et fam., de Bruxelles, à Saint-Nom-la-Bretèche, S.-et-O.
Codenys (Emilie), de Bruges, à La Rochelle, Charente-Inférieure.
Codenys (Elisa), de Bruges, à La Rochelle, Charente-Inférieure.
Coen (Joseph), de Rortmerbecke, à Néris-les-Bains, Allier.
Colpaert (Armand), de Berck-sur-Mer, à Saint-Agnan-de-Versillac, Creuse.
Colembie (Henri), de Lille, à Chapelle-Urée, Manche.
Colin (Victor), de Weiller, à Avranches, Manche.
Collignon (Emile), de Wasmes, à Saint-Ovin, Manche.
Colon (Frédéric), d'Anvers, à Montluçon, Allier.
Collerat (Adhémar), de Bruges, à Montluçon, Allier.
Collignon (Eva), de Wasmes, à Saint-Ovin, Manche.
Contryn (Emile), de Louvain, à Montluçon, Allier.
Coomans (Georges), de Gand, à Montluçon, Allier.
Coppée (Emile), de Biesmes, à Montluçon, Allier.
Coppers (Désiré), d'Erondegen, à Néris-les-Bains, Allier.
Cornélis (Georges), de Deynze, à Montluçon, Allier.
Corneliss is (Gustave), de Bruges, à Montluçon, Allier.
Costenoble (Maurice), de Bruges, à Montlucon, Allier.
Coudeville (Richard), de Sabbecke, à Montluçon, Allier.
Couwels (Gustave), de Berck-sur-Mer, à Saint-Agnan-de-Versillac, Creuse.
Coucke (Elise), de Bruges, à La Rochelle, Charente-Inférieure.
Cousin (Louis), de Gand, à Millières, Manche.
Coutreras (Eugène), de Lille, à Gavray, Manche.
Crougneste (Théophile van), d'Asnières, à Soréac, Hautes-Pyrénées.
Cuemps (Julien), de Coreusart, à Montluçon, Allier.
Cuvrier (Arthur), de Berck-sur-Mer, à Saint-Agnan-de-Versillac, Creuse.
Cuyper (Théophile de), d'Evergen, à Néris-les-Bains, Allier.
Cock (Marie de), de Saint-Nicolas, à La Rochelle, Charente-Inférieure.
Dagneau (Aimé), d'Ittre, à Montluçon, Allier.
Dagnicuty (Jeanne), de Ressaix, à Carnac, Morbihan.
Dameels (Honoré), de Ledeberg, à Montluçon, Allier.
Damarcy (James), d'Anvers, à Montluçon, Allier.
Damarcy (Wilmen), d'Anvers, à Montluçon, Allier.
Daniels (Honoré), de Bruges, à Montluçon, Allier.
Dantschotter (Adrien), de Bruges, à Montluçon, Allier.
Dargent (Zoé), de Couvin, à Pontaubault, Manche.
Dartois (Rachelle), de Paris, à Arzon, Morbihan.
Dauleux (Marthe), de Bruges, à La Rochelle, Charente-Inférieure.
Dawader (Edouard), de Werchter, à Néris-les-Bains, Allier.
Debruille (Robert), de Gand, à Montluçon, Allier.
Débéchie (Ferdinand) et fam., de Lobles, au Grand-Celland, Manche.
Debecker (Guillaume), de Watermoal, à Saint-Germain-sur-Ay, Manche.
Deboele (Franz), de Wesmaele, à Vesly, Manche.
Debleu (Edouard), de Lille, à Hautteville-sur-Mer, Manche.
Debruyne (Polydore), de Lille, à Bricqueville-sur-Mer, Manche.
Deblauwe (Camille), de Thourout, à Mareil-en-France, Seine-et-Oise.
Deboute (Rosa) et enf., de Vitrival, à Aulnay-sur-Mauldre, Seine-et-Oise.
Décamps (Gabrielle), de Billy-Montigny, à Espiens, Lot-et-Garonne.
Decker (François de), d'Hombeck, à Montluçon, Allier.
Declerck (François), d'Assebrouck, à Montluçon, Allier.
Decelle (Jules), d'Hoboken, à Vessey, Manche.
Declerck (Albert) et fam., de Lille, à Avranches, Manche.
Declève (Jean-Baptiste) et fam., d'Erquelines, à Roncey, Manche.
Decaster (Ernestine), de Bruges, à La Rochelle, Charente-Inférieure.
Dedonder (Jean), de Laeken, à Vesly, Manche.
Deforez (Benjamin), d'Ostende, à Montluçon, Allier.
Defré (Jules), de Lille, à Carnet, Manche.
Defrise (Florian), de Wersiner, à Ponts, Manche.
Defrise (Victorine), de Wasmes, à Avranches, Manche.
Degrez (Roch), de Marpent, à Carnac, Morbihan.
Degeest (Charles), de Roulers, à Vesly, Manche.
Dégeneffe (Pierre) et fam., de Gilly, à Avranches, Manche.
Deheet (Pedro), d'Alost, à Bretteville-sur-Ay, Manche.
Dejaeger (Alphonse), de Gand, à Vesly, Manche.
Dejaeger (Georges), de Gand, à Vesly, Manche.
Dejaeger (Maurice), de Gand, à Vesly, Manche.
Dejonghe (Léopold), de Sallaumines, à La Rochelle, Charente-Inférieure.
Dejonghe (Désiré), de Lille, à Gavray, Manche.
Deketelaere (Julien) et fam., de Couckelaere, à Lessay, Manche.
Delang (Flore), d'Ostende, à Montluçon, Allier.
Delannière (Hélène), de Bruges, à La Rochelle, Charente-Inférieure.
Delasoye (Achille) et fam., d'Eugies, à Avranches, Manche.
Delbaut (Jozef), de Gand, à Millières, Manche.
Delcambre (Alexandre), de Denain, à Carnet, Manche.
Delcau (Victorine), de Billy-Montigny, à Etel, Morbihan.
Delenve (Adolphe), d'Ellezelles, à Cormeilles-en-Vexin, Seine-et-Oise.
Delen (René), de Saintes, à Montluçon, Allier.
Delforges (Maria) et fam., de Jarciennes, à Ponts, Manche.
Delmez (Gabrielle) et fam., de Longueil-Onnel, à Avranches, Manche.
Delmoitié (Fernand), de Soignes, à Montluçon, Allier.
Delodderre (Alphonse) et fam., de Lille, à Bricqueville-sur-Mer, Manche.
Deloovère (Omer), de Chruyshauten, à Gometz-la-Ville, Seine-et-Oise.
Delporte (Fernand), de Lille, à Carnet, Manche.
Delsipée (Eloi), de Maubeuge, à Quiberon, Morbihan.
Delnaart (Nestor), d'Ostende, à Carnet, Manche.
Demanet (Charles) et fam., de Furnaux, à Avranches, Manche.
Demay (Oscar), de Braine-le-Comte, à Carnet, Manche.
Demeuve (Cyrille) et fam., de Charleroi, à Percy, Manche.
Deny (Louis), de Lille, à Lingreville, Manche.
Dendas (Céline), de Maubeuge, à Avranches, Manche.
Depoorter (Godelièvre), de Bruges, à La Rochelle, Charente-Inférieure.
Deprez (Vos), de Berckem, à Montluçon, Allier.
Deprins (Henri), de Watermoal, à Saint-Germain-sur-Ay, Manche.
Depus (Emile), de Louvain, à Laulne, Manche.
Dequenne (Walter), de Mons, à Avranches, Manche.
Derache (Fernand), de Bruxelles, à Saint-Nom-la-Bretèche, Seine-et-Oise.
Dereuse (Alphonse), de Lille, à Carnet, Manche.
Dermaux (Joseph), de Loos, à La-Chapelle-Urée, Manche.

Denne (Adolphe), d'Assebrouck, à Montluçon, Allier.
Dethoy (Emile), de Gand, à Millières, Manche.
Derudder (Raymond), de Saint-Denis, à Montluçon, Allier.
Deruyck (Jules), de Lille, à Avranches, Manche.
Descamps (Constant), de Loisan-sur-Lens, à Bellegarde, Creuse.
Deseim (Léopold), de Bruges, à Lauine, Manche.
Desmacion (Maurice), de Bruges, à Lauine, Manche.
Desmer (Gustave), de Gand, à Saint-Germain-sur-Ay, Manche.
Desmet (Julia), de Bruges, à La Rochelle, Charente-Inférieure.
Desmet (Emile) et fam., d'Ostende, à Saint-Germain-sur-Ay, Manche.
Desquenne (Hector) et fam., de Monsignies, à Quiberon, Morbihan.
Detalle (Marie), de Jeumont, à Hauteville-sur-Mer, Manche.
Devluemunik (Jules), de Loos, à La-Chapelle-Urée, Manche.
Devueze (Camille), de Wingeuc, à Montluçon, Allier.
Deveseler (Oscar), de Quénast, à Montluçon, Allier.
Dewelle (Adonis) et fam., de Jeumont, à Cormeilles-en-Vexin, Seine-et-Oise.
Dewolf (Romain), d'Alost, à Bretteville-sur-Ay, Manche.
Dhaiveus (Maurice), de Gand, à Vindefontaine, Manche.
Dhionot (Jules), de Bruges, à Montluçon, Allier.
Dhuyvettere (Cyrille), d'Aaltre, à Vesly, Manche.
Dibbout (Oscar), de Loos, à Chapelle-Urée, Manche.
Dick (Georges), de Saint-Denis-Weskem, à Vindefontaine, Manche.
Dickeler (Philippine), de Bruges, à La Rochelle, Charente-Inférieure.
Didden (Anne), de Bruges, à La Rochelle, Charente-Inférieure.
Diddens (François), de Leest, à Montluçon, Allier.
Dierichse-Borman (Mme), de Louvain, à Montluçon, Allier.
Dierickx (Maria), de Bruges, à La Rochelle, Charente-Inférieure.
Dissire (Gustave), d'Ostende, à La Rochelle, Charente-Inférieure.
Dobbelaere (René), de Gand, à Millières, Manche.
Dechain (Marie), d'Hansinelle, à Aulnay-sur-Mauldre, Seine-et-Oise.
Dohimont (Juliette), de Bruges, à La Rochelle, Charente-Inférieure.
Doneut (Victor), de Tarciennes, à Montluçon, Allier.
Donny (Jules) et fam., de Voingles, à Saint-Vaury, Creuse.
Dormaels (Charles) et fam., de Wilsch, à Néris-les-Bains, Allier.
Dongnart (Madeleine), de Montataire, à Avranches, Manche.
Doyen (Louisa), d'Hept-sur-Mer, à Baudreville, Manche.
Drigot (Joseph) et fam., d'Hansinelle, à Aulnay-sus-Mauldre, Seine-et-Oise.
Drieghe (Albertine), d'Ostende, à Moidreys, Manche.
Druart (Marie), de Wasmes, à La Rochelle, Manche.
Druart (Désirée) et fam., de La Bouverie, à Avranches, Manche.
Druart (Aurore) et fam., de La Bouverie, à Avranches, Manche.
Dubois (Edmond) et fam., de Morialmé, à Aulnay-sur-Mauldre, S.-et-O.
Dubois (Louis), de Lille, à Percy, Manche.
Dubois (Gustave) et fam., de Warquignies, à Saint-Ovin, Manche.
Dubuquoit (Edgard), de Saintes, à Montluçon, Allier.
Ducobu (Marcel), de Bruxelles, à Avranches, Manche.
Duhesne (Jules), de Bruxelles, à Pussay, Seine-et-Oise.
Dumon (Richard) et fam., de Bruges, à Montluçon, Allier.
Dument (Marie), d'Orel, à La Rochelle, Charente-Inférieure.
Dupont (François), de Mont-St-Guibert, à La Rochelle, Manche.
Dupontcheel (Georges), d'Audenaerde, à Lessay, Manche.
Duquesnes (Fernand) et fam., d'Erquelines, à Roncey, Manche.
Dusillie (Jules), de Lille, à Carnet, Manche.
Dutrieux (Alice), de Bruges, à La Rochelle, Charente-Inférieure.
Eeckhom (Jules), de Welden, à Percy, Manche.
Eels (Charles), de Bruges, à Vindefontaine, Manche.
Engelbertin (Armand) et fam., de Louvain, à Montluçon, Allier.
Engelen (Marie), de Bruges, à La Rochelle, Charente-Inférieure.
Ernotte (Louis) et fam., de Mariembourg, à Quiberon, Morbihan.
Evrard (Denis) et fam., de Louvain, à Montluçon, Allier.
Exsteyl (Henri), de Gand, à Millières, Manche.
Fauche (Ferdinand) et fam., de Ham-sur-Sambre, à Port-Villez, S.-et-O.
Fauville (Blanche), de Bruges, à La Rochelle, Charente-Inférieure.
Feuillen (Emile), de Malonne-lez-Namur, à La Rochelle, Charente-Infér.
Fevère (Romain de), de Gand, à Saint-Germain-sur-Ay, Manche.
Fiane (Henri), d'Ixelles, à Saint-Germain-sur-Ay, Manche.
Flormes (Alfred), de Berchem-Ste-Agathe-lez-Bruxelles, à La Rochelle, Ch.-Inf.
Folens (Jules) et fam., de Lens, à Sargé, Loir-et-Cher.
Fonseca (Gustave de), de Gand, à Millières, Manche.
Fonteyne (Thérèse), de Bruges, à La Rochelle, Charente-Inférieure.
Fonteyne (Joseph), de Bruges, à Percy, Manche.
Fourneaux (Joseph), de La Bouverie, à Avranches, Manche.
Fourneaux (Hortense), de La Bouverie, à Avranches, Manche.
Frans (Mathilde), de Putte-lez-Malines, à l'Hourneau, Charente-Inférieure.
Frappart (Gustave) et fam., de Boussa, à Cuves, Manche.
Frelier (Adrienne), de Roulers, à Royan, Charente-Inférieure.
Fromant (Aloïse), d'Hénin-Liétard, à La-Chapelle-Urée, Manche.
Fromière (Edmond), de Villers-sur-Nicolle, à Avranches, Manche.
Gabreau (Jean), d'Ellezelles, à Cormeilles-en-Vexin, Seine-et-Oise.
Gabreau (Albert), de Flobecq, à Cormeilles-en-Vexin, Seine-et-Oise.
Galeeus (Léopold), de Loos, à La-Chapelle-Urée, Manche.

Gantois (Emile), de Frameries, à Donville-les-Bains, Manche.
Gautier (Désiré), de Liège, à La Rochelle, Charente-Inférieure.
Geers (Séraphine), de Saint-Andrées, à Vindefontaine, Manche.
Geets (Jeanne) et enf., de Malines, à Néris-les-Bains, Allier.
Gérard (Jean-Baptiste), de Roubaix, à Bricqueville-sur-Mer, Manche.
Gérard (Antoine), de Marbais-la-Tour, à Avranches, Manche.
Gérimaus (Désiré), de Gilly, à Juilley, Manche.
Ghesquière (Henri), de Roubaix, à Carnet, Manche.
Ghislaire (Elisabeth), de Wandre, à Avranches, Manche.
Giard (Eugène) et son épouse, de Momignies, à Ezanville, Seine-et-Oise.
Gijoot (Auguste), de Bruges, à Vindefontaine, Manche.
Gilles (Jules) et fam., de Sart-Eustache, à Aulnay-s.-Mauldre, Seine-et-Oise.
Gillet (Joseph), d'Izel, à Lusigny, Aube.
Gilson (Joséphine) et fam., de Sosoye, à Saint-Ovin, Manche.
Girard (Henri), de Gand, à La Rochelle, Charente-Inférieure.
Glorie (Albertine), de Malines, à Néris-les-Bains, Allier.
Goavert (Lucien), de Dompremier, à La Rochelle, Manche.
Gobeaux (Anatole), de Momignies, à Ezanville, Seine-et-Oise.
Godefroy (Alfred), de Frameries, à Avranches, Manche.
Goegebeur (Edouard), de Lille, à La-Chapelle-Urée, Manche.
Goethals (Alphonse), de Lille, à Carnet, Manche.
Goffin (Juliette), d'Hoboken, à Vessey, Manche.
Goffroy (Jules) et fam., de Sautour, à Aulnay-s.-Mauldre, Seine-et-Oise.
Goovaerts (Marie), de Malines, à Huismes, Manche.
Goovaerts (Elisa), d'Anvers, à Huismes, Manche.
Gosse (Joseph), de Lille, à Carnet, Manche.
Gossiau (Jean), de Louvain, à Sauine, Manche.
Gouvieands (Antoine), de Lombartrède, à Montluçon, Allier.
Goutière (Emile), de Meurchin, à Banize, Creuse.
Gouvry (Léopold), de Pont-Ayendin, à Montesquiou, Gers.
Gouverneur (Lucien), d'Angecourt, à Dangy, Manche.
Gouverneur (Marie), d'Angecourt, à Dangy, Manche.
Graindorge (Joseph), de Bruxelles, à Avranches, Manche.
Grauwet (François), de Malines, à Montluçon, Allier.
Graux (Bertine), de Momignies, à Quiberon, Morbihan.
Graver (Lucien), de Momignies, à Ezanville, Seine-et-Oise.
Greaf (Valentine de), de Bruges, à La Rochelle, Charente-Inférieure.
Grignet (Victor), de Mons, à Avranches, Manche.
Grimauprez (Camille), de Loos, à La-Chapelle-Urée, Manche.
Grosjean (François) et fam., de Sart-Eustache, à Aulnay-s.-Mauldre, S.-et-O.
Gryson (Edmond), de Gueluaité, à Carnac, Morbihan.
Gucht (Polydor Von), de Terremonde, à Audes, Allier.
Gueldre (Emma de), de Bruges, à La Rochelle, Charente-Inférieure.
Guesteden (Louis), d'Aubourg, à Néris-les-Bains, Allier.
Haentges (Betros), de Mairebeck, à Montluçon, Allier.
Haeseveld (Edmond) et fam., de Ledeberg, à Montluçon, Allier.
Hainaut (Louise), de Montigny-le-Tilleul, à Val-Saint-Père, Manche.
Hallin (Emile) et enf., d'Hermiseeur, à Montluçon, Allier.
Halloy (Alphonse), d'Aavic, à Dangy, Manche.
Hammer (Rodolphe), de Bruges, à Montluçon, Allier.
Hanotiaux (Jean) et fam., de Mettet, à Aulnay-s.-Maudre, Seine-et-Oise.
Harmagnia (Jules) et fam., de Lens, à Lavaveix, Creuse.
Haulten (Joseph), d'Anvers, à La Rochelle, Charente-Inférieure.
Hendrickx (Romain) et fam., d'Alost, à Bretteville-s.-Ay, Manche.
Henno (Julia) et fam., de Mons, à La Rochelle, Manche.
Henrion (Fernand), de Rebecq-Rognon, à Montluçon, Allier.
Herbecq (Suzanne), de Gozée-le-Thenin, à Pontaubault, Manche.
Herdt (Gustave de), de Gand, à Millières, Manche.
Hermans (Louis), à Montluçon, Allier.
Heusschen (Adolphe), de Bruges, à La Rochelle, Charente-Inférieure.
Hieckens (Théophile), de Gand, à St-Germain-sur-Ay, Manche.
Hodelet (Emile), d'Ostende, à Cuves, Manche.
Hoet (Jules), de Lille, à Lingreville, Manche.
Hoffmans (Isidore), de Malines, à Montluçon, Allier.
Honat (Jules de), de Grand-Bruges, à Montluçon, Allier.
Honnoré (Anna) et fam., de La Bouverie, à Avranches, Manche.
Honoré (Rosa) et fam., de Wasmes, à La Rochelle, Manche.
Honorez (Adèle), de Dour, à La Lucerne-d'Outre-Mer, Manche.
Houbion (Hubert) et fam., de Sosoye, à Saint-Ovin, Manche.
Houdt (Jules d'), de Goudbrugge, à Néris-les-Bains, Allier.
Houdt (Jean d'), d'Iconnée, à Folligny, Manche.
Hollander (Henri d'), de Lille, à Briqueville-sur-Mer, Manche.
Hubault (Louis), de Roubaix, à Carnet, Manche.
Hubert (Edgard), d'Ostende, à Vesly, Manche.
Huger (Maurice), d'Anvers, à Montluçon, Allier.
Huicq (Robert), de Quarégnon, à Avranches, Manche.
Hullebusch (Irma), de Bruges, à La Rochelle, Charente-Inférieure.
Huy-Bruet, de Malines, à Montluçon, Allier.
Hyvaert (Franz) et fam., de Saint-Gilles, à Vesly, Manche.
Isbèque (Victor), de Gozée-le-Theuin, à Pontaubault, Manche.
Jacqueloot (Hector), de Bruges, à Lauine, Manche.

Jacques (Alfred) et fam., de Nallen, à Avranches, Manche.
Janeyle (Jean), à Montluçon, Allier.
Jaussens (Jules), de Bruges, à Montluçon, Allier.
Jaussens (Georges), de Bruxelles, à Néris-les-Bains, Allier.
Jaussen (Alfred), de Coulsore, au Grand-Celland, Manche.
Javert (Mme) et fam., d'Ostende, à Moidrey, Manche.
Jeannart (Léonart) et fam., d'Anderlues, à Avranches, Manche.
Jespers (Emile), de Kessel-Loo, à Montluçon, Allier.
Joliet (Franz), de Gemeente, à Montluçon, Allier.
Jonghe (Maria de), de Bruges, à La Rochelle, Charente-Inférieure.
Jooris (Julien), de Bruges, à Laulne, Manche.
Jouret (Pierre), d'Ellezelles, à Corneilles-en-Vexin, Seine-et-Oise.
Keller (Louis), de Malines, à Montluçon, Allier.
Kemps (Julie), de Bruxelles, à La Rochelle, Charente-Inférieure.
Kerckchez (Eugène von), de Gand, à Millières, Manche.
Kerpel (Théophile de), d'Anvers, à Audes, Allier.
Keymeulen (Valery), d'Alost, à Bretteville-sur-Ay, Manche.
Keyser (Auguste de), de Chruysbauten, à Gometz-la-Ville, Seine-et-Oise.
Keyser (Florent de), de Malmis, à Montluçon, Allier.
Kimpe (Gentiel), d'Ichteghem, à Millières, Manche.
Kinds (Alice), d'Oudenburg, à La Rochelle, Charente-Inférieure,
Kindt (Emile), de Bruges, à Néris-les-Bains, Allier.
Kinot (Emile), de Saint-Pierre-de-Bruges, à Montluçon, Allier.
Kinsalit (Rémy), de Lophem, à Montluçon, Allier.
Kiselstein (Louise) et fam., de La Courneuve-Aubervillers, à Guéret, Creuse.
Klinche (Gustave), de Bruges, à Néris-les-Bains, Allier.
Koch (Louise), de Nanterre, à Mauron, Morbihan.
Krelly (Albert), de Bruges, à La Rochelle, Charente-Inférieure.
Kreps (Marie), d'Anvers, à Crazannes, Charente-Inférieure.
Kuster (Jean), de Bruxelles, à Saint-Ovin, Manche.
Kuyser (Robert de), de Roubaix, à Lingreville, Manche.
Kyndt (Edouard) et fam., de Ghistelles, à Vesly, Manche.
Laes (François de), de Lombartride, à Montluçon, Allier.
Laet (Joseph de), de Piromchamps, à Montluçon, Allier.
Lambert (Alix) et fam., de Beaumont, à Royan, Charente-Inférieure.
Lambiotte (J.-B.) et fam., d'Hausinelle, à Aulnay-s.-Mauldre, Seine-et-Oise.
Landouer (Albert) et fam., d'Aubervilliers, à Guéret, Creuse.
Landrie (Oscar), de Scheldewindeke, à Montluçon, Allier.
Langbrogh (Alphonse), de Bruges, à Laulne, Manche.
Laprudence (Jules), de Gand, à Vindefontaine, Manche.
Larcin (J.-B.) et son épouse, de Maubeuge-Dousy, à St-Agnan-de-V., Creuse.
Lataer (Achille), de Syngem, à Montmarault, Allier.
Latte (Louis de), de Gand, à Montluçon, Allier.
Laugemes (Jean-Baptiste), de Lille, à Bricqueville-sur-Mer, Manche.
Laurent (Eleuthère), de Billy-Montigny, à Etel, Morbihan.
Lauwers (François), de Malines, à Montluçon, Allier.
Lauwers (Gaspard), de Malines, à Montluçon, Allier.
Levandome (Marcelline) et fam., de Maubeuge, à Quiberon, Morbihan.
Lazoen (Florent), de Gent, à Vindefontaine, Manche.
Lebidois (Ernestine), de Bruges, à La Rochelle, Charente-Inférieure.
Lebrun (Marie) et enf., d'Erquelines, à Corneilles-en-Vexin, Seine-et-Oise.
Lecaille (Jules) et fam., de Couvin, à Pontaubault, Manche.
Leclercq (Charles) et fam., de Boussu, à Carnac, Morbihan.
Lecoyer (Eva), de Maquenoise, à Quiberon, Morbihan.
Lecuyer (Victor) et fam., de Mellet, à Avranches, Manche.
Ledin (Joséphine), de Liége, à Baudreville, Manche.
Leeuvo (François de), d'Alost, à Montluçon, Allier.
Lefevere (Maurice), de Bruges, à Montluçon, Allier.
Lefebvre (Louis), de Neufville, à Montluçon, Allier.
Legrand (François), de Dompremier, à La Rochelle, Manche.
Lejeune (Edouard), d'Izel, à Lusigny, Aube.
Lekime (Jules), de Soignées, à Montluçon, Allier.
Lemaire (Jean) et fam., de Frameries, à Donville-les-Bains, Manche.
Lemmans (Thérézia), de Wilsel, à Néris-les-Bains, Allier.
Le Nain (Georges), d'Auberchicourt, à Carnac, Morbihan.
Lepoint (Antoine) et fam., de Dourd, à Cuves, Manche.
Leret (Adrien), de Mellet, à Avranches, Manche.
Lernoux (Aimable), de Momignies, à Ezanville, Seine-et-Oise.
Leroy (Mme) et fam., de Haute-Wiherie, à Chavoy, Manche.
Leroy (Lucien), de Wandre, à Avranches, Manche,
Leroy (Esther), d'Hautel-Wihain, à Chavoy, Manche.
Leroy (Catherine), de Wandre, à Avranches, Manche.
Lescroart (Léon), d'Hazebrouck, à Montluçon, Allier,
Lezairi (Maurice) et fam., de Bruges, à Montmarault, Allier.
Libert (Jean) et fam., de Louvain, à Montluçon, Allier.
Libert (Vital) et fam., de La Bouverie, à Saint-Ovin, Manche.
Liégeois (Fernand) et fam., de Bouillon, à Bouillon, Manche.
Liétard (Emile) et fam., de Bruges, à Montluçon, Allier.
Liétard (Isabelle) et fam., de Mariembourg, à Quiberon, Morbihan.
Lieuverche (Cyriel) et fam., de Liévin, à Plouharnel, Morbihan.
Lievens (Georges), de Mont-St-Amand-lès-Gand, à Millières, Manche.
Lil (Joseph de), d'Alost, à Bretteville-sur-Ay, Manche.
Linard (Antoinette), de Boussu-les-Walcourt, à Avranches, Manche.
Loiseau (Palmyre) et fam., de Wasmes, à La Rochelle, Manche.
Lombart (Mélanie), de Monceau-sur-Sambre, à Avranches, Manche.
Lorsignol (Paul), de Reims, à Royan, Charente-Inférieure.
Loossens (Benoit) et fam., de Putte-lez-Malines, à l'Hourneau, Char.-Infér.
Louvieau (Mme), d'Avion, à Montier-Rozeille, Creuse.
Lust (Lucien), de Ghistelles, à Vesly, Manche.
Luycks (Victor), de Saintes, à Montluçon, Allier.
Luyten (Emmanuel) et fam., de Louvain, à Montluçon, Allier.
Maces (Maurice), de Bruges, à Vindefontaine, Manche.
Maes (Florent), d'Alost, à Bretteville-sur-Ay, Manche.
Maes (François), d'Ostende, à Millières, Manche.
Maepe (François), de Watermoal, à Saint-Germain-sur-Ay, Manche.
Mahieu (Alphonse), de Roubaix, à Carnet, Manche.
Mahieu (Claire) et fam., d'Anvers, à Baudreville, Manche.
Mahieux (Julia), d'Anderlues, à Saint-Ovin, Manche.
Magnier (Jules), de Rebecq-Rognon, à Vesly, Manche.
Magoge (Jules) et fam., de Maubeuge, à Dun-le-Palleteau, Creuse.
Maillon (Camille) et fam., d'Anvers, à Montluçon, Allier.
Maillet (Jean-Baptiste) et fam., de Termonde, à Montluçon, Allier.
Maillard (Georges), de Ronchin, à Savigny, Loir-et-Cher.
Maillet (Gaston), de Waziers, à Champs-de-Losques, Manche.
Mallefroy (Pierre), d'Aaltre, à Vesly, Manche.
Malvaux (Jean-Baptiste) et fam., de Gougny, à Avranches, Manche.
Manderick (Albert), de Lille, à Bricqueville-sur-Mer, Manche.
Mantanus (Adolphine), de Liége, à Baudreville, Manche.
Manighain (Arthur), de Leval-Chaudeville, à Quéven, Morbihan.
Marreyt (Victor), de Bruges, à Néris-les-Bains, Allier.
Mariens (Anna) et fam., de Malines, à Montluçon, Allier.
Marquet (Marie) et fam., de Neuf-Mesnil, à Saint-Amand, Loir-et-Cher.
Marmette (François), de Lille, à Carnet, Manche.
Martens (Félix), de Ledeberg, à Montluçon, Allier.
Maresse (Emile), de Lens, à La Chaussade, Creuse.
Marique (Isaac) et fam., de Mettet, à Aulnay-sur-Mauldre, Seine-et-Oise.
Martin (Marie), d'Izel, à Lusigny, Aube.
Massaes (Césarine) et fam., de Louvain, à Montluçon, Allier.
Masse (François) et fam., de Maubeuge, à Dun-le-Palleteau, Creuse.
Massin (Joseph), de Pont-Mangis, à Pussay, Seine-et-Oise.
Mathieu (Jules), de Warquignies, à Saint-Ovin, Manche.
Matthys (Séraphin), de Gent, à Vindefontaine, Manche.
Mathys (Pierre) et enf., d'Aerschot, à Néris-les-Bains, Allier.
Materne (Paul), d'Appels, à La Rochelle, Charente-Inférieure.
Matthys (René), d'Haelten, à Gometz-la-Ville, Seine-et-Oise.
Maurer (Anastasie), de Malines, aux Pas, Manche.
Maurer (Jean), de Malines, aux Pas, Manche.
Mearreur (Albert), de Gand, à Montluçon, Allier.
Médard (François), de Gand, au Bourg, Creuse.
Méevis (Théodore), de Denderbelle, à Montluçon, Allier.
Mees (Gustave), de Berckem, à Montluçon, Allier.
Megank (Joseph) et fam., d'Alost, à Bretteville-sur-Mer, Manche.
Mertens (Firmin), de Gand, à Millières, Manche.
Mertens (Victor), de Saintes, à Montluçon, Allier.
Merkembrack (Charles) et fam., de Leval-Chaudeville, à Pontoise, S.-et-O.
Mets (Félix de) et fam., de Bruxelles, à Montluçon, Allier.
Meulenaere (Maurice de), de Saint-Michel-les-Bruges, à Montluçon, Allier.
Meuleman (Georges), de Gand, à Montluçon, Allier.
Meyers (Maurice), de Bruges, à Montluçon, Allier.
Meyssen (Marie), d'Oudenburg, à La Rochelle, Charente-Inférieure.
Michaud (Alfred) et fam., du Chatelet, à La Lucerne-d'Outre Mer, Manche.
Mignon (César), d'Ostende, à Moidrey, Manche.
Mignot (Kate), de Paris, à Arzon, Morbihan.
Millecam (Victor), de Gand, à Millières, Manche.
Millecam (Marie), de Bruges, à La Rochelle, Charente-Inférieure.
Moens (François) et fam., de Malines, à Montluçon, Allier.
Mohymont (Louis) et fam., de Saint-Martin-Bolâtre, à Avranches, Manche.
Mol (François de), d'Alost, à Bretteville-sur-Ay, Manche.
Mollet (Joseph), d'Ostende, à La Rochelle, Charente-Inférieure.
Monfels (François), de Gand, à Montluçon, Allier.
Montigny (Georges) et fam., d'Animont, à Avranches, Manche.
Montigny (Adolphine) et fam., de Maubeuge, à Dun-le-Palleteau, Creuse.
Moor (Henri de), de Ledeberg, à Montluçon, Allier.
Moreau (Alice), d'Ostende, à Montluçon, Allier.
Morrage (Arthur), de Laeken, à La Rochelle, Charente-Inférieure.
Moreau (Juliette), de Morialmé, à Pontaubault, Manche.
Morjan (Auguste), de Lille, à Carnet, Manche.
Moreau (Marie), de Morialmé, à Pontaubault, Manche.
Moreau (Florisse) et fam., de Billy-Montigny, à Banize, Creuse.
Moyer (Maurice de), de Gand, à Montluçon, Allier.
Mudermans (François), de Louvain, à Montluçon, Allier.
Mullet (Maria), de Bruges, à La Rochelle, Charente-Inférieure.

Monck (Jean de), de Loos, à La-Chapelle-Urée, Manche.
Munter (Julien), de Louvain, à Montluçon, Allier.
Musters (Edouard), de Bruxelles, à St-Nom-la-Bretèche, Seine-et-Oise.
Muyneck (Pierre de), de Bruges, à Montluçon, Allier.
Muyldermans (Michel), de Louvain, à Montluçon, Allier.
Neuvians (Louis), de Malines, à Montluçon, Allier.
Ninnin (Amand) et fam., de Mettet, à Aulnay-sur-Mauldre, Seine-et-Oise.
Ninone (Emile), de Quaregnon, à Avranches, Manche.
Nocker (Cyrille de), de Gand, à Millières, Manche.
Noie (Henri) et fam., de Ruddevorde, à Montluçon, Allier.
Noseda (Alfred) et fam., de Montigny-le-Tilleul, à Val-Saint-Père, Manche.
Novro (Marcel), de Bruges, à Laulne, Manche.
Nulder (Rémi de), de Borsbeke, à Gometz-la-Ville, Seine-et-Oise.
Nys (Maria), de Bruges, à La Rochelle, Charente-Inférieure.
Oger (Prosper), de Pont-Mangis, à Pussay, Seine-et-Oise.
Ooms (François), de Meysse, à Montluçon, Allier.
Overnaire (Van Lievin) et fam., d'Ervergen, à Néris-les-Bains, Allier.
Paepe (Médard) et fam., de Bruges, à Néris-les-Bains, Allier.
Paepe (Gustave), d'Ichteghem, à Millières, Manche.
Palincka (Jean), de Lille, à La-Chapelle-Urée, Manche.
Pardoen (Antoinette), de Bruges, à La Rochelle, Charente-Inférieure.
Parys (Théophile), de Gand, à Vesly, Manche.
Pastiels (Louis), d'Assebrouck, à Montluçon, Manche.
Paternoster (Jules), de Rebecq-Rognon, à Vesly, Manche.
Patron (Louis), de Villers-le-Gambon, à Royan, Charente-Inférieure.
Pattyn (Richard), de . . . , à La Rochelle, Charente-Inférieure.
Paul (Théodore), de Momignies, à Ezanville, Seine-et-Oise.
Pauluis (Charles), de Verviers, aux Biards, Manche.
Pautot (Albert), d'Hautel-Wihain, à Chavoy, Manche.
Pector (Jean) et fam., d'Hansinelle, à Aulnay-sur-Mauldre, Seine-et-Oise.
Peere (Charles) et fam., d'Assebrouck, à Néris-les-Bains, Allier.
Peeten (Germaine) et fam., de Bruges, à La Rochelle, Charente-Inférieure.
Peeters (Thérèse) et fam., d'Hoboken, à Vessey, Manche.
Pelleriot (Gustave), de Wasmes, à La Rochelle, Manche.
Pelleriot (Robert), de Wasmes, à La Rochelle, Manche.
Pepermans (Franz) et fam., d'Anvers, à Montluçon, Allier.
Périlleux (Marthe) et fam., de Bruxelles, à Avranches, Manche.
Peschong (Julien), de Bavay, à Ponts, Manche.
Pessé (Hortense), de Saint-Nicolas, à La Rochelle, Charente-Inférieure.
Petrus (François) et fam., d'Alost, à Montluçon, Allier.
Petite (Léon), de Mons, à Avranches, Manche.
Pie (Jules), de Poucques, à Néris-les-Bains, Allier.
Pierrard (Emile) et fam., de Warquignies, à Saint-Ovin, Manche.
Pinchx (Henri) et fam., de Lier, à Néris-les-Bains, Allier.
Pintelon (Prudence), de Bruges, à La Rochelle, Charente-Inférieure.
Pintens (Constant), de Wibryck, à Montluçon, Allier.
Pippelmans (Jean) et fam., d'Auvers-la-Plaine, à Montluçon, Allier.
Piré (Joseph), de Borgerhout-Anvers, à La Rochelle, Charente-Inférieure.
Pirson (Domitbile) et fam., de Mettet, à Aulnay-sur-Mauldre, Seine-et-Oise.
Pitot (Léon) et fam., d'Hansinelle, à Aulnay-sur-Mauldre, Seine-et-Oise.
Planchaert (Alphonse), de Ruysselede, à Montluçon, Allier.
Podevyn (Gabrielle), de Bruges, à La Rochelle, Charente-Inférieure.
Poelman (Joseph), de Gand, à Millières, Manche.
Pollet (Emile) et fam., d'Ostende, à Saint-Germain-sur-Ay, Manche.
Poncelet (Gustave) et fam., de . . . , à Bouillon, Manche.
Ponsart (Jean-Baptiste), de Mariembourg, à Quiberon, Morbihan.
Poort (Théodore de), de Gand, à Montluçon, Allier.
Poppe (Désiré), de Gand, à Saint-Germain-sur-Ay, Manche.
Porlé (Jean), de Gand, à Laulne, Manche.
Portail (Edouard), de Mechelen, à Vindefontaine, Manche.
Possin (Adolphe), de Cembruges, à Néris-les-Bains, Allier.
Pottier (Bertha) et fam., de Jarcicmnes, à Ponts, Manche.
Pottier (Léon), d'Ostende, à Saint-Germain-sur-Ay, Manche.
Pourbaix (Juliette), de Bois-d'Haine, à La Rochelle, Charente-Inférieure.
Poyez (Marthe) et fam., de Paturages, à Avranches, Manche.
Prêtre (Edouard), de Molenbeck, à Vesly, Manche.
Provinciael (Georges) et ép., de Louvain, à Montluçon, Allier.
Provost (Eulalie), d'Ostende, à Vessey, Manche.
Querton (Hector), de Soignies, à Montluçon, Allier.
Quervet (Rosina), de Haut-Vilcain, à Chavoy, Manche.
Quinet (Rosalie), de Châtelet, à La Lucerne d'Outre-Mer, Manche.
Ramsdam (Anna) et fam., de Wamesel, à Avranches, Manche.
Rapin (Constant), de Gent, à Vindefontaine, Manche.
Rau (Edouard) et fam., de Lille, à Hauteville-sur-Mer, Manche.
Ravach (Maurice), d'Ostende, à La Rochelle, Charente-Inférieure.
Remi (Julio), de Bruges, à Cuves, Manche.
Renard (Clovis) et enf., de Liévin, à Lombez, Gers.
Renard (Jules) et fam., d'Eugies, à Avranches, Manche.
Reniers (Achille) et fam., d'Ostende, à Montluçon, Allier.
Renkin (Marie), de Bruges, à La Rochelle, Charente-Inférieure.
Ridder-Hestelot (Victorine de) et fam., de Bosgehout, à Néris-les-Bains, Allier.
Ridder (Anne de) et fam., d'Anvers, à Crazannes, Charente-Inférieure.
Rigot (Jules) et enf., d'Hansinelle, à Aulnay-sur-Maudre, Seine-et-Oise.
Robym (Alphonse), de Lille, à Carnet, Manche.
Robin (Charles), de Lille, à Carnet, Manche.
Rocour (Robert), de Marche, à Néris-les-Bains, Allier.
Roger (Céline) et fam., de Maquenoise, à Quiberon, Manche.
Rogist (Théophile), de Mont-Saint-Amand, à Vesly, Manche.
Rolly et fam., d'Ostende, à Cuves, Manche.
Romain (Joséphine), de Bruges, à La Rochelle, Charente-Inférieure.
Roosen (Albert), d'Appels, à La Rochelle, Charente-Inférieure.
Rose (Maria) et enf., d'Hantinelle, à Aulnay-sur-Mauldre, Seine-et-Oise.
Rose (Camille), de Loos, à La-Chapelle-Urée, Manche.
Rose (Clémence), de Lobbes, au Grand-Celland, Manche.
Roselle (Eugène), de Roubaix, à Lingreville, Manche.
Rosseel (Charles), de Clemskerke, à Laulne, Manche.
Roseels (Antoinette) et sa sœur, de Muyssen, à Montluçon, Allier.
Roseeun (Maurice), de Couckelaere, à Lessay, Manche.
Rou (Marcel de), d'Ostende, à Montluçon, Allier.
Rougier (Jeanne), de Liége, à Royan, Charente-Inférieure.
Rousseaux (Oscar) et fam., d'Hansinelle, à Aulnay-sur-Mauldre, Seine-et-O.
Rudder (Maurice de), de Gand, à Millières, Manche.
Rudder (Léon de), de St-Denis-Westrem, à Montluçon, Allier.
Ryosthoofs (Joseph), de Lier, à Néris-les-Bains, Allier.
Ryx (Léon), de Westende, à Vesly, Manche.
Rycke (Prêtre de), de Kerkstraat, à Vindefontaine, Manche.
Rycke (Georges de), de Gand, à Millières, Manche.
Sadeleer (Léa de), de Bruges, à La Rochelle, Charente-Inférieure.
Sas (Maria), de Bosgehout, à Néris-les-Bains, Allier.
Sauvier (Louis), de Nimy, à La Rochelle, Charente-Inférieure.
Sautois (Edgar), de Rebecq-Rognon, à Vesly, Manche.
Sanders (Georges), de Lille, à Gavry, Manche.
Schoutens (Rosalie), de Bruges, à La Rochelle, Charente-Inférieure.
Schuerbeke (Maurice), de . . . , au Gué d'Alleré, Charente-Inférieure.
Schuttert (Catherine), de Bouillon, à La Rochelle, Charente-Inférieure.
Schaessens (Edmond), de Ghistelles, à Vesly, Manche.
Schellenberg (Frans), de Merhelon, à Vindefontaine, Manche.
Schiets (Albert), de Gent, à Vindefontaine, Manche.
Schiets (Jules), de Gent, à Vindefontaine, Manche.
Schol (Philippe) et fam., de Louvain, à Laulne, Manche.
Schvonnaert (Marie), de Tielt, à Montluçon, Allier.
Schvon (Pierre), d'Alost, à Montluçon, Allier.
Schuermans (Pierre), de Bruggés, à Montluçon, Allier.
Schuermans (Valentine) et enf., de Malines, à Néris-les-Bains, Allier.
Schlick (Auguste), d'Alost, à Montluçon, Allier.
Schelstraete (André) et fam., de Mariakerke, à Montluçon, Allier.
Schyver (Jean de), de Gand, à Laulne, Manche.
Sciéans (Anne), de Louvain, à Montluçon, Allier.
Seghers (Georges) et fam., de Gand, à Millières, Manche.
Segus (Charles) et fam., de Bruggés, à Montluçon, Allier.
Sernet (Albert), de La Madeleine, à Percy, Manche.
Serlaeve (Charles) et fam., d'Ostende, à Saint-Germain-sur-Ay, Manche.
Servais (Céline), de Momignies, à Quiberon, Morbihan.
Serruys (Marcel), de Lille, à Carnet, Manche.
Serruys (Auguste) et fam., de Gendbrugges, à Montluçon, Allier.
Sessier (Jérôme), d'Alost, à Bretteville-sur-Ay, Manche.
Shielenmont (Henri), de Gand, à Vesly, Manche.
Simon (Marie) et fam., de Maubeuge, à Quiberon, Morbihan.
Simoens (Evariste), de Bruges, à Montluçon, Allier.
Slabinck (Richard), de Saint-Michel, à Montluçon, Allier.
Slabinck (Henri), de Bruges, à Montluçon, Allier.
Slaets (Achille), d'Aerschot, à Montluçon, Allier.
Smaele (Léonce de), de Ledeberg, à Montluçon, Allier.
Smet (Camiel de), de Basscheldé, à Montluçon, Allier.
Snauwart (Richard), de Saint-Pierre, à Montluçon, Allier.
Sneppe (Bernard), d'Hazebrouck, à Montluçon, Allier.
Snoeck (Georges), de Franchiennes, à Montluçon, Allier.
Soheron (Georges), de Gand, à Millières, Manche.
Somerdinck (François), de Gand, à Millières, Manche.
Sonck (François), d'Alost, à Bretteville-sur-Ay, Manche.
Soucy (Albert), de Ragnis, à Cormeilles-en-Vexin, Seine-et-Oise.
Spelthoom (Gilbert), de Gand, à Montluçon, Allier.
Spitaels (Hortense), de Courcelles, à Avranches, Manche.
Spitaels (Appoline), d'Orchin, à Avranches, Manche.
Spiegel (Romain Van der), de Borsbeke, à Gometz-la-Ville, Seine-et-Oise.
Sproytmans (Jean), d'Ixelles, à Saint-Germain-sur-Ay, Manche.
Standaert (Joseph), de Bruges, à Montluçon, Allier.
Steurs (Guillaume), de Malines, à La Rochelle, Charente-Inférieure.
Stipelmans (Jean) et fam., de Bosgehout, à Néris-les-Bains, Allier.
Storet (Georges) et fam., de Baizieux, à Chavoy, Manche.
Stoop (Arthur de) et fam., de Lens, à Sargé, Loir-et-Cher.
Struyve (Hector), de Roubaix, à Gavray, Manche.

Van-Mol (Philippe) et fam., d'Iddergen, à Néris-les-Bains, Allier.
Van Massenhove (Albert), de Bruges, à Montluçon, Allier.
Van-Mach, de Bulscamps, à Montluçon, Allier.
Vanniot (Henri), de Bruxelles, à Muzillac, Morbihan.
Van Nuffel (Adolphe), d'Alost, à Montluçon, Allier.
Van Noten (Joanna) et son épouse, de Malines, à Néris-les-Bains, Allier.
Van Oberge (Edouard), de Croix, à Gravray, Manche.
Van Optal (Joseph) et fam., d'Aerchot, à Néris-les-Bains, Allier.
Van Puybrœck (Jeanne-Marie), de Bruges, à La Rochelle, Charente-Inf.
Van Poucke (Achille), de Mariakerke-les-Gand à Montluçon, Allier.
Vanrugchevelt (Antoinette) et enf., d'Amyerfecht, à Montluçon, Allier.
Van Rompaye (Jean), de Malines, à Montluçon, Allier.
Van Recklem (Camille) et fam., de Mariakerker, à Montluçon, Allier.
Van Ruyshensveld (Jean-Baptiste), de Borsbeke, à Gometz-la-Ville, S.-et-O.
Vansteenkiste (Albert), de Plesfre, à Briqueville-sur-Mer, Manche.
Van Sucht, de Saint-Gilles, à Montluçon, Allier.
Van Thurenhout (Berthe) et fam., de Malines, aux Pas, Manche.
Van-Tomme et fam., de Buarnerker, à Montluçon, Allier.
Van Thienen (Rosa), de Bruges, à La Rochelle, Charente-Inférieure.
Vantieghen (Jean) et fam., de Ruddervoorde, à Mareil-en-France, S.-et-O.
Van-Vaseinere (Auguste), de Wariers, à Bricqueville-sur-Mer, Manche.
Vanvieuwenhuysen (Sophie) et fam., de Malines, aux Pas, Manche.
Van Vigneberghe (Emma), d'Ostende, à Montluçon, Allier.
Van Wallegen (Joseph), de Bruges, à Vindefontaine, Manche.
Van WauenTove (Achille), de Ledeberg, à Montluçon, Allier.
Vanzyckege (Alphonse), de Lille, à Carnet, Manche.
Vauloire (Jules), de Wattrelos, à Notre-Dame-de-Livoye, Manche.
Vayens (Lucie), de Bruges, à La Rochelle, Charente-Inférieure.
Vanzebrouk (Eugène), de Thildenk, à Montluçon, Allier.
Vellens (Edouard), de Malines, à Néris-les-Bains, Allier.
Vennue (Gustave), de Pictte-les-Malines, à L'Houmeau, Charente-Infér.
Versehooten (Petrus) et fam., de Lopliem, à Montluçon, Allier.
Verschorer, de Malines, à Montluçon, Allier.
Versyp (Joseph), de Saint-Michel, à Montluçon, Allier.
Verrecke (Arthur) et fam., de Saint-Denis-Westrem, à Montluçon, Allier.
Vernez (Jean), du Cateau, à Montluçon, Allier.
Verlooven (Albert), de Roubaix, à Bricqueville-sur-Mer, Manche.
Verhaeghe (Jean-Baptiste), de Wesemaele, à Vesly, Manche.
Verhaeghe (Adolf), de Bruges, à Lauine, Manche.
Vercruyee (Henri), d'Ostende, à Vesly, Manche.
Verleyen (Hergo), de Roubaix, à Bricqueville-sur-Mer, Manche.
Vernassen (René), d'Ervergem, à Néris-les-Bains, Allier.
Verhoyen (Charles), de Genbrugge, à Néris-les-Bains, Allier.
Verhoeym (Charles), de Ledeberg, à Montluçon, Allier.
Verheyin (Josephe) et enf., de Berckem, à Montluçon, Allier.
Verhaest, d'Ostende, à Montluçon, Allier.
Verchoren (Léon) et fam., de Bruges, à Néris-les-Bains, Allier.
Veroammen (Louis) et fam., de Belgique, à Montluçon, Allier.
Verbiert (Jules), de Louvain, à Montluçon, Allier.
Verbruggen (Gustave), de Ledebourg, à Montluçon, Allier.
Verbanas (France), de Bruges, à Montluçon, Allier.
Vervane (Jérome), de Ledeberg, à Montluçon, Allier.
Vermeulen (Maurice), de West-Roosbeke, à Vesly, Manche.
Vernhore (Petrus), de Vaziers, à Bricqueville-sur-Mer, Manche.
Vermoelen (Gabriel), de Lille, à Bricqueville-sur-Mer, Manche.
Verniers (Achille), de Gand, à Millières, Manche.
Vervalcke (Georges), de Belgique, à Vindefontaine, Manche.
Verwyn (Emile), de Tourcoing, à Bricqueville-sur-Mer, Manche.
Vermeulen (Alfred), de Gand, à Millières, Manche.
Verraeort (Robert), de Bruxelles, à La Rochelle, Charente-Inférieure.
Veralleman (Pierre), de Rotselaer, à La Rochelle, Charente-Inférieure.
Verbeemen (Adèle), de Malines, à La Rochelle, Charente-Inférieure.
Verbeemen (Jean), de Malines, à La Rochelle, Charente-Inférieure.
Ventriest (Jules), de Chruyshauten, à Gometz-la-Ville, Seine-et-Oise.
Vestel (Adélard) (de), de Bruges, à Montluçon, Allier.
Vescure (Rosalie), de Malines, à Montluçon, Allier.
Vierendeels (Eugène), de Saintes, à Montluçon, Allier.
Vincar (Victoria), d'Augrin, à Chavoy, Manche.
Vindels (Alfons), de Gand, à Saint-Germain-sur-Ay, Manche.
Vincent (Zoé), de Mettet, à Aulnay-sur-Mauldre, Seine-et-Oise.
Vis (Carolus de) et fam., d'Hoptade, à Montluçon, Allier.
Vital (Joseph), de Tourinne-la-Grosse, à Montluçon, Allier.
Vlaminck (Camille), de Ghistelles, à Vesly, Manche.
Vlamurch (Ernest), de Ghistelles, à Vesly, Manche.
Vlérick (Maurice), de Gand, à Saint-Germain-sur-Ay, Manche.
Vlérick (Georges), de Gand, à Saint-Germain-sur-Ay, Manche.
Volschaerts (Jean), de Gand, à Montluçon, Allier.
Vonhei (Jules), de Nazareth, à Montluçon, Allier.
Vonlathem (Vital), de Stamfiel, à Montluçon, Allier.
Vrende Cresse (Achille), de Leysele, à Montluçon, Allier.
Vuezo (Emile de), de Ledeberg, à Montluçon, Allier.
Vyncke (Carolus), de Saint-Denis-Westrem, à Montluçon, Allier.
Waarschauer (Constant) et fam., d'Alost, à Bretteville-sur-Mer, Manche.
Wachter (François de) et fam., d'Anvers, à Chantelle, Allier.
Wader (Edouard), de Wertcher, à Montluçon, Allier.
Waele (Prosper de), de Gendbrugge, à Chantelle, Allier.
Waele (Alice de), de Bruges, à La Rochelle, Charente-Inférieure.
Waghenaere (Camille de), de Bruges, à La Rochelle, Charente-Inférieure.
Wallemin (Louise), de Coulsore, au Grand-Celland, Manche.
Wandermoerch (Emile), d'Ostende, à Cuves, Manche.
Wanderbrucq (Joseph), de Reux, à Cuves, Manche.
Warie (Camille), de Gand, à Vesly, Manche.
Warland (Alfred), d'Izel, à Coursterangés, Aube.
Warzée (Georges), de Weillen, à Chavoy, Manche.
Waterloos (Léon), de Ledeberg, à Montluçon, Allier.
Waterloos (Oscar), de Ledeberg, à Montluçon, Allier.
Wattemberghe (Jules), de Destelbergen, à Montmarault, Allier.
Wauters (Charles) et fam., de Belgique, à Charroux, Allier.
Wellems (Emmanuel), de Belgique, à Montluçon, Allier.
Wellens (Emmanuel), de Ghistelles, à Montmarault, Allier.
Wellens (Louis), de Boortmeerbeek, à Montmarault, Allier.
Wellins (François) et enf., d'Anvers, à Chavroche, Allier.
Wery (Jules), de Quaregnon, à Saint-Agnant-de-Versillat, Creuse.
Wespelaere (Maurice de), d'Alost, à Bretteville-sur-Ay, Manche.
Wierinck (Charles), de Swevezeele, à Chantelle, Allier.
Wieriynk (Léon), de Gand, à Millières, Manche.
Willems (Isidore), d'Ostende, à Vesly, Manche.
Willockse (Eugène), de Steenbaffel, à Montendrault, Allier.
Willerval (Joséphine), de Billy-Montigny, à Banise, Creuse.
Wimmer (Jules de) et fam., d'Ostende, à Vessey, Manche.
Windels (Denise), de Bruges, à La Rochelle, Charente-Inférieure.
Winne (Louis de), de Malines, à La Rochelle, Charente-Inférieure.
Wit (Hippolite de), de Lebbeek, à Montluçon, Allier.
Wœlo (Joseph de), de Gand, à Saint-Germain-sur-Ay, Manche.
Wolf (Jean de), d'Alost, à Montluçon, Allier.
Wolder (Félix de), de Saint-André, à Chantelle, Allier.
Wolckaert (Maurice), de Mirelbrecke, à Montluçon, Allier.
Wontquenne (Marie), de Jeumont, à Hauteville-sur-Mer, Manche.
Wouters (Victor), de Malines, à Montluçon, Allier.
Wuiff (Edouard de), de Varsenaere, à Montluçon, Allier.
Wulgaert (Jean), Ervelde, à Néris-les-Bains, Allier.
Wuytens (Joseph) et fam., d'Alost, à Montluçon, Allier.
Zauwers (Félix), de Lille, à Gavry, Manche.
Zeebrock (Charles), d'Ostende, à Saint-Germain-sur-Ay, Manche.
Zeebroeck (Catherine), de Bruges, à La Rochelle, Charente-Inférieure.
Zerque (Marie), de Wibryck-Anvers, à La Rochelle, Charente-Inférieure.
Zwaenpoel (Julien) et enf., de Zandworde, à Néris-les-Bains, Allier.

16e LISTE.

Abeloos (Jean), de Calais, à Ligné, Charente.
Abras (Joseph), de Leuze-les-Nomiers, à Courcôme, Charente.
Abrassard (Charles) et fam., de Dour, à Cuves, Manche.
Adriaenssens (Louis) et fam., de Villebroect, à St-Remy-des-Landes, Manche.
Aeke (Isidore), de Gand, à Saint-Verge, Deux-Sèvres.
Aelter (Valérie), d'Ostende, à Mont-de-Marsan, Landes.
Aerts (Ernest), d'Anvers, à Lille, Nord.
Aeleyaters (Jean-Marie) et fam., de Malines, à Luzay, Deux-Sèvres.
Aksel (Alphonse) et fam., de Bruges, à Saint-Jean-de-Thouars, Deux-Sèvres.
Alande-Sempel (Georges), de Gand, à Varenguebec, Manche.
Albreckss (Joseph), de Bruxelles, à Préchacq, Landes.
Albrecht (Pierre), de Gand, à Brétignolles, Deux-Sèvres.
Albreckss (François), de Bruxelles, à Préchacq, Landes.
Albert (Alphonse) et fam., de Charleville, Indre-et-Loire.
Albinovanus (Joseph), de Wespiou, à La Haye-du-Puits, Manche.
Albracht (Jean), d'Anvers, à Angoulême, Charente.
Allard (Louis), de Murlinter, à Cuq-Toulza, Tarn.
Allemand (Séverin), de Outhem, à Lafage, Corrèze.
Allen (Gérard) et fam., de Gand, à Luché-Thouarsais, Deux-Sèvres.
Allenaert (Joseph), de Roulers, à Montbron, Charente.
Alloo (Edouard), de Bruges, à Varenguebec, Manche.
Anciaux (Joseph), de Namur, à Courcôme, Charente.
Anciaux (Emile) et fam., de Presles, à Vineuil, Loir-et-Cher.
Anciaux (Adolphe) et fam., d'Erquelines, à Bossay, Indre-et-Loire.

André (Manuel), de Cuesmes, à Capdenac, Aveyron.
Andries (François) et fam., de Hemixen, à Port-Sainte-Marie, Lot-et-Garonne.
Andry (Gustave) et fam., de Wasmey, à Saint-Loup, Manche.
Anéca (Herman) et fam., de Saint-André, à Cérizay, Deux-Sèvres.
Anne (Léon), de Pinhem, à Layrac, Lot-et-Garonne.
Annis (Adolphe), de Bruges, à Dax, Landes.
Anxeur (François), de Lille, à Cérences, Manche.
Apers (Prosper), de Malines, à Labouheyre, Landes.
Appeldoorn (Léa), de Belgique, à Roscoff, Finistère.
Ardan (Arthur), du Châtelet, à Romillé, Ille-et-Vilaine.
Assoignon (Nelly), de Charleroi, à Biéville, Manche.
Ats (Louis), de Bruxelles, à La Haye-des-Puits, Manche.
Audenaert (Théophile), de Lille, à Cérences, Manche.
Audiens (Joseph), de Malines, à Solesmes, Sarthe.
Aunys (Charles), de Bruges, à Taizé, Deux-Sèvres.
Austenne (Joseph) et fam., de Mulherbe, à Argentré-du-Pleyix, Ille-et-Vil.
Authiers (Zélie), de Rethiers-Hospice, à Rennes, Ille-et-Vilaine.
Autson (Richard), d'Ostende, à Saint-Martin-d'Oney, Landes.
Azulay (Hanania) et fam., de Liége, à Marseille, Bouches-du-Rhône.
Baccouvy (Louis), de Gand, à Mont-de-Marsan, Landes.
Bach (Jean-Baptiste) et enf., de Louvain, à Chagny, Saône-et-Loire.
Baeck (Louis), de Wolverthem, à Augeac, Charente.
Baecker (Georges de), de Genbrugge, à Nérac, Lot-et-Garonne.
Backer (Charles de), de Saint-André, à Montravers, Deux-Sèvres.
Bael (Henri), de Hamme, à Solesmes, Sarthe.
Baertsoen (Joseph), de Gand, à Ponteux-les-Forges, Landes.
Baertsoen (Léopold), de Gand, à Ponteux-les-Forges, Landes.
Baetselier (Honoré), d'Assebrouk, à Saint-André-sur-Sèvres, Deux-Sèvres.
Bailleul (Auguste), de Fouquières-les-Lens, à Decazeville, Aveyron.
Baily (Marcel), de Bouffioulx, à Bergerac, Dordogne.
Bal (Louis), d'Herzien-Rumpst, à Saint-Simon, Charente.
Balbaert (Émile), de Gand, à Lafitte, Lot-et-Garonne.
Balbaert (Germain), de Bruges, à Mont-de-Marsan, Landes.
Bangastel (Victorine), de Châtelineau, à Plenmeleuc, Ille-et-Vilaine.
Balin (Alfred), de La Gleyze, à Sorèze, Tarn.
Balk (Julien), de Liége, à Blaye, Tarn.
Ballaert (Germain), de Bruges, à Mont-de-Marsan, Landes.
Ballez (Désiré) et fam., de Wasme, à Torigny-sur-Vire, Manche.
Balthazar (Joseph), de Flawinne, à Sorèze, Tarn.
Bar (Adolphine), de Wasmes, à Saint-Loup, Manche.
Barbary (Mme) et fam., d'Ostende, à Graves, Charente.
Barbraux (Antoinette), d'Auveloir, à Vitré, Ille-et-Vilaine.
Baroll (Joséphine), de Wasmes, à Saint-Loup, Manche.
Baront (Alphonse), de Lechen, à Decazeville, Aveyron.
Bardiou (Jules), de Frameries, à Aubin, Aveyron.
Bariseel (Anaïs), de Maubeuge, à Moulidars, Charente.
Barbier (Joseph) et fam., de Franières, à Tramery, Marne.
Barré (Francine), de Marcinelle, à Muriac-sous-Bécherel, Ille-et-Vilaine.
Bassilière (Jean-Baptiste), de Roubaix, à Mansle, Charente.
Basseville (Nicolas), de Lille, à Cestas, Gironde.
Basin (Gaston), de Hellemmes, à Saint-Menin, Dordogne.
Bastien (Pierre) et fam., de Momignies, à Bais, Ille-et-Vilaine.
Batardy (Marie), de Bouffioulx, à Saint-Etienne, Loire.
Batardy (Louis), de Fromelenne, à Saint-Etienne, Loire.
Batardy (Léonard), de Châtelet, à Saint-Etienne, Loire.
Batardy (Marie), de Châtelet, à Saint-Étienne, Loire.
Baton (Aimé) et fam., de Sobre-sur-Sambre, à Pithiviers, Loiret.
Baudait (Eugénie), de Bourbres, à Dingé, Ille-et-Vilaine.
Baudouin (Georges), de Pont-du-Loup, au Verger, Ille-et-Vilaine.
Baudouin (Edmond), de Pont-du-Loup, au Verger, Ille-et-Vilaine.
Baudour (François) et fam., d'Angreau, à Montyiron, Manche.
Baudot (Adelina), de Momignies, à Cléré, Indre-et-Loire.
Baudson (Angèle), de Sars-la-Buissières, à Baguer-Morvan, Ille-et-Vilaine.
Baussier (Pierre), de Saint-Médard, aux Métairies, Charente.
Bayet (François), de Charleroi, à Boismoreau-les-Mines, Creuse.
Baviez (François), d'Alost, à Varenguebec, Manche.
Beaugrand (Hippolyte), de Péruwels, à Pamiers, Ariège.
Beasche (Charles), de Roubaix, aux Cresnays, Manche.
Beaulieu (Adèle), de Florennes, à Guerchy, Yonne.
Beckeman (Léon), de Bruges, à Dax, Landes.
Beelaerts (Marie), de Malines, à Lavardac, Lot-et-Garonne.
Beets (Théophile), d'Anvers, à Juillé, Charente.
Béghin (Henri) et fam., de La Madeleine, à Saint-Martin-la-Méanne, Creuse.
Belaerts (Marie), de Malines, à Lavardac, Lot-et-Garonne.
Bélonger (Léon), de Boussu, à Massuguel, Tarn.
Belgeonne (Lucile), d'Acoz, à Saint-Malo, Ille-et-Vilaine.
Beljans (François), d'Anvers, à Solesmes, Srrthe.
Belle (Louis), d'Aiguis, à Sireuil, Charente.
Benaets (Joseph), de Saint-Trond, à Marmande, Lot-et-Garonne.
Benglemanns (Jacobus), d'Anvers, à La Haye-du-Puits, Manche.
Benoez (Maria), d'Anvers, à La Haye-du-Puits, Manche.
Bentein (Arthur), de Lille, à Montviron, Manche.
Bergnier (Clémence), de Maubeuge, à Lonnes, Charente.
Berloo (Prans), de Gand, à Ponteux-les-Forges, Landes.
Bernier (Elise), de Momignies, à Baguer-Morvan, Ille-et-Vilaine.
Bernier (Albine), de Beaumont, à Bonnemain, Ille-et-Vilaine.
Bert (Joachim) et fam., de Fosse, à Monnaie, Indre-et-Loire.
Bert (Agathon), de Mons-en-Bareuil, à Lingreville, Manche.
Berth (Jules), de Rousele, à Pierrefitte, Deux-Sèvres.
Bertin (Désiré) et fam., de Moorslede, à Layrac, Lot-et-Garonne.
Bertinchamps (Adolphe), de Maubeuge, à Fouqueure, Charente.
Bertin (Clémence), de Maubeuge, à Xambes, Charente.
Bertin (Bertha), de Maubeuge, à Xambes, Charente.
Berton (Félix), de Thy-le-Château, à Notre-Dame-de-Cenilly, Manche.
Berraille (Mme) et fam., de Malines, à Sacey, Manche.
Bertrand (Victor), de . . . . à Saint-Malo, Ille-et-Vilaine.
Bertram (Euphémie), d'Ostende, à Lafitte, Lot-et-Garonne.
Bertrand (Léon), de Bouffioulx, à Pointelles, Indre-et-Loire.
Besbrugge (Léon), de Gand, à Solesmes, Sarthe.
Beuglemans (Jacobus), d'Anvers, à La Haye-du-Puits, Manche.
Beuguies (Célina), de Jeumont, à Cléré, Indre-et-Loire.
Beyaert (Georges), de Ledeberg, à Solesmes, Sarthe.
Beyst (Charles), de Mont-Saint-Amand, à Bugeat, Corrèze.
Beyrens (Auguste), d'Alost, à Tethien, Landes.
Biarent (Arthur), de Lechen, à Decazeville, Aveyron.
Bie (Théophile de), de Malines, à Moulins, Deux-Sèvres.
Bienfait (Torsilia), de Leugnies, à Romillé, Ille-et-Vilaine.
Bierlaire (Maria), de Farciennes, à Saint-Martin-de-Cenilly, Manche.
Biermans (Henri), de Lille, à Biras, Dordogne.
Biesemans (Charles), de Buggenout, à Layrac, Lot-et-Garonne.
Biévelez (Abel) et enf., de Frameries, à Bègles, Gironde.
Billet (Maurice), d'Anvers, à Sorèze, Tarn.
Billiauw (Jean-Baptiste), d'Anvers, à La Haye-du-Puits, Manche.
Billiauw (Josephus), d'Anvers, à La Haye-du-Puits, Manche.
Billiet (Camille), de Blankenburg, à Mauvezin, Landes.
Billot (Sylvain), de Marchiennes, à Niort, Deux-Sèvres.
Binard (Germain), du Hainaut, à Cransac, Aveyron.
Binon (Désiré), de Frameries, à Grand-Combe, Gard.
Bisiaux (Olga) et fam., de Jeumont, à Abilly, Indre-et-Loire.
Blairon (Adrien), de Pâturage, à Bacilly, Manche.
Blairon (Emmanuel), de Maubeuge, à Saint-Saturnin, Charente.
Blaamen (Louis) et fam., de Labourse, à Chemillé-s.-Dême, Indre-et-Loire.
Blairon (François), de Frameries, à Aubin, Aveyron.
Blaise (Fernand), de Florenville, à Viviez, Aveyron.
Blampain (Lucia) et fam., de Thuin, à Saint-Symphorien, Manche.
Blanchet (Ambroise) et ép., de Berchem-Sainte-Agathe, à Loutehel, Ille-et-Vilaine.
Blanchaert (Edmondus) et fam., de Harnes, à Nouans, Indre-et-Loire.
Blanckaert (Auguste), de Blankenberghe, à Saint-André-s.-Sèv., Deux-Sèvres.
Blandau (Emile), de Gand, à Rais, Charente.
Blariot (Emile), de Lens, à Blaye, Tarn.
Blemont (Gilbert) et fam., de Bouffioulx, à Miniac-s.-Bécherel, Ille-et-Vilaine.
Blicht (Pierre), d'Anvers, de Vibrac, Charente.
Blondeel (Edmond) de Bruges, à Mont-de-Marsan, Landes.
Blondel (Gustave), de Lophem, à Pujo-le-Plan, Landes.
Blondiaux (Léopoldine), de Bouffioulx, à Lingreville, Manche.
Blondiot (Hozanna) et fam., de Fleuu, à Torigni-sur-Vire, Manche.
Bocfem (François), d'Anvers, au Perron, Manche.
Boche (Raphael), de Bruges, à Neufmesnil, Manche.
Bockoltz (Joseph), de Gerpines, à Mouazé, Ille-et-Vilaine.
Bocsmau (Emilie), de Gand, à Porthais, Deux-Sèvres.
Bodart (Gustave) et enf., de Liévin, à Blaye, Tarn.
Bodart (Madeleine), de Chimay, à Viviez, Aveyron.
Bodart (Louisa), de Léguy, à Gaël, Ille-et-Vilaine.
Bodaux (Julien), de Bouffioulx, à Cransac, Aveyron.
Bodsson (Marie), de Frameries, à Donville-les-Bains, Manche.
Bodson (Adémar), de Grand-Reng, à Dolus, Indre-et-Loire.
Bodson (Joseph), de Thumister, à Saint-Pern, Ille-et-Vilaine.
Boëns (Madeleine), de Plorinnes, à Dordives, Loiret.
Boesmann (Auguste), de Gand, à Nueil-sous-les-Aubiers, Deux-Sèvres.
Boey (René), de Bruges, à Mobecq, Manche.
Boeykens (Arthur), de Baelegem, à Dax, Landes.
Boeykens (Arthur), de Mont-Saint-Amand, à Cestas, Gironde.
Bogaert (Pierre) et enf., de Roulers, à Layrac, Lot-et-Garonne.
Bogaert (Victor), de Roulers, à Layrac, Lot-et-Garonne.
Bogaert (Léonard) et fam., de Termonde, à Glénay, Deux-Sèvres.
Bogaert (Benoît), de Hamme, à Varenguebec, Manche.
Bogaert (Désiré), de Lille, à Gabray, Manche.
Bogaert (Adrien), de Lille, à Saint-Médard, Charente.
Bohers (Pauline) et enf., de Vauves, à Saint-Malo, Ille-et-Vilaine.
Boite (Firmin), de Saint-Sauveur, à Sorèze, Tarn.
Bolle (Edouard), de Breederre, à Dax, Landes.
Bollo (Amand), d'Acoz, à Donville-les-Bains, Manche.

Bolle (Jeanne), d'Acoz, à Donville-les-Bains, Manche.
Bolster (Victor de), de Termonde, à La Forêt-sur-Sèvre, Deux-Sèvres.
Bommens (Cyrille), d'Ypres, à Porthais, Deux-Sèvres.
Bondolf (Robert), de Ghistell, à Douzat, Charente.
Bonduelle (Ernest), d'Armentières, à Sévérac-le-Château, Aveyron.
Bonckaert (Léo), de Bruges, à Solesmes, Sarthe.
Bonecy (Henri), de Stavile, à Angoulême, Charente.
Bonheure (Emile), de Bruges, à Vareuguebec, Manche.
Bonheure (Gustave) et fam., de Bruges, à Combrand, Deux-Sèvres.
Bonnevalle (Charles), de Lille, à Sartilly, Manche.
Boonaert (Ernest), de Roubaix, à Biras, Dordogne.
Boone (Charles) et fam., de Gendbrugge, à Herm, Landes.
Boonen (Victor), de Malines, à Beauvoir, Manche.
Bordedin (Gustave), de Gand, à Angoulême, Charente.
Borrey (Alfred), d'Ostende, à Lavardac, Lot-et-Garonne.
Bosquet (Alexis), de Beaudou, à Vibrac, Charente.
Bosch (Louis) et fam., de Liévin, à Moutrésor, Indre-et-Loire.
Bosseaux (Rosalie), de Thuin, à Maure, Ille-et-Vilaine.
Bosteels (Jean-Baptiste), de Bruges, à Vianne, Lot-et-Garonne.
Boster (Camille de), de Gand, aux Aubiers, Deux-Sèvres.
Botiemane (Victor) et fam., de Lens, à Sorèze, Tarn.
Botson (Louise), de Nalinnes, à Chigy, Yonne.
Bouchaert (Henri), de Bruges, à Solesmes, Sarthe.
Boucher-Discart (Palmyre) et fam., de Jemmapes, à Sartilly, Manche.
Bouchez (Jean-Baptiste) et fam., d'Anderlues, à Saint-Denis-le-Vêtu, Manche.
Bouchez (Jean-Baptiste), de Billy-Montigny, à Magné-Bertre, Tarn.
Bouchez (Adolphe) et fam., de Frameries, à Fougères, Ille-et-Vilaine.
Bouchez (Georges) et fam., de Frameries, à Fougères, Ille-et-Vilaine.
Boudart (Octave), de Jumay, à Blaye, Tarn.
Boudoel (Jeanne), d'Oudemberg, à Douzat, Charente.
Boudoel (Marie), d'Oudenberg, à Douzat, Charente.
Boué et fam., de Berzée, à Saujon, Charente-Inférieure.
Bouillé (Jules) et fam., de Flainu, au Grand-Pressigny, Indre-et-Loire.
Bouillot (Augustin) et fam., d'Haumont, à Saint-Martin-la-Méane, Corrèze.
Bourdon (Zéphirin) et enf., de Bauvin, à Massaguel, Tarn.
Bouquet (René) et fam., de Jeumont, à Cléré, Indre-et-Loire.
Boulanger (Marie), de Lemmes, à Montils, Charente-Inférieure.
Bourgeois (Louis), de Breedene, à Mont-de-Marsan, Landes.
Bourgeois (François), de Lille, à Castas, Gironde.
Bourgeois (Camille), de Breedene, à Ygos, Landes.
Bourgeois (Eugène), de Breedene, à Ygos, Landes.
Bourgeois (Jules) et fam., de Lens, à Lafage, Corrèze.
Bourgy (François), d'Hofain, à Mauvezin, Landes.
Bourtembourg (Idalie), de Nismes, à Saint-Malo, Ille-et-Vilaine.
Bourtembourg (Thulle), de Nismes, à Saint-Malo, Ille-et-Vilaine.
Boudard (Adonis), d'Oquenque, à Massaguel, Tarn.
Boussifet (Théodule), de Schaerbeck, à Tours, Indre-et-Loire.
Boussifet (Angèle), de Schaerbeck, à Tours, Indre-et-Loire.
Bousson (Joséphine) et enf., de Montigny-en-Gohelle, à Dourgne, Tarn.
Bouton (Edmond) et fam., de Frameries, à Donville-les-Bains, Manche.
Bouttens (Adolphe), d'Ostende, à Mimizan, Landes.
Bouttens (Albéric), d'Ostende, à Mimizan, Landes.
Bouttiaux (Joseph), de Louze, à Blaye, Tarn.
Bouver (Alfred de), de Bruges, à Solesmes, Sarthe.
Bouvier (Marie), d'Ostende, à Graves, Charente.
Bouyez (Camille) et fam., d'Hautes-Wicheries, à Verneuil-s.-Indre, Indre-et-L.
Boyemas (Léopold), de Malines, à Solesmes, Sarthe.
Boxho (Louis), de Guemps, à Massaguel, Tarn.
Brabander (René de), de Nevel, à Vianne, Lot-et-Garonne.
Brabander (Charles de), d'Houttave, à Sartilly, Manche.
Bracken (Oscar), de Genbrugge, à Lafitte, Lot-et-Garonne.
Braibant (Ernest), d'Andennes, à Neuvic, Corrèze.
Brams (Clémence), d'Anvers, à Clairac, Lot-et-Garonne.
Brasseur (Eudore), d'Ostende, à Saint-Hilaire-Luc, Corrèze.
Brassine (François), de Malines, à Labouheyre, Landes.
Brassine (Eugène), d'Anvers, à La Haye-du-Puits, Manche.
Brassine (Eugène), de Malines, à La Haye-du-Puits, Manche.
Braums (Achille), de Ledeberg, à Villeneuve-de-Marsan, Landes.
Brauwère (Modeste de), de Niel, à Solesmes, Sarthe.
Brauwer (Camille de), de Fives-Lille, à Chanteloup, Manche.
Brauwers (Désiré), de Zunkerke, à Labouheyre, Landes.
Brédoux (François), de Los-les-Lille, aux Cresnays, Manche.
Breemersch (Henri), de Belgique, à Pithiviers, Loiret.
Brems (Alexandre), de Paris, à Angoulême, Charente.
Breyne (Polydore), de La Madeleine-l.-Lille, à St-Germain-des-Prés, Dordogne.
Brichoux (Amélie), d'Erquelinnes, à Précorbin, Manche.
Brieyeker (Joseph de), de Coukelaere, à Simon, Charente.
Briglio et sa fam., d'Erquelines, à Montsurs, Mayenne.
Brion (Constant), de Wenduyne, à Pujo-le-Plau, Landes.
Brion (Louis), de Huy, à Saint-Claude, Loir-et-Cher.
Brion (Jean), de Lille, à Sartilly, Manche.

Briquet (Joséphine), de Senzeilles, à Saint-Malo, Ille-et-Vilaine.
Brisau (Léon), de Meller, aux Aubiers, Deux-Sèvres.
Broché (Maurice), de Mont-Saint-Amand, à Bugeat, Corrèze.
Brock (Maurice de), d'Ostende, à Dax, Landes.
Broeckaert (Joseph) et fam., d'Anvers, à Niort, Deux-Sèvres.
Brossaert (Octave) et enf., de Vinghem, à Mer, Loir-et-Cher.
Brossée (Arthur) et fam., de Mont-Saint-Amand, aux Aubiers, Deux-Sèvres.
Broucke (Auguste) et fam., d'Ostende, à Morcenx, Landes.
Broways (Constantin), de Gand, à Raix, Charente.
Broze (Ida), d'Acoz, à Donville-les-Bains, Manche.
Bruckelcer (Désiré), de Gand, à Varenguebec, Manche.
Brulez (Omer) et fam., d'Erquelines, à N.-D.-de-Cenilly, Manche.
Brulez (Julie), d'Erquelines, à N.-D.-de-Cenilly, Manche.
Brunée (Pierre), de Lalouvière, à Dax, Landes.
Bruycher (Pierre de), de Bruges, à Saint-Paul-les-Dax, Manche.
Bruycker (Emile de), de Gand, à Solesmes, Sarthe.
Bruyeker (Louis de), de Wolverken, à Saint-Simon, Charente.
Bruyère (Louis) et fam., de Lille, aux Cresnays, Manche.
Bruyne (Joseph de), de Gendbruyge, à Dax, Landes.
Bruyne (Auguste de), de Ledeberg, à St-Pierre-des-Echaubrogne, Deux-Sèv.
Bruynooghi (Joseph) et fam., de Thourout, à Mer, Loir-et-Cher.
Buck (Joseph de), de Gand, à Varenguebec, Manche.
Buck (Auguste de), de Bruges, à Courtenay, Deux-Sèvres.
Bucket (Robert) et enf., de Vervicq, à Saint-Sever, Landes.
Budens (Pierre) et fam., de Winxele, à Saint-Germain, Tarn.
Buf (Arthur de), d'Anvers, à Solesmes, Sarthe.
Bullens (Edouard), de Wolverthem, à Augeac, Charente.
Buq (Laure) et fam., de Roc-Requiny, au Grand-Pressigny, Indre-et-Loire.
Burgard (Michel), de Strasbourg, à Louvigné-du-Désert, Ille-et-Vilaine.
Buret (Philomène), d'Anderlues, à Saint-Denis-le-Vêtu, Manche.
Burm (Adolph), de Ledeberg, à Solesmes, Sarthe.
Bursens (Charles), de Sainte-Croix-les-Bruges, à Solesmes, Sarthe.
Bury (Blanche), d'Erquelines, à N.-D.-de-Cenilly, Manche.
Buschère (Joseph de), de Moere, à Saint-Sever, Landes.
Busquin (Armand), de Sobre-sur-Sambre, à Pithiviers, Loiret.
Busquin (Charline), de Sobre-sur-Sambre, à Pithiviers, Loiret.
Busschère (Désiré de), de Bruges, à Solesmes, Sarthe.
Buyser (Florencin de) et fam., de Bruges, à Dax, Landes.
Buxin (Marcel) et enf., de Fleurus, à Muel, Ille-et-Vilaine.
Buxin (Arthur) et enf., de Fleurus, à Muel, Ille-et-Vilaine.
Byle (Paul), de Bruges, à Saint-Porchain, Deux-Sèvres.
Cabuy (Jean), de Malines, à Vianne, Lot-et-Garonne.
Caby (Albert) et fam., de Lens, à Saint-Pavay-la-Colombe, Loiret.
Caerels (Camille), de Saint-André, à Cerizay, Deux-Sèvres.
Caerels (Henri), de Saint-André, à Montigny, Deux-Sèvres.
Caillot (Félicien), de Frameries, à Grand-Combe, Gard.
Callewaert (Robert), de Thourout, à Agen, Lot-et-Garonne.
Cainore (Pierre), de Wolverthem, à Puy-Saint-Bonnet, Deux-Sèvres.
Callebaut (Maurice), de Gand, à Solesmes, Sarthe.
Calteau (Philomin) et fam., de Couvin, à Guignen, Ille-et-Vilaine.
Calteau (Auguste) et fam., de Couvin, à Guignen, Ille-et-Vilaine.
Callebant (Polydor) et fam., de Gand, à Amou, Landes.
Callens (Guillaume), de Therrq, à Saint-Médard, Charente.
Canne (Anna), d'Anderlues, à Saint-Denis-le-Vêtu, Manche.
Canne (Laure), d'Anderlues, à Saint-Denis-le-Vêtu, Manche.
Canne (Célina), d'Anderlues, à Saint-Denis-le-Vêtu, Manche.
Capiaux (Elise), de Dour, à Granville, Manche.
Cappelier (Henri), de Wasmes, à Montviron, Manche.
Capouillet (Victor), d'Avion, à Naves, Corrèze.
Cappelmann, d'Arsimont, à Arles, Bouches-du-Rhône.
Carion (Anne), de Frameries, à Donville-les-Bains, Manche.
Carion (Léonie), de Frameries, à Donville-les-Bains, Manche.
Carlier (Prosper), de Jemmapes, à Saint-Sever, Landes.
Carlier (Edouard) et fam., de Liévin, à Chemillé-sur-Indre, Indre-et-Loire.
Carlier (André) et fam., de Ham-sur-Heure, à Muel, Ille-et-Vilaine.
Cardon (Oscar), de Lille, à Ruelle, Charente.
Carels (Georges), de Zedelghem, à Benquet, Landes.
Carels (Octavie) et enf., de Zedelghem, à Benquet, Landes.
Carlier (Joséphine), d'Hornu, à Pithiviers, Loiret.
Casseur (Jean), de Malines, à Boucey, Manche.
Caster (César de) et fam., de Gand, à Courtenay, Deux-Sèvres.
Casier (Henri), d'Ostende, à Mimizan, Landes.
Casier (Victor), de Bas-Warneton, à Saint-Fraigne, Charente.
Casteels (Julia) et fam., d'Harchi, à Meilhan, Lot-et-Garonne.
Cathelin (Charles) et son épouse, de Bierges, à Souel, Tarn.
Cateau (Gaston), de Tourcoing, à Solesmes, Sarthe.
Cautineau (Elise), de Frameries, à Donville-les-Bains, Manche.
Caufriez (Jules) et fam., d'Anderlues, à Saint-Denis-le-Vêtu, Manche.
Caudron (Maria) et fam., d'Fugies, à Granville, Manche.
Caypets (Prosper), d'Ostende, à Arjuzaux, Landes.
Céa (Germaine), de Mont-s.-Marchienne, à ..., Manche.

Célie (Gustave), de Gand, à Glenay, Deux-Sèvres.
Célie (Horimond), de Gand, à Glenay, Deux-Sèvres.
Célie (Théophile), de Lille, à Viam, Corrèze.
Cenninech (Alphonse de), de Pitthem, à Layrac, Lot-et-Garonne.
Cercq (Emile de), de Controde, à Nueil-s.-les-Aubiers, Deux-Sèvres.
Ceulers (Albin) et fam., de Malines, à Sorèze, Tarn.
Chalet (Marie), de Wasmuel, à La Mure, Isère.
Chaumette (Cornélie), d'Ermont, à La Haye-du-Puits, Manche.
Chartier (Auguste), de Marcuille, à Bréville, Manche.
Charles (Jeanne), de Waelhem, à Montgardon, Manche.
Charles (Victor), de Waelhem, à Montgardon, Manche.
Charlemagne (Joseph), de Thuin, à Saint-Symphorien, Manche.
Chatelet (Alphonse) et fam., de Lille, à Gavray, Manche.
Chatelet (Arsène), de Poperinghe, à Gavray, Manche.
Charles (Marie-Louise), de Waelhem, à Montgardon, Manche.
Chacquet (Félicien) et fam., d'Hornu, à Mézières, Ille-et-Vilaine.
Chacquet (Marthe) et fam., d'Hornu, à Mézières, Ille-et-Vilaine.
Charlier (Françoise) et enf., de Saint-Eustache, à Gael, Ille-et-Vilaine.
Chardon (Arthur) et son épouse, de Gosselies, à Blaye, Tarn.
Cherton (Elise), de Marbais-la-Tour, à Régneville, Manche.
Chevalier (Arthur) et fam., de Wasmes, à Saint-Etienne, Loire.
Cheyus (Auguste), de Ghistelles, à Clairac, Lot-et-Garonne.
Cheylon (Joseph) et son épouse, de Liévain, à Blaye, Tarn.
Chocquet (Mme) et fam., d'Hornu, à Mézières, Ille-et-Vilaine.
Chomez (Paul), de Tourcoing, à Saint-Germain-des-Prés, Dordogne.
Christiains (Alexis), de Bruxelles, à Montgey, Tarn.
Ciriez (Eugène), de Wasmes, à Régneville, Manche.
Claeyt (Frédéric), de Mont-Saint-Amant, à Benesse-les-Dax, Landes.
Clays (Henri) et fam., de Laethem, à Sainte-Gemme-de-Gâtine, Deux-Sèvres.
Claudon (Gaston) et fam., de Tergnier, à Granville, Manche.
Claessens (Philomène), d'Anvers, à Saint-Nicolas-de-Pierrepont, Manche.
Clantin (Edouard), de Cambron-Saint-Vincent, à Massaguel, Tarn.
Clanvaert (Jules), de Gand, à Saint-André-de-Seignanx, Landes.
Claus (César), de Gand, à Solesmes, Sarthe.
Claes (Désiré), de Gand, à Solesmes, Gand.
Classen (Jean), de Liège, à Marseille, Bouches-du-Rhône.
Claoys (François), de Gand, à Pontenx-les-Forges, Landes.
Clays (Henri), de Conliet, à Ruelle, Charente.
Clerbaut (Vital), de Brasschaet, à Neufmesnil, Manche.
Clercq (François de), d'Alost, de Varenguebec, Manche.
Clerc (Charles de), de Lille, à Sartilly, Manche.
Clercq (Maurice de), de Mariakerke, à Varenguebec, Manche.
Clemeur (Guillaume), d'Herstal, à Pontenx-les-Forges, Landes.
Clercq (Maurice de), de Wetteren, à Mont-de-Marsan, Landes.
Clergnio (François), de Fives-Lille, à Bras, Dordogne.
Cliquot (Oswald), de Fayet-Village, à Montreuil, Manche.
Clottous (Maria), d'Anvers, à La Haye-du-Puits, Manche.
Cloes (Maria), de Malines, à Boucey, Manche.
Cloedt (Philémon de), de Bruges, à Mobecq, Manche.
Cloedt (Pierre de), de Gand, à Arjuzanx, Landes.
Cloet (Polydor), de Thomont, à Douzat, Charente.
Clouet (Désirée), de Cuffies, à Limsaint, Eure-et-Loire.
Clybonne (Emile), d'Aertrycht, à Saint-Sever, Landes.
Cnops (Emérance), de Malines, à Boucey, Manche.
Cock (Marcel de), de Malines, à Moulins, Deux-Sèvres.
Cock (Joseph de), d'Alost, au Pin, Deux-Sèvres.
Cock (Léon de), d'Alost, au Pin, Deux-Sèvres.
Cock (Achille de), d'Alost, à Varenguebec, Manche.
Cochx (Philomène), de Louvain, à Mont-de-Marsan, Landes.
Coeriamont (Auguste) et fam., de Bruxelles, à Marseille, Bouches-du-Rhône.
Coder (Joseph) et famille, d'Hautmont, à Laroche-Candiac, Corrèze.
Coechse (Jean), de Verse, à Saint-Hillaire, Charente.
Coen (Maurice), de Loos, à Saint-Laurent-de-Belzagot, Charente.
Coens (Charles), de Roubaix, aux Gresnays, Manche.
Coequyt (Léon), de Dionnyen, à Solesmes, Sarthe.
Colas (Charles), de Bruxelles, à Segonzac, Charente.
Colbrandt (René), de Bruges, Saint-Amand-sur-Sèvre, Deux-Sèvres.
Colpaert (Arthur), de Bruges, à Combrand, Deux-Sèvres.
Colignon (Félix) et fam., d'Onhaye, au Pertre, Ille-et-Vilaine.
Colin (Louise), d'Onhaye, au Pertre, Ille-et-Vilaine.
Colinet (Désiré), de Châtelet, à Cransac, Aveyron.
Collin (Augustine), de Campagne-les-Boul., à Montredon-Lab., Tarn.
Colman (Pierre), et enf., d'Espine-Brugaston, à Saint-Germain, Tarn.
Colpaert (Gustave), de Breedene, à Bougue, Landes.
Colson (Odile), de Bouffioulx, à Sens-de-Bretagne, Ille-et-Vilaine.
Colson (Joseph), de Courrières, à Jarnac, Charente.
Colette (Jules), de Rosendaelle, à Saint-Menin, Dordogne.
Collette (Maurice) et fam., de Bruxelles, à Marseille, Bouches-du-Rhône.
Colligoon (Jean) et enf., de Lens, à Blaye, Tarn.
Comayne (Henri), de Lille, à Saint-Menin, Dordogne.
Compans (Augustine), d'Ermont, à La Haye-du-Puits, Manche.
Compernolle (Marcel), de Bruges, à Montigny, Deux-Sèvres.
Concke (Julien), d'Ostende, à Mont-de-Marsan, Landes.
Concke (Edmond), d'Ostende, à Mont-de-Marsan, Landes.
Conninck (Jules de), d'Anvers, à Yvrac, Gironde.
Conde (Stéphanie) et enf., de Roulers, à Soze, Landes.
Conde (Marie) et famille, de Lens, à Savigny, Indre-et-Loire.
Conyck (Gérardine de), d'Alost, à Saint-Sever, Landes.
Cools (Alphonse et Camille), de Zedelghem, à Mer, Loir-et-Cher.
Cools (Prudent), d'Anvers, à Mer, Loir-et-Cher.
Coors (Joseph) et fam., de Termonde, à Saint-Martin-d'Oney, Landes.
Cobreman (Charles), de Watrelos, à Montoiron, Manche.
Cooman (Emile), de Ledeberg, à Solesmes, Sarthe.
Cools (Joseph), de Bouchout, à Solesmes, Sarthe.
Conseutans (Jean) et fam., d'Anderlecht, à Ambillou, Indre-et-Loire.
Coppens (Camille), de Sainte-Croix, à Aroue, Landes.
Coppens (Jules), de Saint-Michiels, à Cestas, Gironde.
Coppens (Louis), d'Anvers, à Marthon, Charente.
Coppée (Joseph), de Châtelineau, à Granville, Manche.
Coppens (Pierre), d'Anvers, à Sartilly, Manche.
Coppens (Jules), de Saint-Michiels, à Dax, Landes.
Coppens (Hector), d'Ostende, à Varenguebec, Manche.
Coppin (Adolphine), de Strée, à Granville, Manche.
Coppin (Emile), de Strée, à Granville, Manche.
Cordier (Fernand), de Saint-Marts, à Croney, Aube.
Cornelis (Jan) et fam., de Malines, à Labite, Lot-et-Garonne.
Cornet (Oscar), de Frameries, à Aubin, Aveyron.
Cornette (Frédéric), d'Halluin, à Montpezat, Lot-et-Garonne.
Cornu (Jules), de Frameries, à Aubin, Aveyron.
Cordier (Céline), d'Audrulnes, à [illegible], Finistère.
Cornu et sa fam., d'Arquennes, à Nantes, Loire-Inférieure.
Cornut (Palmyre), de Frameries, à Donville-les-Bains, Manche.
Cordier (Jules) et fam., d'Audenne, à Saint-Denis-le-Vêtu, Manche.
Cornelis (Georges), de Gand, à Pertuis, Deux-Sèvres.
Corty (Charles), de Bruges, à Cerisay, Deux-Sèvres.
Cortvriendt (Alphonse) et fam., d'Ostende, à Solesmes, Sarthe.
Corte (Oscar de), de Lens, à Neuilly-le-Brignon, Indre-et-Loire.
Cordier (Augustine) et fam., de Jeumont, à Abilly, Indre-et-Loire.
Corveleyn (Augusta) et fam., d'Ostende, à Layrac, Lot-et-Garonne.
Cortein (Justin), d'Alost, à Clairac, Lot-et-Garonne.
Cornilly (Célestine) et fam., de Melckerke, à Argentré-du-Plessis, Ille-et-Vilaine.
Cortembos (Jeanne), de Marbais-la-Tour, à [illegible], Ille-et-Vilaine.
Cornelis (Maria), de Malines, à Labite, Lot-et-Garonne.
Corty (Edmond) et fam., de Bruges, à [illegible], Lot-et-Garonne.
Coster (Cindy de), de Gand, à Mouchamps-sur-les-Aubiers, Deux-Sèvres.
Coryn (Oscar), de Saint-Denis-Westrem, à Saint-André-de-Seignanx, Landes.
Cosman (Henri), d'Ostende, à Saint-Sever, Landes.
Coue (Odile), d'Ostende, à Clairac, Lot-et-Garonne.
Couns (Gérard) et son ép., de Monteneau, à [illegible], Tarn.
Courtier (Jérôme), de Verviers, à Massaguel, Tarn.
Couvreur (César), de Bruges, à Courcôme, Charente.
Courtier (Ernest), de Mont-sur-Marchienne, à Aubin, Aveyron.
Courtier (Ernest), de Mont-sur-Marchienne, à Decazeville, Aveyron.
Coulon (Ernest), d'Erable, à Saint-Simeux, Charente.
Coupez (Emile), de Liévin, à Juillé, Charente.
Courcelle (François), d'Anvers, à Lempaut, Tarn.
Courcelle (Charles) et fam., de Courrières, à [illegible], Charente.
Courteville (Edmond), de Charleroi, à Blaye, Tarn.
Couteau (Gilbert), de Thuin, à Gavray, Manche.
Courtreras (Eugène), de Lille, à Gavray, Manche.
Coulonval (Marie) et fam., de Barleux, à Granville, Manche.
Coulon (Marie), de Liévin, à [illegible], Manche.
Cowez (Alphonse), de La Bouverie, à Decazeville, Aveyron.
Cowez (Fernand), de La Bouverie, à Vineuil, Loir-et-Cher.
Craene (Bazile de), de Laethem, à La Petite-Boissière, Deux-Sèvres.
Gracy (Richard) et fam., de Gand, à Herm, Landes.
Grasset aîné, de Gerard, à Monnaie, Indre-et-Loire.
Craecker (Joseph de), de Lede, à Lerac, Gironde.
Greyl (Hippolyte), de Bruges, à Mobecq, Manche.
Crespin (Elisée), de Belgique, à Niort, Deux-Sèvres.
Cremer (Pierre), de Bastogne, au Pertre, Ille-et-Vilaine.
Crevecœur (Arsène), de Nurpteran, à Sorèze, Tarn.
Crisl (Radolf), de Gand, à Pierrefitte, Deux-Sèvres.
Crommelynck (Achille), de Gand, à Solesmes, Sarthe.
Crock (Camille de), de Bruges, à Amou, Landes.
Crokart (Jules), de Sottegem, à Angeac, Charente.
Croux (Jean), de Hœssels, à Blaye, Tarn.
Crusiaux (Lucienne), de Hénin-Liétard, à Loches, Indre-et-Loire.
Crusiaux (Rolande), de Hénin-Liétard, à Loches, Indre-et-Loire.
Cuisinier (Félicien) et fam., de Wasmes, à Saint-Loup, Manche.
Cuignet (Léona) et fam., de Fontaine-Valmont, à Granville, Manche.
Curé (Maurice), de Gand, à Barbaste-Mérin, Tarn.

Cuvelliez (Achille), de Roulers, à Dourgne, Tarn.
Cuyckens (Alphonse), de Charleroi, à Bugeat, Corrèze.
Cuypers (Mme), d'Anvers, à Graves, Charente.
Daelman (Henri), de Breedene, à Dax, Landes.
Danneels (Adolphe), de Bruges, à Montfort, Landes.
Daelman (Camille), de Saint-André, à Saint-Marsault, Deux-Sèvres.
Daeneknidt (Louis), de Bruges, à Solesmes, Sarthe.
Dalle (Maria) et enf., de Recques, à Montredon-Labessonie, Tarn.
Dallemans (François), de Merchtem, à Port-Sainte-Marie, Lot-et-Garonne.
Danthine (Auguste), d'Anvers, à Frayssinet, Tarn.
Dartevelle (Oscar), d'Erquelines, à Notre-Dame-de-Cenilly, Manche.
Dartevelle (Florentine), d'Erquelines, à Notre-Dame-de-Cenilly, Manche.
Dauge (Emile), de Frameries, à Donville-les-Bains, Manche.
Dauge (Maurice), de Frameries, à Donville-les-Bains, Manche.
Dauneels (Félicien), de Bruges, à Arjuzanx, Landes.
Daumin (Alfred), de Liévin, à Blaye, Tarn.
Darst (Jean) et épouse, de Gand, à Lempaut, Tarn.
Debaesseler (Joséphine), de Gistelles, à Clairac, Lot-et-Garonne.
Dabmar (Clément), de Diest, à Montgey, Tarn.
Debruyn (Alphonse), de Bruxelles, à Albi, Tarn.
Debeseelle (Nicolas) et fam., de Jeumont, à Bossay, Indre-et-Loire.
Debruyne (Pierre), de Loos, à Lingreville, Manche.
Debreyer (Albert), de Tourcoing, à Trelly, Manche.
Debrec (Henri), de Lille, à Solesmes, Sarthe.
Deheukelaer (Marie), de Wervicq-Sud, à Chatillon-s.-Sèvre, Deux-Sèvres.
Debeir (Emile), de Bruges, à Saint-Amand-sur-Sèvre, Deux-Sèvres.
Dehaene (Edmond), de Waerdamme, de St-Amand-sur-Sèvre, Deux-Sèvres.
Debacker (Amand), de Saint-André, à Gavray, Manche.
Debienne (Adèle), de Fraire-Fairoul, à Noudoitou, Ille-et-Vilaine.
Dabrouwer (Raymond), de Zomergheim, à Solesmes, Sarthe.
Debruyser (René), de Bruxelles, à Mont-de-Marsan, Landes.
Deblauwe (Médard) et fam., d'Aertrycke, à Soursac, Corrèze.
Decaesstacker (Paul), d'Ostende, à Lavardac, Lot-et-Garonne.
Dechèvre (Odilon) et fam., de Jeumont, à Sonnay, Indre-et-Loire.
Decamp (Louis), de Flenu, à Torigni-sur-Vire, Manche.
Deconinck (Alphonse), de Lille, à Cerencez, Manche.
Deconinck (Léon), de Gand, à Solesmes, Sarthe.
Declerck (Maurice), de Bruges, à Courlay, Deux-Sèvres.
Decoq (Augustin), de Lille, à Pierrefitte, Deux-Sèvres.
Declerc (Maria) et enf., de Roulers, à Monsley, Landes.
Debouc (Léon), de Bruges, à Dax, Landes.
Decocq (Joseph), de Charbonnages, à Aubin, Aveyron.
Debbaut (Jean de), d'Anvers, à Solesmes, Sarthe.
Declerq (Louis), de Gand, à Solesmes, Sarthe.
Decabooter (Joseph), de Moyaux, à Saint-Germain-des-Prés, Dordogne.
Declerq (Henri), de Roubaix, à Saint-Germain-des-Prés, Dordogne.
Decoster (Gérard), de Cortemarck, à Pujo-le-Plan, Landes.
Dedeuwaerdesder (Constant), de Menain, à Cerences, Manche.
Dedekker (Médard), d'Houttave, à Sartilly, Manche.
Dedeeker (Joseph), de Ruysselede, à Arjuzanx, Landes.
Dedez (Omer), de Frameries, à Lorval, Mayenne.
Dee (Louis), de Vilvorde, à Breignolles, Deux-Sèvres.
Deberecq (François) et fam., de Gand, à Solesmes, Sarthe.
Defrère (Alexandre), de Namur, à Rennes, Ille-et-Vilaine.
Defoor (Camille) et enf., de Charleroi, à Vieilleville, Creuse.
Deferm (François), d'Anvers, à Solesmes, Sarthe.
Defrise (Florent), de Wasmes, à Saint-Loup, Manche.
Defau (Germain) et enf., de Tirlemont, à Saint-Verge, Deux-Sèvres.
Deguer (Jules), d'Ostende, à Morcenx, Landes.
Degrelle (Elise) et fam., de Tousubre, à Tours, Indre-et-Loire.
Deguillage (Julia), d'Erlequines, à Notre-Dame-de-Cenilly, Manche.
Degroot (Léopold), d'Anvers, à Solesmes, Sarthe.
Deguillage (Arthur) et fam., d'Erqueline, à Notre-Dame-de-Cenilly, Manche.
Deguel (Victor), d'Erps-Querh, à Saint-Sever, Landes.
Degraux (Frantz), de Bouffioulx, à Bergerac, Dordogne.
Degroote (Edmond), d'Anvers, à Orléans, Loiret.
Degrève (Julienne) et enf., de Rouvroy, à Damiatte, Tarn.
Degrie (Raymond), de Gand, à Sorèze, Tarn.
Degroote (Germain), de Bruxelles, à Sorèze, Tarn.
Degreyse (Constant) et fam., de Roulers, à Soual, Tarn.
Dehon (Elise), de Pâturage, à Bacilly, Manche.
Dehan (Alfred) et fam., de Wasmes, à Coudeville, Manche.
Duhon (Louis), de La Bouverie, à Decazeville, Manche.
Dehayder (Gustave), de Malines, à Labouheyre, Landes.
Dehou (François), de Marpent, à Reignac, Indre-et-Loire.
Deham (Alphonse), de Gand, à Solesmes, Sarthe.
Deyver (Adolphe), de Willebrouck, à Layrac, Lot-et-Garonne.
Dejans (Albert), de Roubaix, à Biras, Dordogne.
Dejonghe (Désiré), de Lille, à Gavray, Manche.
Dejonghe (Germain) et épouse, d'Anvers, à Dourgne, Tarn.
Dekoker (Bertha) et fam., d'Auderlues, à Tournon-St-Pierre, Indre-et-Loire.
Dekoninck (Bernard), de Lille, à Cérences, Manche.
De Deken (Rémy), de Saint-Denys-Westrem, à Saint-Paul-les-Dax, Landes.
Dekunst (Nicolas) et fam., de Malines, à Gabarret, Landes.
Delorque (Louise), de Maubeuge, à Saint-Sever, Landes.
Delcourte (Pierre), d'Aerschot, à Bretagne, Landes.
Delhaye (Rosalie), d'Ostende, à Lafitte, Lot-et-Garonne.
Delacourt (Marie), d'Alost, à Clairac, Lot-et-Garonne.
Delsonne (Jean), de Raisme, à Saint-Urcisse, Tarn.
Delacroix (Emile), de Kochelaue, à Dourgne, Tarn.
Delvaux (Florent), de Calais, à Albi, Tarn.
Delaire (Saturine), de Saals, à Saint-Malo, Ille-et-Vilaine.
Delattre (Marie), de Fontaine-Valmont, à Bonnemain, Ille-et-Vilaine.
Delavallée (Mathilde), de Marchienne-au-Pont, à Saint-Malo, Ille-et-Vil.
Delcamp (Marthe) et fam., de Frameries, à Fougères, Ille-et-Vilaine.
Delpire (Thérèse) et fam., du Châtelet, à Romillé, Ille-et-Vilaine.
Delval (Ulaline), de Mont-sur-Marchienne, à Saint-Malo, Ille-et-Vilaine.
Delcourte (Mélanie), de Marne, à Mézières, Ille-et-Vilaine.
Delforge (Jules), de Lheureux, à Reims, Marne.
Delsine (Rosine) et enf., de Wasmes, à Feins, Ille-et-Vilaine.
Delsine (Marie) et enf., de Wasmes, à Feins, Ille-et-Vilaine.
Delteure (Elise), de Marchienne-au-Pont, à Saint-Malo, Ille-et-Vilaine.
Delval (Claire), de Monceau-sur-Sambre, à Saint-Malo, Ille-et-Vilaine.
Delval (Suzanne), de Mont-sur-Marchienne, à Saint-Malo, Ille-et-Vilaine.
Delhaye (Augustin) et fam., de Merbes-Sainte-Marie, à Abilly, Indre-et-Loire.
Delbecq (Henri), de . . . , à Abilly, Indre-et-Loire.
Delcommune (Jean), de Seraing, à Cléré, Indre-et-Loire.
Delbecq (Juliette), de Merbes-Sainte-Marie, à Abilly, Indre-et-Loire.
Delèze (Gustave), de Gand, à Solesmes, Sarthe.
Delies (Marceau), de Lille, à Saint-Georges-de-Livoye, Manche.
Deleuw (Pierre), de Lille, à Gavray, Manche.
Deleu (Gaston), de Marcq-en-Barœul, à Montgardon, Manche.
Delecaut (Arthur), de Roubaix, aux Cresnays, Manche.
Delbar (Florymond), de Tournai, à Montmartin-sur-Mer, Manche.
Delafontaine (Jules), de Siveveziele, à Solesmes, Sarthe.
Delwarde (Charles), de Marchiennes, à Lolif, Manche.
Delorme (Alice), de Frameries, à Donville-les-Bains, Manche.
Delonnoy (Jules) et fam., de Flenu, à Torigni-sur-Vire, Manche.
Delmotte (Henri), de Roubaix, à Cérencey, Manche.
Delaunois (Jules), de Guermain, à Saint-Sauveur-la-Pommeraye, Manche.
Delaunois (Charles), de Jemappes, à Donville-les-Bains, Manche.
Delaunois (Stéphanie), de Jemappes, à Donville-les-Bains, Manche.
Delangre (Léon), de Messines, aux Cresnays, Manche.
Delvenne (Léon), d'Erquelines, à Niort, Deux-Sèvres.
Delabastita (Joseph), de Wigmael, à Solesmes, Sarthe.
Delfaur (Pulchérie), du Bas-Warneton, à Turenne, Corrèze.
Delcourte (Sylvie), d'Aerschot, à Bretagne, Landes.
Delhaye (Mme), des Bruyères-Montbergault, à Ballan, Indre-et-Loire.
Delorme (Julia), de Saint-Marti, à Creney, Aube.
Delost (Xavier), d'Alost, à Vianne, Lot-et-Garonne.
Delandre (Victor), de Bruxelles, à Orléans, Loiret.
Delisse (Edouard), de Morman, à Châtillon-Coligny, Loiret.
Delahaye (Jules), d'Escale, à Blaye, Tarn.
Delisse (Alfred) et épouse, de Belgique, à Labruguière, Tarn.
Delmotte (Joseph), de Baichon, à Blaye, Tarn.
Démulder (Richard), de Melle, à Saint-André-de-Seignanx, Landes.
Demol (Amastus), d'Ostende, à Lavardac, Lot-et-Garonne.
Demol (Arthur), d'Ostende, à Lavardac, Lot-et-Garonne.
Demey (Jeanne) et fam., d'Ostende, à Lafitte, Lot-et-Garonne.
Demoulin (Joseph) et fam., de Falisolles, à Reims, Marne.
Demaré (Marie), de Braban, à Gaël, Ille-et-Vilaine.
Demeure (Théodore) et fam., de Fleurus, à La Ville-aux-Dames, I.-et-L.
Demotte (Elisa), de Jeumont, à Bossay, Indre-et-Loire.
Demeuse (Nelly) et fam., de Lesve, à Tours, Indre-et-Loire.
Demeure (Emile), de Mettet, à La Ville-aux-Dames, Indre-et-Loire.
Demulder (Edouard), d'Ostende, à Solesmes, Sarthe.
Demoulin (Joseph) et fam., de Barbençon, à Landivisiau, Finistère.
Demouthe (Angèle), d'Ham-sur-Heure, à Boissy-aux-Cailles, Seine-et-Marne.
Demey (Irma), d'Ostende, à Macey, Manche.
Demuynck (Maurice), de La Madeleine-lès-Lille, à Montgardon, Manche.
Demesmacker d'Halmeus (Elodie), de Liévin, à Huêtre, Loiret.
Demeulnaere (Mme) et fam., de Liévin, à Coinces, Loiret.
Demeire (Pierre), de Winko-Saint-Eloi, à Labouheyre, Landes.
Demey (Cyrillus) et fam., d'Ostende, au Puget-Damiatte, Tarn.
Demulder (Gilbert), de Lille, à Labruguière, Tarn.
Demarez (Robert), de Gand, à Glenay, Deux-Sèvres.
Demoisié (Emile), de Marchiennes, à Niort, Deux-Sèvres.
Demuynck (Charles), de Gand, à La Ronde, Deux-Sèvres.
Demey (Pierre), de Gheluvelt, à Chaumeil, Corrèze.
Demey (Hortense), d'Ostende, à Lafitte, Lot-et-Garonne.
Denis (Auguste) et fam., de Cour-sur-Heure, à Châteaugiron, Ille-et-Vilaine.
Denis (Georgette), de Châtelet, à Vern, Ille-et-Vilaine.

Denis (Victor), de Requignies, à Chedigny, Indre-et-Loire.
Dens (Cornélius) et fam., d'Anvers, à Saint-Nicolas-de-Pierrepont, Manche.
Denolf (Georges), de Lille, à La Croix-Avranchin, Manche.
Deneufbourg (Jules), d'Erquelines, à Redon, Ile-et-Vilaine.
Denys (Denis), de Jabbeke, à Mont-de-Marsan, Landes.
Denys (Gustave), de Zedelghem, à Mer, Loir-et-Cher.
Depauid (Frantz), de Steenbuftel, à Vianne, Lot-et-Garonne.
Depierre (Blanche), de Momignies, à Baguer-Morvan, Ile-et-Vilaine.
Deprez (Jules) et fam., d'Ostende, à Carolles, Manche.
Depierre (Jean-Baptiste), de Lille, aux Cresnays, Manche.
Depoorter (Léon), d'Ostende, à Ponteux-les-Forges, Landes.
Depoorter (Joseph), d'Ostende, à Ayuzaux, Landes.
Dersin (Arthur) et fam., de Paturages, à Saint-Ovin, Manche.
Derieux (Célestin) et fam., de Farciennes, à Saint-Martin-de-Cenilly, Manche
Dercon (Maria), d'Anvers, à Saint-Nicolas-de-Pierrepont, Manche.
Deruden (Marie), de Bruxelles, à Clairac, Lot-et-Garonne.
Derrudder (Joseph), de Cassel, à Lafage, Corrèze.
Deroo (Émile), de Gendbrugge, à Villeneuve-de-Marsau, Landes.
Derieu (Édouard), de Gouf, à Decazeville, Aveyron.
Derowed (Alphonse) et ep., d'Anvers, à Lempaut, Tarn.
Derruddor (Henri) et ép., de Tournai, à Marseille, Bouches-du-Rhône.
Dervitte (Maria), de Sileurieux, à Chatillon-Coligny, Loiret.
Desobre (T.), de Leugnies-lès-Beaumont, au Rut-d'Égreville, Seine-et-Marne.
Desmarey (Léon), de Vlamartingue, à Aurice, Landes.
Deschepper (Joseph), de Gand, à Saint-André-de-Seignanx, Landes.
Descheeder (Silver) et fam., de Moorslède, à Layrac, Lot-et-Garonne.
Desramault (Oscar), de Woumen, à Dourgne, Tarn.
Deschepper (Pélagie), de Lens, à Bertre, Tarn.
Deslaël (Arthur) et fam., de Lens, à Cussay, Indre-et Loire.
Desmet (Camille), d'Andelem, à Solesmes, Sarthe.
Desyn (Georges), de Gand, à Solesmes, Sarthe.
Descheemacker (Jules), de Roubaix, à Montviron, Manche.
Desmoudeaux (Albert), de Blandain, à Cérences, Manche.
Desenius (Joseph), d'Acoz, à Cransac, Aveyron.
Deschinkel (Charles), de Mons, à Quettreville, Manche.
Desauvage (Gustave), de Waerdamme, à St-Amand-sur-Sèvre, Deux-Sèvres.
Desoete (Victor), de Warssenaere, à La Forêt-sur-Sèvre, Deux-Sèvres.
Desmets (Karel), de Belgique, à Pithiviers, Loiret.
Desmets (Léo), de Belgique, à Pithiviers, Loiret.
Desmet (Arthur) et fam., de Carvin, à Rosières, Tarn.
Desmet (Adèle) et enf., de Carvin, à Rosières, Tarn.
Desmedt (Raymond), de Lille, à Saint-Menin, Dordogne.
Desoke (Hector), de Leugnies, à Gauriaguet, Gironde.
Desmet (Léopold), de Menin, à Bugeat, Corrèze.
Desmet (Joseph), d'Eecloo, à Pérols, Corrèze.
Dethier (Marie) et fam., de Liège, à Pontorson, Manche.
Detrans (Bertha), d'Arsimont, à l'Hermitage, Ile-et-Vilaine.
Devestel (Hendrick), de Bruges, à Rivière, Landes.
Develter (Hélène), de Zedelghem, à Benquet, Landes.
Devoye (Anna), de Fontaine-Valmont, à Bonnemain, Ile-et-Vilaine.
Dever (Gustave), de Bruxelles, à Tours, Indre-et-Loire.
Dever (Yvonne), de Bruxelles, à Tours, Indre-et-Loire.
Devenyn (Adolphe), de Meiseibecke, à Solesmes, Sarthe.
Devogelaère (François), de Roubaix, à Saint-Nicolas-des-Bois, Manche.
Deveughele (Hippolyte), de Tourcoing, à Sartilly, Manche.
Deverchin (Élise) et fam., de Warmes, aux Chambres, Manche.
Deveert (Henri), d'Anvers, à La Haye-du-Puits, Manche.
Devaux (Oxellema), de Thuin, à Saint-Symphorien, Manche.
Devriendt (Carolus) et fam., d'Ostende, à Sémalens, Tarn.
Devilder (Isidore), de Gand, à Mer, Loir-et-Cher.
Devaele (Louis), de Roubaix, à Massaguel, Tarn.
Dewalens (Charles), d'Anvers, à Solesmes, Sarthe.
Dewaele (Remi), de Deynze, à Mobecq, Manche.
Dewerd (Jean), d'Armentières, à Cérencey, Manche.
Dewartt (Marie) et fam., de Roulers, à Sore, Landes.
Dewalf (Médard), de Lombartzide, à Arjuzaux, Landes.
Dewolf (Joseph), d'Anvers, à Saint-Menin, Dordogne.
Dewulf (Henri), de Dixmude, à Viam, Corrèze.
Dewulf (Aloïs) et ép., de Dixmude, à Naves, Corrèze.
Devoughere (Hilaire), de Roulers, à Saint-Sever, Landes.
Diérick (Ferdinand), de Mouscron, à Saint Germain-des-Prés, Dordogne.
Dierendonck (Léon), de Denain, à Bugeat, Corrèze.
Dierendonck (Alfred), de Lombartzyde, à Mont-de-Marsan, Landes.
Dierick (Jules), de Flenu, à Torigni-sur-Vire, Manche.
Dierick (Jules), de Flenu, à Torigni-sur-Vire, Manche.
Dignel (Hubert), de Roubaix, à Montgardon, Manche.
Dinzart (Zelise), de Mettet, à Saint-Malo, Ile-et-Vilaine.
Dhaene (Auguste), de Melle, aux Aubiers, Deux-Sèvres.
D'Haene (Frans), de Gand, à Solesmes, Sarthe.
D'Haère (Alouis) et fam., de Mont-Saint-Amand à Solesmes, Sarthe.
D'Heerre (Clémence), de Liévin, à Bertre, Tarn.
Dhondt (Lodenvyeke), de Bruges, à Saint-Paul-lès-Dax, Landes.
D'Hooge (Joséphine) et enf., de Termonde, à Villeneuve-de-Marsan, Landes.
D'Hoog (Simon), de Péranchies, aux Cresnays, Manche.
D'Hondt (Hippolyte), de Bruges, à Sanguac-sur-Cambran, Landes.
D'Hooge (Honoré), de Termonde, à Villeneuve-de-Marsac, Landes.
Dhoore (Jules), d'Angres, à Coinces, Loiret.
Dhont (Isodore), de Gand, à Lafitte, Lot-et-Garonne.
Dieltgen (Pauline), de Mancinelle, à Bosmoreau-les-Mines, Creuse.
Dobbelaere (Oscar), de Gand, à Pontaux-les-Forges, Landes.
Dogot (Joseph) et fam., de Bouffioulx, à Miniac-sous-Bécherel, Ile-et-Vilaine.
Doheyn (Jean-Baptiste), de Flers, à Gavraix, Manche.
Dolphyn (Jean-Baptiste), de Bruxelles, à Dourgue, Tarn.
Domanet (Joséphine), d'Hastière, à Cancale, Ile-et-Vilaine.
Dons (Pierre), de Sallaumines, à Saint-Peravy-la-Colombe, Loiret.
Dorsis (Henri), de Gand, à Solesmes, Sarthe.
Dossaer (Arthur) et fam., d'Ostende, à Lafitte, Lot-et-Garonne.
Doult (Arthur), d'Ostende, à Siest, Landes.
Douillet (Germaine), du Hainaut, à Cransac, Aveyron.
Doyen (Philomène), de Bouverie, à La Godefroy, Manche.
Dregmans (Jean) et fam., de Lille, à Saint-Paul, Corrèze.
Drieghe (Bernard), de Ledeberg, à Saint-Marsault, Deux-Sèvres.
Druyts (Jean), d'Anvers, à Saint-Sever, Landes.
Drubbel (Bernard), de Gand, aux Aubiers, Deux-Sèvres.
Druart (Joséphine) et fam., de Lens, à Bossée, Indre-et-Loire.
Druart (Charles), de Wingles, à Ferri-en-Larçon, Indre-et-Loire.
Druart (Octave), de Marcinelle, à Saint-Briac, Ile-et-Vilaine
Druart (Maurice), de Marcinelle, à Saint-Briac, Ile-et-Vilaine.
Druart (Augustin), de Liévin, à Ussel, Corrèze.
Druard (Vital), et frère), de Vendin-le-Vieil, à Poulaines, Indre.
Dubrulle (Fernand) et fam., de Warmes, aux Chambres, Manche.
Dubray (Gaston), de Bohain, à Cheillé, Indre-et-Loire).
Dubois (Adolphine), de Lobbes, à Bagues-Morvan, Ile-et-Vilaine.
Dubacker (Yvon), de Wynhgene, à Labouheyre, Landes.
Dubigk (Édouard), de Marcinelle, à Ygos, Landes.
Dudieu (Alfred) et fam., de St-Péravy-la-Colombe, à St-Sigismond, Loiret.
Dudieu (Albert), de Jumet, à Saint-Péravy-la-Colombe, Loiret.
Duet (Louise), d'Erquelines, à Notre-Dame-de-Cenilly, Manche.
Duez (Augustin) et fam., de Montigny-en-Gohelle, à Gueillé, Indre-et-Loire.
Dufranc (Georges) et fam., de Frameries, à Donville-les-Bains, Manche.
Duffaire (Alphonse) et fam., de Lessines, à Torigni-sur-Vire, Manche.
Dufay (Léon), de Marquain, à Cérences, Manche.
Dufras (Léon), de Guermain, à Saint-Sauveur-la-Pommeraye, Manche.
Dufaux (Joseph) et fam., de Belgique, à Saint-Christophe, Indre-et-Loire.
Duframe (Adonis), de Wasme, à Decazeville, Aveyron.
Dufays (Léon), du Châtelet, à Aubin, Aveyron.
Dufrasnes (Emile), de Wasmes, à Laval, Mayenne.
Dufrasne (Hector), de Quarégnon, à Marseille, Bouches-du-Rhône.
Dufour, de Roulers, à Saint-Sever, Landes.
Duhayon (Joseph) et fam., de Rouvray, à Dordives, Loiret.
Dujardin (Edmond) et fam., d'Houlchin, à Tours, Indre-et-Loire,
Dujardin (Arthur) et fam., d'Estinnes-au-Mont, à Tours, Indre-et-Loire.
Dujeu (Alice), de Gerpinnes, à Saint-Malo, Ile-et-Vilaine.
Dumortier (Louis) et fam., de Warndon, à Ségonzac, Corrèze.
Dumoulin (Ernest), de Lille, à Sartilly, Manche.
Dumoulin, de Bouillon, à Pocé, Indre-et-Loire,
Dumont (Octavie), de Falisolles, à Bréteil, Ile et Vilaine.
Dumoulin (Alfred), de Lophem, à Mer, Loir-et-Cher.
Dumoulin (Marie), de Chimay, à Viviez, Aveyron.
Dupont (Alphonse), de Bruges, à Varenguebec, Manche.
Dupanloup (Irma), de Bouffioulx, à Saint-Aubin-d'Aubigné, Ile-et-Vilaine.
Dupont (Alexandre) et fam., de Frenno, au Grand-Fougeray, Ile-et-Vilaine.
Duquesne (Maurice) et fam., de Frenno, au Grand-Fougeray, Ile-et-Vilaine.
Durausin (Armand), de Vendin-le-Vieil, à Cérences, Manche.
Durand (Julia), de Marcinelle, à Miniac-sous-Becherel, Ile-et-Vilaine.
Duterne (Oscar) et fam., d'Erquelines, à Notre-Dame-de-Cenilly, Manche.
Duysan (Augustinus) et fam., d'Anvers, à La Haye-du-Puits, Manche.
Dykmans (Adrien), de Saint-Nicolas-lès-Liège, à Caq-Toulza, Tarn.
Echout (Jean), de Gand, à Villeneuve-de-Marsan, Landes.
Eecloo (Auguste), de Zedelghem, à Benquet, Landes.
Ecrebont (François) et fam., d'Ostende, à Clairac, Lot-et-Garonne.
Ecrebout (Léon), de Chatelineau, aux Montils, Loir-et-Cher.
Eghels (Fernand), de Laekens, à Marseille, Bouches-du-Rhône.
Eloy (Clarisse), du Châtelet, à Torigni-sur-Vire, Manche.
Engelen (Jeanna), d'Anvers, à La Haye-du-Puits, Manche.
Engels (Libore), de Gand, aux Aubiers, Deux-Sèvres.
Engels (Léopold), de Gand, aux Aubiers, Deux-Sèvres,
Envenne (Coralie), du Pont-du-Loup, au Verger, Ile-et-Vilaine
Ernotte (Jean) et fam., de Marpent, à Bossay, Indre-et-Loire.
Von Eschen (Lambert), de Charleroy, à Blaye, Tarn.
Estas (Adolphe), de Cuesmes, à Capdenac, Aveyron.
Estièvenart (Florian), d'Hornu, à Montviron, Manche.

Etienne (Jean), de Malines, à Labouheyre, Landes.
Etienne (Joseph), de Malines, à Labouheyre, Landes.
Ettendorff (François), de Lille, à Lingreville, Manche.
Ettendorff (Jean), de Lille, à Lingreville, Manche.
Evens (Fernand), d'Anderlues, à Saint-Martin-de-Cenilly, Manche.
Eugène (Marie), de Chimay, à Château-la-Vallée, Indre-et-Loire.
Everaerts (François), de Louvain, à Narrasse, Landes.
Faignard (Eugène), de Charleroi, à Bosmoreau-les-Mines, Creuse.
Fagniart (Jules) et fam., d'Erquelines, à Notre-Dame-de-Cenilly, Manche.
Faslesager (Victor), d'Ardres, à Blaye, Tarn.
Fauconnier (Renéide), d'Haulchin, à Tours, Indre-et-Loire.
Fauconnier (Mme), d'Haulchin, à Tours, Indre-et-Loire.
Fauviaux (Jonathan) et fam., d'Anvers, à La Haye-du-Puits, Manche.
Fayt (Ernest) et fam., d'Hautes-Wihéries, à Saint-Malo, Ille-et-Vilaine.
Feiter (Stéphans de), de Gand, à Solesmes, Sarthe.
Fermeseyn (Jean), de Bruges, à . . ., Sarthe.
Ferné (Alphonse), de Lille, à Cérences, Manche.
Feuillat (Jean-Baptiste), de Bouffioulx, à Miniac-sous-Bécherel, Ille-et-Vilaine.
Feys (Mathilde) et fam., d'Ostende, à Bougue, Landes.
Fiérens (Livina) et fam., d'Ostende, à Clairac, Lot-et-Garonne.
Flament (René), de Roncq, à Clergoux, Corrèze.
Fleurbacy (Camille), de Wenduyne, à Mont-de-Marsan, Landes.
Florée (Pierre), d'Ostende, à Saint-Barthelémy, Landes.
Florquun (Alice), de Lophem, à Mer, Loir-et-Cher.
Fockedey (Gustave), de Clemskerke, à Cirières, Deux-Sèvres.
Fonteine (Oscar de), de Bruges, à Varenguebec, Manche.
Fonder (Clémentine), de Pétigny, à Vitré, Ille-et-Vilaine.
Fontaine (Elvire), de Pironchamps, à Saint-Malo, Ille-et-Vilaine.
Fontigny (Julia), de Jeumont, à Cérences, Manche.
Fooy (Jean), d'Anvers, à Layrac, Lot-et-Garonne.
Forges (Berthe) et fam., de Fouquières-lès-Lens, à Montignac-de-Lauzun, L.-et-G.
Forman (Marie) et fam., d'Harles, au Liège, Indre-et-Loire.
Foubert (Alexandre), de Jemmapes, à Lolif, Manche.
Foulon (Madeleine), de Thuillier, à Marcilly-en-Villette, Loiret.
Fournier (Marie), de Saint-Germain, à Saint-Valéry-en-Caux, Seine-Inférieure.
Fourneau (Madeleine), de Framerie, à Donville-les-Bains, Manche.
Françoise (Jean), d'Anderlecht, à Ambillon, Indre-et-Loire.
Franck (Adolphine), d'Hautmont, à Pamiers, Ariège.
Francq (Marie), de Jeumont, à Abilly, Indre-et-Loire.
Frans (Louis), de Malines, au Temple, Deux-Sèvres.
Frappart (Gustave), de Boussu, à Cuves, Manche.
Frédérickx (Marie) et fam., de Louvain, à Mont-de-Marsan, Landes.
Frère (Benjamin), de Bruxelles, à Cransac, Aveyron.
Fricot (Florentin), de Virton, à Creney, Aube.
Frisson (Laure), de Loverval, à Mont-Dol, Ille-et-Vilaine.
Frippart (Marie) et enf., de Florennes, à Saint-Peru, Ille-et-Vilaine.
Frister (Nicolo), de Liége, à Labruguière, Tarn.
Gabriel (Joseph), de Gand, à Solesmes, Sarthe.
Gailiet (Marie), de Waudrez-les-Binche, à Lampaul-Guimiliau, Finistère.
Galesloot (André), de Liége, à Yvrac, Gironde.
Galley (Victor), de Tourcoing, aux Cresnays, Manche.
Gallée (Désiré), d'Anvers, à Solesmes, Sarthe.
Gallin (Richard), d'Ostende, à Dax, Landes.
Gambron (Célina), de Mariembourg, à Saint-Malo, Ille-et-Vilaine.
Gareleitté (Michel), de la Belgique, à Lolif, Manche.
Garine (Aline), de Jeumont, à Pernay, Indre-et-Loire.
Gautois (Emile), de Frameries, à Donville-les-Bains, Manche.
Gaublomme (César), de Grammont, à Solesmes, Sarthe.
Gaudy (Léopold), de Jeumont, à Cléré, Indre-et-Loire.
Gauthier (Sarah), de Berzée, à Courson, Calvados.
Gauthier (Marc), de Berzée, à Courson, Calvados.
Gauthier (Célestine), de Berzée, à Courson, Calvados.
Geens (Théophile), de Rotslaer, à Courlay, Deux-Sèvres.
Geeraerts (Constent), de Rumpst, à Morceux, Landes.
Geireaert (Alphonse), de Gand, aux Aubiers, Deux-Sèvres.
Gelande (Joseph), de Bruges, à Cersay, Deux-Sèvres.
Geldhoh (Charles), d'Ostende, à Solesmes, Sarthe.
Geleyn (Marie), de Ghistelles, à Clairac, Lot-et-Garonne.
Gelins (Eloi), de Pont-du-Loup, au Verger, Ille-et-Vilaine.
Geradon (Antoine), de Liége, à Massaguel, Tarn.
Gérard (Célestin), d'Hornu, à Neuillé-Pont-Pierre, Indre-et-Loire.
Gérard (Angèle), de Nismes, à Vitré, Ille-et-Vilaine.
Gerrets (Auguste), d'Alken, à Meilhan, Lot-et-Garonne.
Gevaert (Joseph), de Bruges, à Dax, Landes.
Gévot (Achille), de Paturage, à Bacilly, Manche.
Gevbehaye (François), de Lille, à Lolif, Manche.
Geyter (Charles de), de Gand, à Saint-Germain, Tarn.
Ghesquière (Emile), de Péranchies, aux Cresnays, Manche.
Ghislain (Oscar) et fam., d'Anderlues, à Saint-Martin-de-Cenilly, Manche.
Ghilain (Victorine), de Frameries, à Donville-les-Bains, Manche.
Ghyot (Alphonse), de Bruges, à Solesmes, Sarthe.
Ghyselinck (Maurice), de Saint-Amand, aux Aubiers, Deux-Sèvres.
Ghyssels (Armand), de Ledeberg, à Courlay, Deux-Sèvres.
Gilbert-Delhaye, de Bruyères-Montberault, à Ballan, Indre-et-Loire.
Gilmant (Moïse), d'Hornu, à Montviron, Manche.
Gilles (Isidore), de Châtelet, à Saint-Briac, Ille-et-Vilaine.
Gillain (Oscar), de Mettet, à Sorèze, Tarn.
Gillis (Joseph), de Linkebeeck, à Yvrac, Gironde.
Gilliaux (Joseph), de Chimay, à Château-la-Vallée, Indre-et-Loire.
Gisseleire (Victor), de Gand, à Yvrac, Gironde.
Glibert (Achille), de Bruges, à Saint-Hilaire-Luc, Corrèze.
Goblet (Désiré), de Gozée, à Mesnil-Raoult, Manche.
Gobert (Joseph), de Lille, à Saint-Nicolas-des-Bois, Manche.
Goblet (Joseph), de Bouffioulx, à Fondettes, Indre-et-Loire.
Goblet (Alphonse), de Bouffioulx, à Fondettes, Indre-et-Loire.
Gobert (Jeanne), de Lyon, à Marseille, Bouches-du-Rhône.
Gobert (Louis), de Raus, à Cransac, Aveyron.
Gobrecht (Léopold), de Bruges, à Dax, Landes.
Godard (Georges), de Blangies, à Bréville, Manche.
Godart (Achille), de La Bouverie, à Decazeville, Aveyron.
Godefroid (Joseph) et fam., de Willerzil, à Domloup, Ille-et-Vilaine.
Godefroy (Florent) et fam., de Frameries, à Vineuil, Loir-et-Cher.
Goedesels (Félix) et enf., de Louvain, à Niort, Deux-Sèvres.
Goéman (Julien) et fam., de Marty-Colombier, à Saint-Germain, Tarn.
Goemens (Maria) et enf., de Presles, à Vineuil, Loir-et-Cher.
Goeminne (Alphonse), de Gentbrugge, à Saint-Claude, Loir-et-Cher.
Goeminne (Julius) et enf., de Passchendale, à Saint-Sever, Landes.
Goetbals (Emile), de Faches-Tumesnil, à Saint-Martin-de-Cenilly, Manche.
Goeytoyn (Léon), de St-Denys-Westrem, à Saint-André-de-Seignanx, Landes.
Goking (Emile), de Bruges, à Touzé, Deux-Sèvres.
Gomérée (Louise), de Gozée, à Mesnil-Raoult, Manche.
Gondry (Léon), d'Hoffquelque, à Blaye, Tarn.
Gooremans (Corneel) et fam., d'Erquelines, à N.-D.-de-Cenilly, Manche.
Gosselin (Ludivine) et fam., d'Hornu, à Méziers, Ille-et-Vilaine.
Gosset (Céline), de Bouffioulx, à Cransac, Aveyron.
Gourdin (Edmond), de Felenne, à Clobars-Carnoët, Finistère.
Gourdin (Joseph), de Couillet, à Cléré, Indre-et-Loire.
Govaert (Pierre), d'Anvers, à Solesmes, Sarthe.
Goraert (Joseph), de Liévin, à Louans, Indre-et-Loire.
Graftieaux (Antoine), de Virginal, à La Chapelle-Gaudin, Deux-Sèvres.
Graeve (Alphonse de), de Bruges, à Solesmes, Sarthe.
Grande (Jules de), de Gand, à Saint-André-de-Seignanx, Landes.
Grandmaison (Prosper), de Bruxelles, à Dax, Landes.
Grammet (Louis), de Cortrych-Dutzel, à Saint-André-de-Seignanx, Landes.
Gravy (Marie-Louise), de Presles, à Goel, Ille-et-Vilaine.
Grambras (Léa), de Mariembourg, à Saint-Malo, Ille-et-Vilaine.
Grambras (Marie), de Mariembourg, à Saint-Malo, Ille-et-Vilaine.
Grambras (Odile), de Mariembourg, à Saint-Malo, Ille-et-Vilaine.
Grangier (Georges), d'Anderlues, à Cransac, Aveyron.
Gras (Léon), de Roubaix, à Saint-Menin, Dordogne.
Grégoire (Gustave), de Tourcoing, à Cérencey, Manche.
Greef (Michel de), de Malines, à Moulins, Deux-Sèvres.
Grégoire (Marie-Zélie) et enf., de Lobbes, à Etrelles, Ille-et-Vilaine.
Grégoire (Eugène), de Raismes, à Saint-Urcisse, Tarn.
Grignard (Joseph) et fam., de Gand, à Pontorson, Manche.
Grillet (Marie) et fam., d'Oort-Nieuwkerke, à Ducey, Manche.
Grimberglis (Jules), de Péronne, à Saint-Denis-le-Vêtu, Manche.
Grimonprez (Gustave) et fam., de Roulers, à Arue, Landes.
Grimaut (Georges), de Gosselies, à Blaye, Tarn.
Grimmonprez (Théophile) et fam., de Lille, à Damiatte, Tarn.
Groote (Camille de), de Gand, à Saint-Verge, Deux-Sèvres.
Groot (Pierre de), de Fives, à Chanteloup, Manche.
Groof (Ludovica de), d'Anvers, à Villeneuve-de-Marsan, Landes.
Groux (François) et fam., de Farciennes, à La Chapelle-Thouarault, Ille-et-V.
Grossion (Maria), de Maissin, à Saint-Malo, Ille-et-Vilaine.
Grumiaux (Armand), de Flobecq, à Montmartin-sur-Mer, Manche.
Gryp (Pétrus), de Gand, à Gabarret, Landes.
Gryseels (Léopold), de Lamich-Saint-Martin, à Clairac, Lot-et-Garonne.
Guebel (Mme), de Virton, à Creney, Aube.
Guesquière (Flore) et enf., d'Houplines, à Cambonnet-sur-Sor, Tarn.
Guilluy (Marcel), de Lille, à Biras, Dordogne.
Guilluy (Jules), de Lille, à Saint-Menin, Dordogne.
Guillemin (Georges), de Besançon, à Marseille, Bouches-du-Rhône.
Gummarus (Edouard) et fam., de Lier, à Pérols, Corrèze.
Gurdebeke (Maurice), d'Hendyne, à Aire-sur-l'Adour, Landes.
Guthmaere (Léon de), de Gand, à Solesmes, Sarthe.
Guyaux (Maria) et fam., de Pironchamps, à Notre-Dame-de-Cenilly, Manche.
Guyaux (Aurélie) et fam., du Châtelet, à Plélan-le-Grand, Ille-et-Vilaine.
Gypens (Irène) et fam., de Vieu-Dieu, à Sacey, Manche.
Gysen (Edouard) et fam., de Lier, à Pérols, Corrèze.
Hacquart (Camille), de Gand, à Tercis, Landes.
Haeck (Emile), de Gand, à Ponteux-les-Forges, Landes.

Haesaert (Charles), de Gand, à Nueil-sous-les-Aubiers, Deux-Sèvres.
Haerens (Evariste), de Bruges, à Varenguebec, Manche.
Haes (François de), d'Hoboken, à Saint-Claude, Loir-et-Cher.
Haelman (Gabriel), de Gand, à Roquefort, Landes.
Haentjens (Laurent), d'Anvers, à Solesmes, Sarthe.
Haguinet (Jules), de Nadrin, à Cuq-Toulza, Tarn.
Hannoteaux (Louis), d'Erquelinnes, à Orléans, Loiret.
Hanot (Jules), de Drocort, à Castillonnés, Lot-et-Garonne.
Hans (Victor) et épouse, de Boufflouls, à Vineuil, Loir-et-Cher.
Hanssens (Oscar), de Gand, à Saint-Jean-de-Thouars, Deux-Sèvres.
Happ (Jean-Baptiste), d'Anvers, à Mer, Loir-et-Cher.
Hargeman (Robert), de Lille, à Montgardon, Manche.
Hargeman (Corneille), de Lille, à Montgardon, Manche.
Harda (Félix) et enf., de Thieu, à Soursac, Corrèze.
Haselbrouck (Edmond), de Saint-Andries, à Labouheyre, Landes.
Haux (Elise), de Liège, à Tours, Indre-et-Loire.
Haux (Fernand), de Liège, à Tours, Indre-et-Loire.
Hauttens (Madeleine), d'Hallein, à Montpezat, Lot-et-Garonne.
Hauttens (Ida), d'Halluin, à Montpezat, Lot-et-Garonne.
Hauttens (Léonie), d'Halluin, à Montpezat, Lot-et-Garonne.
Hauttens (Angèle), d'Halluin, à Montpezat, Lot-et-Garonne.
Hausier (Emilie) et fam., d'Ecaussines-d'Enghien, à Minihic-s.-Rance, I.-et-Vil.
Havaux (Jules), de Florennes, à Rennes, Ille-et-Vilaine.
Hecq (Céline), de Grène, à Labruguière, Tarn.
Heirman (Jean), d'Exaarde, à Arjuzanx, Landes.
Heldenbergh (Silvie), de Termonde, à Glenay, Deux-Sèvres.
Heldenbergh (Pierre) et fam., de Termonde, à Glenay, Deux-Sèvres.
Helscœht (Kolesa), de Wavre-Sainte Catherine, à Montgardon, Manche.
Helsœcht (Juliette), de Wavre-Sainte-Catherine, à Montgardon, Manche.
Hella (Emilie), de Charleroi, à Dourgne, Tarn.
Hellebuyck (Alexandre), de Saffaunnines, à Saint-Germain-des-Prés, Dordogne.
Helsmoutel (Lorris), de Slykens, à Saugnac-et-Cambran, Landes.
Helsmontel (Gustave), de Slykens, à Saugnac-et-Cambran, Landes.
Helsmontel (Ernest), de Slykens, à Saugnac-et-Cambran, Landes.
Helms (Hubert), de Rychel, à Meilhard, Lot-et-Garonne.
Helsens (Jacob), de Roubaix, à Bugeat, Corrèze.
Helsmoortel (Sébastian), d'Ostende, à Arjuzanx, Landes.
Helsæcht (Raphaële), de Wavre-Sainte-Catherine, à Montgardon, Manche.
Hénin (Nicolas), de Châtelet, à Ros-Landrieux, Ille-et-Vilaine.
Hennot (Charles), Dottignie-Saint-Léger, à Lapat, Creuse.
Henriquet (Eugène), de Nouvion-sur-Meuse, à Chessy, Aube.
Henry (Maria), de Marcinelles, à Messac, Ille-et-Vilaine.
Hennebecq (Charles), de Roubaix, à Biras, Dordogne.
Hennant (Mellon), de Péranchies, aux Cresnays, Manche.
Hendyricka (Louis), de Bruges, à Solesmes, Sarthe.
Hendrixh (Jules), de Wenduyne, à Pujo-le-Plan, Landes.
Hénin (Emile), de Châtelineau, à Aubin, Aveyron.
Henriot (Lucie), de Florenville, à Viviez, Aveyron.
Henry (Arthur), de Gilly, à Blaye, Tarn.
Henry (Joseph), de Couillet, à Decazeville, Aveyron.
Henseval (Joseph) et fam., de Courrières, à Blaye, Gironde.
Herteli (Romain), de Gand, à Bouillé-Saint-Paul, Deux-Sèvres.
Hertoy (Hertoylse), de Couyan, à Varenguebec, Manche.
Hermans (Omer), de Gand, à Solesmes, Sarthe.
Herman (Charles), de Wandre, à Cléré, Indre-et-Loire.
Herman (Louis) et fam., de Liège, à Mettray, Indre-et-Loire.
Hérémans (Joseph) et enf., de Rumpst, à Perquie, Landes.
Heremans (Edgard), de Rumpst, à Arthez-d'Armagnac, Landes.
Heremans (Maria), de Rumpst, à Mont-de-Marsan, Landes.
Heremans (Auguste), de Rumpst, à Arthez-d'Armagnac, Landes.
Hert (René de), de Woum-lez-Dixmude, à Dourgne, Tarn.
Herregods (Joseph), d'Ostende, à Saint-Barthélemy, Landes.
Herlet (Gerard), de Munsterbilsen, à Blaye, Tarn.
Hermoye (François), de Piranchamp, à Decazeville, Aveyron.
Heylighem (Joseph) et épouse, d'Ichteghem, à Mer, Loir-et-Cher.
Heyman (Marie) et fam., d'Anvers, à La Haye-du-Puits, Manche.
Heylemans (Odilba), d'Aerschot, à Sort, Landes.
Hiel (Maria), de Courteuil, à Jacé, Ille-et-Vilaine.
Himtchoot (Robert), de Gand, à Mer, Loir-et-Cher.
Hinsback (Camille), de Florelle, à Sonal, Tarn.
Histace (Félicien) et fam., de Gerpinnes-Hache, à Comblessac, Ille-et-Vilaine.
Histace (Jules) et fam., de Gerpinnes-Hache, à Comblessac, Ille-et-Vilaine.
Hittelet (Philomène), d'Oignies-Aiseaux, à Muel, Ille-et-Vilaine.
Hobelspiers (Bertha), de Pensement, à Charolles, Saône-et-Loire.
Hodelet (Emile) et fam., d'Ostende, à Cuves, Manche.
Hodevart (Ernest), de Roubaix, à Saint-Germain-des-Prés, Dordogne.
Hodelet (Marie), d'Ostende, à Cuves, Manche.
Hoel (Marie-Louise), de Liévin, à Huêtre, Loiret.
Hoeu (Pierre), de Calais, à Managuel, Tarn.
Hofdeur (François), de Malines, à Tilh, Landes.
Hoffman (Henri), de Castillon, à Cherrueix, Ille-et-Vilaine.
Hoffman (Marie), de Castillon, à Cherrueix, Ille-et-Vilaine.
Hogen (Henri), de Breem, à Massagnel, Tarn.
Hollander (Gustave d') et enf., de Saint-André, à Cerizay, Deux-Sèvres.
Hollevoet (Edouard) et fam., de Zedelghem, à Benquet, Landes.
Hondt (Henri d'), de Gand, à Solesmes, Sarthe.
Hooge (Wilhem), de Termonde, à Villeneuve-de-Marsan, Landes.
Hooge (Marie), de Termonde, à Villeneuve-de-Marsan, Landes.
Horive (Omer), de Fontoine-Evêque, aux Chambres, Manche.
Horgnie (Gabrielle), de Jeumont, à Pernay, Indre-et-Loire.
Horgnie (Gaston), de Jeumont, à Pernay, Indre-et-Loire.
Hoste (Florimond), de Gand, à Pierrefitte, Deux-Sèvres.
Hoste (Victor), de Gand, à Louzy, Deux-Sèvres.
Hoskens (Adrien), d'Anvers, à Solesmes, Sarthe.
Hosten (Henri), de Breedene, à Saugnac et Cambran, Landes.
Hostequin (Gaston), de Lille, à La Croix-Avranchin, Manche.
Houndt Maurice d'), de Gand, à Pierrefitte, Deux-Sèvres.
Houdard (Marie), de Warms, aux Chambres, Manche.
Houyon (Jean-Baptiste), de Boufflouix, à Lingreville, Manche.
Houyoux (Julienne), d'Aubervilliers, à Bréville, Manche.
Houyoux (Abel) et fam., d'Aubervilliers, à Bréville, Manche.
Houbaille (Camille) et fam., d'Haybes, à Izon, Gironde.
Houbeau (Madeleine), de Chimay, à Montoire, Loir-et-Cher.
Houyoux (Victor), de Vezin, à Dourgne, Tarn.
Houyoux (Louis), de Wala, à Dourgne, Tarn.
Hoyois (Jules) et fam., de Frameries, à Donville-les-Bains, Manche.
Huart (Oscar) et fam., de Requignies, à Lingreville, Manche.
Huart (Céline), de Sobre-sur-Sambre, à Pithiviers, Loiret.
Huart (Vital), de Lheuze, à Capdenac, Aveyron.
Hubert (Florimond), d'Américourt, à Bosmoreau-les-Mines, Creuse.
Huel (Emile), de Charleroi, à Aubin, Aveyron.
Huggens (Joséphine), d'Anvers, à La Haye-du-Puits, Manche.
Huisseune (Auguste), de Bourg-Léopold, à Arjuzanx, Landes.
Hulin (Aimé), d'Anderlue, à Monnaie, Indre-et-Loire.
Hulin (Léonie), d'Anderlues, à Monnaie, Indre-et-Loire.
Hullebrœck (Victor), d'Anvers, à La Haye-du-Puits, Manche.
Hullebrœck (Stéphanie), d'Anvers, à La Haye-du-Puits, Manche.
Hulster (Marguerite d'), de Chimay, à Viviez, Aveyron.
Hunter (Jeanne), d'Anvers, au Perron, Manche.
Huybens (René), de Vieu-Dieu, à Sacey, Manche.
Huybens (Edouard), de Vieu-Dieu, à Sacey, Manche.
Huybrechts (Thérèse), d'Haercht, à Meilhau, Lot-et-Garonne.
Huybrechts (Edouard), d'Anvers, à Clairac, Lot-et-Garonne.
Huyge (Gaston), de Gand, à Solesmes, Sarthe.
Huyghe (Jean) et fam., de Villebrœck, à Saint-Sever, Landes.
Huyghe (Louise) et fam., de Villebrœck, à Saint-Sever, Landes.
Huysecom (Charles), de Louvain, à Pujo-le-Plan, Landes.
Huyscom (Louis), de Louvain, à Pujo-le-Plan, Landes.
Iligence (Emmanuel), de Perenche, à Saint-Georges-de-Livoy, Manche.
Indegracht (Hendrick) et fam., de Malines, à Lavardac, Lot-et-Garonne.
Inegraave (Charles), de Bruges, à Solesmes, Sarthe.
Inschoote (Rosalie), de Maubeuge à Genêts, Manche.
Ioos (Rémy), de Laubouer, à Saint-André-de-Seignanx, Landes.
Jacob (Victor), de Laon, à Tours, Indre-et-Loire.
Jacgher (Frans de), de Gand, à Solesmes, Sarthe.
Jacgher (Camille de), de Gand, à Nueil-sous-les-Aubiers, Deux-Sèvres.
Jackson (François), de Bruges, à Tourtenay, Deux-Sèvres.
Jacobs (Pierre), de Malines, à Saint-Aubin-de-Baubigné, Deux-Sèvres.
Jacobs (François), de Malines, à Saint-Aubin-de-Baubigné, Deux-Sèvres.
Jacques (Désiré), de Pont-du-Loup, au Verger, Ille-et-Vilaine.
Jacques (Scholastique), de Pont-du-Loup, au Verger, Ille-et-Vilaine.
Jacquedoot (Désiré), de Bredeene, à Mont-de-Marsan, Landes.
Jadot (Arthur) et fam., d'Anderlues, à Saint-Martin-de-Cenilly, Manche.
Jaeger (Georges de), de Loos-en-Gohelle, à Saint-Germain-des-Prés, Dordogne.
Jaict (Henri), de . . . , à Pithiviers, Loiret.
Janniaux (Pierre), de Malines-Beeg, à Loches, Indre-et-Loire.
Jannieux (Jules), de Malines, à Loches, Indre-et-Loire.
Janniaux (Georgette), de Malines, à Loches, Indre-et-Loire.
Jansens (Frantz), de Bykevorsel, à Dourgne, Tarn.
Janssens, de Malines, à Agen, Lot-et-Garonne.
Janssens (Elsen), de Malines, à Agen, Lot-et-Garonne.
Janssens (Arthur), de Bruges, à Solesmes, Sarthe.
Janssens (Constant), d'Anvers, à Solesmes, Sarthe.
Janssens (Alfred), d'Anvers, à Solesmes, Sarthe.
Janssens (Camille), de Bruges, à Mont-de-Marsan, Landes.
Janssens (François) et épouse, de Weckluer, à Mer, Loir-et-Cher.
Janssens (Henri), de Malines, à Labouheyre, Landes.
Janssens (Octavie), de Lophem, à Mer, Loir-et-Cher.
Janssens (Jules), de Gand, à La Chapelle-Gaudin, Deux-Sèvres.
Janssens (Théophile), de Gand, à La Chapelle-Gaudin, Deux-Sèvres.
Janssens (Marcel), d'Heusden, à Puy-Saint-Bonnet, Deux-Sèvres.
Jardin et fam., d'Ham-sur-Sambre, à Saint-Etienne-de-Montluc, Loire-Inf.

Jaumiaux (Fernand), de Virginal, à La Chapelle-Gaudin, Deux-Sèvres.
Jaumiaux (Georges), de Virginal, à La Chapelle-Gaudin, Deux-Sèvres.
Jaud (Georges), de Jeumont, à Pernay, Indre-et-Loire.
Jorquin (Henri), de Suichamp, à . . . , Aveyron.
Joly (Lydie), de Bernissart, à Saion-la-Tour, Corrèze.
Jonckheere (Louis), de Breedene, à Mont-de-Marsan, Landes.
Jonckheere (Cyrille), de Breedene, à Mont-de-Marsan, Landes.
Jonting (Albert), de Gand, à Saint-Gein, Landes.
Jonting (Louis), de Gand, à Saint-Gein, Landes.
Jonas (Oscar), de Bouverie, à La Godefroy, Manche.
Jeaffroy (Emile), de Flenu à Le Grand-Pressigny, Indre-et-Loire.
Joris (Louisa), d'Anvers, à Saint-Nicolas-de-Pierrepont, Manche.
Joret et fam., de Walcourt, aux Sorinières, Loire-Inférieure.
Josson (Albert), de Monscron, à Biras, Dordogne.
Jouarquet (Henri), de Saint-Triarbois, à Cransac, Aveyron.
Jouniaux (Blanche), de Malines, à Loches, Indre-et-Loire.
Jowa (Joseph), de Ougrée, à Labrugnière, Tarn.
Julien (Ignace), de Saint-Inglevert, à Massaguelt, Tarn.
Kaesen (Jean), de Gand, à Nueil-sur-les-Aubiers, Deux-Sèvres.
Kaesen (Richard), de Gand, à Nueil-sur-les-Aubiers, Deux-Sèvres.
Kaesen (Octave), de Gand, à Nueil-sur-les-Aubiers, Deux-Sèvres.
Kaim (Fernand), de Lens, à Lempaut, Tarn.
Keesmaecker (Pierre de), d'Anvers, à Solesmes, Sarthe.
Keinsebilck (Jean), d'Anvers, à Solesmes, Sarthe.
Kempe (Pierre de), de Wendurpie, à Varenguebec, Manche.
Kepper (Félix de) et fam., de Gemeentehuize, à Villeneuve-de-Marsan, Landes.
Kepper (Marie de), de Gemeentehuize, à Villeneuve-de-Marsan, Landes.
Kesteus (Julius), d'Herent, à Gabarret, Landes.
Ketels (Jules), de Breedene, à Bretagne, Landes.
Ketels (Edouard), de Breedene, à Bretagne, Landes.
Keuteleire (Bernard de), de Gand, à . . . , Sarthe.
Keyser (Camille de), de Saint-André, à Cerizay, Deux-Sèvres.
Keyser (Henri de), de Saint-André, à Cerizay, Deux-Sèvres.
Keylan (Oscar), de Montigny-sur-Sambre, à Sorèze, Tarn.
Kiengen (Florent), d'Ostende, à Solesmes, Sarthe.
Kigelard-Sarrazin (Hermance), de Vingles, à St-Peravy-la-Colombe, Loiret.
Kigelard (Flore), de Vingles, à Saint-Peravy-la-Colombe, Loiret.
Kimpe (Médard de), d'Hendurpie, à Varenguebec, Manche.
Kintz (Raymond), de Gand, à Solesmes, Sarthe.
Knockaart (Pierre), de Breedene, à Ousse-Suzan, Landes.
Knockaart (Oscar), de Breedene, à Ousse-Suzan, Landes.
Knockaert (Pierre), de Pérenchier, à Saint-Nicolas-des-Bois, Manche.
Knockaert (Maurice), de Pérenchier, à Saint-Nicolas-des-Bois, Manche.
Knockaert (Gustave), de Pérenchier, à Saint-Nicolas-des-Bois, Manche.
Kolen (Edgard), d'Ostende, à Lavarsac, Lot-et-Garonne.
Kraeye (Achille), de Gendbrugge, à Poudenas, Lot-et-Garonne.
Kreugar (Julien), d'Ostende, à Solesmes, Sarthe.
K[illegible] (Victor), d'Hénin-Liétard, à Montpezat, Lot-et-Garonne.
K[illegible] (Jeanne), d'Hénin-Liétard, à Montpezat, Lot-et-Garonne.
K[illegible] (Victor), de Bar-le-Duc, à Ambillou, Indre-et-Loire.
Krout (Henri), de Liège, à Mettray, Indre-et-Loire.
Krout (Marie), de Liège, à Mettray, Indre-et-Loire.
Krout (Elis[illegible]), de Liège, à Mettray, Indre-et-Loire.
Krygersmann (Jules), de Gand, à Solesmes, Sarthe.
Kuijk (Sophie) et enf., de Paturages, à Vineuil, Loir-et-Cher.
Kunst (Maria de), de Malines, à Mont-de-Marsan, Landes.
Kunst (Albertine de), de Malines, à Mont-de-Marsan, Landes.
Kunst (Céline de), de Malines, à Gabarret, Landes.
Kyck (Gentil), de Gand, à Ponteux-les-Forges, Landes.
Labouresse (Hubert), de Jeumont, à Abilly, Indre-et-Loire.
Lackens (Alphonse), de Gand, à Tourtenay, Deux-Sèvres.
Lagment (Adeline), de Liévin, à Montrésor, Indre-et-Loire.
Lagast (Léon), de Saint-Michiels, à Dax, Landes.
Lagast (Léon), de Saint-Michiels, à Cestas, Gironde.
Lalune (Gilbert de), de Deynze, à Niort, Deux-Sèvres.
Laloyaux et fam., de Fontaine-Valmont, à Crécy-Airolles, Yonne.
Lambert (Al[illegible]), de Lées-Fosteau, à Crécy-Airolles, Yonne.
Lambert (Ernest), d'Ham-sur-Sambre, à Pontchâteau, Loire-Inférieure.
Lambert et fam., d'Ham-sur-Sambre, à Pontchâteau, Loire-Inférieure.
Lambert (Laure), de La Bouverie, à Vineuil, Loir-et-Cher.
Lambert (Olivier), de Roulers, à Moustey, Landes.
Lambert (Julienne), de Roulers, à Moustey, Landes.
Lambert (Jules), de Chimay, à Précorbin, Manche.
Lambert (Zéphir), d'Erquelines, à Précorbin, Manche.
Lambrecht (Isidore), de Gand, à Solesmes, Sarthe.
Lambrecht (Armand), de Gand, à Solesmes, Sarthe.
Lambrechts (Jean-Baptiste), de Malines, à Loublande, Deux-Sèvres.
Lambrechts (Yan) et fam., de Malines, à Gabarret, Landes.
Lamby (Julia), de Liège, à Pamiers, Ariège.
Lambriz (Antoine), d'Harcourt, à Rosières, Tarn.
Lameuse (Théodore) et fam, de Châtelet, à Notre-Dame-de-Cenilly, Manche.

Lamond (Armand), de St-Martin-Laathen, à Châtillon-sur-Sèvre, D.-Sèvres.
Lamond (Arthur), de St-Martin-Laathen, à Châtillon-sur-Sèvre, D.-Sèvres.
Lamont (André), de Deinze, à Niort, Deux-Sèvres.
Lams (Gustave), d'Ostende, à Arjuzanx, Landes.
Lams (Emile), d'Ostende, à Pujo-le-Plan, Landes.
Lams (Léon), d'Ostende, à Pujo-le-Plan, Landes.
Landeghem (Sidonie), d'Angre, à Coinces, Loiret.
Landrieu (Léon), de Wasmes, à . . . , Manche.
Laudtmeters (Pierre), d'Anvers, à Saint-Rémy-des-Landes, Manche.
Landuyt (Eugène), d'Aostcamp, à Dax, Landes.
Landuyt (Alphonse), de Saint-Michiels, à Dax, Landes.
Landuyt (Ernest), de Gand, à Solesmes, Sarthe.
Landuyt (Jérôme), d'Oedelen, à Pierrefitte, Deux-Sèvres.
Lapère (Achille), de Watrelos, à Montviron, Manche.
Lapierre (Julie), de Warhem, à Dordives, Loiret.
Lapierre (Sylvère), de Warhem, à Dordives, Loiret.
Larcin (Léon), de Frameries, à Aubin, Aveyron.
Laridon (Achille), de Saint-André, à La Forêt-sur-Sèvre, Deux-Sèvres.
Lasselin (Maria), de Momignies, à Baguer-Morvan, Ille-et-Vilaine.
Lassinal (Léontine), d'Erquelines, à Niort, Deux-Sèvres.
Lassinal (Alfred), d'Erquelines, à Niort, Deux-Sèvres.
Latour (Clément), de Marcinelle, à Bouilly, Aube.
Laublin (Georges), de Mons, à Capdenac, Aveyron.
Laurent (Eugène), de Lophem, à Mer, Loir-et-Cher.
Laurent (Julienne) et enf., de Liévin, à Romorantin, Loir-et-Cher.
Laureys (Jacques), de Laifour, à Izon, Gironde.
Laureys (Frédéric), de Laifour, à Izon, Gironde.
Laurier (Emile), de Lathem, à Saint-Aubin-de-Baubigné, Deux-Sèvres.
Laureys (Mme) et fam., de Malines, à Agen, Lot-et-Garonne.
Lauwers (Félix), de Lille, à Gavray, Manche.
Lauwers (Marthe), d'Anvers, à Montoire, Loir-et-Cher.
Lauwers (Gérard), de Saint-Josse, à Marseille, Bouches-du-Rhône.
Lavendonne (Félicie), d'Anderlues, à Saint-Martin-de-Cenilly, Manche.
Laventurier (Jules), de Jeumont, à Saint-Christophe, Indre-et-Loire.
Lazaron (Isidore) et fam., d'Assimont, à Argentré-du-Plessis, Ille-et-Vilaine.
Lebeau (Emile) et fam., de Ménecourt-sur-Lens, à Coinces, Loiret.
Lebon (Achille), de Gourdinnes, à Cransac, Aveyron.
Lebon (Georges), de Châtelet, à Cransac, Aveyron.
Lebon (Eglé), de Châtelet, à Vern, Ille-et-Vilaine.
Le Breuck (Alphonse), de Bruges, à Solesmes, Sarthe.
Lebrun (François), de Gand, à Glenay, Deux-Sèvres.
Lebrun (Albert), de Watrelos, à Biras, Dordogne.
Lebuhre (Léa), d'Erquelines, à Notre-Dame-de-Cenilly, Manche.
Leclercq (Xavier), de Wallers, à Dax, Landes.
Leclercq (Clotilde), de Jeumont, au Grand-Pressigny, Indre-et-Loire.
Leconte (Samuel), d'Ofquerque, à Massaguel, Tarn.
Lecoq (Emile), de Requignies, à Opedigny, Indre-et-Loire.
Lecocq (Edouard), de Sars-la-Buissière, au Mans, Sarthe.
Ledène (Léon), de Dixmude, à Sorèze, Tarn.
Ledent (Barthélemy), de Calais, à Massaguel, Tarn.
Ledoux (Louis), de Florelle, Breteil, Ille-et-Vilaine.
Ledune (Mme Georges) et enf., de . . . , à Romorantin, Loir-et-Cher.
Leemans (Henri), de Bruxelles, à Dax, Landes.
Leemans (Pierre), de Bruxelles, à Millau, Aveyron.
Leempoels (François), de Rotolaer, à Courlay, Deux-Sèvres.
Leenknecht (Gaston), d'Anvers, à Albi, Tarn.
Lefebvre (Maria), de Courtrai, à Tourcoing, Nord.
Lefèvre (Léonard), de Lille, à Biras, Dordogne.
Lefranc (Lucile), d'Hautes-Wiheries, à Saint-Malo, Ille-et-Vilaine.
Lefranc (Léa), de Hautes-Wiheries, à Saint-Malo, Ille-et-Vilaine.
Legat (Léon), de Montigny-le-Tilleul, à Gaël, Ille-et-Vilaine.
Legat (Emile), de Wasmes, à Torigni-sur-Vire, Manche.
Legon (Prosper), de Lodelberg, à Saint-Marsault, Deux-Sèvres.
Legrain et fam., de Falisolles-les-Taurines, à Maleville, Charente.
Legrain (Florent), de Falisolles, à Breteil, Ille-et-Vilaine.
Legrain (Elisa), d'Arsimont, à l'Hermitage, Ille-et-Vilaine.
Legrand (François), d'Hornu, à Montiron, Manche.
Legrand (Nestor), de Liège, à Mobecq, Manche.
Legros (Joseph), de Bruges, à Solesmes, Sarthe.
Legros (Louis), de Lille, à Cérences, Manche.
Leiding (Edward), de Gand, à Gabarret, Landes.
Lejeune (Arthur), de Jeumont, à Tournon-Saint-Pierre, Indre-et-Loire.
Lejon (Marie-Jeanne), de Rumpst, à Aureilhan, Landes.
Lejon (Maria), de Rumpst, à Aureilhan, Landes.
Lejon (Jean), de Rumpst, à Aureilhan, Landes.
Lejon (Jeannette), de Rumpst, à Mont-de-Marsan, Landes.
Lejon (Louis), de Terhaeghen, à Mont-de-Marsan, Landes.
Lekane (Henri), du Havre, à Torigni-sur-Vire.
Lekens (Edgard), d'Anvers, à Saint-Sever, Landes.
Leleu (Sidonie), de Sin-le-Noble, à Neuilly-le-Brignon, Indre-et-Loire.
Leliart (Albert), du Havre, au Perron, Manche.

Lelièvre (Maria), de Boortmurbrech, à La Haye-du-Puits, Manche.
Lelièvre (Calixte), de Wespelaer, à La Haye-du-Puits, Manche.
Lelièvre (Richard) et enf., de Malines, à Luzay, Deux Sèvres.
Lelièvre (Marie), de Malines, à Luzay, Deux-Sèvres.
Lemaire (Fernande), de Frameries, à Donville-les-Bains, Manche.
Lemaire (Jean), de Frameries, à Donville-les-Bains, Manche.
Lemaire (Emile), de Dourges, à Blaye, Tarn.
Lemaître et fam., de Fontaine-Valmont, à Crécy-Airolles, Yonne.
Lemoine (Valentin), de Maubeuge, à Joué-les-Tours, Indre-et-Loire.
Lemoine (Marie), de Maubeuge, à Joué-les-Tours, Indre-et-Loire.
Limelette (Palmyre), de Pâturages, à Sainte-Pience, Manche.
Lenaers (Aloys), d'Anvers-Kiß, à Cerizay, Deux-Sèvres.
Léniaert (Pierre), de Lille, à Gavray, Manche.
Léon (François), de Gendbrugge, à Dax, Landes.
Léonard (Alfred), de Marchiennes, à Niort, Deux Sèvres.
Léonard (Emile), de Grand-Reng, à Dolus, Indre-et-Loire.
Lopbay (Eugénie), de Liége, à Saint-Denis-le-Velu, Manche.
Lepoint (Antoine), de Lens, à Cuves, Manche.
Leprince (Maria), de Chimay, à Montoire, Loir-et-Cher.
Lesaint et fam., de Leers-Fosseau, à Airolles, Yonne.
Leton (Jules) et fam., de Cousolre, à Saint Martin-la-Méane, Corrèze.
Leurs (Louis), de Louvain, à Rivière, Landes.
Lévêque (Julia), de Flénu, à Torigni-sur-Vire, Manche.
Lévêque (Argent), de Flénu, à Torigni-sur-Vire, Manche.
Lévêque (Arthur), de Jemmappes, à Donville-les-Bains, Manche.
Lévêque (Xavier), de Flénu, à Torigni-sur-Vire, Manche.
Leveugle (Gustave), de Gand, à Pontenx-les-Forges, Landes.
Lewille (Henri), du Quesnoy-sur Deule, à Coudeville, Manche.
Leyman (Armand), de Gand, à Solesmes, Sarthe.
Leynx (Robert), d'Alost, à Solesmes, Sarthe.
Liboton (Félix), d'Ostende, à Dax, Landes.
Liboton (Anastasie), de Louvain, à Dax, Landes.
Liboton (Juliane), de Louvain, à Dax, Landes.
Lichtkem (Albert), de Charleroi, à Saint-Sever, Landes.
Liégeois (René), de Saint-Marti, à Creney, Aube.
Liekens (Jeanne), de Dussel, à Perquie, Landes.
Liemans (Jules), de Lille, à Blaye, Tarn.
Liénard (Alex.) et son épouse, de Paris, à Marseille, Bouches-du-Rhône.
Liévin (Aline), de Fontaine-Valmont, à Airolles, Youne.
Lievens (Joseph), de Bruges, à Dax, Landes.
Liévens (Cyrille), de Gand, à Solesmes, Sarthe.
Ligot (Marie), de Falisolles-les Taurines, à Malaville, Charente.
Ligot (Catherine), de Bouffioulx, à Miniac-s.-Bécherel, Ille-et-Vilaine.
Limage (Julia), de Chimay, à Montoire, Loir-et-Cher.
Limelette (Emile), de Pâturages, à Sainte-Pience, Manche.
Limelette (Emile), de Pâturages, à Sainte-Pience, Manche.
Linthout (Emilie), de Ste-Croix-les-Bruges, à Luzay, Deux-Sèvres.
Linthout (Constant), de Ste-Croix-les-Bruges, à Luzay, Deux-Sèvres,
Lippens (André), de Waerschot, à Solesmes, Sarthe.
Loisel (Amélie), de Beauvois-en-Cambrésis, à Tours, Indre-et-Liore.
Lombaert (Georges de), de Gand, à Mer, Loir-et-Cher.
Lonagié (Jules), d'Ypres, à Dourgne, Tarn.
Lonckbe (Jules), de Sweverghem, à Cuq-Toulza, Tarn.
Lonneville (Gustave), de Zouynberke, à Arthez-d'Armagnac, Landes.
Loomans (Gérard), d'Anvers, à Viterbe, Tarn.
Loosen (Remy), de Lens, à Ladon, Loiret.
Loosvelt (Jules), de Bois-Leduc, à Layrac, Lot-et-Garonne.
Lorent (Télesphore), du Châtelet, à Notre-Dame-de-Cenilly, Manche.
Lorent (Joséphine), de Bouffioulx, à Miniac-s.-Bécherel, Ille-et-Vilaine.
Lorent (Emilie), de Bouffioulx, à Miniac-s.-Bécherel, Ille-et-Vilaine.
Lorex (Jean) et fam., de Malines, à Sorèze, Tarn.
Louis (Emile), de Bois-de-Villers, à Torigni-sur-Vire, Manche.
Lovinfossey (Hubert), d'Herstal, à Cléré, Indre-et-Loire.
Ludig (Georges), d'Ixelles, à Agen, Lot-et Garonne.
Luickx (Joseph), de Bruges, à Combrand, Deux-Sèvres.
Lukens (Henri), de Wœvre Sainte-Catherine, à Arthez-d'Armagnac, Landes.
Luypaerts (Marie), décédée, et fam., de Rumpst, à Aureilhan, Landes.
Luypaerts (Pierre), de Rumpst, à Aureilhan, Landes.
Lyagre (Rosalie), d'Ostende, à Carolles, Manche.
Lybaut (Marie), de Fontaine-Valmont, à Airolles, Yonne.
Macauter (Léonie) et enf., d'Anvers, à Saint-Sever, Landes.
Macauter (François), d'Anvers, à Saint Sever, Landes.
Mach (Isidore), d'Hovelet, à Cransac, Aveyron.
Maddens (François), de Gand, à Arjuzanx, Landes
Maene (Jean), de Saint-Michiels, à Dax, Landes.
Maes (Edouard), de Saint-Nicolas, à Port-Sainte-Marie, Lot-et-Garonne.
Maes (Alphonse), de Melle, aux Aubiers, Deux-Sèvres.
Maes (Clémence) et enf., de Farciennes, à Saint-Martin-la-Méane, Corrèze.
Maesschalck (Maurice de), de Gendbrugge, à Châtillon-s.-Sèvre, Deux-Sèv.
Maene (Emile), de Bruges, à Mobecq, Manche.
Maegdt (Raphaël de), de Saint-Gilles, à Neufmesnil, Manche.
Maes (Léontine), de Farciennes, à Laroche-Canillac, Corrèze.
Maesschalck (François de) et fam., de Lens, au Garric, Tarn.
Maghue (Célina), de . . . ., à Saint-Loup, Manche.
Magniès (Camille), du Châtelet, à Decazeville, Aveyron.
Mahine (Léopold), de Bruges, à Cersay, Deux-Sèvres.
Mahaux (Arsène), de Bersillies-l'Abbaye, à Saint-Loup, Manche.
Mahaux (Arsène), de Bersillies-l'Abbaye, à Saint-Loup, Manche.
Maison (Marie-Thérèse), d'Anderlues, à Saint-Martin-de-Cenilly, Manche.
Maison (Félix), de Lille, à Damiatte, Tarn.
Mairesse (Bertha) et enf., de Frameries, à Marseille, Bouches-du-Rhône.
Mairesse (Valéve), de Frameries, à Bègles, Gironde.
Malbrain (Circonbis), de Fouquière-lez-Lens, à Caudecoste, Lot-et-Garonne.
Malbrain (Bertha), de Fouquière-lez-Lens, à Caudecoste, Lot-et-Garonne.
Malfait (Léon), de Laathen, à Châtillon-sur-Sèvre, Deux-Sèvres.
Marchand (Jules), de Leers-Fosteau, à Airolles, Yonne.
Martin et fam., de Falisolles, à Malaville, Charente.
Marien (François), d'Aerschot, à Bretagne, Landes.
Marien (Elisabeth) et enf., d'Aerschot, à Bretagne, Landes.
Martens (Augustin), de Jumet, à Préchacq, Landes.
Maroy (Florimond), de Bruges, à Solesmes, Sarthe.
Marcœn (Joseph), d'Alost, à Saint-Remy-des-Landes, Manche.
Marcœn (Gustave), d'Alost, à Saint-Remy-des-Landes.
Marguerite (Alida), d'Anderlues, à Saint-Martin-de-Ceuilly, Manche.
Marcœn (Henri), d'Alost, à Saint-Remy-des-Landes, Manche.
Marlières (Jules), de Boulogne, à Labruguières, Tarn.
Mart (Jeçanne) et fam., de Louvain, à Arthez-d'Armagnac, Landes,
Marteleur (Arnold), du Châtelet, à Périgueux, Dordogne.
Martin (Alfred), de Liége, à Orgon, Bouches-du-Rhône.
Martin (Louis) et fam., de Namur, à Salon-la-Tour, Corrèze.
Marlet (Félix) et enf., d'Arcimont, à Rennes, Ille-et-Vilaine.
Mašyn (Adolphe), de Bruges, à Dax, Landes.
Masin (Emile), de Breedene, à Dax, Landes.
Masfait (Achille), de Laathem, à St-Pierre-des-Echaubrognes, Deux-Sèvres.
Massé (Mariette), de Pâturages, à Sainte-Pience, Manche.
Masscharis (Marie), de Berckem, à Montgardon, Manche.
Masse (Hélène), de Pâturages, à Sainte-Pience, Manche.
Massin (Joseph) et fam., de Marcinelle, à Bosmoreau-les-Mines, Creuse.
Mattecnns (Maurice), de Gand, à Dax, Landes.
Mattouvos (Amélie), d'Anvers, à Clairac, Lot-et-Garonne.
Matthys (Alphonse), de Bruges, à Courtenay, Deux Sèvres.
Mathiys (Pierre), de Gand, à Massais, Deux-Sèvres.
Matyn (Théophile), de Gand, à Solesmes, Sarthe.
Mathé et fam., de Leers-Fosteau, à Airolles, Yonne.
Matthys (Henri), de Gand, à . . ., Sarthe.
Mathys (Frans) et fam., de Malines, à Gabarret, Landes.
Matthys (Eugène), de Roubaix, à Biras, Dordogne.
Matthues (Liévin), de Gand, à Pontenx-les-Forges, Landes.
Matelart (Jules) et enf., du Châtelet, à Sens-de-Bretagne, Ille-et-Vilaine.
Matelart (Raoul) et fam., du Châtelet, à Sens-de-Bretagne, Ille-et-Vilaine.
Mathieu (Narcisse), de Saint-Eustache, à Gaël, Ille-et-Vilaine,
Matŷn (Edgard), de Gand, à Solesmes, Sarthe.
Maurus (Marie), de Gand, à Clairac, Lot-et-Garonne.
Maudiaux (Eugénie), de Liége, à Pamiers, Ariège.
Mayeur (Arthur), d'Aniche, à Courtenay, Deux-Sèvres.
Meausoone (François), de Ploegsteert, à Cérences, Manche.
Meausoone (Léon), de Ploegsteert, à Cérences, Manche.
Meganck (Polidore), de Gand, à Neuil-s.-les-Aubiers, Deux-Sèvres.
Meganck (Alphonse), d'Alost, au Pin, Deux Sèvres.
Mekerle (Triphon), d'Alost, à Narrosse, Landes.
Mélis (Charles) et enf., de Sempst, à Saubusse, Landes.
Melotte (Eugène) et enf., du Châtelet, à Saint-Etienne, Loire.
Melotte (Marie) et enf., du Châtelet, à Saint-Etienne, Loire.
Menard (Jules), de Lambersart, aux Cresnays, Manche.
Menu (Emilie), de Frameries, à Donville-les-Bains, Manche.
Meny (Aimé), de Zedelghem, à Mer, Loir-et-Cher.
Mengeot (Léonie), de Bouffioulx, à Miniac-sous-Bécherel, Ille et-Vilaine.
Mertens (Emile), de Bruges, à Vianne, Lot-et-Garonne.
Meulemeester (Carolus de), de Saint-Denys-Westerm, à Esthieu, Landes.
Meulemeester (Richard de), de Saint-Denys-Westerm, à Esthieu, Landes.
Mertens (Joseph), de Wespelaer, à Moulins, Deux-Sèvres.
Mertens (Pierre), d'Anvers, à Solesmes, Sarthe.
Mertens (Alfred), de Haisse-Saint-Paul, à Domjean, Manche.
Mesplon (Victor), d'Hooglède, à Layrac, Lot-et-Garonne.
Meester (Albert de), de Bruxelles, à Neufmesnil, Manche.
Meester (Maurice de), de Bruges, à Neufmesnil, Manche.
Mester (Emile), de Wasmes, à Decazeville, Aveyron.
Mertens (Marie) et enf., d'Audegem, à Mer, Loir-et-Cher.
Meulemans (Jean), de Gand, à Pierrefitte, Deux-Sèvres.
Meulenare (Charles de), de Fives, à Chanteloup, Manche.
Meulemeester (Florent), d'Ostende, à Solesmes, Sarthe.
Meunier (Edgar), de Leideberg, à Solesmes, Sarthe.

Meuwis (Sylvain), de Gand, à Solesmes, Sarthe.
Meunier (Évariste), d'Erquelines, à Tours, Indre-et-Loire.
Meurand (Georges), d'Equerlines, à Verneuil-sur-Indre, Indre-et-Loire.
Meunier (Jules), de Charleroi, à Bosnereau-les-Mines, Creuse.
Meulanaere (Henri de), de Sainte-Croix, à Arnou, Landes.
Meyer (Marie de) et enf., de Duffel, à Mont-de-Marsan, Landes.
Meyer (Julien de) et fam., de Duffel, à Mont-de-Marsan, Landes.
Meyer (René de), de Laathem, à St-Pierre-des-Echaubrognes, Deux-Sèvres.
Meyr (Charles de) et fam., de Duffel, à Mont-de-Marsan, Landes.
Meyer (Alphonse de), de Lovendegen, à Varenguebec, Manche.
Meyer (René de), de Meirelbèche, à Varenguebec, Manche.
Mezen (Oscar de), de Meirelbèche, à Varenguebec, Manche.
Michaux (Jules), d'Erquelines, à Notre-Dame-de-Cenilly, Manche.
Michiel (Léon), de Lille, à Montviron, Manche.
Michel (Joseph), de Châtelineau, à Decazeville, Aveyron.
Michiels (Charles), d'Ostende, à Arjuzanx, Landes.
Michaux (Georgina), d'Arsimont, à Rennes, Ille-et-Vilaine.
Milo (Alphonse), d'Alost, au Pin, Deux-Sèvres.
Milde (Nestor), de Vossignie, à Saint-Georges-de-Livoye, Manche.
Minne (Polidor), de Gand, aux Aubiers, Deux-Sèvres.
Mirande (Pierre), de Gand, à Porthais, Deux-Sèvres.
Moerykens (Léon), de Laathem, à St-Pierre-des-Echaubrognes, Deux-Sèvres.
Moerynch (François), de Roubaix, aux Cresnays, Manche.
Moers (Antonia), d'Anvers, à La-Haye-du-Puits, Manche.
Moens (Pierre), de Lille, à Montgardon, Manche.
Moens (Jules), de Lille, à Montgardon, Manche.
Moentjens (Denis), de Lens, à Neuilly-les-Brignon, Indre-et-Loire.
Moentjeus (Clemence), de Lens, à Neuilly-le-Brignon, Indre-et-Loire.
Moisse (Séverin), de Chastres, à Terves, Deux-Sèvres.
Moise (Emilia), du Châtelet, à Pleumeleuc, Ille-et-Vilaine.
Mollaert (Léonie), d'Alost, au Pin, Deux-Sèvres.
Molineaux (Albert), de Malines, à Beauvoir, Manche.
Mollekens (Eugénie) et enf., de Bruxelles, à Mer, Loir-et-Cher.
Mombert (Auguste), d'Ostende, à Solesmes, Sarthe.
Monballieu (Léon), de Bruges, à Poudenas, Lot-et-Garonne.
Montfaert (Léon), d'Asssebrouck, à Saint-André-sur-Sèvre, Deux-Sèvres.
Monbalin (Arthur), de Bruges, à Saint-Amand-sur-Sèvre, Deux-Sèvres.
Monseur (Gustave), de Couillet, à Decazeville, Aveyron.
Moons (Joseph), d'Hotstade, à Meilhan, Lot-et-Garonne.
Mortier (Adolphe), de Saint-Amand, à St-Pierre-des-Échaubrognes, D.-S.
Mortier (Jean), de Saint-Amand, à St-Pierre-des-Echaubrognes, D.-S.
Moreau et fam., de Falisolles, à Malaville, Charente.
Morcels (Jean), de Gand, à Tourtenay, Deux-Sèvres.
Morcels (Joseph), de Gand, à Tourtenay, Deux-Sèvres.
Morel (Alphonse), d'Anvers, à Solesmes, Sarthe.
Moray (François), d'Anvers, à Solesmes, Sarthe.
Morels (Aimé), de Roubaix, aux Cresnays, Manche.
Mores (Aloise) et fam., d'Avion, à Naves, Corrèze.
Morcier (Arthur), d'Ostende, à Mont-de-Marsan, Landes.
Martier (Georges), d'Ostende, à Mont-de-Marsan, Landes.
Moreau (Morico), du Châtelet, à Gaël, Ille-et-Vilaine.
Mostien (Armandine), d'Anvers, à Mont-de-Marsan, Landes.
Mostaerts (Jules), d'Ostende, à Clairac, Lot-et-Garonne.
Mostaert (Suzanne), d'Ostende, à Clairac, Lot-et-Garonne.
Motte (Antoine) et fam., de Rouvroy, à Soursac, Corrèze.
Moustrey (Liévin), de Thoucaut, à Douigne, Tarn.
Moutar (Désiré), de Charleville, à Tours, Indre-et-Loire.
Mouton (Hyacinthe), de Charleville, à Tours, Indre-et-Loire.
Mourmeant (Olivier) et fam., de Prelles, à Gaël, Ille-et-Vilaine.
Moussiaux (Mme), d'Arsimont, à Longvic, Côte-d'Or.
Moussiaux (Léon), d'Arsimont, à Longvic, Côte-d'Or.
Moussiaux, d'Arsimont, à Longvic, Côte-d'Or.
Moussiaux (Ambroisine), de Falisolles, à Malaville, Charente.
Mulder (Jean de), de Gand, aux Aubiers, Deux-Sèvres.
Mulder (Alphonse de), d'Anvers, à Solesmes, Sarthe.
Mulquet (René), d'Orège, à La Haye-du-Puys, Manche.
Mullenders (Jean), de Verviers, à Cuq-Toulza, Tarn.
Muster (Emile de), de Gand, à Nueil-sur-les-Aubiers, Deux-Sèvres.
Muster (Gérard de), de Gand, à Nueil-sur-les-Aubiers, Deux-Sèvres.
Muster (Léon de), de Bruges, à Villeneuve-de-Marsan, Landes.
Musschoot (Ferdinand), de Liège, à Dourgne, Tarn.
Muynck (Joseph), de Bruges, à Saint-André-sur-Seine, Deux-Sèvres.
Muylsseis (Winand), d'Hasselt, à Cormeray, Manche.
Muyneck (Achille de), de Bruges, à Villeneuve-de-Marsan, Landes.
Muyneck (Louis de), de Bruges, à Villeneuve-de-Marsan, Landes.
Muys (Marthe), de Bruxelles, à Orléans, Loiret.
Muys (Charles), de Bruxelles, à Orléans, Loiret.
Muys (Héleine), de Bruxelles, à Orléans, Loiret.
Muys (Marie), de Bruxelles, à Orléans, Loiret.
Naessens (Pierre), d'Ostende, à Morcenx, Landes.
Naeyaert (Honoré) d'Ostcamp, à Mer, Loir-et-Cher.
Nagels (Marie-Antoinette), de Tirlemont, à Clairac, Lot-et-Garonne.
Nagels (Marie), de Tirlemont, à Clairac, Lot-et-Garonne.
Nagels (Léopoldine), de Tirlemont, à Clairac, Lot-et-Garonne.
Naveau (Pierre), de Jeumont, à Chambourg, Indre-et-Loire.
Née (Victor), de Warquignie, aux Chambres, Manche.
Née (Ambroise), de Warquignies, aux Chambres, Manche.
Neefs (Georges), de Ledeberg, à Saint-Marsault, Deux-Sèvres.
Neefs (François), de Ledeberg, à Saint-Marsault, Deux-Sèvres.
Neiryneck (Henri), de Gand, à Pierrefitte, Deux-Sèvres.
Neila (Emile), de Pont-à-Vandin, au Mesnil-Aubert, Manche.
Nerinclat (Victor), de Marcuielle, à Bréville, Manche.
Neue (Georges de), de Bereberg, à Solesmes, Sarthe.
Nicolay (Albert), d'Erquelines, à Cantemerle, Tarn.
Nihoule (Emile), de Liège, à Labrugnère, Tarn.
Nioud (Hector), d'Erquelines, à Précorbin, Manche.
Nioulairt (Clément), d'Anvers, à La Haye-du-Puits, Manche.
Noé (Jules), de Lille, à Cérences, Manche.
Noé (Bernard), de Bruges, à Poudenas, Lot-et-Garonne.
Noël (Marie), du Châtelet, à Roz-Landrieux, Ille-et-Vilaine.
Noiret (Alphonse), de Brûly-de-Couvin, à Bouilly, Aube.
Noord (Henri), de Lille, à Montviron, Manche.
Noulard (Clément), d'Ostende, à La Haye-du-Puits, Manche.
Nuytens (Octave) et fam., de Gaubertie, à Damiatte, Tarn.
Olders (Emile), de Breedene, à Bretagne, Landes.
Olders (Alphonse), de Breedene, à Bougue, Landes.
Ollivier (Thomas) et enf., d'Anvers, à Marseille, Bouches-du-Rhône.
Onria (Jean), de Lilles, à Cerences, Manche.
Ooghe (Pierre), de Frelinghien, à Sartilly, Manche.
Opsomer (Rémi), de Pithen, à Layrac, Lot-et-Garonne.
Opsomer (Arthur), de Liévain, à Niort, Deux-Sèvres.
Ostyn (Cyrille) et fam., d'Ardoye, à Mer, Loir-et-Cher.
Ostyn (Octavie), d'Anvers, à Mont-de-Marsan, Landes.
Osterlinck (Joseph), de Calcken, à Missé, Deux-Sèvres.
Oswald (Jean) et enf., d'Arsimont, à Gaël, Ille-et-Vilaine.
Oswald (Jean) et fam., d'Arsimont, à Gaël, Ille-et-Vilaine.
Otten (Sylvain) et fam., de Vitrival, à Bagner-Morvan, Ille-et-Vilaine.
Otten (Maria), d'Anvers, à La Haye-du-Puits, Manche.
Ots (Louis), d'Anvers, à La Haye-du-Puits, Manche.
Oustland (Gustave), d'Armentières, à Trelly, Manche.
Ovaert (Cyrille), de Mouscron, à Saint-Ménin, Dordogne.
Ovyn (Charles), de Bruxelles, à Lavardac, Lot-et-Garonne.
Ovyn (Charles), d'Offekerque, à Lavardac, Lot-et-Garonne.
Oypens (Franco), de Vieu-Dieu, à Sacey, Manche.
Oypens (Gustave), de Diest, à Sacey, Manche.
Oypens (Virginie), de Diest, à Sacey, Manche.
Pacorus (Ferdinand) et fam., d'Auvelais, à Amanlis, Ille-et-Vilaine.
Pacorus (Alexandre), d'Auvelais, à Amanlis, Ille-et-Vilaine.
Paffenrack (Guillaume), d'Anvers, à Solesmes, Sarthe.
Pahaut (Henri), de Liège, à Blaye, Tarn.
Pallard (Henri), d'Erquelines, à Saint-Hippolyte, Indre-et-Loire.
Paquet (Marie), de Bondues, à Ségonzac, Corrèze.
Paquet (Albert), de Bouffioulx, à Miniac-sur-Becherel, Ille-et-Vilaine.
Paquet (Maria), de Bouffioulx, à Miniac-sur-Becherel, Ille-et-Vilaine.
Parmentier (Henri) et fam., de Liévin, à Jardin, Corrèze.
Parys (Emile), de Leefbail, à Montravers, Deux-Sèvres.
Parisel (Henri), d'Orchimont, à Valence, Drôme.
Parmentier (Alice), de Liévin, à Coinces, Loiret.
Parmentier (Irma), de Liévin, à Coinces, Loiret.
Parmentier (Germaine), de Liévin, à Coinces, Loiret.
Paternoste (Julien), de Saint-André, à Paint-Paul-Les-Dax, Landes.
Pattbews (César), de Gand, à Solesmes, Sarthe.
Pattyn (Elise), de Billy-Montigny, à Coinces, Loiret.
Pau (Bernard de), de Gand, à Luzay, Deux-Sèvres.
Pauline (Noël), d'Hom-sur-Heure, à Boissy-aux-Cailles, Seine-et-Marne.
Pauvels (Petrus), d'Anvers, à La Haye-du-Puy, Manche.
Pauw (Achille de), de Mont-Saint-Amand, à Bugeat, Corrèze.
Pauw (Camille de) de Mont-Saint-Amand, à Bugeat, Corrèze.
Pecceu (Emile), de Lille, à Lingreville, Manche.
Pecques (Jules), de Bruges, à Sainte-Eulalie-en-Born, Landes.
Pectors (Liévin), de Nouvelle-Orléans, à Marseille, Bouches-du-Rhône.
Peeters (Jean), de Lierre, à Huché-Thouarsais, Deux-Sèvres.
Peeters (Rosalie), de Lierre, à Huché-Thouarsais, Deux-Sèvres.
Peeters (Pierre), de Malines, à Sacey, Manche.
Peeters (Maria), d'Anvers, à Saint-Rémy-des-Landes, Manche.
Peltyn (Adolphe), de Gand, à Saint-Jouin-de-Milly, Deux-Sèvres.
Peltyn (Maurice), de Gand, à Saint-Jouin-de-Milly, Deux-Sèvres.
Petecyn (Arthur), de Meirelbeeke, à Solesmes, Sarthe.
Peltier (Camille), de Frameries, à Aubin, Aveyron.
Peltier (Jean-Baptiste), de Frameries, à Aubin, Aveyron.
Péqueux (Émile), de Coulsore, à Tours, Indre-et-Loire.
Péqueux (Laure), de Coulsore, à Tours, Indre-et-Loire.

Perrat (Octavie), de Vresse, à Valence, Drôme.
Perrat (Hippolyte), de Vresse, à Valence, Drôme.
Pertz (Gérôme), d'Ostende, à Tercis, Landes.
Perchure (Georges), de Laatey, à Saint-André-de-Seignanx, Landes.
Périn (Asthasie), de Lallec, à Perrage-en-Lalleu, Ile-et-Vilaine.
Perpête (Adèle), de Jeumont, à Marseille, Bouches-du-Rhône.
Perdieus (Louis), de Louvain, à Pujo-le-Plan, Landes.
Permesaen (Auguste), de Louvain, à Pujo-le-Plan, Landes.
Petereyens (Adolphe), de Gendbrugges, à Dax, Landes.
Petrins (Oscar), de Lauthem, à St-Pierre-des-Echaubrognes, Deux-Sèvres.
Peter (Harman) et fam., de Sallaumines, à Argentat, Corrèze.
Pétaillon (Marie), de. . . . , à Salon-la-Tour, Corrèze.
Peysen (Jean), du Pont-du-Loup, à Le Verger, Ile-et-Vilaine.
Phillippaerts (François), de Holsteeck, à St-André-de-Seignanx, Landes.
Philippe (Rosa) et fam., d'Acoz, à Donville-les-Bains, Manche.
Philippe (Armand), de Bruxelles, à Tours, Indre-et-Loire.
Phlips (Joseph), de Bruges, à Neufmesnil, Manche.
Philippe (Augustine), d'Acoz, à Donville-les-Bains, Manche.
Philippart (Séraphin), de Fosses-Namur, à Auxerre, Yonne.
Pichotte (Michel) et fam., de Seraing, à Marseille, Bouches-du-Rhône.
Pierquin (Prosper), de Gand, à Clazay, Deux-Sèvres.
Pierre (Jean de), de Brugge, à Mobecq, Manche.
Pière (Georges de), de Brugge, à Mobecq, Manche.
Pieters (Rémi), de Calchen, à Solesmes, Sarthe.
Piers (Paul), de Wambrechies, à Saint-Menin, Dordogne.
Pieters (Raymond), de Zomergen, à Testas, Gironde.
Piette (Adolphe), de Trajenies, à Sorèze, Tarn.
Piéters (Théophile), de Roulers, à Layrac, Lot-et-Garonne.
Pillet (Marie), d'Acoz, à Donville-les-Bains, Manche.
Pillet (Grégoire), d'Acoz, à Donville-les-Bains, Manche.
Pilleul (Juste), de Flenu, à Thorigni-sur-Vire, Manche.
Piveaux (Frédéric), de Thuire, à Baguer-Morvan, Ile-et-Vilaine.
Platteau (Alphonse), de Houthem, à Chastagneul-Chaumeil, Corrèze.
Platel (Édouard), de Gand, à Pontenx-les-Forges, Landes.
Pleineraux (Félicie), de Pont-du-Loup, à Le Verger, Ile-et-Vilaine.
Plettinck (Jean), de Bruxelles, à Préchacq, Landes.
Plettinck (Joseph), de Moysse, à Préchacq, Landes.
Plettinck (François), de Bruxelles, à Saint-Pandelon, Landes,
Plenevaux (Alfred), d'Aiseau, à . . . , Mayenne.
Plumier (Jules) et fam., de Sallaumines, à Blaye, Tarn.
Pochet (Arthur), de Chimay, à Montoire, Loir-et-Cher.
Poelemans (Georges), de Melle-lez-Gand, à St-André-de-Seignanx, Landes.
Poelmans (Egidus), de Duffel, à Dax, Landes.
Poelmans (Pierre), de Duffel, à Angoumé, Landes.
Poelman (Jean), de Gand, à Solesmes, Sarthe.
Polonseaux (Amélie), de Laon, à Tours, Indre-et-Loire.
Poortman (Corneille), de Malines, à Cormeray, Manche.
Popelier (Marie), de Maubeuge, à Saint-Sever, Landes.
Popalier (Petrus) et enf., de Bruges, à Sainte-Eulalie-en-Born, Landes.
Popelier (Jules), de Bruges, à Sainte-Eulalie-en-Born, Landes.
Possemiers (Maria), de Thevagen, à Saint-Sever, Landes.
Possemiers (Louis), de Thevkagen, à Saint-Sever, Landes.
Posier (Georges), de Fresnes, à Montmartin-sur-Mer, Manche,
Posier (Aimé), de Fresnes, à Montmartin-sur-Mer, Manche.
Pots (Louis), de Gand, à La Rondé, Deux-Sèvres.
Pottier (Joseph), de Stalhille, à Cirières, Deux-Sèvres.
Pottier (Georges), de Gand, à Nueil-sous-les-Aubiers, Deux-Sèvres.
Potvin (Armand), d'Angreau, à Montviron, Manche.
Potvin (Eugène), d'Angreau, à Montviron, Manche.
Potvin (Sidonie), d'Angreau, à Montviron, Manche.
Pouplier (Gaston), de Bruxelles, à Montgey, Tarn.
Pouleur (Guillaume), d'Acoz, à Donville-les-Bains, Manche.
Pouliart (Émile) et fam., de Malines, à Sainte-Eulalie-en-Born, Landes.
Poucet (Henri), de Beauwelz, à Liffré, Ile-et-Vilaine.
Poucet (Marcelle), de Beauwelz, à Liffré, Ile-et-Villaine,
Préat (Frédéric), de Fosses, à Bréville, Manche.
Préat (Angèle), de Fosses, à Bréville, Manche.
Préat (Lydie), de Bouffioulx, à Miniac-sous-Bécherel, Ile-et-Vilaine.
Premereur (Jules), de Grammont, à Solesmes, Sarthe.
Prevost (Oscar), de Sobre-s-Sand, à Chambourg, Indre-et-Loire.
Priessen (Alphonse), de Klemskerke, à Solesmes, Sarthe.
Prins (Frans de) et fam., de Malines, à Sorèze, Tarn.
Proot (Julien de), de Gendbrugge, à Dax, Landes.
Proot (Joseph), de Gand, à Varenguebec, Manche.
Proot (Maurice), d'Ichteghem, à Yvrac, Gironde.
Prycker (Théophile de), d'Anvers, à Solesmes, Sarthe.
Pueisant (Henri), de Dinant, à Bréville, Manche.
Putman (Joseph), de Lille, à Cérences, Manche.
Quanonne (veuve) et enf., de Tournai, à Marseille, Bouches-du-Rhône.
Quartier (Alphonse), de Gand, à Brétignolle, Deux-Sèvres.
Quévy (Joséphine), de Warquignie, aux Chambres, Manche.
Quévy (Mansuette) et fam., de Sallaumines, à Naves, Corrèze.
Quinaux (Albert), de Rouvroy, à Labruguière, Tarn.
Quinet (Armand), de Charleroi, à Aubin, Aveyron.
Raas (Edmond), de Gand, à Solesmes, Sarthe.
Racquez (Rodolphe), de Lille, à Montgardon, Manche.
Racquez (César), de Lille, à Montgardon, Manche.
Raes-Naert (Maria), de Sevenecken, à Saint-Péravy-la-Colombe, Loiret.
Raes (Léon), de Hal, à Blaye, Tarn.
Raes (Gaston), de Sevenecken, à Saint-Péravy-la-Colombe, Loiret.
Raes (Julien), de Sevenecken, à Saint-Péravy-la-Colombe, Loiret.
Raes (Eugène), de Sevenecken, à Saint-Péravy-la-Colombe, Loiret.
Raes (Alphonse), de Sevenecken, à Saint-Péravy-la-Colombe, Loiret.
Raes (Benjamin), de Lille, à Gavray, Manche.
Raedt (Auguste de), de Meirelbèche, à Varenguebec, Manche.
Raedt (Joseph de), de Louvain, à Solesmes, Solesmes, Sarthe.
Raedt (Oscar de), de Ledeberg, à Solesmes, Sarthe.
Raedemackers (Alphonse), de Rotslaer, à Courlay, Deux-Sèvres,
Rabee (Philomène), de Bernissard, à Guéret, Creuse.
Rambauts (Catherine), d'Anvers, à La Haye-du-Puits, Manche.
Rambauts (Catharina), d'Anvers, à La Haye-du-Puits, Manche.
Rambout (Michel), de Bruges, à Arjuzanx, Landes.
Ramarche (Jacques) et enf., de Billy-Montigny, à Blaye, Tarn.
Ramackers (Jean), de Vireux-Molhain, à Massaguel, Tarn.
Randa (Eugénie), de Thuin, à Saint-Symphorien, Manche.
Rasse (Michel), de Quiévrain, à Saint-Symphorien, Indre-et-Loire.
Rassechaert (Clément), de Gand, à Solesmes, Sarthe.
Rassechaert (Daniel), de Lede, à Yvrac, Gironde.
Rassechaert (Joseph), de Ledeberg, à Courlay, Deux-Sèvres.
Rasschaent (Adolphe), de Gand, à Solesmes, Sarthe.
Rau (Oscar), d'Ostende, à Lavardac, Lot-et-Garonne.
Rauvent (Marie), de Bouffioulx, à Saint-Briac, Ile-et-Vilaine.
Ravet (Marie), de Chimay, à Montoire, Loir-et-Cher.
Ravet (Arthur), de Chimay, à Montoire, Loir-et-Cher.
Reconnue (Joseph), de Nouzon, à Izon, Gironde.
Reignier (Édouard), de . . . , à Saint-Brice-en-Cagles-, Ile-et-Vilaine.
Reignier (Clarisse), de Bouffioulx, à Saint-Briac, Ile-et-Vilaine.
Reinchon (Maurice), de Carnière, à Blaye, Tarn.
Rémy (Gaston), de Mons, à Lempaut, Tarn.
Rémy (Julia), de Bruges, à Cuves, Manche.
Renard (Anne), de Nesle, à Donville-les-Bains, Manche.
Renard (Léopold), d'Erquelines, à Notre-Dame-de-Cenilly, Manche.
Renard (Yvan), d'Erquelines, à Notre-Dame-de-Cenilly, Manche.
Renault (Hermance), de Florenville, à Viviez, Aveyron.
Renault (Joseph), de Florenville, à Viviez, Aveyron.
Renard (Elise), d'Erquelines, à Notre-Dame-Cenilly, Manche.
Renders (Caroline), d'Anvers, à La Haye-du-Puits, Manche.
Renders (Caroline), d'Anvers, à La Haye-du-Puits, Manche.
Renders (Marie), d'Anvers, à La Haye-du-Puits, Manche.
Renders (Peters), d'Anvers, à La Haye-du-Puits, Manche.
Renoir (Auguste), de Gand, à Pierrefitte, Deux-Sèvres.
Renier (Charles) et fam., d'Asschrocuk, à St-André-sur-Sèvre, Deux-Sèvres.
Reul (François), de Louvain, à Pujo-le-Plan, Landes.
Reul (Henri), de Louvain, à Pujo-le-Plan, Landes.
Revélard (Béatrix), de Namur, à Égreville, Seine-et-Marne.
Reynaert (Louis), de Marc-en-Mareuil, à Gavray, Manche.
Reyms (Pierre), de Lille, à Saint-Denis-le-Vêtu, Manche.
Reynez (Léon), de Wondelyen, à Sort, Landes.
Ridder (Charles de), de Merchtem, à Lempaut, Tarn.
Riemaecker (Charles), de Zophem, à Pujo-le-Plan, Landes.
Riemaecker (Auguste), de Zophem, à Pujo-le-Plan, Landes.
Riem (Valère), de Lille, à Genêts, Manche.
Riffont (Edmond), de Marput, à Thorigny-sur-Vire, Manche.
Rimbaud (Frans), d'Alost, à Solesmes, Sarthe.
Ritz (César), de Monscron, au Temple-Laguyon, Dordogne.
Robert (Émile), de Mons, à Aubin, Aveyron.
Robert (Léopold), de Roubaix, à Saint-Menin, Dordogne.
Robert (Aurélie) et fam., de Frumeries, à Donville-les-Bains, Manche.
Rocher (Louise), de Châtelineau, à La Rochefoucauld, Charente.
Roclandt (Arthur), de Jemeppe-sur-Meuse, à Cerisay, Deux-Sèvres.
Roegiers (Pierre), de Gand, à la Ronde, Deux-Sèvres.
Roegiers (Auguste), de Gand, à la Ronde, Deux-Sèvres.
Roets (Amand), d'Ostende, à Mont-de-Marsan, Landes.
Roets (Charles), d'Ostende, à Mont-de-Marsan, Landes.
Roelant (Victor), d'Everbecq, à Niort, Deux-Sèvres.
Roelandt (Benjamin), d'Alost, au Pin, Deux-Sèvres.
Roelandt (Maurice), d'Hofstade, à Saint-Sever, Landes.
Roelandt (Joseph), d'Hofstade, à Saint-Sever, Landes.
Roeland (Charles), de Gendbrugge, à Saint-Marsault, Deux-Sèvres.
Rolens (Pharaïldis), de Clercken, à Davignac, Corrèze.
Rollandt (Alphonse), de Roulaud, à Cersay, Deux-Sèvres.
Rollepot (Emile de), de Marines, à Royan, Charente-Inférieure

Rolly (Valentine), de Nieuport, à Cuves, Manche.
Romberg (Rose), de Sivry, à Reims, Marne.
Rombants (Auguste) et enf., de Malines, à Mer, Loir-et-Cher.
Romain (Camille), de Couillet, à Decazeville, Aveyron.
Rondeau (Jacques), d'Anvers-Sud, à Niort, Deux-Sèvres.
Rondeau (Julienne) et enf., de Belgique, à
Ronse (Frédéric), de Gand, à Solesmes, Sarthe.
Rondelez (Maximilien), de Rousselare, à Layrac, Lot-et-Garonne.
Rondelez (Oscar), de Roulers, à Layrac, Lot-et-Garonne.
Rousse (Georges), d'Anvers, à Villeneuve-de-Marsan, Landes.
Rousse (Valerius), d'Anvers, à Villeneuve-de-Marsan, Landes.
Roo (Nicolas de), de Gand, à Solesmes, Sarthe.
Roover (Pierre de), d'Anvers, à Mer, Loir-et-Cher.
Roos (Jules de), de Gand, à Solesmes, Sarthe.
Roose (Julien), de Bruges, à Poudenas, Lot-et-Garonne.
Ronse (Edgard), de Gand, à Solesmes, Sarthe.
Ronse (Edmond), d'Ostende, à Morcenx, Landes.
Rouse (Irma), d'Ostende, à Morcenx, Landes.
Roosboom (Gustave), de Bruges, à Sainte-Eulalie-en-Born, Landes.
Rose (Florimond), de Blerstère, en-Belgique.
Roskams (Julie), de Billy, à Saint-Sever, Landes.
Rosseuw (Auguste), de Gheluwe, à Layrac, Lot-et-Garonne.
Rossel (Camille), d'Ostende, à Mauvezin, Landes.
Rossignol (Léonard), de Gent, à Saint-Claude, Loir-et-Cher.
Rosson (Denise), de Maisnil, à Saint-Malo, Ille-et-Vilaine.
Rotiers (Corneille) et fam., d'Anvers, à Clefs, Maine-et-Loire.
Rotiers (Charles), d'Anvers, à Solesmes, Sarthe.
Rouet (Joseph), du Havre, à Le Perron, Manche.
Roulet (Fernand), de Thuillies, à Lieuron, Ille-et-Vilaine.
Roulez (Léopold), d'Ancterlues, à Saint-Antoine-du-Rocher, Indre-et-Loire.
Rousseau (Charles), de Herseaux, à Cestas, Gironde.
Rousseau (Arthur), de Momignies, à Baguer-Morvan, Ille-et-Vilaine.
Rousseaux (Henri) et enf., de Momignies, à Baguer-Morvan, Ille-et-Vilaine.
Rousseau (Valery), de Pont-sur-Sambre, à Rennes, Ille-et-Vilaine.
Rousseaux (Léon), de Momignies, à Baguer-Morvan, Ille-et-Vilaine.
Rousseau (François), de Balâtre, à Argentré-du-Plessis, Ille-et-Vilaine.
Rousseau (Célina), de Cousobre, à Tours, Indre-et-Loire.
Rousseau (Zénobie), d'Erquelines, à Bossay, Indre-et-Loire.
Rousseau (Augusta), d'Erquelines, à Bossay, Indre-et-Loire.
Rousseau (Auguste), d'Erquelines, à Bossay, Indre-et-Loire.
Rousseau (François), de Cousobre, à Tours, Indre-et-Loire.
Rouvez (Arthur de), de Melle, à Rouen, Seine-Inférieure.
Rufin (Claude) et fam., de Leugnies-les-Beaumont, à Egreville, Seine-et-M.
Ruycke (Pierre-Jean de), de Hellemmes, à Chanteloup, Manche.
Ruycke (Julien de), de Hellemmes, à Chanteloup, Manche.
Ruyck (Romain de), de Gand, à Rouen, Seine-Inférieure.
Ryck (Pierre de), de Saint-Denys-Westrem, à Ecthien, Landes.
Rycke (Gustave de), de Saint-Denys-Westrem, à Ecthien, Landes.
Rydkart (Henri) et fam., d'Ostende, à Semalens, Tarn.
Rycke (Georges de), de Gand, à Solesmes, Sarthe.
Rylant (Jeanne) et enf., d'Anvers, à Montoire, Loir-et-Cher.
Rylant (Henri), d'Anvers, à Montoire, Loir-et-Cher.
Rylant (Nelle) et fam., d'Anvers, à Montoire, Loir-et-Cher.
Rymers (Adrien), de Petit-Wasqualle, à Montoiron, Manche.
Rywalt (Emile), de Gand, à Solesmes, Sarthe.
Sabo (Catherine), de Moysen, à Clairac, Lot-et-Garonne.
Sabot (Victor), de Bruges, à Combrand, Deux-Sèvres.
Sachs (Madeleine), de Marcinelle, à Saint-Briac, Ille-et-Vilaine.
Sachs (Clotilde), de Marcinelle, à Saint-Briac, Ille-et-Vilaine.
Sadrère (Auguste), d'Anvers, à Genêts, Manche.
Saelens (Hendrick) et fam., de Winxele, à Saint-Martin-d'Oney, Landes.
Saige (Georges), de Wambrechies, à Biras, Dordogne.
Saint-Moulin (Louis de), de Mons, à Cussac, Gironde.
Saligo (Rosa), de Frameries, à Donville-les-Bains, Manche.
Saladin (Achille), d'Aniche, à Domjean, Manche.
Saladin (Hector), d'Aniche, à Domjean, Manche.
Salmon (Fernand), d'Erquelines, à Notre-Dame-de-Cenilly, Manche.
Salmon (Albert) et fam., d'Erquelines, à Notre-Dame-de-Cenilly, Manche.
Salonie (Georges), de Lessines, à Beaune-la-Rolande, Loiret.
Saloney (Maria) et fam., de Clercken, à Dabignac, Corrèze.
Sambre (Joseph), de Montigny-sur-Sambre, à Mont-de-Marsan, Manche.
Samyn-Hutier et enf., de Moorslede, à Saint-Sever, Landes.
Samyn (Hector) et enf., de Moorslede, à Saint-Sever, Landes.
Samyn (Charles) et enf., de Saint-André, à Couzay, Deux-Sèvres.
Samoys (Adolphe), de Charleroi, à Solesmes, Sarthe.
Samayn (Julien), de Roulers, à Layrac, Lot-et-Garonne.
Sandra (Pierre), d'Anvers, à Solesmes, Sarthe.
Sanders (Georges), de Lille, à Gavray, Manche.
Sandra (Théophile), de Lille, à Biras, Dordogne.
Sarcelle (François), de Recet, à Saint-Denis-le-Vêtu, Manche.
Sarcin (Clément), de Frameries, à Aubin, Aveyron.
Savary (Paul), de Tourcoing, à Saint-Menin, Dordogne.
Sauvage (Auguste), de la Bouverie, à Decazeville, Aveyron.
Scalier (Rosine), de Frameries, à Donville-les-Bains, Manche.
Schooubaert (Henri), d'Ostende, de Lavardac, Lot-et-Garonne.
Scokkaert (Henri), de Lille, à Saint-Menin, Dordogne.
Schacht (Alphonse) et enf., d'Ostende, à Saint-Martin-d'Oney, Landes.
Schacht (Maria) et enf., d'Ostende, à Saint-Martin-d'Oney, Landes.
Schanfeler (Léon), de Gand, à Amou, Landes.
Schaerlaeckens (Félix), de Malines, à Sorèze, Tarn.
Schacht (Marie-Thérèse de), d'Ostende, à Saint-Martin-d'Oney, Landes.
Schaenmelhout (Camille), de Lille, à Cérences, Landes.
Schauwlieghe (Henri), de Gand, à Solesmes, Sarthe.
Schneider (Auguste), de Gand, à Pontenx-les-Forges, Landes.
Scherrens (Henri), de Ruysselede, à Pujo-le-Plan, Landes.
Scherrens (Auguste), de Ruysselede, à Arjuzanx, Landes.
Schecters (François) et fam., de Lier, à Pérols, Corrèze.
Schermie (Albert), de Ledeberg, à Solesmes, Sarthe.
Scheiris (Joseph), de Etterbeek, à Solesmes, Sarthe.
Schellinck (Bernard), de Gand, à Cersay, Deux-Sèvres.
Schellinck (Charles), de Gand, à Cersay, Deux-Sèvres.
Schepens (Bernard), de Stekene, à Puginier-Vianes, Tarn.
Scheldeman (Constant), de Roulers, à Layrac, Lot-et-Garonne.
Schils (Joséphine), de Budingen, à Châtillon-sur-Sèvre, Deux-Sèvres.
Schils (Marie), de Budingen, à Châtillon-sur-Sèvre, Deux-Sèvres.
Schoors (Edouard), d'Oostseldstryat, à Bugeat, Corrèze.
Schoner (Berthe), de Charleville, à Tours, Indre-et-Loire.
Schoner (Louise), de Charleville, à Tours, Indre-et-Loire.
Schollard (Arthur), de Pâturage, à Bacilly, Manche.
Schowarts (Jules), de Meirelbeke, à Varenguebec, Manche.
Schryvers (Henri), d'Anvers, à Solesmes, Sarthe.
Schockaert (Franz), d'Alost, à Solesmes, Sarthe.
Schonyans (Gustave), de Courtenay, à Paris.
Schmitz (Adolphe), de Gendbrugge, à Courtenay, Deux-Sèvres.
Schreiber (Hubert), de Liège, à Ygos, Landes.
Schroyens (Jean-Baptiste), de Lille, à Lingreville, Manche.
Schuyter (Léon de), de Mont-Saint-Amand, à Bugeat, Corrèze.
Schuyteuer (Henri), de Calais, à Marseille, Bouches-du-Rhône.
Schueremans (Florentine), de Malines, à Labouheyre, Landes.
Schueremans (Désiré), de Malines, à Labouheyre, Landes.
Schuyesmans (Edmond), d'Ostende, à Mobecq, Manche.
Scaux (Henri) et enf., de Roulers, à Sore, Landes.
Segers (Coleta) et fam., d'Anvers, à Clefs, Maine-et-Loire.
Segers (Gustave), de Gand, à Les Aubiers, Deux-Sèvres.
Segers (Louis), d'Haubourdin, à Viam, Corrèze.
Segers (Jean), de Gand, à Bouillé-Saint-Paul, Deux-Sèvres.
Schepens (Emile), de Gand, à Tourtenay, Deux-Sèvres.
Semay (Marie) et enf., de Gand, à Saint-Etienne-de-Fursac, Creuse.
Septroux (Jean) et fam., de Hastière, à Cancale, Ille-et-Vilaine.
Sermyn (Félix), de Gand, à Solesmes, Sarthe.
Serlaz (Joséphine), de Paris, à Marseille, Bouches-du-Rhône.
Sermeuse (Félicien) et fam., de Châtelet, à Languit, Ille-et-Vilaine.
Serneels (Jeanne), d'Anvers, à Mont-de-Marsan, Landes.
Servais (Reine) et enf., de Soulignac, à Baguer-Morvan, Ille-et-Vilaine.
Servaes (Charles), de Gand, à Tourtenay, Deux-Sèvres.
Servais (Georges), de Marchienne, à Niort, Deux-Sèvres.
Seulier (Joseph), d'Anderlues, à Saint-Denis-le-Vêtu, Manche.
Seyen (François), de Rosslaer, à Coulay, Deux-Sèvres.
Shearen (Joseph), de Saint-Shand, à Cuq-Toulza, Tarn.
Shladitz (Robert), de Frameries, à Donville-les-Bains, Manche.
Shoonooghes (Henri), de Mouveaux, à Saint-Menin, Dordogne.
Shuyve (Hector), de Roubaix, à Gavray, Manche.
Sieur (Emile), de Morialmé, à Varennes, Loiret.
Simaeys (Pierre), d'Ostende, à Lavardac, Lot-et-Garonne.
Simaeys (Oscar), d'Ostende, à Lavardac, Lot-et-Garonne.
Simon (Vincent) et fam., de Piranchamps, à Varennes, Loiret.
Simoens (Natalie), de Bruxelles, à Marseille, Bouches-du-Rhône.
Simoens (Jérôme), de Clercken, à Dourgne, Tarn.
Simoens (Achille), de Bruges, à Montravers, Deux-Sèvres.
Simon (Gaston), d'Arquelinè, à Saint-Martin-de-Cenilly, Manche.
Simon (Achille), de Blankenberge, à Channay, Indre-et-Loire.
Simon (Emile), de Blankenberge, à Channay, Indre-et-Loire.
Simon (Jules), de Wasme, à Decazeville, Aveyron.
Simon (Hubert), de Houdeng-Aimeries, à Blaye, Tarn.
Simons (Jean-Baptiste), de Hellemmes, à Saint-Urcisse, Tarn.
Simonis-Martin (Mme), de Malines, à Beauvoir, Manche.
Simonis (Jeanne), de Malines, à Beauvoir, Manche.
Simonis (Jean), de Malines, à Beauvoir, Manche.
Sinaveve (Joseph) et fam., de Billy-Montigny, à Soursac, Corrèze.
Sinet (Nelly), de Messar, à Saint-Malo, Ille-et-Vilaine.
Sinte (Bertha), de Jumet, à Miniac-sur-Rance, Ille-et-Vilaine.
Six (Léon), de Lille, à Cérences, Manche.

Slingeneyer (Gérard), de Bruges, à Poudenas, Lot-et-Garonne.
Slos (Maurice), de Péranchies, aux Cresnays, Manche.
Smets (Pierre), de Malines, à Mer, Loir-et-Cher.
Smeets (Léopold), de Wavre, à Sorèze, Tarn.
Smets (Jean), de Schaelbech, à Cuq-Toulza, Tarn.
Smets (Jules), de Gand, à Solesmes, Sarthe.
Smet de (Cyrillus), de Douyen, à Varenguebec, Manche.
Smeitt de (Henri) et fam., de Lens, à Nouilly-le-Brignon, Indre-et-Loire.
Smis (Joseph), d'Ouderburg, à Douzat, Charente.
Smul de (Gustave), de Gand, à Solesmes, Sarthe.
Snackers (Hubert), de Lille, à Montgardon, Manche.
Snelder (Jean), d'Anvers, à Solesmes, Sarthe.
Snetter (Henri de), d'Anvers, à Solesmes, Sarthe.
Snyers (Adrien), de Marc-en-Bareuil, à Gabray, Manche.
Socquet (Norbert), de Wesphaler, à Clairac, Lot-et-Garonne.
Soetaert (Gustave), de Clemskercke, à Cirières, Deux-Sèvres.
Soetaert (Camille), de Clemskercke, à Cirières, Deux-Sèvres.
Sohic (Maurice), de Bruges, à Poudenas, Lot-et-Garonne.
Sohic (Alexandre), de Bruges, à Poudenas, Lot-et-Garonne.
Soiron (Maurice), de Bruxelles, à Vallon-sur-Gée, Sarthe.
Soive (Marie) et fam., de Berchem-Ste-Agathe, à Lontehel, Ille-et-Vilaine.
Somers (Lambert), d'Anvers, à Niort, Deux-Sèvres.
Somers (Angéline), d'Anvers, à Niort, Deux-Sèvres.
Somers de (Gustave), de Lille, à Genêts, Manche.
Somers (Rosalia), de Malines, à Vianne, Lot-et-Garonne.
Song du (Jean-Baptiste) et fam., de Sous-le-Bois, à Latronche, Corrèze.
Soniers de (Edouard), de Lille, à Genêts, Manche.
Soners (Joseph) et fam., d'Anvers, à Niort, Deux-Sèvres.
Sonnet (Auguste), de Charleroi, à Lourdes, Hautes-Pyrénées.
Soudan (Victor) et fam., de Malines, à Gabarret, Landes.
Spac de (Gustave), de Gand, à Solesmes, Sarthe.
Spiègelaire de (Arthur), de Gontrode, à Loublande, Deux-Sèvres.
Spruyt (Sylvain), d'Haren, à Yvrac, Gironde.
Sringel (Léon), d'Anvers, à Marseille, Bouches-du-Rhône.
Staelens (Guillaume), de Saint-Gilles-Termonde, à Luzay, Deux-Sèvres.
Staelens (Adelina), d'Anvers, à La Haye-du-Puits, Manche.
Staelens (Adelaïda), d'Anvers, à La Haye-du-Puits, Manche.
Staelens (Préter), d'Anvers, à La Haye-du-Puits, Manche.
Staelens (Rosalie), d'Anvers, à La Haye-du-Puits, Manche.
Staincq et son épouse, de Wignehier, à Lesneven, Finistère.
Stassin (François), de Marchienne-au-Pont, à Blaye, Tarn.
Steen (Théophile), de Gand, à Nueil-sous les Aubiers, Deux-Sèvres.
Steinier (Henri), de Gilly, à Aubin, Aveyron.
Stephen (Henri), de Châtelet, à Saint-Malo, Ille-et-Vilaine.
Stephen (Yvonne), de Châtelet, à Saint-Malo, Ille-et-Vilaine.
Steux (Albert), de Tourcoing, à Saint-Martin-de-Cenilly, Manche.
Stévens (Joseph), de Bruges, à Amou, Landes.
Stevens (Aloïs), d'Acoz, à Sorèze, Tarn.
Stevenin (Auguste), de Flereuville, au Viviez, Aveyron.
Stévens (Oscar), d'Anderlues, à Minihic-sur-Rance, Ille-et-Vilaine.
Stévens (Wilmert), d'Anderlues, à Minihic-sur-Rance, Ille-et-Vilaine.
Stevens (Isidore), de Gand, à Sartilly, Manche.
Stevens (Gaston), de Gand, à Solesmes, Sarthe.
Stevens (Oscar), de Seteberg, à Solesmes, Sarthe.
Stevens (Henri), d'Alost, à Solesmes, Sarthe.
Steyaert (Juliana) et fam., d'Ostende, à Lugan, Tarn.
Steyaert (Hélène), d'Ostende, à Lugan, Tarn.
Stoffe (Marie), d'Hornu, à Torigni-sur-Vire, Manche.
Stoffe (Omer), de Jemmapes, à Torigni sur Vire, Manche.
Stoffen (Adrien), d'Anvers, à Solesmes, Sarthe.
Stoops (Georges), de Lille, à La-Croix-Avranchin, Manche.
Stordeur (Germaine), de Jemmapes, à Couderville, Manche.
Strat (Henri), d'Amèze, de Domjean, Manche.
Stroobants (Henri), de Bord-Meerbeets, à Meilhan, Lot-et-Garonne.
Strubbe (Pierre), de Gedelghem, à Mer, Loir et Cher.
Stur (Oscar), de Gand, à Solesmes, Sarthe.
Stuwe (Georges), d'Ostende, à Decazeville, Aveyron.
Suvé (Alphonse), de Lille, à Saint-Merd-de Lapleau, Corrèze.
Suzan (Désiré), de Farciennes, à Niort, Deux-Sèvres.
Suzan (Antoine), d'Anderlues, à Niort, Deux-Sèvres.
Swalus (Adrien), de Charleroi, à Morcenx, Landes.
Swalus (Marie), de Charleroi, à Morcenx, Landes.
Tachet (Jacques), de Douai, à Marcillac-la-Croisille, Corrèze.
Tack (Camille), de Bruges, à Amou, Landes.
Taelman (Edouard), de Gand, à Courlay, Deux-Sèvres.
Taelman (Gustave), de Ledeberg, à Courlay, Deux-Sèvres.
Tabir (Lucien) et enf., de Marée, à Thônes, Haute-Savoie.
Tahon (Jacques), d'Anderlues, à Saint-Denis-le-Vêtu, Manche.
Tambour (Lamy), de Namur, à Saint-Porchaire, Deux-Sèvres.
Tambour (Marie), de Gand, à Saint-Porchaire, Deux-Sèvres.
Tambour (Arthur), de Gand, à Saint-Porchaire, Deux-Sèvres.
Tange (Henri), de Gand, à Tourtenay, Deux-Sèvres.
Tanghe (Benoît), d'Houplines, à Cérences, Manche.
Tapis (Alfred) et enf., d'Edricourt, à Soursac, Corrèze.
Targent (Henri), d'Erquelines, à Notre-Dame-de-Cenilly, Manche.
Tassin (Rose), de Marchienne-au-Pont, au Relecq, Finistère.
Taverne (Julien), de Bruges, à Arjuzaux, Landes.
Taverne (Jean), de Bruges, à Arjuzaux, Landes.
Tavernier (Pierre), d'Ostende, à Mont-de-Marsan, Landes.
Tavernie (Célina) et enf., de Sivry, à Reims, Marne.
Tellier (Joseph), de Bernissard, à Cuves, Manche.
Temmerman (Adolphe), de Gand, à la Forêt-sur-Sèvre, Deux-Sèvres.
Temmerman (Achille), de Gand, à Ponteux-les-Forges, Landes.
Termmermans (Joseph), de Ham-sur-Heure, à Boissy-aux-Cailles, S.-et-M.
Termont (Camille), de Gand, à La Coudre, Deux-Sèvres.
Termont (Maurice), de Gand, à La Coudre, Deux-Sèvres.
Termont (Aloys), d'Anderlecht, à Ambillou, Indre-et-Loire.
Terrasse (Léon), de Tourcoing, à Cérences, Manche.
Tervallée (Auguste), de Roubaix, à St-Georges-de-Livoye, Manche.
Tetaert (Emile), de Brugge, à Mobecq, Manche.
Teugels (Maria), de Malines, à La Chapelle-Gaudin, Deux-Sèvres.
Teulinck (Jules), de Gand, à Saint-Jouin-de-Milly, Deux-Sèvres.
Thanghe (Jules), de Gerneende-Ruyssélède, à Aurice, Landes.
Thewisseng (Mathieu), de Cereuche, à Salles-Sainte-Eulalie, Tarn.
Thenniers (Jules), de Werchter, à Solesmes, Sarthe.
Théhis (Léon) et fam., de Jeumont, à Le Grand-Pressigny, Indre-et-Loire.
Thévenot (Léonie), de Beynes, à Sermoise, Nièvre.
Theys (Alexandre), de Fatisolle, à Breteil, Ille-et-Vilaine.
Theuner (Franz), de Wecklaer, à Mer, Loir-et-Cher.
Thiel (Julien) et fam., de Malines, à Blois, Loir-et-Cher.
Thienpont (Alidie), de . . . , à Damiatte, Tarn.
Thiriaux (Emile) et enf., de Bruxelles, à Sorèze, Tarn.
Thibaut (Henri), de Fatisolle, à Breteil, Ille-et-Vilaine.
Thibaudeau (Catherine), d'Harnoncourt, à Brissac, Maine-et-Loire.
Thirion (Maria), de Fatisolles-les-Tourines, à Malaville, Charente.
Thon (Julia), de Dour, à Cuves, Manche.
Thon (Maria), de Lens, à Cuves, Manche.
Thon (Julien) et fam., de Raismes-Vicoigne, à Saint-Paul, Corrèze.
Thomassin (Alphonsine), de Confsore, à Tours, Indre-et-Loire.
Thomassin (Alfred), de Confsore, à Tours, Indre-et-Loire.
Thonon (Emile), de Gand, à Solesmes, Sarthe.
Thouvenin (Victorine) et fam., d'Athus, à Reims, Marne.
Ticlemans (François), de Roubaix, à Trelly, Manche.
Tiepart (Simon) et fam., de Liége, à Labruyère, Tarn.
Tibange (Alphonse), de Liége, à Solesmes, Sarthe.
Timmerman (François), d'Alost, à Vianne, Lot-et-Garonne.
Timmermans (Oscar), d'Houttave, à Sartilly, Manche.
Tirionet (Auguste) et fam., d'Hingeon, à Soursac, Corrèze.
Tirionet (Michel), d'Hingeon, à Soursac, Corrèze.
Tirriar (Emile), de Rotselaer, à Blaye, Tarn.
Tordoir (Jules) et fam., d'Incourt, à Senan, Yonne.
Torfs (François) et fam., de Lier, à Pérols, Corrèze.
Toupet (Arthur), de Walcourt, à Migé, Yonne.
Tourné (Inaria), de Villebroeck, à St-Rémy-des-Landes, Manche.
Toussaint (Alexandre), de Dinant, à Notre-Dame-de-Cenilly, Manche.
Toussaint (Héloïse), de Dinant, à Notre-Dame de-Cenilly, Manche.
Tratsaert (Edouard), de Lombartzyde, à Arjuzaux, Landes.
Trésy (Marie) et enf., d'Armentières, à Segonzac, Corrèze.
Trisières (Simon), de Marquain, à Cérences, Manche.
Trico (Léontine) et enf., de Châtelet, à Plélan-le-Grand, Ille-et-Vilaine.
Trico (Maurice) et enf. de Châtelet, à Plélan-le-Grand, Ille-et-Vilaine.
Trico (Paula), de Châtelet, à Plélan-le-Grand, Ille-et-Vilaine.
Triquet (Ernest), de Scrinchamp, à Cransac, Aveyron.
Triquet (Emile), de Scrinchamp, à Cransac, Aveyron.
Troék (Armand), de Forest, à Blaye, Tarn.
Trouen (Auguste), d'Herseaux, à Montviron, Manche.
Tsertigls (Jean), de Gand, à Massais, Deux-Sèvres.
Tsertigls (Gustave), de Gand, à Massais, Deux-Sèvres.
T'Sjoen (Marcel), de Lille, à la Croix-Avranchin, Manche.
Tueypens (Marie) et fam., de Maubeuge, à Laguenne, Corrèze.
Turuel (Théophile), de Malines, à Lavardac, Lot-et-Garonne.
Turpin (Louis), de Tourcoing, à Biras, Dordogne.
Tuylle (Victor), d'Armentières, à Cérences, Manche.
Tynke (Gustave), de Gand, à Yvrac, Gironde.
Tysgat (Marcel), de Lille, à Saint-Menin, Dordogne.
Tytgat (Maria), de Staden, à Layrac, Lot-et-Garonne.
Urbain (Jean-Baptiste) et enf., de Billy-Montigny, à Soursac, Corrèze.
Urbain (Joseph), de Lens, à Périgueux, Dordogne.
Urbain (Florian), de Frameries, à Aubin, Aveyron.
Urbain (Gaston), de Frameries, à Aubin, Aveyron.
Urbain (Armand), d'Hornu, à Mézières, Ille-et-Vilaine.
Urbain (Clémence), de Flénu, au Grand-Pressigny, Indre-et-Loire.

Urbain (Arthur), de Flénu, au Grand-Pressigny, Indre-et-Loire.
Urbain (F. J.), de Flénu, à Donville-les-Bains, Manche.
Urbain (Oscar) et fam., de Frameries, à Donville-les-Bains, Manche.
Urbain (Achille), de Pâturages, à Sainte-Pience, Manche.
Urbain (Clémentine), de Flénu, à Donville-les-Bains, Manche.
Urcel (Charles), de Lombartzyde, à Mont-de-Marsan, Landes.
Urcel (Hendrik), de Lombartzyde, à Arjuzaux, Landes.
Uston (Augustin), de Douai, à Blaye, Tarn.
Uvier (Marie), de Bouffioulx, à Lingreville, Manche.
Uvier (Alphonse) et fam., de Bouffioulx, à Lingreville, Manche.
Van Araignien (Alida), d'Anvers, à Saint-Sever, Landes.
Van Araignien (Edouard), d'Anvers, à Saint-Sever, Landes.
Van Acker (Alphonse), de Gand, à Tourtenay, Deux-Sèvres.
Vanasscle (Gérard), de Moorslède, à Layrac, Lot-et-Garonne.
Vanaudenhove (Irma) et fam., d'Ostende, à Macey, Manche.
Van Appe (Edouard), de Walhem, à Varanguebec, Manche.
Van Aerschot (Joseph), de Wecktacr, à Mer, Loir-et-Cher.
Van Andenbove (A.) et fam., de Gendbrugge, à Villeneuve-de-Marsan, Landes.
Van Boven (Odile) et fam., d'Audegem, à Mont-de-Marsan, Landes.
Van Bever (Edmond), de Gand, à Saint-Sever, Landes.
Vanbauwelen (Pierre), de Vendin-le-Vieil, à Cul-Taulja, Tarn.
Van Beveren (Auguste), de Gand, à Solesmes, Sarthe.
Van Baele (Jean-Baptiste), de Rotslaer, à Courlay, Deux-Sèvres.
Van Beile (Emile), de Bruges, à Taizé, Deux-Sèvres.
Vanbeselaere (Victor), de Roulers, à Niort, Deux-Sèvres.
Vanbeselaer (Maria), de Roulers, à Niort, Deux-Sèvres.
Van Beverer (Léon), de Malines, à Châtillon-sur-Sèvres, Deux-Sèvres.
Van Boxtaele (Camille), de Gand, à St-Pierre-des-Echaubrognes, D.-Sèvres.
Van Borren (Alphonse), de Marquette, à Cérences, Manche.
Van Been (Pauline), de Wasmes, à Cléré, Indre-et-Loire.
Van Been (David), de Wasmes, à Cléré, Indre-et-Loire.
Van Been (Mme), de Wasmes, à Cléré, Indre-et-Loire.
Van Beersel (Jean), de Malines, à Mer, Loir-et-Cher.
Van Bellingen (Eugène), de Veltben, à Saint-Simon, Charente.
Van Benedem (Gustave), d'Hellemmes, à Saint-Menin, Dordogne.
Van Bockelaele (Charles), de Genthrugge, à Saint-Claude, Loir-et-Cher.
Van Brussel (Zacharie), de Charleroy, à Blaye, Tarn.
Van Cauveneergh (Joseph), d'Aloost, à Clairac, Lot-et-Garonne.
Van Cauvenberg (Virginie), d'Aloos, à Clairac, Lot-et-Garonne.
Van Cauwen (Ernest), de Gand, à Solesmes, Sarthe.
Van Campenhaut (Marie), d'Hanowgeh, à La Chapelle-Gandin, D.-Sèvres.
Van Clemputte (Thomas), de Gand, à Solesmes, Sarthe.
Van Cauter (Jean), d'Aloost, à Varenguebec, Manche.
Van Capellen (Nicolas), de Lille, à Cérences, Manche.
Vanevillie (Gustave), de Monvanse, à Biras, Dordogne.
Vanevillie (Séraphin), de Lille, à St-Germain-des-Prés, Dordogne.
Vancooppenoble (Henri), d'Hem, à Saint-Menin, Dordogne.
Vandamme (Camille), de Staden, à Saint-Sever, Landes.
Van Dacle (Alphonse), de Gand, à Agen, Lot-et-Garonne.
Van Dessel (Franc), de Wespalier, à Meilhan, Lot-et-Garonne.
Van den Driessche (Léo), de Pitthem, à Layrac, Lot-et-Garonne.
Vanden Driessche (Arthur), de Pitthem, à Layrac, Lot-et-Garonne.
Vanden Driessche (Julius), de Pitthem, à Layrac, Lot-et-Garonne.
Vandenbussche (Céline) et fam., de Lens, à Layrac, Lot-et-Garonne.
Vanden Kiboom (Théodore), d'Ostende, à Montpesat, Lot-et-Garonne.
Vandepitte (Martha) et fam., d'Hooghlede, à Layrac, Lot-et-Garonne.
Vandenborghe (Herminie), de Bruges, à Lugan, Tarn.
Vanderelst (Joseph) et fam., de Bruxelles, à Saint-Germain, Tarn.
Vandekerchove (Charles), de Gand, à Saint-Germain, Tarn.
Van den Bosch (Victor), de Bruxelles, à Albi, Tarn.
Vanden Bossche (Edmond), de Maubeuge, à Pamiers, Ariège.
Vandenberg (Louis), de Mouseron, à Quettreville, Manche.
Vanderpene (Hélène), de Roulers, à Marmande, Lot-et-Garonne.
Vanderperre (Romain), de Roulers, à Marmande, Lot-et-Garonne.
Van de Poel (Félix), de Muysen, à Layrac, Lot-et-Garonne.
Van den Bogaert (Louis), de Santolier, à Chaumeil, Corrèze.
Vandriessche (Gérard), de Gand, à Solesmes, Sarthe.
Vandewoorde (Prosper), de Steenhuffel, à Vianne, Lot-et-Garonne.
Vandewoorde (Frantz), de Steenhuffel, à Vianne, Lot-et-Garonne.
Van der Brock (André), de Bruges, à Tourtenay, Deux-Sèvres.
Van den Nest (Albert), de Gand, à Tourtenay, Deux-Sèvres.
Van den Abeele (Charles), de Bruges, à Solesmes, Sarthe.
Van Daele (Bernard), de Stalhille, à Cirières, Deux-Sèvres.
Van de Casteele (René), de Gendbrugge, à La Chapelle-Largeau, D.-Sèvres.
Van de Kecklouse (Oscar), de Gand, à Massais, Deux-Sèvres.
Van de Verre (Raoul), de Ledeberg, à Nueil-sur-les-Aubiers, Deux-Sèvres.
Van de Walle (René), de Deinze, à Niort, Deux-Sèvres.
Van de Walle (Léon), d'Oosteamps, à St-Amand-sur-Sèvre, Deux-Sèvres.
Vangrothel (Léontine), de Bruxelles, à Ardres, Pas-de-Calais.
Van Hoorenbeeck (Carolus), de Riempst, à Montrichard, Loir-et-Cher.
Vanderwolle (Léon), de Louvain, à Cognac, Charente.
Vandemplas (Philippe), de Louvain, à Châtillon-sur-Sèvres, Deux-Sèvres.
Vandemplas (Joséphine), de Louvain, à Châtillon-sur-Sèvre, Deux-Sèvres.
Van den Berghe (Camille) et fam., de Clemskercke, à Cirières, Deux-Sèvres.
Van den Breen (Achille), de Gand, aux Aubiers, Deux-Sèvres.
Van den Breen (Léonard), de Gand, aux Aubiers, Deux-Sèvres.
Vanderstichel (Oscar), d'Heusden, à Puy-Saint-Bonnet, Deux-Sèvres.
Vanderstichel (Michel), d'Heusden, à Puy-Saint-Bonnet, Deux-Sèvres.
Vanderhaeghen (Raymond), de Ronsele, à Pierrefitte, Deux-Sèvres.
Van der Elst (Louis), de Malines, au Temple, Deux-Sèvres.
Van der Cruysen (Gustave), de Gand, à Massais, Deux-Sèvres.
Van Dickel (Julien), de Gand, à Solesmes, Sarthe.
Van de Putte (Maurice), de Gand, à Solesmes, Sarthe.
Van Dyck (Maria), d'Anvers, à Saint-Rémy-des-Landes, Manche.
Van den Broeck (Gustave), de Gand, à Solesmes, Sarthe.
Van Devoorde (Rémy), de Meeulbecke, à Solesmes, Sarthe.
Van Duninck (Sophie) et fam., d'Anvers, à La Haye-du-Puits, Manche.
Van de Venne (Constant), de Wespelaer, à Sartilly, Manche.
Van de Welde (Ludovicus), d'Anvers, à La Haye-du-Puits, Manche.
Van de Welde (Ludovica), d'Anvers, à La Haye-du-Puits, Manche.
Van de Welde (Ludovicus), d'Anvers, à La Haye-du-Puits, Manche.
Van de Welde (Joséphus) et fam., d'Anvers, à La Haye-du-Puits, Manche.
Vanderspieren (Jean), de Malines, à Sacey, Manche.
Vanderplanke (Alphonse), de Roubaix, à Montviron, Manche.
Van der Meuleun (Henri), d'Alost, à Varenguebec, Manche.
Van der Meuleun (Louis), d'Overmeire, à Varenguebec, Manche.
Vandermarlière (Marie), d'Oort-Nieuwkerke, à Ducey, Manche.
Vandermeersch (Emie), de Lille, à Cuves, Manche.
Vandermalière (Léa), d'Oort-Nieuwkerke, à Ducey, Manche.
Vanderhaeghen (Jean), de Brugge, à Mobecq, Manche.
Vander Cruyssen (Théophile), de Roubaix, à Montviron, Manche.
Van der Cruysse (Emile), d'Erneghem, à Sartilly, Manche.
Vandeputte (Olle), de Roubaix, aux Cresnays, Manche.
Vandeputte (Jules), de Marcq-en-Barœul, à Montgardon, Manche.
Vandeputte (Emile), de Lille, à Montgardon, Manche.
Van den Eynden (Joannes) fam., d'Anvers, à St-Nicolas-de-Pierrepont, Manche.
Vadendriessche (Gustave), de Mouveaux, à Cérencey, Manche.
Van den Bussche (Henry), d'Anvers, à Sartilly, Manche.
Van den Branden (Jacques) et fam., de Malines, à Beauvoir, Manche.
Vandemeulebroucke (Alphonse), d'Anvers, à Sartilly, Manche.
Vandamme (Henri), de Quesnoy-sur-Deule, à Coudeville, Manche.
Van Damme (Léon), de Meirelbeche, à Varenguebec, Manche.
Vandroogenbraeck (Richard), de Gand, à Solesmes, Sarthe.
Vanden Bossche (Florent) et fam., d'Anderlecht, à Ambillou, Indre-et-L.
Vanderbèque (Adolphine) et fam., d'Anderlues, à St-Ant.-Rocher, Indre-et-L.
Vandesmal (Hermance), d'Hauchin, à Tours, Indre-et-Loire.
Van Dormael (Mme) et fam., de Drocourt, à Nou, Indre-et-Loire.
Vanderpeeren (Marie-Thérèse), de Pont-du-Loup, au Verger, Ille-et-Vil.
Vandecastule (Marcel) et fam., de Wyngene, à Arjuzaux, Landes.
Van Dembroeck (Joséphine), de Louvain, à Arthez-d'Armagnac, Landes.
Van Dooren (Frans), d'Anvers, à Solesmes, Sarthe.
Vandenberg (Henriette), d'Anvers, à Marseille, Bouches-du-Rhône.
Vandenberghe (Ludovic), d'Anvers, à Mer, Loir-et-Cher.
Vandenberghe (Julien), de Neuville-en-Ferrain, à Naves, Corrèze.
Van den Boguerde (Gustave), de Gendbrugge, à Villeneuve-de-Marsan, Landes.
Van den Briele (Félix), d'Assebrouck, à Mimizan, Landes.
Van den Broeck (Benoist) et fam., de Termonde, à St-Martin-d'Oney, Landes.
Van den Bosch (Emile), de Ransart, à Decazeville, Aveyron.
Van den Eynd (Jean-Baptiste), d'Haecht, à Mer, Loir-et-Cher.
Van den Eynde (Denis) et fam., de Mireecourt, à Soursac, Corrèze.
Van den Rieboom (Louis), de Malines, à Gabarret, Landes.
Vandorpe (Jean), de Gand, à Saint-Claude, Loir-et-Cher.
Vandorpe (Jean), de Gand, à Orléans, Loiret.
Vandrayencs (Camille), d'Eecloo, à Pérols, Corrèze.
Van de Plaec (Jean), de Gand, à Amou, Landes.
Vanderborght (André), de Lens, à Lempaut, Tarn.
Vander Heyden (Léonce), de Wetteren, à Cessas, Gironde.
Van der Haeghen (Constantin) fam., de Liévin, à St-Peravy-la-Colombe, Loiret.
Vandevyver (Ernest), de Gand, à Ponteux-les-Forges, Landes.
Van de Ven (Louis) et fam., de Malines, à Arjuzaux, Landes.
Vandevère (Emile) et enf., de Fouquières-lez-Lens, à Soursac, Corrèze.
Vandevalle (Léon), de Louvain, à Cestas, Gironde.
Vandeworde (Gustave), de Louvain, à Pujo-le-Play, Landes.
Van de Weghe (Matix), de Lille, à Labenguière, Tarn.
Van Deun (François) et enf., de Laeken, à Marseille, Bouches-du-Rhône.
Van Enget (Emmanuela) et enf., de Bruxelles, à Saint-Sever, Landes.
Van Eychen (Georges), de Bruxelles, à Solesmes, Sarthe.
Van Eeckhout (Jules), de Gand à La Chapelle-Gaudin, Deux-Sèvres.
Van Eechaute (Henri), de Deynze, à Mobecq, Manche.
Van Essche (Joseph), d'Hénin-Liétard, à Soursac, Corrèze.
Vanoterwaren (René), d'Ygos, à Dax, Landes.
Vanevillié (François), de Lille, à Cestas, Gironde.

Van Extergem (Clément), de Termonde, à St-Martin-d'Oney, Landes.
Van Extergem (Goodfried) et enf., de Termonde, à St-Martin-d'Oney, Landes.
Van Geysel (François), de Machelen, à Cerences, Manche.
Van Gelder (Pierre), de Bruges, à Bouillé-Saint-Paul, Deux-Sèvres.
Van Geyt (Désiré), de Gand, à Sartilly, Manche.
Van Gool (Maria), d'Anvers, à La Haye-du-Puits, Manche.
Vangui (Pauline), d'Anvers, à La Haye-du-Puits, Manche.
Van Gompel (Robert), d'Anvers, à Solesmes, Sarthe.
Van Craeve (Alfred), de Gand, à Solesmes, Sarthe.
Vangards (Joseph), de Croix, à Saint-Menin, Dordogne.
Van Godtsenhoven (Oscar) et enf., de Bruxelles, à Marseille, B.-du-Rhône.
Van Hees (François) et enf., de Feluy, à Saint-Germain, Tarn.
Vanhollebeke (Oscar), de Bruges, à Cuves, Manche.
Vanhove (Arthur), d'Anvers, à Chapelle, Tarn.
Van Hecke (Arthur), de Bruges, à Solesmes, Sarthe.
Vanheester (Hilaire), de Bruges, à Combrand, Deux-Sèvres.
Van Heesvelde (Adolphe), de Gand, à Pierrefitte, Deux-Sèvres.
Van Herewegen (François), de Buggenhout, à Puy-St-Bonnet, D.-Sèvres.
Van Hollebeke (Léon) et fam., de Saint-André, à Montigny, Deux-Sèvres.
Van Hulle (Pierre), de Gand, aux Aubiers, Deux-Sèvres.
Van Haelemeersch (Auguste), de Laethem, à Châtillon-s-Sèvre, D.-Sèvres.
Van Handenhoven (Egide), d'Anvers, à Niort, Deux-Sèvres.
Van Hazebrouck (Maurice), de Nevele, à Vianne, Lot-et-Garonne.
Van Zele (Arthur), de Lokeren, à Sartilly, Manche.
Van Hesche (Edouard), de Jabbeke, à Solesmes, Sarthe.
Van Hastel (Gustave), de Gand, à Solesmes, Sarthe.
Vanhasselt (Blanche) et fam., de La Bouverie, à Saint-Ovin, Manche.
Van Hautte (Louis), de Lille, à Montgardon, Manche.
Vanhée-Knockaert (Camille) et fam., de Peranchies, aux Gresnays, Manche.
Van Hoey (Françoise), d'Anvers, à Saint-Remy-des-Landes, Manche.
Vanhollebeke (Léonie), de Bruges, à Cuves, Manche.
Vanhollebeke (Oscar), de Bruges, à Cuves, Manche.
Van Hove (Gustaaf), d'Alost, à Varenguebec, Manche.
Vanhutte (Modeste), de Roubaix, à Montgardon, Manche.
Van Handenhove (André), de Termonde, à Solesmes, Sarthe.
Vanhollebeke (Léonie), de Bruges, à Cuves, Manche.
Vanhove (Joseph), de Bruges, à Solesmes, Sarthe.
Van Haecke (Léopold), de Bruges, à Mont-de-Marsan, Landes.
Vanhamme (Jean-Baptiste), de Trieu-Kaisin, à Aubin, Aveyron.
Van Hacker (Marie-Louise), de Bruges, à Marseille, Bouches-du-Rhône.
Van Heck (Cyriel), de Gand, à Mer, Loir-et-Cher.
Van Herenthals (Edouard), de Bruges, à Villeneuve-de-Marsan, Landes.
Van Hoecke (Henri), de Bruges, à Sainte-Eulalie-en-Born, Landes.
Van Hoecke (Marie) et fam., d'Hersen-Coupigny, à Villevoques, Loiret.
Van Houtte (Augustin), de Tourcoing, à Biras, Dordogne.
Vanhoorebeek (Jean), de Ligny, à Blaye, Tarn.
Vanhollebeke (Auguste), de Zedelghem, à Mer, Loir-et-Cher.
Van Hooremeersch (Joseph), de Malines, à Saint-Geit, Landes.
Van Hupol (Joséphine), de Termonde, à Villeneuve-de-Marsan, Landes.
Van Jorsel (Mme), de Boom, à Port-Sainte-Marie, Lot-et-Garonne.
Vanden-Kieboom (Théodore), d'Ostende, à Casteimoron, Lot-et-Garonne.
Vanden-Kieboom (Joseph), d'Ostende, à Castelmoron, Lot-et-Garonne.
Van Kerkhoven (Victor) et fam., de Malines, à Boucey, Manche.
Vankemportele (Léopoldine), d'Ostende, à Carolles, Manche.
Van Keymelen (Henri), de Wetteren, à Saint-Claude, Loir-et-Cher.
Van Landeghem (Théophile), d'Angres, à Coinces, Loiret.
Van Look (Maria), de Malines, à Mont-de-Marsan, Landes.
Van Loye (Jean), de Louvain, à Pujo-le-Plan, Landes.
Van Lippevelde (François), d'Appels, à Cirières, Deux-Sèvres.
Van Loock (Louis), d'Anvers, à Solesmes, Sarthe.
Van Leuvenhage (Joseph), d'Anvers, à Solesmes, Sarthe.
Van Lemputte (Jean), de Wœthet, à Solesmes, Sarthe.
Van Laerne (Auguste), de Gand, à Sartilly, Manche.
Van Laerne (Laurent), de Gand, à Sartilly, Manche.
Van Mullem (Charles), de Gand, à Sartilly, Manche.
Van Mausart (Julienne) et fam., de Turnay, à Tours, Indre-et-Loire.
Van Maase (Hortense) et fam., de Malines, à Labouheyre, Landes.
Van Mencxel (Joseph) et fam., de Rumpst, à Gaillères, Landes.
Van Mollecot (Rosine), de Blauwput, à Arjuzanx, Landes.
Van Mencxel (Constance) et enf., de Rumpst, à Gaillères, Landes.
Van Moorter (Benoît), de Bruxelles, à Mont-de-Marsan, Landes.
Van Mouffaert (Charles), de Bruges, à Villeneuve-de-Marsan, Landes.
Van Mullen (Alphonse), de Bruges, à Arjuzanx, Landes.
Van Moorter (Florida), de Bruxelles, à Mont-de-Marsan, Landes.
Van Moorter (Paul), de Bruxelles, à Mont-de-Marsan, Landes.
Van Mellc (Robert), de Gand, à Saint-Sever, Landes.
Vanmassenhove (Charles), de Thourout, à Agen, Lot-et-Garonne.
Van Neck (Catherine), d'Alost, au Pin, Deux-Sèvres.
Van Nuffel (Charles), d'Alost, au Pin, Deux-Sèvres.
Van Maelsack (Oscar), de Gand, à La Ronde, Deux-Sèvres.
Van Maldeghem (Ivan), de Gand, à Mercil-s.-les-Aubiers, Deux-Sèvres.

Van Meenen (Elise) et fam., de Jeneppe-sur-Meuse, à [illegible]
Van Mol (Joseph), d'Alost, à Bouillé-Saint-Paul, Deux-Sèvres.
Van Neck (Joseph), d'Alost, au Pin, Deux-Sèvres.
Vaunbuylander (Désiré), de Bruges, à Taizé, Deux-Sèvres.
Vanneste (Rémy) et fam., de Sallaumines, à Montanel, Manche.
Vanneste (Julien), de Tourcoing, à Biras, Dordogne.
Van Neverle (Edouard), de Zeekerke, à Labouheyre, Landes.
Vanmeeteren (Irman), d'Ostende, à Marseille, Bouches-du-Rhône.
Van Overfeld (Henri), d'Anvers, à Solesmes, Sarthe.
Van Oberge (Edouard), de Croix, à Gavray, Manche.
Van Poppel (Pierre) et fam., de Malines, à Blois, Loir-et-Cher.
Van Reet (Pierre) et enf., de Terhagen, à Saint-Sever, Landes.
Van Reet (Mme) et enf., de Terhagen, à Saint-Saver, Landes.
Van Reckem (Raphael), de Roubaix, à Montgey, Tarn.
Van Rycheghem (Léon), de Bruges, à Solesmes, Sarthe.
Van Renterghen (Théodore), de Gand, à Mer, Loir-et-Cher.
Van Rumbeke (Pierre), d'Ostende, à Mont-de-Marsan, Landes.
Van Oost (Julien), de Bruges, à Missé, Deux-Sèvres.
Van Slaghmolen (Charles), de Gand, aux Aubiers, Deux-Sèvres.
Van Steenhuyse (Oscar), de Gand, à Saint-Jean-de-Thouars, [illegible]
Van Sanden (François), d'Anvers, à Dourgne, Tarn.
Vansimaey (René), de Marcq-en-Barœul, à Montgardon, Manche.
Van Stockeren (Maurice), d'Erneghem, à Sartilly, Manche.
Vanstralen (Hubert), de Tourcoing, aux Gresnays, Manche.
Van Steene (Charles), d'Ostende, à Saint-Hilaire-Luc, Corrèze.
Van Steene (Maurice), d'Ostende, à Saint-Hilaire-Luc, Corrèze.
Van Pevenage (Joseph), de Haeren, à Cuq-Toulza, Tarn.
Van Puyvelde (Georges), d'Anvers, à Dourgne, Tarn.
Van Puyveld (Léon) et enf., de Saint-Nicolas, à Saint-Germain, [illegible]
Vanpoucke (Cyrille) et enf., de Lens, à Meyrignac-l'Église, Corrèze.
Vanteenkiste (Joseph), de Gand, à La Ronde, Deux-Sèvres.
Van Thoore (Mme), de Liévin, à Coinces, Loiret.
Van Tieghem (Gustave), de Gand, à Saint-Sever, Landes.
Van Vynckt (Raymond), d'Ostende, à Saint-Sever, Landes.
Van Velden (Léonard), de Gand, à Glénay, Deux-Sèvres.
Van Veltheren (Richard), d'Anvers, à La Haye-du-Puits, Manche.
Van Vaerembergh (Marie), d'Alost, à Saint-Remy-des-Landes, Manche.
Van Yper (Théophile), d'Ostende, à Lafitte, Lot-et-Garonne.
Van Zele (Arcade), de Gand, à Saint-Claude, Loir-et-Cher.
Van Zandycke (Philémon) et enf., d'Anvers, à Marseille, Bouches-du-Rhône.
Van Wicheleu (Gustave), de Gentbrugge, à La Chapelle-Largeau, [illegible]
Van Walleghem (Lucien), de Bruges, à Combrand, Deux-Sèvres.
Van Wassenhove (Léon), de Laethem, à La Petite-Boissière, [illegible]
Van Waes (Auguste), de Fives-Lille, à Chanteloup, Manche.
Van Waremberg (Arthur), de Fives-Lille, à Lessay, Manche.
Van Wonterghen (Jules), d'Oostcamps, à La Forêt-sur-Sèvre, Deux-Sèvres.
Vachaudez (Henri) et fam., de Dour, à Salon-la-Tour, Corrèze.
Vaendel (Gustave de), de Gand, à Orléans, Loiret.
Vaeye (Joseph), d'Anderlecht, à Ambillou, Indre-et-Loire.
Vameste (Camille), d'Oostcamps, à Châtillon-sur-Sèvre, Deux-Sèvres.
Van (Boyer), des Hautes-Vahéries, à Mer, Loir-et-Cher.
Varangnain (Apolonie), de Bouvrie, à La Gohannière, Manche.
Varensem (Pierre), de Lille, à Genêts, Manche.
Vassart et fam., de Châtelet, à Marigny, Manche.
Vaulan (Esther), de Nesle, à Donville-les-Bains, Manche.
Vaucaneghem (Fortuné), de Sallaumines, à Landivy, Mayenne.
Vauthiat (Mme), de Mettet, à Cognac, Charente.
Vautier (Paul), de Malines, à Saint-Jean-Saint-Germain, Indre-et-Loire.
Veillez (Léon), de Gand, à Marseille, Bouches-du-Rhône.
Veirman (Paul de), de Gand, à St-Pierre-des-Échaubrognes, Deux-Sèvres.
Veirman (Maria de) et fam., de Billy-Montigny, à Louans, Indre-et-Loire.
Veisichelo (Bertrand), de Deynse, à Solesmes, Sarthe.
Vekemans (Henri) et fam., de Bruxelles, à Saint-Sever, Landes.
Velmans (Philippe), de Malines, à Labouheyre, Landes.
Venderstraeten (Henri), de Lille, à Damiatte, Tarn.
Vendt (Auguste de), de Lille, à Montgardon, Manche.
Verachtert (François) et fam., de Herenthals, à Luché-Thouarsais, [illegible]
Verbroeckel (Auguste), d'Alost, à Solesmes, Sarthe.
Verhek (Aristide), de Rouvray, à Cransac, Aveyron.
Verbeeck (Pauline), de Wilsele, à Mont-de-Marsan, Landes.
Verbrugge (Julien), de Tourcoing, à Biras, Dordogne.
Verbauwede (Théophile), de St-André, à La Forêt-sur-Sèvre, Deux-Sèvres.
Verbrugghe (Léon), de Bruges, à Courlay, Deux-Sèvres.
Verbrugghe (Firmin) et fam., de Bruges, à Courlay, Deux-Sèvres.
Verhoven (Pierre), d'Anvers, à Solesmes, Sarthe.
Verbossel (Joseph), d'Alost, à Varenguebec, Manche.
Vercanteren (Baltazarus), d'Anvers, à La Haye-du-Puits, Manche.
Vercanteren (Carolus), d'Anvers, à La Haye-du-Puits, Manche.
Vercanteren (Carolus), d'Anvers, à La Haye-du-Puits, Manche.
Vercanteren (Catherina), d'Anvers, à La Haye-du-Puits, Manche.
Vercanteren (Gluzteus), d'Anvers, à La Haye-du-Puits, Manche.

Vercruysse (Léo), de Bruges, à Saint-Hilaire-Luc, Corrèze.
Vercruysse (Aloïs), de Marcq-en-Barœuil, à Montgardon, Manche.
Vercauteren (Smiels) et fam., d'Anvers, à La Haye-du-Puits, Manche.
Vervaet (Charlotte) et fam., de Termonde, à Saint-Martin-d'Oney, Landes.
Verplanche (Théophile et Camille), de Zedelghem, à Mer, Loir-et-Cher.
Verstraete (Gaston), d'Ostende, à Damiatte, Tarn.
Vermeulen (Camille) et fam., de Poperinghe, à Soual, Tarn.
Versluys (Oscar), de Staene, à Ousse-Suzan, Landes.
Verriest (Emma) et fam., d'Anvers, à Mont-de-Marsan, Landes.
Verluys (Léon), de Breedene, à Mont-de-Marsan, Landes.
Verpoot (Jules), de Breedene, à Mimizan, Landes.
Verplancke (Florimond), de Lophern, à Pujo-le-Plan, Landes.
Vermelr (Clément), de Termonde, à Saint-Martin-d'Oney, Landes.
Vermeerret (Louis), de Bruges, à Labouheyre, Landes.
Vermeerreet (Frédéric), de Bruges, à Labouheyre, Landes.
Verlinden (Arthur) et fam., de Bruges, à Arjuzaux, Landes.
Verkeyn (Charles), de Breedene, à Mimizan, Landes.
Vermeulen (Jules), de Tourcoing, à Saint-Menin, Dordogne.
Verstraere (André), d'Assebrouck, à Labouheyre, Landes.
Verstuzft (Rémy), de Gendbrugge, à Villeneuve-de-Marsan, Landes.
Verhelst (Louis) et fam., d'Anderlecht, à Ambilleu, Indre-et-Loire.
Vereeken (Stéphanus), d'Anvers, à La Haye-du-Puits, Manche.
Verhelst (Elisa) et fam., d'Anvers, à La Haye-du-Puits, Manche.
Vereeke (François) et fam., de Lille, à Sartilly, Manche.
Verdonche (Oscar), de Lille, à Saint-Denis-le-Vêtu, Manche.
Verdegem (Léopold), de Maria-Kerke, à Varenguebec, Manche.
Vershelst (Joannis) et fam., d'Anvers, à La Haye-du-Puits, Manche.
Vermuire (Léon) et fam., de Mont-sur-Marchienne, à Bréville, Manche.
Vereycken (Georges) et fam., de Berzée, à Courson, Yonne.
Verhaegen (Martin), d'Anvers, à Solesmes, Sarthe.
Vergauwen (Maurice), de Sommergem, à Solesmes, Sarthe.
Verhamme (Jules), de Gand, à Solesmes, Sarthe.
Verrebrouch (Camille), de Roulers, à Solesmes, Sarthe.
Verschelde (Henri), de Gand, à Pierrefitte, Deux-Sèvres.
Verraes (Hubert), de Bruges, à Cerizay, Deux-Sèvres.
Vermunicht (François), de Wiisele, à Loublande, Deux-Sèvres.
Vermeulen (Maurice), de Gand, à Cersay, Deux-Sèvres.
Vermeersch (Francina), d'Anvers, à Saint-Amand-sur-Sèvre, Deux-Sèvres.
Vermeersch (Louis) et fam., d'Anvers, à St-Amand-sur-Sèvre, Deux-Sèvres.
Vermaelen (Henri), de Rotslaer, à Courlay, Deux-Sèvres.
Verlies (Omer), de Bruges, à Combrand, Deux-Sèvres.
Verhruyssen (Isidore), de Gand, à Nueil-sur-les-Aubiers, Deux-Sèvres.
Verkruyssen (Alphonse), de Gand, à Nueil-sur-les-Aubiers, Deux-Sèvres.
Verlinden (François), de Malines, à Moulins, Deux-Sèvres.
Verheigen (Isabelle) et fam., de Malines, à St-Aubin-de-Baub., Deux-Sèvr.
Verheyden (Émile) et fam., de Malines, à Chatillon-sur-Sèvre, Deux-Sèvres.
Verdonck (Oscar), de Gand, à La Chapelle-Gaudin, Deux-Sèvres.
Verdonck (Jules), de Gand, à La Chapelle-Gaudin, Deux-Sèvres.
Verhoeven (Adolphe), d'Anvers, à Solesmes, Sarthe.
Vermeertch (Julien), de Bruges, à Solesmes, Sarthe.
Vergalle (Charles), de Maubeuge, à Latronche, Corrèze.
Verrept (Marie), de Muysen, à Clairac, Lot-et Garonne.
Vermeulen (Ludovica), d'Ostende, à Clairac, Lot-et-Garonne.
Verplancke (Gustave), de Villebrouck, à Layrac, Lot-et-Garonne.
Verhelpen (Pierre) et fam., de Grimberghur, à Layrac, Lot-et-Garonne.
Verscheren (Corneil), de Muysen, à Clairac, Lot-et-Garonne.
Verschaerem (Jean-Baptiste) et fam., de Muysen, à Clairac, Lot-et-Gar.
Vermeren (Louise), d'Anvers, à Clairac, Lot-et-Garonne.
Verlinden (Pierre), de Lier, à Clairac, Lot-et-Garonne.
Verchaerm (Marie), de Muysen, à Clairac, Lot-et-Garonne.
Verkens (Eugène), de Wasmes, à Bord, Tarn.
Verschueren (Adolphe), d'Anderlecht, à Calinet-Saint-Roch, Tarn.
Verlinden (Jean), de Wortel, à Dourgne, Tarn.
Verras (Alfred), de Croix, à Cuq-Toulza, Tarn.
Verheyden (Louis), de Lubbeck, à Cuq-Toulza, Tarn.
Vorauneman (Julie) et fam., de Roulers, à Mousley, Landes.
Verheyden (Félix), de Louvain, à Romillé, Ille-et-Vilaine.
Veruotte (Alphonse) et fam., de Falisolles-les-Taur., à Malaville, Charente.
Vervaet (Oscar), de Melle, aux Aubiers, Deux-Sèvres.
Vervoux (Virginie), d'Anvers, à Saint-Rémy-des-Landes, Manche.
Vesfallée (Albert), de Simbet, à Saint-Georges-de-Livoye, Manche.
Veys (Alphonse), de Lille, à Biras, Dordogne.
Viaene (Florimond), d'Hazebrouch, à Cestas, Gironde.
Viats (René de), d'Alost, à Varenguebec, Manche.
Victor (Marie) et fam., d'Anvers, à La Haye-du-Puy, Manche.
Victor (Stéphanie), d'Anvers, à La Haye-du-Puits, Manche.
Vigneron (Armand), de Bouffioux, à Saint-Germain, Tarn.
Vilain (Émile), d'Aloeringhem, à Montravers, Deux-Sèvres.
Vincke (Gustave), de Bruges, à Solesmes, Sarthe.
Vinlerden (Pierre), d'Anvers, à Clairac, Lot-et-Garonne.
Vincent (Marguerite), de Frameries, à Donville-les-Bains, Manche.

Vlaeminck (Édouard), de Gand, à Solesmes, Sarthe.
Vlaeminck (Maurice), de Brugge, à Mobecq, Manche.
Vlerick (Évariste), de Gand, à Labouheyre, Landes.
Vluger (Joseph de), de Saint-Martin-Luathon, à Chatillon-s-S., Deux-Sèvres.
Vogelaere (Charles de), de Gent, à Saint-Claude, Loir-et-Cher.
Vogelaeze (Charles de), de Gand, à Orléans, Loiret.
Vohy (Jean-Baptiste), de Gourdinnes, à Romillé, Ille-et-Vilaine.
Vooghe (Lucien de), de Mont-Saint-Amand, à Bugeat, Corrèze.
Vootemans (Louis), de Rotslaer, à Courlay, Deux-Sèvres.
Vos (Camille de), de Gand, à Solesmes, Sarthe.
Vos (Eugène de), de Lille, à Sartilly, Manche.
Vos (Henri) et fam., de Billy-Montigny, à Louans, Indre-et-Loire.
Vos (César de), de Gand, à Solesmes, Sarthe.
Voumulain (Charles), de Lille, à Saint-Merd-de-Lapleau, Corrèze.
Vranckx (Joseph) et fam., de Louvain, à Lagrange, Landes.
Vranckx (Gustave) et fam., de Louvain, à Saint-Pierre-du-Mont, Landes.
Vranckx (Émilie), de Louvain, à Mont-de-Marsan, Landes.
Vriamont (Liboire) et enf., de Nanden, à Marseille, Bouches-du-Rhône.
Vritoff (Jules), de La Madeleine-les-Lille, à Montgardon, Manche.
Vriex (Odilon de), de Brugge, à Mobecq, Manche.
Vroman (Pierre), de Bruges, à Sainte-Eulalie-en-Born, Landes.
Vrome (Jules de), d'Anvers, à La Haye-du-Puits, Manche.
Vrome (Pieter de), d'Anvers, à La Haye-du-Puits, Manche.
Vuylesteke (Camille), d'Oye-Plage, à Arjuzaux, Landes.
Waal (Alfred de), de Saint-Amand, à St-Pierre-des-Échaub., Deux-Sèvres.
Wacgeneire (Henri de), de St-Denys-Westr., à St-André-de-Seign., Landes.
Wacle (Séraphin de), de Gand, à Bretignolles, Deux-Sèvres.
Waes (Hippolyte) et fam., de Brugge, à Mobecq, Manche.
Waha (Charles) et fam., de Liège, à Cléré, Indre-et-Loire.
Wairtik (Antoinette), d'Arsimont, à Dingé, Ille-et-Vilaine.
Wanderbrucq (Joseph), de Roux, à Cuves, Manche.
Wanters (Albert), d'Alost, à La Forêt-sur-Sèvre, Deux-Sèvres.
Wandels (Bernard), de Ledeberg, à Solesmes, Sarthe
Wanson (Vaton) et fam., de Liévin, à Cussay, Indre-et-Loire.
Wanschnickt (Pauline), de Mancinelle, à Bosmoreau-les-Mines, Creuse.
Wanderewart (Léopold), de Charleroy, à Blaye, Tarn.
Wandèle (Gustave de), de Gand, à Saint-Claude, Loir-et-Cher.
Wanneemers (Lydie) et enf., de Rouvroy, à Ragacie, Tarn.
Warloop (Jules) et fam., de Marquette-les-Lille, à St-Merrin, Dordogne.
Wattier (Anna) et fam., de Jeumont, à Cléré, Indre-et-Loire.
Watthé (Paul) et son épouse, d'Essche-St-Liévin, à Selon-la-Tour, Corrèze.
Wauters (Lucie) et fam., de Thuillier, à Pipriac, Ille-et-Vilaine.
Werbrouck (Eugénie) et enf., de Roulers, à Saint-Sever, Landes.
Werbrouck (Émile), de Roubaix, à Les Cresnays, Manche.
Werrhvoost (Alfred), de Tournai, à Montmartin-sur-Mer, Manche.
Werschaerrens (Maria), de Muysen, à Clairac, Lot-et-Garonne.
Wery (Léopold), de Wessemaal, à Mont-de-Marsan, Landes.
Wermeeck (Polydore), d'Ostende, à Morcenx, Landes.
Weusch (Édouard) et fam., de Bruges, à Saint-Rémy-des-Landes, Manche.
Wever (Maurits de), de Mevielbeche, à Varenguebec, Manche.
Weys (Henri) et fam., de Sin-le-Noble, à Neuilly-le-Brignon, Indre-et-Loire.
Weymaere (Zoé), d'Orchimont, à Valence, Drôme.
Wichen, de Malines, de Saccy, Manche.
Wième (Victor), de Wyngène, à Pujo-le-Plan, Landes.
Wilde (Cyrille de), de Wetteren, à Puy-Saint-Bonnet, Deux-Sèvres.
Willaert (Julien) et fam., de Bruges, à Combrand, Deux-Sèvres.
Willekem (Michel), d'Alost, à Bouillé-Saint-Paul, Deux-Sèvres.
Willems (Catherine) et fam., de Malines, à Clairac, Lot-et-Garonne.
Willems (Mathieu) et fam., de Haboken, à Saint-Claude, Loir-et-Cher.
Willoca (Alphonse), de Malines, au Temple, Deux-Sèvres.
Wilmart (Jean-Baptiste), de Horme, à Neuillé-Pont-Pierre, Indre-et-Loire.
Wilmot (Richard), de Gand, à Solesmes, Sarthe.
Wilmot (Lucie), de Franière, à Tramery, Marne.
Wilmot (Marie), de Franière, à Tramery, Marne.
Wilmotte (Clément), de Calais, à Massaguel, Tarn.
Winaud (Médard), de Hermalle-sous-Argenteau, à Lempaut, Tarn.
Wine (Édouard), de Roubaix, à Les Cresnays, Manche.
Windels (Félix), de Roubaix, à Montviron, Manche.
Winter (Georges de), de Gand, à Solesmes, Sarthe.
Windale (André) et fam., de Hornu, à La Richardais, Ille-et-Vilaine.
Winter (Rodolphe de), de Wetteren, à Mont-de-Marsan, Landes.
Witte (Émile de), de Ledeberg, à Amou, Landes.
Witte (Théophile de), de Saint-Michiels, à Dax, Landes.
Witte (Théophile de), de Saint-Michiels, à Cestas, Gironde.
Wittelvrongel (Camille), d'Ostende, à Solesmes, Sarthe.
Witters (Arthur), de Bruges, à Saint-Amand-sur-Sèvre, Deux-Sèvres.
Wolder (Joseph de), de Bruxelles, à Lempaut, Tarn.
Wolfs (Charles), de Blankenberge, à Channay, Indre-et-Loire.
Wolf (Benoît de) et fam., d'Alost, à Téthieu, Landes.
Wouters (Louis) et enf., de Malines, à Mer, Loir-et-Cher.
Wuyst (Benoît de), d'Alost, à Dax, Landes.

Wylvos (Arthur), d'Ostende, à Lavardac, Lot-et-Garonne.
Wybo (Joseph) et fam., d'Ostende, à Laffitte, Lot-et-Garonne.
Wychaert (Mauritz), de Gand, à Glénay, Deux-Sèvres.
Wylant (Litorius) et fam., de Gand, à Brétignolles, Deux-Sèvres.
Wyncke (Zénobie), de Bruges, à Saint-Rémy-des-Landes, Manche.
Wuyts (Émile), de Molenbaeck-Saint-Jean, à Solesmes, Sarthe.
Yacobs (Jean), de Bruxelles, à Orléans, Loiret.
Yanssens (Auguste), d'Anvers, à Sains-Rémy-des-Landes, Manche.
Yanssens (François), d'Anvers, à Saint-Rémy-des-Landes, Manche.
Yanssens (Louis), d'Anvers, à Saint-Rémy-des-Landes, Manche.
Yernaux (Paulin) et fam., de Berzée, à Courson, Yonne.
Ygodt (Marie), de Nieuport, à Vigouroux-Sorèze, Tarn.
Yoosteens (Pauline), de Malines, à Clairac, Lot-et-Garonne.
Ysebaert (Cornelis), de Ledeberg, à Solesmes, Sarthe.
Ysenbrandt (Émile), de Brugge, à Mobecq, Manche.
Ysebaert (Arthur), de Ledeberg, à Solesmes, Sarthe.
Zaeger (Rodolphe de), de Bruxelles, à Solesmes, Sarthe.
Zelfracks (Louis), d'Ichteghem, à Mer, Loir-et-Cher.
Zelfsnick (Louis), de Wespelaer, à Mer, Loir-et-Cher.
Zenon (André), de Couillet, à Lourdes, Hautes-Pyrénées.
Zutter (Joseph de), d'Anvers, à Dourgne, Tarn.

Imprimerie Nationale. — 11-1914.